suhrkamp taschenbuch
wissenschaft 1085

Bildungspolitik ist Gesellschaftspolitik. Diese These findet nach wie vor Bestätigung in Untersuchungen über den Zusammenhang von Bildungssystem und Gesellschaftssystem. Allerdings läßt die These offen, ob Bildungspolitik ein geeignetes Medium ist, um Strukturen gesellschaftlicher Ungleichheit im Sinne der Verringerung von Differenzen abzubauen, oder ob sie eher dazu beiträgt, gesellschaftliche Ungleichheiten zu reproduzieren bzw. zu verstärken. Während in Deutschland die – ohnehin nicht mehr so lebhafte – Diskussion darum in Pluralisierungs- und Diversifikationsdebatten um lebensweltliche Evolution bzw. in Individualisierungstheoremen und Ungleichheitsbeliebigkeiten zu versinken droht, scheint die internationale Diskussion – zumindest vorläufig noch – an der »klassischen« Ungleichheits- und Reproduktionsperspektive festhalten zu wollen. Allerdings nimmt auch sie Abstand von mechanistischen Reproduktionsmodellen und nähert sich über demokratietheoretisch ausgerichtete und über den Begriff des Widerstandes gefaßte Subjekt-Perspektiven einem bildungstheoretischen Verständnis des Reproduktionszusammenhangs. Damit wird auch auf einen dialektischen Reproduktionsbegriff hingearbeitet, bei welchem es darum geht, Subjektleistungen nicht zugunsten der Systemperspektive zu reduzieren oder gar zu negieren.

Bildung,
Gesellschaft,
soziale Ungleichheit

Internationale Beiträge
zur Bildungssoziologie
und Bildungstheorie

Herausgegeben von
Heinz Sünker,
Dieter Timmermann
und Fritz-Ulrich Kolbe

Suhrkamp

Die Deutsche Bibliothek – CIP-Einheitsaufnahme
Bildung, Gesellschaft, soziale Ungleichheit :
internationale Beiträge zur Bildungssoziologie und Bildungstheorie /
hrsg. von Heinz Sünker ... –
1. Aufl. – Frankfurt am Main :
Suhrkamp, 1994
(Suhrkamp-Taschenbuch Wissenschaft ; 1085)
ISBN 3-518-28685-4
NE: Sünker, Heinz [Hrsg.]; GT

suhrkamp taschenbuch wissenschaft 1085
Erste Auflage 1994
© Suhrkamp Verlag Frankfurt am Main 1994
Suhrkamp Taschenbuch Verlag
Alle Rechte vorbehalten, insbesondere das
des öffentlichen Vortrags, der Übersetzung
durch Rundfunk und Fernsehen
sowie der Übersetzung, auch einzelner Teile.
Satz und Druck: Wagner GmbH, Nördlingen
Printed in Germany
Umschlag nach Entwürfen von
Willy Fleckhaus und Rolf Staudt

1 2 3 4 5 6 – 99 98 97 96 95 94

Inhalt

Vorwort 7

Fritz-Ulrich Kolbe, Heinz Sünker, Dieter Timmermann
Neue bildungssoziologische Beiträge zur Theorie
institutionalisierter Bildung – Markierungen zur
Theorientwicklung 11

Michael W. Apple
Wie Ideologie wirkt: Die Wiederherstellung der Hegemonie
während der konservativen Restauration 34

Geoff Whitty
Ist die jüngste Bildungsreform ein postmodernes
Phänomen? 64

Stefan Hradil
Sozialisation und Reproduktion in pluralistischen
Wohlfahrtsgesellschaften 89

Frank Fischer, Alan Mandell
Bildungspolitik und die postindustrielle Transformation:
»Excellence« als technokratische Ideologie 120

Peter Leisink
Bildungspolitik, Spaltung des Arbeitsmarktes und
Emanzipation 145

Dieter Misgeld
Pädagogik und Politik: Wider eine postmoderne Wende
in der Kritischen Pädagogik 172

Siebren Miedema
Ethnizität, Pluralität und Weltbürgerschaft. Eine
pädagogische Perspektive an der Nahtstelle zwischen
Modernität, Postmodernität und Pragmatismus 199

Tomas Englund
Pädagogische Diskurse und die Konstitution von
Öffentlichkeit 226

Joâo Viegas Fernandes
Die Konzeption von subversiven Lehrplänen, Lernmaterialien und pädagogischer Praxis in der Grundbildung . 246

Ilana Felsenthal, Chaim Adler
Bildungsreformen – Wandel oder Reproduktion: Der Fall
Israel 265

Philip Wexler
Schichtspezifisches Selbst und soziale Interaktion in der
Schule 287

Len Barton
Die Schuld liegt beim Opfer: Die Unterdrückung
behinderter Menschen 306

Gerald Prein
Subjekt, Alltag und Staat. Zur Reproduktionstheorie
Henri Lefebvres 327

Russell F. Farnen
Politik, Bildung und Paradigmenwechsel: jüngste Trends
in der Kritischen Pädagogik, in den politischen
Wissenschaften, der politischen Sozialisation und in
der politischen Bildung in den Vereinigten Staaten . . . 338

Hinweise zu den Autorinnen und Autoren 385

Vorwort

Der vorliegende Band versammelt Beiträge, die aus einer internationalen, englischsprachigen Konferenz, die am Zentrum für interdisziplinäre Forschung (ZiF) der Universität Bielefeld unter dem Titel »Reproduction, Social Inequality, and Resistance: New Directions in the Theory and Sociology of Education« stattgefunden hat, hervorgegangen sind. Wissenschaftlerinnen und Wissenschaftler aus Europa, Israel, Australien und den USA nahmen an dieser Konferenz teil, die von den Herausgebern dieses Bandes mit maßgeblicher Unterstützung der Deutschen Forschungsgemeinschaft sowie der Landeszentrale für politische Bildung des Landes Nordrhein-Westfalen, der Universitätsgesellschaft der Universität Bielefeld und dem Zentrum für interdisziplinäre Forschung organisiert wurde. Ziel dieses Unternehmens war es, die in der Bundesrepublik nahezu versandete Diskussion über Bildung und soziale Ungleichheit an die insbesondere im angelsächsischen Sprachraum weiterentwickelte und weitergeführte Debatte wieder heranzuführen – und zwar durch einen Dialog zwischen Repräsentanten der vor allem angelsächsischen Diskussion und interessierten bundesdeutschen Kollegen.

Die neueste deutschsprachige Analyse zum Thema, L. von Friedeburgs »Bildungsreform in Deutschland. Geschichte und gesellschaftlicher Widerspruch« (1989), macht in ihrer gesellschafts- und bildungspolitischen Schlußfolgerung die immer noch zu bearbeitende Problemlage »Bildung und Gesellschaft« deutlich. Ausgehend von einer Fragestellung, die dem gesellschaftlichen Widerspruch zwischen dem mit der europäischen Aufklärung begründeten individuellen Bildungsanspruch (»Bildung als Menschenrecht«) und funktionalen Prozessen der »Eingliederung und Anpassung« in die Gesellschaft, die in und durch das Bildungssystem vollzogen werden, nachgeht, ergibt sich die Einschätzung: »Für die Strukturreform verbessern sich die Rahmenbedingungen, wenn wieder mehr Arbeitskräfte gesucht werden, vor allem qualifizierte und weiterbildungsfähige. Die individuellen Anforderungen wachsen, ungeachtet überkommener Statusdifferenzen. Andauernde Bildungsexpansion höhlt das Berechtigungssystem weiter aus. Die gesellschaftliche Instrumentalisierung öffentlicher

Bildung fällt immer schwerer. Die Bildungsreform bleibt auf der Tagesordnung.«
Der in dieser Formulierung enthaltenen Problemstellung, damit zugleich der in ihr zum Ausdruck kommenden Darstellung der mehrheitlich konstatierten Reproduktionsfunktion des Bildungssystems für den gesellschaftlichen Status quo, gelten in der internationalen Diskussion vor allem englisch- und französischsprachige Beiträge, zu denen sich interessanterweise Beiträge aus der Perspektive einer Kritischen Bildungstheorie (vor allem von Heinz-Joachim Heydorn und Theodor W. Adorno) komplementär verhalten. Differenziert man, wie es Giroux vorgeschlagen hat, die aus einer reproduktionstheoretischen Perspektive vorgelegten Ansätze ihren jeweiligen Ausrichtungen folgend in »economic-reproductive«, »cultural-reproductive« und »hegemonic-state-reproductive«, so läßt sich zeigen, daß die insbesondere bei Bourdieu auffindbare – und immer wieder leitmotivisch in allen seinen Analysen durchgespielte – Überlegung über die Relevanz des Bildungssystems für die »Struktur der Klassenverhältnisse« eine gemeinsame Überzeugung für alle Ansätze – bei unterschiedlichen Akzentuierungen – bildet. So heißt es in seinem Text »Kulturelle Reproduktion und soziale Reproduktion« (1973), daß es unter all den Lösungen, die im Laufe der Geschichte für das Problem der Übermittlung der Macht und der Privilegien gefunden wurden, zweifellos keine einzige gebe, »die besser verschleiert ist und daher solchen Gesellschaften, die dazu neigen, die offenkundigsten Formen der traditionellen Übermittlung der Macht und der Privilegien zu verweigern, gerechter wird, als diejenige, die das Unterrichtssystem garantiert, indem es dazu beiträgt, die Struktur der Klassenverhältnisse zu reproduzieren, und indem es hinter dem Mantel der Neutralität verbirgt, daß es diese Funktion erfüllt.«
Zeigte sich einstmals der Fortschritt der Analysen im Wechsel vom sog. »alten« – strukturfunktionalistisch argumentierenden – bildungssoziologischen Paradigma zum »neuen« – reproduktionstheoretisch argumentierenden – daran, daß dies die Ablösung von vor allem technologisch und modernisierungstheoretisch orientierten, damit auf Effektivität und Mobilität abhebenden Überlegungen implizierte, indem auf die in und mit Hilfe des Bildungssystems durchgesetzte Reproduktion sozialer Ungleichheit abgehoben wurde, so wurden doch zwischenzeitlich auch

theoretische Mängel des Reproduktionsansatzes herausgestellt. Dabei handelt es sich hier um eine Problemstellung, die sich nur interdisziplinär aufschlüsseln läßt, weil sie zum einen in ihrer Orientierung an der Subjektperspektive nach einer allgemeinen gesellschaftstheoretisch-praxisphilosophischen Grundlegung und zum anderen – wie etwa in englischsprachigen Beiträgen über den Begriff »resistance« vermittelt – nach historisch-gesellschaftlichen Besonderungen verlangt. Die kritische Aufarbeitung des Reproduktionsansatzes, dessen gesellschaftsanalytische Verdienste es nicht zu schmälern gilt, verweist darauf, daß es perspektivisch darum gehen muß, Subjektleistungen nicht zugunsten der Systemperspektive zu reduzieren oder gar zu negieren. Unter diesen Auspizien stellt die gewählte Themenstellung des vorliegenden Bandes eine Herausforderung für vorliegende Ansätze und Diskussionen zum Verhältnis von »Bildung und Gesellschaft« dar. In der Aufnahme der die Kritische Bildungstheorie fundierenden Frage nach den gesellschaftlichen Konstitutionsbedingungen von Subjektivität, die in der englischsprachigen Diskussion unter dem Begriff »self-formation« geführt wird, gilt es, das Verhältnis von Bildung und Gesellschaft präziser als bisher zu bestimmen und die Chancen einer Verwirklichung der Kritischen Bildungstheorie – vor allem in ihrer demokratietheoretisch relevanten Ausrichtung – weiter auszuloten.

Eine weiterführende Diskussion hat dementsprechend die Perspektive einer nicht funktionalistischen Bildungstheorie und Bildungssoziologie einzunehmen, verlangt nach einem theoretischen Ansatz, innerhalb dessen aus der Subjektperspektive die Konstitutionsprozesse von Wissen, Bedeutung und Sinn nicht auf das reproduktive Moment daran verkürzt werden. Ein unverkürztes Verständnis der Konstitution von Bedeutung/Sinn und ein Konzept der Vermittlung von subjektiver Aneignung und gesellschaftlichen Strukturen etwa über den Begriff des kulturellen Habitus (damit jenseits eines ökonomistischen Qualifikationsbegriffes oder eines funktionalistischen Sozialisationsbegriffes) erscheinen fruchtbar, um die widersprüchlichen Momente der Realitätsaneignung durch die Subjekte in gesellschaftlich, institutionell und individuell gerahmten Bildungsprozessen »einzufangen«. Perspektivisch ist damit auf die Entwicklung eines neuen, dialektischen Reproduktionsbegriffes, wie er auch in der neueren Diskussion kritischer Bildungsökonomen avisiert wird, hinzuarbeiten:

eines Begriffes, mit dem partielle Anpassung auch als Teil des Konstitutionsprozesses von Subjektivität gefaßt werden kann, einer Konstitution, die mithin nicht nur in ihren oppositionellen Elementen kreative, emanzipatorische Bildungschancen enthält.
Die Beiträge dieses Bandes sollen ihrer Interdisziplinarität und ihren differenten nationalen Traditionen nach die Möglichkeiten einer Perspektivenverschränkung im Blick auf das Verhältnis von Subjekt, Bildungssystem und Gesellschaft aufweisen.
Am Ende dieses Vorwortes bleibt uns die angenehme Aufgabe, Dank zu sagen. Zum einen an die Autorinnen und Autoren, die die Tagung getragen haben und diesem Band seinen Gehalt geben; zum anderen an Erika Richter, Wiebke Horn, Katharina Bremer und Doris Schöpke-Bielefeld, die uns bei der Übersetzung der Beiträge aus ihrer englischen Fassung in die deutsche Sprache entscheidend unterstützt haben; zum dritten an Saga Barden, die akribisch Korrektur gelesen hat; zum vierten an Christina Mattersberger, die in unendlicher Geduld deutsche Fassungen geschrieben und immer wieder korrigiert hat. Fünftens gilt unser Dank der Deutschen Forschungsgemeinschaft sowie der Landeszentrale für politische Bildung Nordrhein-Westfalen, der Universitätsgesellschaft der Universität Bielefeld und dem Zentrum für interdisziplinäre Forschung der Universität Bielefeld für die finanzielle, materielle und ideelle Unterstützung, die wir erfahren durften. Last but not least danken wir Friedhelm Herborth für seine stetige und ermutigende Unterstützung dieses Unternehmens.

Bielefeld/Heidelberg, im Juli 1993

Heinz Sünker   Dieter Timmermann   Fritz-Ulrich Kolbe

Fritz-Ulrich Kolbe, Heinz Sünker,
Dieter Timmermann
Neue bildungssoziologische Beiträge
zur Theorie institutionalisierter Bildung –
Markierungen zur Theorieentwicklung

Bildungspolitik ist Gesellschaftspolitik. Deshalb galten in den letzten zwanzig Jahren vor allem der Frage, was sich aus der »Interdependenz von Gesellschaftsverfassung und Bildungsinstitution« (Heydorn 1980: 99) an Konsequenzen für Verhältnisbestimmungen zwischen Bildungssystem und Gesellschaft, für Bildungspolitik und die Reproduktion gesellschaftlicher Ungleichheit, aber auch für die gesellschaftliche Formbestimmtheit von Bildungsprozessen der Individuen ergibt, vielfältige sozialwissenschaftliche und bildungstheoretische Analysen.
Ein grundlegendes Problem ist dabei bis heute geblieben, die an diesen Diskussionen Beteiligten international und interdisziplinär in einen Diskurs miteinander zu bringen, der es erlaubt, die Bearbeitung des gemeinsamen Gegenstandes »Gesellschaft, Bildung und Individuum« mit Hilfe einer disziplinenübergreifenden, gesellschaftsgeschichtlich-interkulturell orientierten und demokratietheoretisch interessierten Perspektivenverschränkung weiterzuentwickeln (vgl. dazu Heydorn 1979, 1980; Collins 1979; Timmermann/Strikker 1986; Bowles/Gintis 1987; Lenhart 1987; Cole 1988; Timmermann 1988; von Friedeburg 1989; Sünker 1989, 1989a; Richter 1993). Festhalten läßt sich zunächst, daß sich angelsächsische Beiträge aus dieser Debatte zu den Ansätzen einer deutschen kritischen Bildungstheorie komplementär verhalten, indem sie mehrheitlich in ihren Darstellungen die Reproduktionsfunktion des Bildungssystems für den gesellschaftlichen Status quo konstatieren und zugleich eine Beschränkung auf diese Funktionsbeschreibung – zumindest inzwischen – problematisieren.
Leitmotivisch wird der Ausgangspunkt dieser Problemstellung samt ihrer Konsequenzen in Adornos »Theorie der Halbbildung« gefaßt, wenn er schreibt: »Was aus Bildung wurde und nun als eine Art negativen objektiven Geistes, keineswegs bloß in

Deutschland, sich sedimentiert, wäre selber aus gesellschaftlichen Bewegungsgesetzen, ja aus dem Begriff von Bildung abzuleiten. Sie ist zu sozialisierter Halbbildung geworden, der Allgegenwart des entfremdeten Geistes« (Adorno 1972: 93). Die sozialwissenschaftlich begründete empirische Füllung dieser Überlegung findet sich bei Bourdieu, wenn dieser in seiner Analyse zur Relevanz des Bildungssystems für die »Struktur der Klassenverhältnisse« herausstellt, daß es unter all den Lösungen, die im Laufe der Geschichte für das Problem der Übermittlung der Macht und der Privilegien gefunden wurden, keine einzige gebe, »die besser verschleiert ist und daher solchen Gesellschaften, die dazu neigen, die offenkundigsten Formen der traditionellen Übermittlung der Macht und der Privilegien zu verweigern, gerechter wird als diejenige, die das Unterrichtssystem garantiert, indem es dazu beiträgt, die Struktur der Klassenverhältnisse zu reproduzieren, und indem es hinter dem Mantel der Neutralität verbirgt, daß es diese Funktion erfüllt« (Bourdieu 1973: 93; vgl. auch Heid 1988).

Vor dem Hintergrund dieser Problemexposition folgt hier einleitenden Überlegungen zum Diskussionsverlauf in der deutschen bildungssoziologischen Debatte der achtziger Jahre (I) eine knappe Darstellung der Programmatik der »new sociology of education« (II) und schließlich eine Skizze theoretischer Markierungen, die sich aus Kritik und Reformulierung der beiden vorgängigen Positionsbestimmungen ergeben (III).

(1) a) Einleitend handelt es sich hier um die Frage, welcher Stellenwert einer bildungssoziologischen Analyse am Ende des auf die Bildungsreform folgenden Jahrzehnts innerhalb der Theoriebildung kritischer Erziehungswissenschaft zukam.

Bildungssoziologische Analyse besaß und besitzt neben ihrem Beitrag zu den bereichs- oder ebenenspezifischen Subdisziplinen einen entscheidenden Stellenwert für bildungstheoretisch relevante Argumentationen kritischer Erziehungswissenschaft, sofern sie in ihrer Gegenstandskonstitution gesamtgesellschaftliche Vermittlungsprozesse einbezieht. Denn allgemein war für kritische Erziehungswissenschaft – soweit hier überhaupt verallgemeinert werden kann – konstitutiv, daß sinnvolle Theoriebildung nur in der Analyse der »konflikthaften Vermittlung von Subjektivem und Objektivem« (Keckeisen 1983: 12), von Individuierung und Vergesellschaftung beziehungsweise Bildungsprozessen und Gesellschaftsstruktur bestehen kann und insofern in einem alle Ver-

mittlungsebenen erfassenden und nicht-subsumtionslogischen Vorgehen. Mit dem in diese Bildungstheorie eingelassenen Normativitätsproblem in der Gestalt des Emanzipationspostulats waren mindestens drei Problemstellungen verbunden: Erstens war die Differenz von realen Bildungsprozessen und Ansprüchen auf Mündigkeit gesellschaftstheoretisch als eine notwendige zu erweisen und auf eine Konkretion von Veränderung in dem Verhältnis von Institutionalisierung der Bildung und Gesellschaftsstruktur insgesamt zu beziehen. Zweitens war ausgemacht, daß eine Konkretisierung eines kritischen Bildungsbegriffs nur im Kontext der aktuellen gesellschaftspolitischen Situation möglich ist (und den Widerspruch von Bildung und Zwang der Verhältnisse nicht verdrängen darf). Drittens kam hinzu, daß eine Normierung pädagogischen Handelns nur negativ beziehungsweise vermittelt über die Kritik vorgefundener Bildungsprozesse und ihrer Institutionalisierung möglich ist, über die Markierung des Uneingelösten. Insofern bleibt die bildungstheoretische Bestimmung notwendig theoretisch und nicht direkt politisch handlungsleitend: weil die sie fundierende kritische sozialwissenschaftliche Analyse nur die Befunde und Kategorien zu den Bedingungen und der Qualität institutionalisierter Bildungsprozesse und zu den gesellschaftlichen Anforderungen an die Subjekte liefert.
Bildungssoziologische Analyse als Analyse des gesellschaftlichen Vermittlungszusammenhangs von Bildungsprozessen ist deshalb dreifach Teil bildungstheoretischer Bestimmungen. Diese umfassen die kritische, gesellschaftstheoretisch fundierte Analyse von Bildungsprozessen in der gegenwärtigen Gesellschaft und die historische Analyse der Institutionalisierung von Bildung zur Unterstützung der Entwicklung von institutionstheoretischen Grundkategorien. Und diese verlangen – und darauf kommt es hier an – auch bildungssoziologische Analysen, die die Vermittlung ihres Gegenstands mit der Funktion von Bildung auf gesamtgesellschaftlicher Ebene thematisieren.
(b) Als Ausgangspunkt für die Betrachtung des Diskussionsverlaufs in der deutschen bildungssoziologischen Debatte in den achtziger Jahren kann v. Friedeburgs historische Analyse zu »Konjunkturphasen öffentlichen Interesses an Bildungspolitik und Bildungssoziologie« (v. Friedeburg 1983: 157) dienen. Diese Überlegungen weisen die Vermittlung beziehungsweise Bedingtheit von Gesellschaftspolitik und ihren Prozessen und der Bil-

dungspolitik einerseits mit der »Konjunktur« von Bildungssoziologie in Gestalt entsprechender bildungssoziologischer Analysen andererseits nachdrücklich aus. Von den als weniger günstig vorgestellten Rahmenbedingungen in der Mitte des letzten Jahrzehnts ist neben der empirischen Erforschung die Weiterentwicklung auch makrosoziologischer theoretischer Konzepte betroffen.
Theoriestrategische Betrachtungen (vgl. ZSE 1983) und Bilanzen (vgl. Benner 1990) deuten darauf hin, daß es auf der Ebene theoretischer Konzepte in diesem Zeitraum kaum zu einer Weiterentwicklung kritischer, auch um materialistische Analyse bemühter Theoriekonzepte gekommen ist. Eine Rolle spielt in diesem Zusammenhang der Umstand, daß bereits am Ende der Bildungsreformphase die bildungssoziologische Diskussion sich verstärkt Fragestellungen auf der Meso- und Mikroebene zuwandte und die gesamtgesellschaftliche und makrosoziologische Perspektive tendenziell aus dem Blickfeld geriet. Schon Mitte des letzten Jahrzehnts wurde deshalb die Forderung laut, daß »makrosoziologische und alltagskulturelle Ansätze integriert werden« (Rolff 1983: 205) sollten. Einen immer noch aussagekräftigen Zwischenstand der Entwicklung theoretischer Konzepte liefert daher die in dieser Zeit ausformulierte Kritik an entwickelteren reproduktionstheoretischen Modellen und ihrer deutschen Rezeption (vgl. Baethge 1984; Baethge/Teichler 1984).
Baethge leistet eine Kritik von akkumulationstheoretischen Konzepten, Konzepten ideologischer Strukturkorrespondenz und Konzepten der Reproduktion der Gesellschaftsstruktur. Ob bei den erstgenannten durch die eingeschränkte Erklärungskraft des »kapitalistischen Rationalitätskalküls« zur Erklärung von Bildungsstrukturentwicklung, ob bei Korrespondenzkonzepten durch Fehlen eines »Übertragungsmechanismus von fabrikmäßigen in schulische Normen«, oder ob bei den letztgenannten durch fehlende Erklärungskraft für den historischen Prozeß der Entstehung der sozialen Formen, immer weist er den Konzepten die fehlende »Erklärungsfähigkeit von Bildungsstrukturentwicklung und materieller Produktion« (Baethge 1984: 41) nach.
Er plädiert schließlich für eine Grundannahme der »Trennung der Entwicklungslinien von materieller Produktion und Reproduktion von Subjektivität« – doppelte Konstitution und partielle Widersprüchlichkeit implizierend –, d. h. dafür, von einer »Disso-

ziation von Arbeit und Bildung« auszugehen, und verweist auf eine Theorie der »Reproduktion bürgerlicher Gesellschaften als Verhältnis von Sozial- und Systemintegration«, und schlägt vor, die Reproduktionssphäre als auch »substantiell in bezug auf ihre regulativen Verhaltensformen nicht dem Kapital subsumiert« (ebd.: 44) zu betrachten. Schon für ein theoretisches Konzept auf Systemebene (zum Verhältnis von Bildungs- und Beschäftigungssystem) beispielsweise favorisieren Baethge/Teichler ein Konzept der Statusdistribution, das »verhaltenstheoretische Dimensionen« einbezieht, und insofern für eine historische Analyse die Differenz von Sozial- und Systemintegration kategorial voraussetzt.

Diese kritische Diskussion wurde für grundlegende Theoriekonzepte seither kaum weiterentwickelt – anders als für empirische Bildungsforschung –, trotz früher Rezeptionsversuche der im vorliegenden Band mit thematisierten »new sociology of education« in Gestalt einiger Arbeiten von Apple und Wexler (im ersten Heft der ZSE). Eine neuere modernisierungstheoretische Arbeit, die auch die makrosoziologischen Grundlagen thematisiert, verdeutlicht, daß grundlagentheoretisch seither »modernisierungstheoretische Verortungen des Erziehungssystems« (Tippelt 1990) beziehungsweise ein strukturfunktionalistisches Vorgehen dominieren. Nicht, daß diese nicht ihren Platz beanspruchen könnten. Aber was auf grundlagentheoretischer Ebene als Desiderat erscheint, ist die Weiterentwicklung kritischer Theoriebildung im Sinne des Grundbegriffs der Sozial- und Systemintegration. Um eine breitere Rekonstruktion von Bildungsstrukturen und den in ihnen sich vollziehenden Prozessen zu leisten, sind Mehrebenenkonzepte notwendig, die mit der einer eigenen Logik folgenden Entwicklung des Bildungssektors argumentieren und die Bildungsstrukturen auch unter handlungstheoretischen Momenten (beziehungsweise der Perspektive der Sozialintegration) und nicht subsumtionslogisch rekonstruieren.

Die empirischen bildungssoziologischen Studien des letzten Jahrzehnts sind thematisch breit ausdifferenziert, trotz der schon erwähnten Konjunktur: Strukturanalysen der Bildungsinstitutionen und des Berechtigungswesens, Untersuchungen kollektiver Lernprozesse und individueller Entwicklungsprozesse, Curricula-Erforschung und Lehrforschung (vgl. Beck/Kell 1990: 149). Die bildungssoziologischen Analysen darunter fokussieren Strukturanalysen der Institutionalisierung und sind strukturfunktionalistisch fundiert. Themen waren die Erforschung der verschiedenen Teile des Bildungssystems, der »Übergänge«, des Verhältnisses von erweiterter Bildungsbeteiligung und Bildungsmöglichkeiten, der Curricula, der Bezugsgrößen für Bildungsplanung und verstärkt der Berufsbildung. Davon heben sich nur Beiträge der Sozialisationsforschung und mikro-analytische Interaktionsanalysen ab; die sogenannte Unterrichtsforschung dieser Ebene bleibt hier noch vorwiegend psychologisch.

Beiträge zu einer interaktionistischen Schul- bzw. Unterrichtsforschung gibt es erst in Ansätzen (vor allem Arbeiten des Dortmunder Institutes für Schulentwicklungsforschung); strukturtheoretische und handlungstheoretische Ansätze finden sich in der Perspektive neuer Moralerziehung und Sozialisationsforschung.

Die von Fend bilanzierend vorgeschlagene Charakterisierung empirischer Bildungsforschung bleibt, wo »Bedarfsanalysen, Nutzungsforschung, Vollzugs- bzw. Gesetzeswirkungsforschung und Evaluationsforschung« (Fend 1990) zu Recht im Zentrum stehen, strukturfunktionalistisch unterlegt und an Entwicklung als Modernisierung orientiert. Daß es gleichwohl auch Beiträge gibt, die wie die »Schulentwicklungsforschung« auch die Eigenlogik von Bildungsprozessen thematisieren, oder die wie strukturtheoretische Ansätze handlungstheoretisch argumentieren, ändert nichts an dem Umstand, daß in diesen empirischen Forschungsbereichen die Weiterentwicklung von Grundlagentheorie, die verschiedene Ebenen nicht nur funktionalistisch vermittelt, kaum Thema war.

Die Schlußfolgerung der Fachvertreter, daß gerade Analysen ein Desiderat darstellen, die den Gesamtprozeß der Vermittlung von Bildung und Gesellschaft als Produkt der Prozesse auf anderen soziologischen Ebenen konzeptualisieren, unterstreicht dies.

Die Entwicklungstendenzen dieser Bildungsforschung lassen sich am Programm der »Lebenslaufforschung« (vgl. Mayer 1990; Meulemann 1990) und den in der Forschung selbst benannten Desideraten der Schulentwicklungs- und Berufsbildungsforschung aufzeigen. Lebenslaufforschung erweitert die bildungssoziologische Analyse von Bildungsverhalten, Leistung und Chancengleichheit durch umfassende Längsschnittanalysen. Dadurch werden individuelle Bildungswege in der Zeit, »individuelle Entscheidungen des Lebenslaufs« (Meulemann 1990: 89) in diesen Kategorien erfaßt. Anstelle etwa des Zusammenhangs von Bildungserwartung und Bildungserfolg wird der Zusammenhang

von real vollzogener Bildungsplanung, sozialer Herkunft und Leistung in ihrem Beitrag zum Bildungserfolg untersucht. Einerseits werden so individuelle Entscheidungen und – durch die Erfassung der dabei verwendeten institutionsbezogenen Muster – die soziale Struktur der Bildungsinstitutionen »als Ergebnis des Handelns von sozial definierten Gruppen und der Nachfrage von Akteuren unter angebbaren, sich verändernden gesellschaftlichen Rahmenbedingungen« (Mayer 1990: 10) erkennbar. Andererseits differenziert dies nur – allerdings erheblich – die bekannte Fragestellung nach der Bedeutung von Bildungsinstitutionen relativ zu sozial definierten Gruppen, zur Nachfrage nach Qualifizierung und zum Statuserwerb, und dies typisiert Bildungswege funktional.
Für die sehr differenzierte »Schulentwicklungsforschung«, die vor allem den Forschungsschwerpunkten »institutionelle Strukturen« und »Ungleichheit der Bildungschancen« folgte, und für die besonders als Qualifikationsforschung ausgebaute Berufsbildungsforschung werden Desiderate herausgestellt, die forschungsstrategisch Vergleichbares indizieren. Wird dort reklamiert, stärker den Einfluß der erfaßten Faktoren – im besonderen der Selektion – auf die Lernbedingungen des Unterrichts zu untersuchen, bleibt hier auch bei der Analyse beruflicher Qualifizierung der Anspruch uneingelöst, den Erwerbsprozeß oder die Perspektive Lernender zu thematisieren – kurz: die Konstitutionsbedingungen von Subjekten bzw. von Subjektivität bleiben unerkannt.
Die Pointe in bezug auf die oben vertretene These, eine Weiterentwicklung theoretischer Konzepte stehe aus, ist offensichtlich: Was sich hier als Desiderat der Empirie niederschlägt, ist ein Defizit grundlagentheoretischer Konzeptualisierung.
Das Interesse an der im folgenden skizzierten »new sociology« richtet sich entsprechend auf mögliche Innovationen.
(II) Die »new sociology of education« entwickelte sich im gesellschaftspolitischen Kontext der USA und Großbritanniens seit Ende der sechziger Jahre mit der politischen Bewegung der neuen Linken und gegen etablierte bildungssoziologische Ansätze. Sie verband ein Selbstverständnis von einer dezidiert gesellschaftskritischen Rolle ihrer Theorieentwicklung mit dem Anspruch forcierter Theoretisierung ihres Gegenstands durch den Bezug auf kritische Gesellschaftstheorie allgemein.

Eine auch unter den Vertretern der »new sociology of education«
anerkannte Analyse dieses Theoriestranges von Wexler (1987)
charakterisiert die »new sociology of education« als Verbindung
von mindestens drei theoretischen Traditionen: einmal einer noch
auf die »progressive education« Bezug nehmenden Tradition von
Pädagogen und Erziehungswissenschaftlern, den sozialen Vermittlungszusammenhang institutionalisierter Bildung als eigenen
zentralen Gegenstand zu erforschen. Die Arbeiten von Apple, der
den Begriff »new sociology of education« mitprägte (vgl. Apple
1978), zur gesellschaftskritischen Neukonzeptualisierung von
Curriculumtheorie sind hier zuerst zu nennen. Zweitens trat danach eine verstärkte Rezeption europäischer soziologischer Theoriebildung in der amerikanischen Soziologie und Bildungssoziologie hinzu. Dazu kommt schließlich drittens eine Tendenz zur
Interdisziplinarität in einer sich ausdifferenzierenden Soziologie,
die zur Integration historischer und ökonomischer Fragestellungen führte (Wexler 1987: 34; 1976). Wexlers Rekonstruktion kann
überzeugend aufzeigen, daß der Gesamtentwicklung im Kern die
Integration eines wissenssoziologischen Musters zugrunde liegt,
das zur Beschäftigung mit durch Bildungsinstitutionen vermitteltem Wissen und interpretierenden und konstruktivistischen Analyseverfahren führte. Hier gab es eine Anschlußmöglichkeit für
die umfassend an pädagogischen Prozessen interessierte Curriculumtheorie (vgl. Young 1971). Als entscheidend für die Konturierung der »new sociology of education« zeigt Wexler die materialistische Kritik und Wendung der rezipierten wissenschaftsanalytischen Ansätze in einem durch die politische Bewegung
vermittelten gesellschaftskritischen Zugriff auf.
Kontrastiert man für eine nähere Charakterisierung der »new sociology of education« deren Grundbegriffe beziehungsweise
Grundannahmen mit denjenigen der damals traditionellen, liberalen, insbesondere durch Parsons begründeten Bildungssoziologie,
so lassen sich wenigstens fünf Grundannahmen herausstellen.
Anknüpfend an oben erwähnte wissenschaftstheoretische Überlegungen charakterisiert die Arbeiten der »new sociology of education«, daß gegen einen objektivistischen Wissensbegriff versucht
wird, »soziales Wissen« über Gesellschaft im Schulunterricht und
den öffentlichen Diskurs über Schule zu analysieren, um ihre
soziale Determinierung und ihren ideologischen Charakter herauszuarbeiten. Frühe Arbeiten der auch im vorliegenden Band

vertretenen Autoren Whitty und Apple (exemplarisch Young/ Whitty 1977; Apple 1979, 1982) oder die Arbeiten von Giroux (1981, 1983) können hier genannt werden.
Den liberalen und strukturfunktionalistischen Annahmen ebenfalls diametral entgegengesetzt sind zwei weitere Grundannahmen über die gesellschaftliche Funktion von Schule. Erstens wird Schule nun, anstatt sie implizit nur als Medium und Mittel des individuellen Aufstiegs zu konzeptualisieren und als Teil einer durchlässigen, auf Verdienstherrschaft begründeten soziologischen Ordnung zu fassen, in ihren Funktionen neu dargestellt. Institutionalisierte Bildung dient demnach der sozialen und kulturellen Reproduktion gesellschaftlicher Ungleichheit beziehungsweise gesellschaftlicher Strukturen. Entsprechend verändert sich auch die Sichtweise schulischer Interaktion und ihrer Sozialisationsfunktion. Dieses Feld wird statt als von konsensfähigen Werten und Normen geprägtes und sozialer Integration dienendes nun unter der Prämisse erforscht, vorhandene Konflikte, oppositionelles Verhalten und Widerstand gegen schulische Normen in den Blick zu bekommen. Arbeiten von Wexler selbst, von Giroux und auch frühere Analysen von Apple oder Willis lassen sich dazu zählen (vgl. Willis 1977).
Schlüsselbegriffe beziehungsweise grundlegende Konzepte sind schließlich Ideologiekritik und der Begriff kultureller Reproduktion. Ideologiekritik war als Entmystifizierung sowohl Programm der akademischen Wissensentwicklung als auch – in der Tradition kritischer Theorie und marxistischer Theorie – logisches Muster der Analyse von interessenbedingt Realität verzerrendem Wissen und Muster dafür, die legitimierende Funktion von Ideologie für die Stabilisierung sozialer Verhältnisse herauszuarbeiten.
Außerdem erlaubt es der Rückgriff auf kritische Gesellschaftstheorie der bildungssoziologischen Analyse, Bildung als Teil kultureller Produktion – ideologiekritisch als Teil »kultureller Reproduktion« (im Sinne von Bourdieu) – zum Gegenstand der Analyse zu machen. Die Studie von Wexler vertritt hinsichtlich der immanenten Entwicklungsdynamik der »new sociology of education« die These, daß beide dort rezipierten reproduktionstheoretischen Traditionen – die marxistisch-strukturalistische wie die der älteren kritischen Theorie – die Forschungsentwicklung notwendig vom Muster der Ideologiekritik hin zur Analyse der Handlungsebene und der Institutionen führten.

Der von der ersten Tradition offerierte Ideologiebegriff, der gleichsam material die durch Übernahme von Ideologie induzierte Auflösung von Subjektkonstitution in den gesellschaftlichen Existenzbedingungen nachweisen will, barg Wexlers These zufolge die Tendenz, Ideologie im Kontext praktischen Handelns auf Symbole und Interaktion zu beziehen und weniger als Übertragung von Elementen der Ideologie weiter zu analysieren. Für das gesellschaftstheoretische Verständnis von Ideologie der zweiten Bezugstheorie läßt sich Vergleichbares feststellen. Auch dessen Rezeption mit dem Zweck, das Reproduktionsmoment von Bildung herauszuarbeiten, lenkte die Perspektive der Theorieentwicklung auf die Untersuchung der Institutionen symbolischer Produktion beziehungsweise Sinnkonstitution und damit auf die Reproduktionsfunktion von Institutionen.

Die »new sociology of education« bringt neben entsprechenden Studien schließlich erziehungswissenschaftliche Analysen hervor, die wie im Fall von Bowles und Gintis (1976) die Reproduktionsfunktion institutionalisierter Bildung nach dem Prinzip der Korrespondenz interpretieren, oder mit Apple (1979) – Bourdieu/Passeron folgend – die Reproduktionsfunktion institutionalisierter Bildung als Reproduktion einer schichtspezifischen Kultur bestimmen. Im besonderen Apple vertrat dabei die These, daß die schichtspezifische Kultur der herrschenden sozialen Schicht im Schulsystem als verallgemeinerbares Wissen vermittelt und legitimiert wird mit der Folge, daß es aufgrund sozial unterschiedlicher Voraussetzungen zu einer sozialen Differenzierung des konstituierten Wissens und der Schüler kommt.

Im weiteren Verlauf der Entwicklung wurden jedoch zentrale theoretische Elemente der politisch-ökonomischen Schultheorie und der komplementären Konzeptualisierung schichtspezifischer kultureller Ordnungsstrukturen mit Hilfe der Verbreitung von Ideologie als »Bildungswissen« wesentlich verändert. Das Konzept der Totalität wurde ersetzt durch ein Bewußtsein der relativen Autonomie der Institutionen. »Integration über Strukturen« als Konzept erlaubte die Beschreibung interner Widersprüche. Das Modell der Reproduktion sozialer Herrschaft wurde konzeptuell schließlich durch die Analyse institutionsinterner Konflikte differenziert.

(III) Zu theoretischen Markierungen nach der »new sociology of education«: Für die Skizze eines nicht subsumtionslogischen

Konzeptes der gesellschaftlichen Vermittlung institutionalisierter Bildung und die Reformulierung damit verbundener bildungstheoretischer Aussagen lassen sich abschließend drei Argumentationen hervorheben, deren weitere Ausarbeitung zu diesem Vorhaben beitragen kann.

(a) Rückfragen an ein Reproduktionskonzept mit Blick auf jüngste Erfahrungen.

Die oben mit Baethge und Wexler schon angesprochene Kritik verweist auf autonome oder relativ autonom verlaufende Prozesse auf kultureller Ebene, mit Bezug auf die Funktion des Staates und mit Bezug auf das Erziehungssystem.

Die reproduktionstheoretische Reflexion wie auch die in jener Zeit dominierende bildungspolitische Konzeption der Sozialdemokratie, die in ihrem Expansions- und Reformmodell der Ideologie der Chancengleichheit sowie dem Postulat eines Bildungsbürgerrechts folgte, haben das Verhältnis von Bildungssystem und ökonomischem System je spezifisch konstituiert, dabei allerdings auf je eigene Weise die Dialektik von Struktur und Handlung gesprengt. Während die Reproduktionstheorie die strukturfunktionalistische Perspektive einnahm und implizit Handlung darin auf den bloßen Vollzug dessen reduziert wurde, was für die Reproduktion der ungleichen Sozialstruktur als notwendig erschien, schlug sich die sozialdemokratische Bildungspolitik auf die andere Seite der Dialektik, indem sie auf die Ungleichheit abbauende Funktion von Bildung setzte. Während das Konzept der Startchancengleichheit weder die Gleichheit der Lernbedingungen und Lernprozesse noch die Ergebnisgleichheit postulierte und insofern a priori die ungleiche Hierarchiestruktur sozialer Positionen nicht attackierte, trugen die anderen beiden Chancengleichheitskonzepte, insbesondere das Modell der Ergebnisgleichheit, implizit einen Widerspruch zur Ungleichheit der Positionen im Beschäftigungssystem in sich: den Widerspruch zwischen der Gleichheit der erworbenen Bildung und der Ungleichheit der Positionen, für die die zertifizierte Bildung als Eintrittsbillett fungierte. Interessanterweise führte dieser Widerspruch nicht dazu, die sozialstrukturelle Ungleichheit des Beschäftigungssystems als das eigentliche Problem zu identifizieren (wie es z. B. Jencks et al. 1972, Bowles und Gintis 1976 oder Carnoy und Levin 1985 tun), sondern der Widerspruch *zwischen* den beiden Systemen wurde gewissermaßen *in* das Bildungssystem selbst verpflanzt und erschien dort als zweifacher bildungssystemimmanenter Widerspruch: Zum einen als Widerspruch zwischen gleichen Bildungschancen und der Selektionsfunktion des Bildungswesens, und zum zweiten als Widerspruch zwischen Bildungschancengleichheit und Effizienz. Während also sozialdemokratische Bildungstheorie und -politik die differentiellen Wirkungen ungleicher Lebensbedingungen auf die Bildungschancen Jugendlicher und die Notwendigkeit sowie die Möglichkeiten der Herstellung gleicher Bildungschancen reflektierten und dabei nicht weiter thematisierten, daß die Jugendlichen nach Angleichung ihrer Bildungschancen einer Welt ungleicher sozialer Positionen überlassen wurden, deren Ungleichheitsstrukturen selbst nicht mehr in Frage gestellt wurden, bestanden die Reproduktionstheorien auf der entgegengesetzten Sichtweise, daß nämlich die grundlegende Funktion des Bildungssystems darin bestehe, die soziale Ungleichheit zu reproduzieren und gleichzeitig deren Legitimation zu erhalten, indem die Illusion der Chancengleichheit durch einen bildungsexpansionsgestützten meritokratischen Kreislauf immer wieder produziert wird. Die fundamentalen Schwächen der Reproduktionstheorien liegen darin, daß ihnen entweder die Beziehungen zwischen Ideologie, Kultur und Staat einerseits und ökonomischem System andererseits aus dem Blick geraten, oder daß sie Beziehungen zwischen der ökonomischen Struktur auf der einen Seite und Ideologie, Kultur, Sozialisation, Curriculum auf der anderen Seite postulieren, die viel zu deterministisch bzw. ökonomistisch sind. Dies führt letztlich in eine nicht akzeptable Modellierung des Verhältnisses von Gesellschaftsstruktur und Subjekt, in der das Subjekt in seinem Handeln nicht nur strukturell dominiert, sondern determiniert ist. Subjekte wie Lehrer, Schüler, Eltern, Studierende usw. handeln im Reproduktionsmodell nicht als relativ autonome Subjekte, sondern wie Marionetten ohne eigene Bedürfnisse und ohne eigenen Willen.

Tatsächlich sprechen Erfahrungen mit der Bildungsreform der späten sechziger Jahre dafür, die Annahmen von der relativen Autonomie des Bildungssystems und über die Prozesse auf der Handlungsebene näher zu betrachten.

Ein die Eigenlogik solcher Strukturen respektierendes Modell des Zusammenhangs von »Reproduktion, sozialer Ungleichheit und Handeln« müßte ein System von vier lose miteinander verknüpften Strukturen enthalten, der sozialen Struktur des ökonomischen Systems, der Struktur institutionalisierter Bildung, der Struktur des Staates und der Strukturen der Lebenswelt der Individuen. Innerhalb jeder dieser Sphären handeln Subjekte nach ihren Rollen, Funktionen, Interessen und Bedürfnissen ebenso wie nach ihrer Position in der Hierarchie. Jede Lebenswelt produziert eigene Wertsysteme, Haltungen und Einstellungen (gegenüber Arbeit, Politik, Bildung) und eigene kulturelle Muster und Haltungen, die von den Subjekten entsprechend ihren Lebenswelten hervorgebracht werden. Deshalb gibt es nicht nur die Ideologie oder Kultur der »herrschenden Klasse«, sondern auch die der der Herrschaft »Unterworfenen« und ihrer unterschiedlichen Lebenswelten. Ihre Mitglieder beschränken die Reichweite ihrer spezifischen Kulturen nicht auf die private Sphäre, sondern versuchen überall, danach zu leben, im besonderen auch in Institutionen der Wirtschaft und der Bildung. Womit wir dann konfrontiert sind in den Sphären von Ökonomie, Bildung und des Staatshandelns, ist eine Pluralität von Kulturen, Ideologien und Interessen, von denen ein Teil der dominierenden »Klasse«, andere den Beherrschten zuzuordnen sind. Abhängig vom Grad der wahrgenommenen Interessengegensätze und Unterschiede dieser Kulturen wird die Ökonomie ebenso wie das Bildungssystem und der Staat Schauplatz der Auseinandersetzungen zwischen sozialen Klassen sein. Diese Auseinandersetzungen werden sowohl innerhalb der gegebenen Strukturen stattfinden als auch – willentlich oder nicht – selbst neue Strukturelemente hervorbringen.

Im Rahmen dieser Modellskizze sind drei Fragestellungen näher zu erörtern, die der Klärung bedürfen. Die folgenden Ausführungen mögen dazu dienen, die weiter zu klärenden Fragen zu explizieren. Es geht dabei einmal um den Begriff der relativen Autonomie institutionalisierter Bildung (1), dann um das Konzept von Subjekt und Widerstand (2) und schließlich um das Konzept der Sozialstruktur (3).

(1) Obwohl der erste Anstoß für Bildungsexpansion und Bildungsreform vom gesteigerten Bedarf gebildeter Arbeitskräfte der Ökonomie ausging, kann man den »man-power-approach« nicht als leitende Vorstellung bezeichnen, die Reformversuche und Angebotsausweitung anleitete. Vielmehr wurden eher Vorstellungen des »social-demand-approach« und später Konzepte von auf das Subjekt bezogenen Anforderungen bestimmend, und dies wurde

noch durch steigende individuelle Bildungsnachfrage verstärkt, die im Verlauf der Reform ausgelöst wurde. Während Versuche zu Reformen der Organisationsstruktur, zu Curricula und Lehrerbildung und anderen Elementen ganz grundsätzlich Gegenstand heftiger politischer Auseinandersetzungen zwischen verschiedenen sozialen Gruppen wurden, und noch als die Reformbemühungen abgeblockt wurden und in einer Formierung des Bildungssystems endeten, die weder von Reformgegnern noch Befürwortern so gewollt war, wurde der Anstieg der Nachfrage nach höherer Bildung nicht geringer, und alle Untersuchungen zeigen, daß man das zukünftig auch nicht erwarten darf. Und während Bildungssoziologen eine bedrohliche Legitimationskrise entweder für das Bildungssystem und die Funktion seiner Berechtigungen vorhersagten, oder aber für das Beschäftigungssystem, weil die Homogenisierung der Qualifikationsprofile auf hohem Niveau die hierarchische Struktur der Arbeitsorganisation in Frage stellen würde, geschah nichts dergleichen und die Ausweitung der Beteiligung an höherer Bildung setzte sich fort. Nach Lutz (1983) verschwinden die Eingangsbarrieren zu höherer Bildung tendenziell, Öffnung und Abschottung höherer Bildung läßt sich seit den sechziger Jahren nicht mehr wie zuvor durchsetzen, die Selektionsfunktion von Bildung verringert sich angemessen, und kultureller Pluralismus und Demokratisierung der Inhalte setzen sich immer mehr durch. Die Nachfrage nach höherer Bildung – auch mit der Bildungsspirale (Thurow 1975) oder dem Qualifikationsparadox (Mertens 1984) erklärbar – hat demnach die meritokratische Logik beim Übergang von Bildung zu Beschäftigung geschwächt und verlagert solche Prozesse zunehmend in das Beschäftigungssystem. Das heißt aber tatsächlich, daß das Beschäftigungssystem unter Legitimationsdruck gerät und sich entsprechend anpassen muß, um mit dem veränderten Angebot an qualifizierter Arbeitskraft umgehen zu können. Insgesamt läßt sich deshalb feststellen, daß das Bildungssystem nur locker mit den anderen Systemen aus seiner Umwelt verknüpft ist, und daß es eine Menge Spielraum für die Entwicklung und das Verwirklichen verschiedener Schüler-, Lehrer- und Eltern-Kulturen ebenso wie für die Bestimmung von Bildungsinhalten und Interaktionsweisen im Unterricht gibt.

(2) Führt man – gegenüber orthodoxen Verkürzungen – in eine reformulierte Vorstellung von »Reproduktion« einen Begriff vom

Subjekt wieder ein, der dieses in der Produktions- wie Reproduktionssphäre als selbständig handelndes konzeptualisiert, anerkennt man damit nur die einfache Wahrheit, daß auch »Klassenkampf« und Widerstand ohne bewußte Entscheidung der Individuen nicht gedacht werden und so erst die Zugehörigkeit zu einer Klasse bewußt werden kann und der Entschluß zur Beteiligung an kollektivem Handeln entsteht.

Weiter fordert eine solche Reformulierung einen auf Handeln bezogenen Subjektbegriff. Der in der modernen Sozialisationstheorie entwickelte Begriff vom Subjekt als produktivem Realitätsverarbeiter (Hurrelmann 1986) könnte dafür herangezogen werden. Dieses impliziert hinsichtlich des Handelns einen Begriff von individueller rationaler Entscheidung. Die Entscheidung darüber, das eigene Handeln gegebenen sozialen Verhältnissen anzupassen oder sich dagegen zu wenden, ist sowenig eine Sache des Zufalls als eine mechanischer Determinierung durch die sozialen Bedingungen, sie ist Resultat einer Entscheidung, in die die Formierung politischer Ziele und Auswirkungen anderer Faktoren eingehen. Untersuchungen von Baudelot und Establet (beschrieben in Giroux 1983) und von Willis (1977) unterstreichen diese Sicht.

Freilich sind wenigstens drei weitere Fragen in diesem Zusammenhang ungeklärt: Einmal das Verhältnis von sogenanntem Widerstand und Bildung; Willis verklärt die Widerstandsphänomene keineswegs zu Elementen einer Subjektkonstitution, die politischen Widerstand begründeten. Außerdem sollte mehr über die Intentionen und Ziele bekannt sein, die zu Anpassung oder Widerstand führen, im besonderen, ob diese Intentionen innerhalb der Grenzen lebensweltlicher Strukturen realisierbar sind oder ob sie auf Strukturveränderungen hinzielen. Schließlich sollten unterschiedliche Zusammenhänge von Handlungsintentionen und Handlungsergebnissen zuerst geprüft werden, ehe weitere Aussagen möglich sind. Auch als Widerstand aufgefaßtes Handeln, das zu politischer Opposition führt, kann verschiedene, konstruktive wie destruktive Formen annehmen.

(3) Ungeklärt ist schließlich der von Reproduktionstheorien verwendete Begriff sozialer Strukturen. Einmal sind die gesellschaftstheoretischen Vorannahmen strittig, manche operieren noch mit dem Marxschen Klassenbegriff, andere mit dem näher zu bestimmenden Begriff von sozialen Schichten. Zum zweiten reklamiert die Kritik, daß die verwendeten Modelle vertikaler Stratifizierung

ihren Geltungsbereich selbst auf traditionelle Lohnarbeitsverhältnisse beschränken.
Gravierend sind darüber hinaus Rückfragen nach der Beschränkung von Modellen auf die vertikale Struktur sozialer Beziehungen und Ungleichheit, die dieser Sicht entgegenhalten, daß heute »neue« Ungleichheiten nach anderen, zum Beispiel askriptiven Merkmalen wie dem ethnischer Zugehörigkeit und mit Bezug auf andere soziale Güter nun gesellschaftsprägend seien.
Schließlich wurden seitens der Sozialisationstheorie Argumente entwickelt, die den Schichtbegriff als viel zu unscharf überführen, um heute noch soziale Strukturen oder soziale Beziehungen als Sozialisationsfaktor zu erfassen; neue Konzepte wie »Lebenswelt« oder »Milieu« machen Karriere (vgl. Hradil in diesem Band). Die Individualisierungsthese nach Beck (1983) geht noch darüber hinaus und spricht davon, daß die »alten Ungleichheiten« zwar weiter fortexistierten, gleichwohl aber in dem Umfang an sozialer Relevanz verloren haben, indem sie ihre Bedeutung für die Handlungsorientierung der Subjekte einbüßten.
Der Umstand, daß diese ungeklärten und möglicherweise neu zu klärenden Fragen aufgeworfen wurden, läßt nur die Schlußfolgerung zu, daß wesentliche gesellschaftstheoretische Vorannahmen verschiedener Reproduktionskonzepte in die Kritik geraten sind und Reformulierungsversuche hier anzusetzen haben.
(b) Auch die Kritik der »new sociology of education« bietet neue Argumente: Wexlers schon herangezogene Studie stellt eine radikale Kritik an diesem Programm aus der Mitte seiner Vertreter dar. Sie verfolgt Aporien und die eigene »Dialektik« in der Programmdurchführung sowohl immanent als auch im Bezug auf die gesellschaftliche Funktion dieses akademischen Diskurses. Wexler sucht darin die ideologiekritische Grundfigur der »new sociology of education« ideologiekritisch zu überbieten, indem er den »wissenschaftlichen Diskurs« als politische Einflußnahme im Eigeninteresse der ihn Führenden analysiert.
Sein Befund läßt sich für unsere Fragestellung in vier Merkmalen der »new sociology of education« charakterisieren. Erstens liegt hier eine fatale Verselbständigung, bezogen auf die Existenz des Diskurses eine »Verdinglichung« des Argumentationsmusters der Ideologiekritik vor, die immanent die Verwendung eines »undialektischen« Reproduktionsbegriffes nach sich zieht: Das Muster der Kritik an einem ideologischen Schein konstituierenden Wis-

sen aus dem Handlungskontext politischer Kritik und Wissenschaftskritik setzt die »new sociology« *auch* bei der Anwendung von Ideologiekritik *auf Bildung* im Kontext der Analyse kultureller Reproduktion ein, obwohl nun nicht mehr wissenschaftliches Wissen, sondern *Schulwissen* beziehungsweise die Funktion von Schule bei gesellschaftlicher Unterdrückung Gegenstand der Kritik war. Was beim damaligen Verständnis von Ideologiekritik vorausgesetzt war, daß das ideologische Element ausschließlich durch die rationalisierten Interessen »der Mächtigen« bestimmt und als solches zu entlarven sei, diese Grundfigur blieb beim Übergang der Analyse der Reproduktionsfunktion von Schule erhalten. Trotz Einführung von Begriffen wie Hegemonie und kulturelle Praxis, blieb, so Wexler, die Reproduktionstheorie nach ihren gegenstandstheoretischen Voraussetzungen Theorie der Ideologiekritik, erfaßte symbolische Formen *nur* als Ideologie im sozialen Reproduktionszusammenhang. Der dadurch entstandene »Reproduktionismus« (Wexler 1987: 41) führt zu einer systemisch reduzierten Perspektive auf Bildungsprozesse auf allen Ebenen, zur Annahme einer Totalität der Subsumtion unter die Reproduktion von Machtstrukturen.

Zweitens führt diese Fixierung zu einer »symbolischen Funktion« (Wexler) der »new sociology of education«, dazu, daß sie nunmehr den Charakter politischen Bekenntnisses und symbolischer Praxis erhält. Dadurch, daß am »reproduktionistischen« Theoriekonzept trotz thematisierter Widersprüche festgehalten wurde – was Wexler nur über seine Bedeutung für Identität und Legitimation der akademischen Position seiner Verwender erklären kann –, gerät der Theoriegebrauch zum Bekenntnis. Deutlich wird dies an der Verwendung von Willis' (1977) These vom subkulturellen Widerstand von Arbeiterjugendlichen, der bei ihm gerade als konstitutives (!) Moment im sozialen Reproduktionsprozeß durch Bildung betrachtet wird, jedoch hier insbesondere bei Giroux nicht mehr analytisch, sondern politischen Optimismus und pädagogische Verpflichtung demonstrierend verwendet wird. Theoretisch wird damit die These von der Totalität der Reproduktion nur scheinbar aufgegeben, weil Widerstand nicht als Beleg für Revisionsbedarf, sondern zum Anlaß genommen wird, eine politische, emanzipatorische Position zu bekunden.

Drittens verweist die »new sociology of education« mit den schließlich doch vorgenommenen Modifizierungen – relative

Autonomie, Integration über Strukturen, Konfliktanalyse – in ihren Befunden über das Reproduktionskonstrukt hinaus und auf ihr gegenstandstheoretisches Defizit. Sichtbar wurden z. B. Ursachen des sozialen Wandels wie existierende strukturelle Widersprüche der kapitalistischen Ökonomie, die relative Autonomie kultureller Praxis und schichtspezifische Widerstandsformen.

Viertens schließlich wird nach Wexlers zugespitzter Diskursanalyse in der Rhetorik vom Widerstand ein »romantischer Individualismus« (Wexler 1987: 41 f.) bezüglich politischer Opposition sichtbar, der gleichsam das Komplement zum »Reproduktionismus« bildet und durch diesen bedingt scheint und die Vertreter der »new sociology of education« daran hinderte, die historischen kulturellen Voraussetzungen der Form ihres Diskurses zu erfassen.

Die Revision der »new sociology of education« gibt Anlaß, das Verhältnis von Bildung und Ideologie, statt allein über Reproduktion, aus der Perspektive sozialen und kollektiven Handelns zu rekonzeptualisieren.

(c) Den Schluß sollen Hinweise zur Kritik der »new sociology of education« aus der Perspektive ihrer systematischen Bedeutung für bildungstheoretische Bestimmungen bilden. Der relativistische Grundzug von Wexlers politisch-diskursanalytischer Kritik tritt als solcher im Kontrast zu einer ausgewiesen gesellschaftstheoretischen, insbesondere staatstheoretischen Kritik der »new sociology of education«, wie sie Englund (in diesem Band) vorlegt, deutlich hervor. Seine Kritik ist verbunden mit einer bildungstheoretischen Grundbestimmung und verknüpft mit einer bildungssoziologischen Konzeptualisierung von institutionalisierter Bildung und soll deshalb abschließend geprüft werden.

Englund vertritt die These, die Inhalte institutionalisierter Bildung beziehungsweise das durch sie vermittelte Wissen seien als Teil und Ausdruck der umkämpften Realisierung von Bürgerrechten zu analysieren und damit als *Produkt* von politischen *Auseinandersetzungen* im Staat und in der Öffentlichkeit der Gesellschaft. Der unter der Reproduktionsvorstellung vorgenommenen ideologiekritischen Analyse der Bildungsinhalte durch die »new sociology of education« hält er dementsprechend ein reduktionistisches, weil subsumtionslogisches Verständnis vor, das impliziten reduktionistischen staats- und gesellschaftstheoretischen Grundlagen geschuldet sei.

Wesentlich an dieser Argumentation ist der Umstand, daß mit ausweisbaren, reformulierten gesellschaftstheoretischen Grundlagen ein Mündigkeit konkretisierendes *prozeßbezogenes* normatives *Kriterium für Bildung* verknüpft werden kann, das vertragsrechtlich auf der modernen sozialen Strukturierung der Gesellschaftskonstitution und Partizipation aufbaut. Rekurriert man zu diesem Zweck auf die traditionelle Bildungssoziologie und ihre strukturfunktionalistische Basis, so läßt sich ein verschütteter Zusammenhang rekonstruieren: Der Staat war dort theoretisch als Modernisierungsagent gefaßt, der das individuelle Bürgerrecht auf Bildung als Voraussetzung dafür zu garantieren habe, daß Teilhabemöglichkeiten in Form der Ausübung ziviler, politischer und sozialer Rechte geschaffen werden. Zieht man zum Beispiel unter Rückgriff auf Giddens und Poulantzas eine kritische, konflikttheoretische Staatstheorie heran, dann wird auch hier (historisch) Staatshandeln als umkämpftes »Gebiet« konkurrierender politischer, ideologischer Kräfte gefaßt, für das die Durchsetzung von Bürgerrechten von zentraler Bedeutung ist: es wird eine Eigenlogik staatlichen Handelns sichtbar, die im konstitutiven Charakter der Bürgerrechte begründet ist, und so für die »new sociology of education« nicht faßbar war. Bildung und ihre Inhalte sind Teil und Gegenstand dieses sozialen Konflikts um das Staatshandeln.
Deshalb blieb die »reproduktionistische« Analyse von Bildungswissen reduktionistisch. Sie dehnte aber darüber hinaus bildungstheoretisch den Gegenstandsbereich notwendig nur negativer Bestimmungen unangemessen aus: negiert wird zu Unrecht die an Prozeßregeln ausgerichtete, empirisch begründbare normative Orientierung von Bildungsprozessen. Englund schlägt deshalb vor, Bildungsprozesse an einer kommunitären Bürgerrechtsperspektive von Demokratie und Öffentlichkeit zu messen.
Für die Theoriebildung impliziert das, fundiert durch eine Neubestimmung von Bürgerrechten, die ambivalente Bedeutung von Schule bei deren Durchsetzung zu klären und die Prägung des »Bildungswissens« daraufhin zu untersuchen, welches Bild von der Gesellschaft damit vermittelt wird und welche Sozialisationsfunktion diese pädagogische Konzeption besitzt.
Zweitens eröffnet die gesellschaftstheoretisch herausgestellte Kategorie der kritischen Öffentlichkeit als Medium der Partizipation bezüglich der Realisierung von Partizipationsrechten die Möglichkeit, die dafür vorausgesetzten Kompetenzen von intellektuel-

ler Autonomie und kommunikativen Kompetenzen näher zu bestimmen und darüber hinaus das Bildungssystem gegenstandstheoretisch für bildungssoziologische Analysen in neuer Weise zu definieren. Institutionalisierte Bildung formt »Symbole«, bildet ein Verständnis von Gesellschaft, von dem, was Öffentlichkeit ausmacht, davon, was kollektives Bewußtsein stiftende Diskurse hervorbringt.

Die Funktionsbestimmung, für Subjekte ein Verständnis von Gesellschaft zu vermitteln, ein Verständnis vom Prozeß der Partizipation an gesellschaftlichen Konstitutionsprozessen, diese Funktionsbestimmung stellt eine nicht subsumtionslogische Konzeptualisierung von Bildungsprozessen dar, die Eigendynamik und Subjektbezug einschließt. Bildungssoziologisch und bildungstheoretisch ist dadurch eine Konzeptualisierung der Eigenlogik von Bildungsprozessen auf dieser Ebene vorgelegt. Die auf Handlungsprozesse und ihre Regeln bezogene Konzeptualisierung der Funktion institutionalisierter Bildung markiert ihre Rolle im gesellschaftlichen Konstitutionszusammenhang in neuer Weise und trägt zu einer prozeßorientierten Bestimmung von Bildung bei.

Die von Heydorn vorgestellte Analyse von Gesellschaftsgeschichte und Bildungsgeschichte, die als Entfaltung der Dialektik der Institutionalisierung von Bildung konzeptualisiert wird (Heydorn 1979), kann als ein wesentlicher Beitrag aus der deutschen Diskussion zur gesamten Problemstellung gelesen werden, der zugleich noch einmal, ideologiekritisch orientiert, Perspektiven begründet, die die Funktionalisierung von Bildung im Herrschaftsinteresse und deren mögliche Überwindung thematisiert. Dies verbindet sich mit einer Hoffnung, wie sie v. Friedeburg am Schluß seiner Analyse der Bildungsreformen in Deutschland formuliert: »Die gesellschaftliche Instrumentalisierung öffentlicher Bildung fällt immer schwerer. Die Bildungsreform bleibt auf der Tagesordnung« (v. Friedeburg 1989: 477; vgl. Sünker 1992, 1993).

So fällt letztendlich die Erkenntnis, daß Bildungspolitik Gesellschaftspolitik ist, mit der, daß eine demokratische Gesellschaft auf gebildeten – und dies meint handlungsfähigen, in politische Angelegenheiten eingreifenden – BürgerInnen aufruht, zusammen.

Literatur

Adorno, Th. W. (1972), »Theorie der Halbbildung«, in: ders., *Soziologische Schriften* 1, Frankfurt/M., S. 93-121.
Apple, M. W. (1978), »The new sociology of education: analyzing cultural and economic reproduction«, in: *Harvard Educational Review* 48, S. 495 f.
– (1979), *Ideology and Curriculum*, Boston/London.
– (Hg.) (1982), *Cultural and Economic Reproduction in Education*, Boston/London.
Baethge, M. (1984), »Materielle Produktion, gesellschaftliche Arbeitsteilung und Institutionalisierung von Bildung«, in: *Enzyklopädie Erziehungswissenschaft*, Bd. 5, Stuttgart, S. 21-53.
–/Teichler, U. (1984), »Bildungssystem und Beschäftigungssystem«, in: *Enzyklopädie Erziehungswissenschaft*, Bd. 5, Stuttgart, S. 206-224.
Beck, K./Kell, A. (1990), »Symposion 4: Bilanz der Bildungsforschung«, in: Benner, D. (Hg.), *Bilanz für die Zukunft: Aufgaben, Konzepte und Forschung in der Erziehungswissenschaft*, Weinheim/Basel, S. 149-168.
Beck, U. (1983), »Jenseits von Klasse und Stand? Soziale Ungleichheit, gesellschaftliche Individualisierungsprozesse und die Entstehung neuer sozialer Formen und Identitäten«, in: Kreckel, R. (Hg.), *Soziale Ungleichheiten, Soziale Welt*, Sonderband 2, Göttingen, S. 35-74.
Bowles, S./Gintis, H. (1976), *Schooling in Capitalist America*, New York,
–/– (1987), *Democracy and Capitalism*, New York.
Bourdieu, P. (1973), »Kulturelle Reproduktion und soziale Reproduktion«, in: ders./Passeron, *Grundlagen einer Theorie der symbolischen Gewalt*, Frankfurt/M., S. 88-137.
Carnoy, M./Levin, H. M. (1985), *Schooling and Work in the Democratic State*, Stanford.
Cole, M. (Hg.) (1988), *Bowles and Gintis Revisited. Correspondence and Contradiction in Educational Theory*, London.
Collins, R. (1979), *The Credential Society. A Historical Sociology of Education and Stratification*, New York.
Fend, H. (1990), »Bilanz der empirischen Bildungsforschung«, in: *Z. f. Päd. 36*, S. 687 f.
Friedeburg, L. v. (1983), »Zur Einführung: Konjunkturphasen öffentlichen Interesses an Bildungspolitik und Bildungssoziologie«, in: *ZSE 3*, S. 157-164.
– (1989), *Bildungsreform in Deutschland. Geschichte und gesellschaftlicher Widerspruch*, Frankfurt/M.
Giroux, H. (1981), *Ideology, Culture and the Process of Schooling*, Philadelphia.
– (1983), *Theory and Resistance in Education*, South Hadley, Mass.

Heid, H. (1988), »Zur Paradoxie der bildungspolitischen Forderung nach Chancengleichheit«, in: *Z. f. Päd. 34*, S. 1-17.
Heydorn, H. J. (1979), *Über den Widerspruch von Bildung und Herrschaft*, Frankfurt/M.
– (1980), »Zu einer Neufassung des Bildungsbegriffs«, in: ders., *Ungleichheit für alle*, Frankfurt/M.
Hurrelmann, K. (1986), »Das Modell des produktiv realitätsverarbeitenden Subjekts in der Sozialisationsforschung«, in: ders. (Hg.), *Lebenslage, Lebensalter, Lebenszeit*, Weinheim/Basel, S. 71-123.
Jencks, Chr. et al. (1972), *Chancengleichheit*, Reinbek.
Keckeisen, W. (1983), »Kritische Erziehungswissenschaft«, in: *Enzyklopädie Erziehungswissenschaft*, Bd. 1, S. 117-138.
Lenhart, V. (1987), *Die Evolution erzieherischen Handelns*, Frankfurt/M.
Lutz, B. (1983), »Bildung und soziale Ungleichheit. Eine historisch-soziologische Skizze«, in: Kreckel, R. (Hg.), *Soziale Ungleichheiten, Soziale Welt, Sonderband 2*, Göttingen, S. 221-245.
Mayer, K.-U. (1990), »Lebensverläufe und sozialer Wandel. Anmerkungen zu einem Forschungsprogramm«, in: ders. (Hg.), *Sonderheft der KZfSS 1990*, S. 7-21.
Mertens, D. (1984), »Das Qualifikationsparadox – Bildung und Beschäftigung bei kritischer Arbeitsmarktperspektive«, in: *Z. f. Päd. 4*, S. 439-455.
Meulemann, H. (1990), »Schullaufbahnen, Ausbildungskarrieren, und die Folgen im Lebensverlauf. Der Beitrag der Lebenslaufforschung zur Bildungssoziologie«, in: Mayer, K.-U., a.a.O., S. 89-117.
Richter, E. (1993), »Interkulturelle Bildung als Aufgabe der Schule«, in: Schubarth, W./Melzer, W. (Hg.), *Schule, Gewalt und Rechtsextremismus*, Opladen, S. 249-274.
Rolff, H. G. (1983), »Bildungspolitik und bildungssoziologische Forschung im Bereich Schule – kulturelle Modernisierung im Klassenkonflikt«, in: *ZSE 3*, S. 201-212.
Sünker, H. (1989), *Bildung, Alltag und Subjektivität*, Weinheim.
– (1989a), Heinz-Joachim Heydorn: »Bildungstheorie als Gesellschaftskritik«, in: Hansmann, O./Marotzki, W. (Hg.), *Diskurs Bildungstheorie II*, Weinheim, S. 447-470.
– (1992), »Bildungstheorie als pädagogisch-politisches Paradigma«, in: Marotzki, W./Sünker, H. (Hg.), *Kritische Erziehungswissenschaft – Moderne – Postmoderne 1*, Weinheim. S. 59-74.
– (1993), »Politische Kultur und institutionalisierte Bildung in Deutschland«, in: Schubarth, W./Melzer, W. (Hg.), *Schule, Gewalt und Rechtsextremismus*, Opladen, S. 173-185.
Thurow, L. (1975), *Generating Inequality*, New York.
Timmermann, D. (1988), »Die Abstimmung von Bildungs- und Beschäftigungssystem: ein Systematisierungsversuch«, in: Bodenhöfer, H.-J. (Hg.), *Bildung, Beruf, Arbeitsmarkt*, Berlin, S. 25-82.

–/Strikker, F. (1986), »Bildung, Ausbildung und was dann? Feine Signale und harte Fakten. Überlegungen zur Abstimmung von Bildungs- und Beschäftigungssystem«, in: *Mehrwert 27*, Bremen, S. 110-181.
Tippelt, R. (1990), *Bildung und sozialer Wandel*, Weinheim.
Wexler, Ph. (1976), *The Sociology of Education. Beyond Equality*, Indianapolis.
– (1987), *Social Analysis of Education. After the New Sociology*, London/New York.
Willis, P. (1977), *Learning to Labour: How Working Class Kids get Working Class Jobs*, Westmead.
Young, M./Whitty, G. (Hg.) (1977), *Society, State and Schooling*, Sussex.
– (1971), *Knowledge and Control: New Directions for the Sociology of Education*, London.
Zeitschrift für Sozialisationsforschung und Erziehungssoziologie (ZSE) 3, 1983, Heft 2.

Michael W. Apple
Wie Ideologie wirkt:
Die Wiederherstellung der Hegemonie während der konservativen Restauration*

1. Einleitung

Der übliche Zugang zum Verständnis dessen, wie Ideologie funktioniert, besteht im großen und ganzen in der Annahme, Ideologie werde den Menschen einfach aufgrund ihrer Zugehörigkeit zu einer bestimmten Klassenlage gleichsam eingraviert, die Macht der herrschenden Ideen sei entweder etwas Bestehendes, in dem Herrschaft enthalten sei, oder die Unterschiede zwischen den »eingravierten« Klassenkulturen und -ideologien würden entscheidende Klassenkonflikte hervortreiben. In jedem Fall werde Ideologie als etwas gesehen, das seine Effekte für die Menschen in der Wirtschaft, Politik, Kultur, auf dem Gebiet der Erziehung sowie im privaten Zuhause irgendwie und ohne allzu große Mühe spürbar mache. Es *gebe* sie einfach. Zu ihrem Alltagsbewußtsein kämen die Menschen ganz ›natürlich‹, im normalen Vollzug ihres Alltagslebens, das durch ihre Klassenlage vorstrukturiert sei. Kenne man jemandes Position in der Klassenstruktur, dann kenne man auch seine politischen, wirtschaftlichen und kulturellen Überzeugungsmuster, dann sei es eigentlich nicht mehr notwendig zu untersuchen, *wie* die herrschenden Überzeugungen tatsächlich zur Vorherrschaft gelangen. In der Regel nimmt man nicht an, daß diese Ideen »die Vorherrschaft definitiv, vermittels eines spezifischen und kontingenten (im Sinne eines unabgeschlossenen, nicht völlig determinierten) ideologischen Kampfprozesses zu *erringen* haben würden (anstatt ihnen nur zugeschrieben zu werden).«[1] Jedoch liefert uns die aktuelle politische

---

* Ich möchte dem Freitags-Seminar an der Universität Wisconsin, Madison, für seine Kommentare zu den verschiedenen Entwürfen des vorliegenden Beitrags danken.
1 Stuart Hall, »The Toad in the Garden: Thatcherism Among the Theorists«, in: Cary Nelson/Lawrence Grossberg (Hg.), *Marxism and the*

Lage in vielen westlich-kapitalistischen Nationen deutliche Anhaltspunkte dafür, daß eine derart konventionelle Sichtweise mehr als unangemessen für das Verständnis der Verschiebungen ist, die im Alltagsbewußtsein der Menschen auftreten. Wir nehmen in dominanten Gruppen ein Konfliktmuster wahr, das zu bedeutsamen Veränderungen ihrer eigenen Positionen geführt hat, und, was noch wichtiger ist, wir erleben, wie Ideologieelemente derjenigen Gruppen, die die Herrschaft innehaben, tatsächlich zu Popularität gelangen. Feststellbar ist ein Bruch mit anerkannten Überzeugungen in vielen Segmenten der Öffentlichkeit, die historisch mit weniger Macht ausgestattet werden[2], ein Bruch, an dem wirtschaftlich und politisch starke Kräfte der Gesellschaft mitgewirkt und den sie vergrößert haben. Und diese ideologischen Verschiebungen im Alltagsverständnis haben einen tiefgreifenden Einfluß darauf, wie ein großer Teil der Öffentlichkeit über die Rolle der Erziehung in der betreffenden Gesellschaft denkt.

Im vorliegenden Beitrag werde ich einige dieser außerordentlich wichtigen Veränderungen in den populären Weltbildern beschreiben und analysieren. Ein besonderes Anliegen ist es mir zu zeigen, wie Ideologien tatsächlich zu einem Teil des allgemeinen Bewußtseins von Klassen und Klassenfraktionen werden, die nicht zur Elite gehören. Um dies zu verstehen, werde ich auf theoretische Arbeiten zur Funktionsweise von Ideologien, die im Laufe des letzten Jahrzehnts entwickelt wurden, zurückgreifen. Nicht aus einer unangebrachten Ehrenbezeugung gegen die Bedeutung ›großer Theorie‹ heraus will ich dies tun. Denn in der Tat sind wir, wie ich in ›Teachers and Texts‹ ausführlicher dargelegt habe, bei unseren Versuchen, die Rolle der Erziehung für die Erhaltung und Unterminierung sozialer und kultureller Macht zu analysieren, viel zu abstrakt vorgegangen.[3] Vielmehr ist es meine Absicht, im Gebrauch von Theorien ein Moment bereitzustellen, das es ermöglicht, die Grenzen und Möglichkeiten kulturellen und politischen Handelns zu entdecken, indem ich diese auf eine konkrete Situation beziehe, die heute von hoher Wichtigkeit ist: die Rekonstruktion unserer Ideen über Gleichheit durch die ›Neue Rechte‹.

Interpretation of Culture, Urbana: University of Illinois Press, 1988, S. 42.
2 Ibid.
3 Michael W. Apple, *Teachers and Texts: A Political Economy of Class and Gender Relations*, New York: Routledge und Kegan Paul, 1988.

Stuart Hall betont in seiner Kritik der Abstraktheit eines großen Teils der kritischen Literatur zur Kultur- und Machtproblematik der letzten zwei Jahrzehnte genau diesen Punkt. Nach einer Phase ›intensiver Theoretisierung‹ gebe es eine zunehmende Bewegung, die die »Überabstraktion und Übertheoretisierung, die die Theoriebildung seit den... frühen 70er Jahren charakterisiert hat«, kritisiere. Ihm zufolge haben wir bei dem, was das Hineintauchen in die Theorie um ihrer selbst willen zu sein schien, »die Probleme konkreter historischer Analyse fallengelassen«.[4] Wie wirken wir dieser Tendenz entgegen? Die theoretische Analyse sollte dazu dienen, uns »das Begreifen, Verstehen und Erklären, das Hervorbringen eines angemesseneren Wissens von der historischen Welt und ihrer Prozesse zu ermöglichen, und damit unser Handeln aufzuklären, damit wir es verändern können.«[5] Das werde ich hier tun.

2. Die Rekonstruktion der Erziehung

Konzepte verharren nicht lange bewegungslos. Sie haben sozusagen Flügel und können veranlaßt werden, von Ort zu Ort zu fliegen. Es ist dieser Kontext, der ihre Bedeutung bestimmt. Wie Wittgenstein es uns so freundlich in Erinnerung gerufen hat: man sollte auf die Bedeutung der Sprache in ihrem spezifischen Verwendungszusammenhang achten. Besonders wichtig ist dies für das Verständnis politischer und pädagogischer Konzepte, da sie Bestandteile eines größeren sozialen Kontextes sind, eines Zusammenhangs, der sich dauernd verändert und der Gegenstand schwerer ideologischer Konflikte ist. Das Bildungswesen selbst ist eine Arena, in der sich diese ideologischen Konflikte ausagieren. Es ist einer der bedeutenden Schauplätze, auf dem verschiedene Gruppen mit wohlunterschiedenen politischen, ökonomischen und kulturellen Vorstellungen zu bestimmen versuchen, welches die sozial legitimen Mittel und Zwecke einer Gesellschaft sein sollen.

In diesem Beitrag möchte ich das Problem der ›Gleichheit‹ im Bildungs- und Erziehungswesen innerhalb dieser größeren Konflikte ansiedeln. Ich werde ihre wechselnden Bedeutungen in

4 Hall, »The Toad in the Garden«, S. 35.
5 Ibid., S. 36.

einen Zusammenhang stellen, einerseits mit dem Zusammenbruch eines im ganzen doch liberalen Konsenses, der einen großen Teil der Bildungs- und Sozialpolitik seit dem 2. Weltkrieg geleitet hat, andererseits mit dem Erstarken der Neuen Rechten und konservativer Bewegungen während der letzten beiden Jahrzehnte, die bei der Umdefinition dessen, wozu Erziehung da ist, und in dem Bemühen, die ideologische Struktur der Gesellschaft gründlich nach rechts zu verschieben, ziemlich erfolgreich gewesen sind.[6]
Im weiteren Verlauf möchte ich zeigen, wie neue soziale Bewegungen die Fähigkeit erlangen – oft, jedoch nicht immer auf rückschrittliche Weise – die Begrifflichkeiten der Debatte im Bildungswesen, im System der Sozialen Wohlfahrt und in anderen Systemen des Gemeinwohls neu zu definieren. Im Grunde behaupte ich, daß es unmöglich ist, die scheinbar zufälligen oder schicksalhaften Veränderungen des Vorrats an Konzepten, die das Gleichheitsmodell (Chancengleichheit, Gerechtigkeit usw.) umfangen, ganz zu verstehen, es sei denn, man hat ein sehr klares Bild von der bereits bestehenden ungleichen kulturellen, ökonomischen und politischen gesellschaftlichen Dynamik, die das Gravitationszentrum speist, um das herum zentriert Erziehung funktioniert.
Wie ich an anderer Stelle wesentlich ausführlicher dargelegt habe, ist das, was wir heute mitvollziehen, nichts Geringeres als der neu aufgelegte Konflikt zwischen den *Eigentumsrechten* (property rights) und *Personenrechten* (person rights), der immer schon ein zentrales Spannungsmoment unserer Wirtschaft gewesen ist.[7]
Gintis bestimmt die Unterschiede zwischen den Eigentums- und Personenrechten wie folgt:
»Ein *Eigentumsrecht* stattet die Individuen mit der Macht aus, auf der Basis und nach Maßgabe ihres Eigentums in soziale Beziehungen einzutreten. Dies kann das ökonomische Recht auf uneingeschränkte Nutzung, Vertragsfreiheit und Freiheit des Austauschs, das politische Recht auf Partizipation und Einfluß und das kulturelle Recht auf Zugang zu den gesellschaftlichen Medien der Wissensvermittlung und der Bewußtseinsreproduktion und

---

6 S. dazu Apple, *Teachers and Texts* und Henry Giroux, »Public Philosophy and the Crisis in Education«, *Harvard Educational Review* 54 (Mai 1984), S. 186-194.
7 Michael W. Apple, *Education and Power*, Boston: Routledge and Kegan Paul, 1982; Apple, *Teachers and Texts*.

-transformation beinhalten. Ein *Personenrecht* verleiht den Individuen die Macht, in diese sozialen Beziehungen auf der Grundlage der einfachen Zugehörigkeit zur Sozialgemeinschaft einzutreten. Daher beinhalten Personenrechte die Gleichbehandlung von Bürgern, die Meinungsfreiheit und Freizügigkeit, den gleichen Zugang zur Teilhabe an institutionellen Entscheidungsprozessen sowie Reziprozität in den Macht- und Autoritätsbeziehungen.«[8] Es überrascht nicht, daß in unserer Gesellschaft dominante Gruppen »ziemlich konsequent die Vorrechte des Eigentums verteidigt haben«, während unterdrückte Gruppen sich im großen und ganzen und meist unbewußt darauf verlegt haben, die »Vorrechte dieser Personen«[9] zu stützen. In Zeiten großen Aufruhrs nehmen diese Konflikte noch an Schärfe zu, so daß, auf der Basis des gegenwärtigen gesellschaftlichen Machtgleichgewichts, die Anwälte der Eigentumsrechte einmal mehr in der Lage waren und sind, ihre Ansprüche auf Wiederherstellung und Ausweitung ihrer Prärogative nicht nur in der Sphäre der Erziehung, sondern in allen gesellschaftlichen Institutionen einzuklagen und zu befördern.

Die Wirtschaft der USA steckt in einer der massivsten strukturellen Krisen seit der Depression. Um sie zu Bedingungen, die für die herrschenden Interessen akzeptabel sind, zu lösen, müssen so viele gesellschaftliche Bereiche wie möglich dazu gebracht werden, den Anforderungen des internationalen Wettbewerbs, der Neuorganisation der Industrie und (mit den Worten der ›National Commission on Excellence in Education‹) der »Wiederaufrüstung« (»rearmament«) zu entsprechen. Die von Frauen und Männern in ihren Beschäftigungsverhältnissen, in den Belangen von Gesundheit und Sicherheit, in Wohlfahrts- und Gleichstellungsprogrammen, auf dem Feld der Bürgerrechte und im Bildungswesen artikulierten Ansprüche und errungenen Erfolge müssen zurückgeschnitten werden, da sie in ökonomischer wie ideologischer Hinsicht »zu teuer« geworden sind.

Die beiden letzten Termini sind bedeutsam. Nicht nur sind staatliche Ressourcen knapp (z. T. weil aktuelle politische Entscheidungen sie ins Lager der Reichen oder des Militärs transferieren),

8 Herbert Gintis, »Communication and Politics«, *Socialist Review* 10 (März-Juni 1980), S. 193.
9 Ibid., S. 194. Siehe dazu auch Samuel Bowles/Herbert Gintis, *Democracy and Capitalism*, New York: Basic Books, 1986.

sondern die Menschen müssen überzeugt werden, daß ihr Glaube an die Vorrangigkeit der Personenrechte angesichts der gegebenen »Realitäten« schlicht falsch oder überholt ist. Infolgedessen muß massiver Druck ausgeübt werden, um die Gesetzgebung, die Überzeugungskraft, die administrativen Regularien und ideologischen Manöver durchzusetzen, die zur Herstellung der Bedingungen, die rechte Gruppen zur Erfüllung dieser Erfordernisse für nötig erachten, erforderlich sind.[10]

In der Folge hat sich nicht nur in den Vereinigten Staaten, sondern ebenso in Großbritannien und Australien der Schwerpunkt der staatlichen Politik grundlegend wegverlagert von den öffentlichen Anliegen, die sich des Staates bedienten, um Benachteiligungen auszugleichen. Gleichheit, wie eng oder weit sie auch gefaßt war, wurde neu definiert. Sie wird nun nicht mehr in einen Zusammenhang gestellt mit der früher beklagten Unterdrückung und Benachteiligung bestimmter *Gruppen*. Sie wird jetzt vielmehr umdefiniert in den Anspruch auf die garantierte *persönliche Wahlfreiheit* unter den Bedingungen eines »freien Marktes«.[11] Folglich hat die derzeitige Hochschätzung von »excellence« (ein Wort mit einer breiten Palette von Bedeutungen und sozialen Anwendungen) den pädagogischen Diskurs dahingehend verändert, daß mangelnde Leistungen einmal mehr und zunehmend im wesentlichen als persönliches Versagen des Schülers/der Schülerin selbst betrachtet werden. Schülerversagen, das wenigstens teilweise auf eine von Grund auf verfehlte Bildungspolitik und -praxis zurückgeführt wurde, wird jetzt wieder als das Resultat dessen wahrgenommen, was man den biologischen und ökonomischen Markt nennen könnte. Dies kommt in der Zunahme von Formen sozialdarwinistischen Denkens in Erziehungsfragen wie in der öffentlichen Politik im allgemeinen unübersehbar zum Ausdruck.[12] Ebenso haben sich hinter der z. T. rhetorisch kunstfertig geäußerten Sorge um den Erhalt des Leistungsniveaus in, sagen wir, innergroßstädtischen Schulen Vorstellungen über Wahloptionen

---

10 Apple, *Teachers and Texts*.
11 Mary Anderson, *Teachers Unions and Industrial Politics*, unveröffentlichte Dissertation, School of Behavioral Sciences, Macquarie University, Sydney 1985, S. 6-8.
12 Ann Bastian/Norm Fruchter/Marilyn Gittell/Colin Greer/Kenneth Haskins, *Choosing Equality: The Case for Democratic Schooling*, Philadelphia: Temple University Press, 1986, S. 14.

entwickelt, mit denen tiefsitzende Schulprobleme dadurch gelöst werden sollen, daß die Schüler/innen dem freien Bildungswettkampf ausgesetzt werden. Diesem Gedanken liegt die Annahme zugrunde, daß wir durch die Einbeziehung der Schulen in den kapitalistischen Markt die jahrzehntelange finanzielle und pädagogische Vernachlässigung irgendwie kompensieren könnten, die die Gemeinden, in denen diese Schulen liegen, hinnehmen mußten.[13] Und schließlich finden konzertierte Angriffe auf Lehrer (und Curricula) statt, die einem tiefen Mißtrauen ihren Fähigkeiten und ihrem Engagement gegenüber entspringen.

All dies hat zu einer Konzentration von Konflikten auf das Erziehungs- und Bildungswesen geführt, die dazu benutzt wurden, die Debatten um Bildungsfragen nachdrücklich nach rechts zu verschieben. Die Auswirkungen dieser Verschiebung können an einer Reihe von bildungspolitischen Entscheidungen und Vorschlägen abgelesen werden, die derzeit im ganzen Land an Boden gewinnen:

1. Vorschläge, ein Gutschein- und Steuerkredit-System einzuführen, um die Schulen dem Ideal der freien Marktwirtschaft anzugleichen;

2. Bestrebungen der bundesstaatlichen Gesetzgebungsinstanzen und Bildungsressorts, die »Standards anzuheben« und mittels der Unterstellung, die Lehrer- und Schüler»kompetenzen« sowie die grundlegenden curricularen Ziele und das curriculare Grundwissen seien ihren Verwaltungen bekannt, auf staatlicher Ebene die Kontrolle über den Unterricht, die Lehrer und die Curricula noch stärker zu zentralisieren;

3. immer effektiver werdende Angriffe auf das schulische Curriculum wegen seiner angeblichen Vernachlässigung der »westlichen Tradition«, seiner angeblich anti-familialen und gegen das freie Unternehmertum gerichteten Orientierung, wegen seines »säkularen Humanismus« und Mangels an Patriotismus; schließlich

4. ein zunehmender Druck, die Bedürfnisse von Unternehmertum und Industrie zu vorrangigen Zielen des Bildungswesens zu erheben.[14] Dies sind sehr bedeutsame Veränderungen, die Jahre ge-

---

13 Ich möchte meinem Kollegen Walter Secada für seinen Kommentar zu diesem Punkt danken.
14 Michael W. Apple, »National Reports and the Construction of In-

braucht haben, um ihre Effekte spürbar zu machen. Wenn ich hier auch in eher großzügigen Linien zeichnen werde, so sollte der Umriß der sozialen und ideologischen Dynamiken dieser Ereignisse doch erkennbar werden.

3. Die restaurative Politik des autoritären Populismus

Die erste Frage, die man an eine Ideologie stellen sollte, ist nicht, was an ihr falsch, sondern was richtig an ihr ist. Welches sind ihre Verbindungen zur lebendigen Erfahrung? Ideologien, richtig verstanden, betrügen die Menschen nicht. Um wirksam werden zu können, müssen sie mit wirklichen Problemen, realen Erfahrungen verbunden sein.[15] Wie ich zeigen werde, kam es zur Abkehr von sozialdemokratischen Prinzipien und zur Akzeptanz von rechteren Positionen in der Sozial- und Bildungspolitik genau deshalb, weil konservative Gruppen in der Lage waren, an populäre Ressentiments anknüpfend, vorhandene Gefühle umzupolen und in diesem Prozeß Anhänger zu rekrutieren.

Wichtige ideologische Verschiebungen werden nicht nur durch mächtige Gruppen induziert, die »ein einziges, ganzes, neues Weltkonzept durch ein anderes ersetzen«. Oft ereignen sich solche Veränderungen durch die Inszenierung neuartiger Kombinationen alter und neuer Elemente.[16] Nehmen wir die Positionen der Reagan-Administration – durch Bush zum größten Teil fortgesetzt und erweitert – als Demonstrationsfall; denn wie Clark und Astuto für das Bildungswesen und Piven, Cloward und Raskin für die großen Bereiche der Sozialpolitik gezeigt haben, ergaben sich signifikante und bleibende Veränderungen sowohl in der Art, wie politische Entscheidungen durchgeführt wurden, wie in ihren Gehalten.[17]

> equality«, *British Journal of Sociology of Education* 7 (Nr. 2, 1986), S. 171-190.
> 15 Michael W. Apple, *Ideology and Curriculum*, 2. Auflage, New York: Routledge, 1990; Jorge Larrain, *Marxism and Ideology*, Atlantic Highlands, NJ: Humanities Press, 1983.
> 16 Stuart Hall, »Authoritarian Populism: A Reply«, *New Left Review* 151 (Mai-Juni 1985), S. 122.
> 17 Siehe dazu: David Clark und Terry Astuto, »The Significance and Per-

Der Erfolg der Politik der Reagan-Administration, gleich dem des Thatcherismus und jetzt Majors in England, sollte nicht nur nach Wahlperioden gemessen werden. Diese Politik ist gleichermaßen nach ihrem Vermögen zu beurteilen, andere, progressivere Gruppen zu desorganisieren, die Bedingungen und Inhalte der politischen, wirtschaftlichen und kulturellen Debatten auf die vom Kapital und von der politischen Rechten bevorzugten Themen zu verschieben.[18] Kein Zweifel, daß unter diesen Bedingungen und mit diesen Themenstellungen die gegenwärtig wiedererstarkte Rechte keinen geringen Erfolg in ihrem Bemühen erzielt hat, diejenigen Konditionen herzustellen, die sie in eine hegemoniale Position bringen wird.

Die politische Rechte in den Vereinigten Staaten und in England hat sich von Grund auf erneuert und umgestaltet. Sie hat Strategien entwickelt, die in dem gründen, was man wohl am besten als *autoritären Populismus* bezeichnen könnte.[19] Nach Halls Bestimmung stützt sich eine solche Politik auf eine zunehmend enger werdende Beziehung zwischen Regierung und kapitalistischer Ökonomie, einen radikalen Verfall der Institutionen und der

---

manence of Changes in Federal Education Policy«, *Educational Researcher 15* (Oktober 1986), S. 4-13; Frances Piven/Richard Cloward, *The New Class War*, New York: Pantheon Books, 1982; Marcus Raskin, *The Common Good*, New York: Routledge und Kegan Paul, 1986. Clark und Astuto weisen darauf hin, daß während der Legislaturperiode Reagans die folgenden Initiativen dessen Bildungspolitik charakterisierten: die Zurücknahme der staatlichen Rolle im Bildungswesen, die Stimulation des Wettbewerbs unter den Schulen mit dem Ziel, »das Monopol der staatlichen Schule zu brechen«, die Förderung der individuellen Konkurrenz, um »excellence« zu erreichen, die Stärkung des Vertrauens auf Leistungsstandards für Schüler und Lehrer, eine Betonung der »basics« (Grundlagen) in den Inhalten, die Ausweitung der Elternwahl »darüber, was, wo und wie ihre Kinder lernen«, die Verstärkung des Lehrens »traditionaler Werte« in den Schulen und die Ausdehnung jener Transfer-Politik, die die pädagogische Autorität an staatliche und lokale Ebenen bindet (S. 8).

18 Stuart Hall und Martin Jacques, »Introduction«, in: Stuart Hall und Martin Jacques, (Hg.), *The Politics of Thatcherism*, London: Lawrence und Wishart, 1983, S. 13.

19 Stuart Hall, »Popular Democratic vs. Authoritarian Populism: Two Ways of Taking Democracy Seriously«, in: Alan Hunt (Hg.), *Marxism and Democracy*, London: Lawrence und Wishart, 1980, S. 160-161.

Macht politischer Demokratie und auf Versuche, die in der Vergangenheit gewonnenen »Freiheiten« zurückzuschneiden. Dies wird von Bemühungen flankiert, einen weitverbreiteten Konsens zur Unterstützung dieser Politik aufzubauen.[20] Der »autoritäre Populismus«[21] der Neuen Rechten ist außerordentlich tief in der Geschichte der Vereinigten Staaten verwurzelt. Die politische Kultur war hier schon immer von den Werten des abweichenden Protestantismus des 17. Jahrhunderts beeinflußt. Solche Wurzeln treten in Krisenzeiten und Perioden starken sozialen Wandels sogar noch offener zutage.[22] In der Formulierung Burnhams:
»Wo und wann immer der Druck der ›Modernisierung‹ – Säkularisierung, Urbanisierung und die steigende Bedeutung der Wissenschaften – ungewöhnlich mächtig geworden ist, sind Episoden von Erweckungsbewegungen und kulturbewegten Politiken über die soziale Landschaft gefegt. In allen diesen Fällen seit spätestens dem Ende des Bürgerkrieges waren solche Bewegungen mehr oder weniger ausdrücklich reaktionär und häufig mit anderen Formen von Reaktion auf explizit politische Weise verbunden.«[23]
Die Neue Rechte bearbeitet diese Wurzeln kreativ, modernisiert sie und stellt eine neue Synthese aus ihren verschiedenen Elementen her, indem sie sie mit verbreiteten Ängsten verknüpft. Durch solches Vorgehen war die Rechte in der Lage, traditionelle politische und kulturelle Themen zu reformulieren und sie konnte auf diese Weise eine beträchtliche Unterstützung der Massen mobilisieren.
Wie ich erwähnt habe, war der Versuch zur Demontage des Wohlfahrtsstaates und von Leistungen, die die Arbeiterschaft, die Farbigen und die Frauen (diese Kategorien schließen sich offensichtlich nicht gegenseitig aus) in jahrzehntelanger harter Arbeit errungen haben, Teil ihrer Strategie. Dies geschah unter dem

20 Ibid., S. 161.
21 Es ist mir klar, daß es eine Debatte über die Angemessenheit dieses Begriffs gibt. Siehe Hall, »Authoritarian Populism« und B. Jessop/K. Bonnett/S. Bromley/T. Ling, »Authoritarian Populism, Two Nations, and Thatcherism«, *New Left Review 147* (1984), S. 33-60.
22 Michael Omi/Howard Winant, *Racial Formation in the United States*, New York: Routledge und Kegan Paul, 1986, S. 214.
23 Walter Dean Burnham, »Post-Conservative America«, *Socialist Review 13* (November-Dezember 1983), S. 125.

Deckmantel von Anti-Staatlichkeit, unter dem Vorwand, den
»Leuten die Regierung vom Leibe« zu halten, und mit dem Loblied auf ein »freies Unternehmertum«. Doch gleichzeitig verhielt
sich die amtierende Regierung in vielen Bereichen der Wirtschafts- und Sozialpolitik sowohl hinsichtlich ihrer Visionen wie,
sehr wichtig, in ihren tagtäglichen Operationen äußerst staatszentriert.[24]

Eines der wichtigsten Ziele der rechten Restaurationspolitik war
und ist es, den Kampf nicht nur an einem Ort, sondern an vielen
verschiedenen Stellen gleichzeitig zu führen, d. h. nicht nur auf
dem Feld der Wirtschaftspolitik, sondern ebenso auf dem der Erziehungs- und Bildungspolitik und auf anderen Schauplätzen.
Dieses Bestreben gründete in der Einsicht, daß wirtschaftliche
Dominanz mit »politischer, moralischer und intellektueller Führerschaft« verbunden werden muß, wenn eine Gruppe wirklich
die Führung übernehmen und wenn sie tatsächlich die gesellschaftliche Formation restrukturieren will. Daher muß man – das
erkannten der Reaganismus wie der Thatcherismus ganz klar –,
um im Staat zu siegen, auch in der Gesellschaft gewinnen.[25] Wie
es der berühmte italienische Politiktheoretiker Antonio Gramsci
formulieren würde: Was wir wahrnehmen, ist ein Krieg um Positionen. »Er findet dort statt, wo die gesamte Beziehung des Staates
zur bürgerlichen Gesellschaft, zum ›Volk‹ und zu den Volkskämpfen, zum einzelnen und zum wirtschaftlichen Leben der Gesellschaft von Grund auf reorganisiert wurde, wo ›alle Elemente sich
verändern‹.«[26]

Die Rechte hat sich selbst also eine immense Aufgabe damit gestellt, eine wahrhaft »organische Ideologie« ins Leben zu rufen,
eine Ideologie, die das Bestreben hat, sich in der ganzen Gesellschaft auszubreiten und eine neue Form des »nationalen Volkswillens« zu schaffen. Ihr Bestreben ist es, sich »in die Sphäre des
gewöhnlichen, widersprüchlichen Alltagsbewußtseins« hineinzudrängen, das praktische Bewußtsein der Menschen »in einer systematischen Weise zu zerbrechen, zu erneuern und umzuwandeln«.
Diese Restrukturierung des Alltagsbewußtseins ist selbst der
schon entstandene Komplex und das widersprüchliche Resultat

24 Hall, »Authoritarian Populism«, S. 117.
25 Ibid., S. 119.
26 Hall, »Popular Democratic vs. Authoritarian Populism«, S. 166.

vorausgegangener Kämpfe und Kompromisse, und es wird nun seinerseits Objekt der neuerlich entflammten kulturellen Kämpfe.[27]

Mit dieser Restrukturierung erzeugten der Reaganismus und der Thatcherismus nicht irgendeine Art falschen Bewußtseins, indem sie etwa falsche Sichtweisen erzeugten, die mit der Wirklichkeit wenig gemein hätten. Vielmehr »wirkten sie direkt auf die wirklichen und manifest widersprüchlichen Erfahrungen« eines großen Bevölkerungsteils ein. Sie hingen tatsächlich mit den beobachteten Bedürfnissen, Ängsten und Hoffnungen von Bevölkerungsgruppen zusammen, die sich von der Vielzahl der Probleme bedroht fühlten, die mit der Autoritätskrise sowie den wirtschaftlichen und politischen Krisen einhergingen.[28]

Was erreicht wurde, ist eine erfolgreiche Übertragung einer ökonomischen Doktrin in die Sprache der Erfahrung, des moralischen Imperativs und des Alltagsbewußtseins. Die Ethik des freien Marktes wurde mit einer populistischen Politik verbunden. Dies bedeutete die Vereinigung einer »reichhaltigen Mischung« von Themen, die eine lange Tradition aufweisen – Nation, Familie, Pflicht, Autorität, Standards und Traditionalismus – mit anderen Themenelementen, die in Krisenzeiten ebenfalls immer schon Resonanz gefunden hatten. Diese letzteren Themen betreffen das Selbstinteresse, den Konkurrenzindividualismus (den ich an anderer Stelle Besitzindividualismus genannt habe)[29] und die Staatsgegnerschaft. Auf diese Weise wird ein reaktionärer common sense teilweise herangezüchtet.[30]

Das Bildungswesen war einer der Sektoren, auf dem die Rechte am erfolgreichsten vorangekommen ist. Das sozialdemokratische Ziel der Erweiterung der Chancengleichheit (an sich eine eher begrenzte Reform) hat viel von seiner politischen Kraft und seiner Fähigkeit, die Menschen zu mobilisieren, verloren. Die »Panik« über sinkende Leistungsstandards und Analphabetismus, die Angst vor Gewalt in der Schule, die Sorge um die Zersetzung der familialen Werte und Religiosität – all dies zeigte Wirkung. Diese Ängste wurden übertrieben und von den in Politik und Wirtschaft

27 Hall, »The Toad in the Garden«, S. 55.
28 Stuart Hall, »The Great Moving Right Show«, in: Stuart Hall/Martin Jacques (Hg.), *The Politics of Thatcherism*, S. 19-39.
29 Apple, *Education and Power*.
30 Hall, »The Great Moving Right Show«, S. 29-30.

tonangebenden Gruppen dazu benutzt, die Debatte über Bildung, Erziehung und Sozialpolitik auf ihr ureigenes Feld – das der Rationalisierung, Produktivität und der Bedürfnisse der Wirtschaft – hinüberzuziehen.[31] Weil so viele Eltern sich zu Recht um die ökonomische Zukunft ihrer Kinder sorgen – in einem Wirtschaftssystem, das in zunehmendem Maße durch fallende Löhne, Arbeitslosigkeit, Kapitalflucht und Unsicherheit bestimmt ist[32] – verbindet sich der rechte Diskurs mit den Erfahrungen vieler Menschen der Arbeiterklasse und der unteren Mittelschicht.
Jedoch: während dieses konservative konzeptuelle und ideologische Denkgerüst tatsächlich schnell an Boden zu gewinnen scheint, bleibt eine der heikelsten Fragen noch zu klären: Wie *wird* eine solche ideologische Sichtweise faktisch legitimiert und akzeptiert? Wie hat man das erreicht?[33]

4. Die Krise verstehen

Das Wiederaufleben der Rechten ist nicht bloß ein Reflex der gegenwärtigen Krise, es ist vielmehr eine Antwort auf diese Krise.[34] Beginnend mit den Jahren unmittelbar nach dem 2. Weltkrieg war die politische Kultur der Vereinigten Staaten zunehmend durch die imperiale Macht Amerikas, durch wirtschaftlichen Wohlstand und kulturellen Optimismus gekennzeichnet. Diese Periode dauerte länger als zwei Jahrzehnte an.
In sozialer und politischer Hinsicht war es eine Zeit, die man die *sozialdemokratische Übereinkunft* (social democratic accord) genannt hat, in der die Regierung zunehmend zu einer Arena wurde, in der die Bedingungen, die zur Herstellung von Chancengleichheit nötig waren, in den Mittelpunkt der Aufmerksamkeit gestellt wurden. Ein durch gesteigerte Warenwirtschaft bedingter Wohl-

---

31 Ibid., S. 36-37. Ein eindrucksvolles Bild davon, wie diese Fragen von mächtigen Gruppen manipuliert werden, zeichnet Allen Hunter, *Virtue With a Vengeance: The Pro-Familiy Politics of the New Right*, unveröffentlichte Dissertation, Department of Sociology, Brandeis University, Waltham, 1984.
32 Apple, *Teachers and Texts*.
33 Jessop, Bonnett, Bromley und Ling, »Authoritarian Populism, Two Nations, and Thatcherism«, S. 49.
34 Hall, »The Great Moving Right Show«, S. 21.

stand, die Ausweitung von Rechten und Freiheiten auf neue Gruppen und die Ausdehnung von Wohlfahrtsleistungen schufen die Bedingungen für diesen Kompromiß nicht nur zwischen Kapital und Arbeit, sondern auch zwischen den privilegierten Gruppen und den historisch benachteiligten Gruppen wie z. B. den Schwarzen und den Frauen. Diese stillschweigende Übereinkunft wurde in der seit den frühen 70er Jahren andauernden Krise in den Schlamm gezogen.[35]

Allen Hunter bringt dies in seiner Beschreibung dieser Übereinkunft vorzüglich auf den Punkt:

Seit dem Ende des 2. Weltkriegs bis in die frühen 70er Jahre erlebte der Weltkapitalismus die längste Periode anhaltenden Wachstums seiner Geschichte. In den Vereinigten Staaten wurde eine neue »Sozialstruktur der Akkumulation« – »das spezifische institutionelle Umfeld, in dem der kapitalistische Akkumulationsprozeß organisiert wird« – um einige herausragende Grundelemente herum strukturiert. Dies waren u. a. das in weiten Kreisen geteilte Ziel eines anhaltenden Wirtschaftswachstums, der Keynesianismus, eine elitäre pluralistische Demokratie, ein imperiales, den Kalten Krieg führendes Amerika, der Antikommunismus im Lande und in Übersee, z. T. die Bewahrung und zunehmend der Wandel in den Beziehungen der Rassen und ein stabiles häusliches Leben in einer festen, von der Warenproduktion angetriebenen Konsumentenkultur. All dies zusammen kristallisierte sich zu einem Grundkonsens und zu einem Gefüge sozialer und politischer Institutionen heraus, die zwei Jahrzehnte lang die Hegemonie innehatten.[36]

Im inneren Zentrum dieser hegemonialen Übereinstimmung stand ein zwischen Kapital und Arbeit erzielter Kompromiß, in dem die Arbeitsseite das akzeptierte, was man »die Logik des Profits und der Märkte als die leitenden Prinzipien der Ressourcenverteilung« nennen könnte. Im Gegenzug erhielten sie »die Zusicherung, daß minimale Lebensstandards, gewerkschaftliche und liberal-demokratische Rechte geschützt werden würden«.[37]

35 Allen Hunter, *The Politics of Resentment and the Construction of Middle America,* unveröffentlichtes Manuskript, American Institutions Program, University of Wisconsin, Madison, 1987, S. 1-3.
36 Ibid., S. 9.
37 Samuel Bowles, »The Post-Keynesian Capital-Labor Stalemate«, *Socialist Review 12* (September-Oktober 1982), S. 51.

Die demokratischen Rechte wurden des weiteren auf die Armen, die Frauen und die Farbigen in dem Maße ausgedehnt, wie diese Gruppen ihre eigenen Kämpfe zur Überwindung von rassisch und sexuell diskriminierenden Praxen ausdehnten.[38] Dennoch konnte diese Erweiterung (limitierter) Rechte keinen Bestand haben angesichts der wirtschaftlichen und ideologischen Krisen, die die amerikanische Gesellschaft bald bedrängten, eine ganze Krisenkette, die den innersten Kern des sozialdemokratischen Kompromisses bedrohte.

Die Turbulenzen der 60er und 70er Jahre – der Kampf um rassische und sexuelle Gleichheit, militärische Abenteuer wie Vietnam und Watergate, die Unverwüstlichkeit der ökonomischen Krise – bewirkten Angst und Schrecken. Die ›mainstream-Kultur‹ wurde in vieler Hinsicht bis in ihre Grundfesten hinein erschüttert. Die weithin geteilte Wertschätzung der Familie, von Gemeinschaft und Nation änderte sich dramatisch. Was von ebenso großer Bedeutung war: es entstand kein neues, verbindendes Prinzip, das zur Neubegründung eines kulturellen Zentrums hinreichend überzeugend gewesen wäre. In dem Maße, wie die ökonomische, politische und die Wertestabilität (und die militärische Vormachtstellung) zu verschwinden schienen, wurde die Politik selbst ›balkanisiert‹. Auf Differenz begründete soziale Bewegungen – regionale, rassische, geschlechtliche, religiöse – kamen stärker ins Blickfeld.[39] Die Bedeutung dessen, was Markus Raskin »das Allgemeingut« genannt hat, hatte sich aufgelöst.[40] Die traditionellen sozialdemokratischen ›Staats‹-Lösungen, die auf den Feldern von Bildung, Wohlfahrt, Gesundheitswesen und in ähnlichen Gebieten in Form großangelegter Regierungsinterventionen versuchten, die Chancen von Benachteiligten zu steigern oder für ein Minimum an Unterstützung zu sorgen, wurden als Teil des Problems und nicht als Beitrag zu dessen Lösung betrachtet. Traditionelle konservative Positionen wurden gleichfalls leger fallengelassen. Schließlich war die Gesellschaft, aus der sie erwuchsen, eindeutig im Begriff, sich zu verändern. Das neue kulturelle Zentrum konnte um die Prinzipien der Neuen Rechten herum *organisiert* werden (und dies hätte durch finanzkräftige Unterstützung und

38 Hunter, »The Politics of Resentment and the Construction of Middle America«, S. 12.
39 Omi/Winant, *Racial Formation in the United States*, S. 214-215.
40 Raskin, *The Common Good*.

gut organisierte politische und kulturelle Aktionen zu geschehen). Die Neue Rechte begegnet dem »moralischen, existentiellen (und wirtschaftlichen) Chaos der vorangegangenen Jahrzehnte« mit einem Netzwerk von außerordentlich gut strukturierten und finanziell abgesicherten Organisationen, die »einen aggressiven politischen Stil, einen ausgesprochen religiösen und kulturellen Traditionalismus und eine deutlich populistische Verpflichtung« in sich vereinigen.[41]

Mit anderen Worten, das Projekt zielte darauf ab, eine »neue Majorität« zu bilden, die »den Wohlfahrtsstaat demontieren, die Rückkehr zur traditionellen Moral regeln und die Gewalt der politischen und kulturellen Turbulenzen, die die 60er und 70er Jahre kennzeichnete, eindämmen würde.« Unter Verwendung einer populistischen politischen Strategie (in Verbindung mit einem aggressiven Exekutiv-Flügel der Regierung), führte es einen Angriff gegen den »Liberalismus und säkularen Humanismus« und verknüpfte diese Attacke mit dem, was einige Beobachter als »eine fixe Idee von individueller Schuld und Verantwortlichkeit da, wo es um soziale Fragen geht (Verbrechen, Sexualität, Erziehung, Armut)«, bezeichnet haben, in Verbindung mit einer starken Abneigung gegen Staatsinterventionen.[42]

Die hierbei zutage tretenden Klassen-, Rassen- und Geschlechtsspezifika sind bedeutsam. Der Entstehungsprozeß eines konservativen kulturellen Konsenses baut zum Teil auf den Feindseligkeiten der Arbeiterklasse und unteren Mittelschicht gegenüber den in der sozialen Rangfolge über und unter ihnen Stehenden auf und wird gleichermaßen durch ein sehr waches Feindgefühl gegenüber der neuen Mittelschicht genährt. Staatsbürokraten und Administratoren, Lehrer und Erzieher, Journalisten, Planer usw., alle sind sie mitschuldig an den sozialen Fehlplazierungen, die diese Gruppen erlitten haben.[43] Rasse-, Geschlechts- und Klassenpro-

---

41 Omi/Winant, *Racial Formation in the United States*, S. 215-216. Siehe dazu auch Hunter, *Virtue With a Vengeance*.

42 Omi/Winant, *Racial Formation in the United States*, S. 220. Zu einer ausführlicheren Diskussion dessen, wie dies die Bildungspolitik im besonderen beeinflußt hat, s. Clark/Astuto, »The Significance and Permanence of Changes in Federal Education Policy«; Apple, *Teachers and Texts*.

43 Omi/Winant, *Racial Formation in the United States*, S. 221. Ich habe allerdings an anderer Stelle behauptet, daß einige Mitglieder der neuen

bleme sind hier in großer Zahl präsent; ich werde darauf im nächsten Abschnitt meiner Analyse zurückkommen.

Diese rechtskonservative Bewegung wird selbstverständlich in akademischen und Regierungskreisen durch eine Gruppe politisch orientierter Neokonservativer aufgewertet, die zu den ›organischen‹ Intellektuellen und zum erheblichen Teil der rechten Wiederauferstehung geworden sind. In einer Gesellschaft, die in Individualismus, marktbedingten Chancen und einer drastischen Rücknahme von Staatsintervention und -hilfe gründet, beeinflussen die obengenannten Strömungen die Arbeit der Bewegung außerordentlich.[44] Sie stellen ein Gegengewicht gegen die Neue Rechte dar und sind selbst Teil der immanent instabilen Allianz, die sich gebildet hat.

5. Die Konstruktion der neuen Übereinkunft

Fast alle der reformbestrebten sozialen Bewegungen – einschließlich der feministischen, der schwulen und lesbischen, der Studenten- und anderer Bewegungen der 60er Jahre – stützten sich auf den Kampf der Schwarzen »als eines zentralen organisierenden Faktums oder als einer bestimmenden politischen Metapher und Inspiration«.[45] Diese sozialen Bewegungen versahen Politik, Ökonomie und Kultur mit neuen sozialen Bedeutungen. Es sind dies keine getrennten Bereiche. Diese drei Ebenen bestehen gleichzeitig. Neue soziale Interpretationen über die Bedeutung der Personenrechte flossen ein in die individuelle Identität, in die Familie und in das Gemeinwesen und durchdrangen Staatsinstitutionen und Marktbeziehungen. Diese aufkommenden sozialen Bewegungen dehnten die Belange der Politik auf alle Aspekte des »Terrains des Alltagslebens« aus. Personenrechte erlangten eine immer größere Relevanz in fast allen unseren Institutionen; dies kam in aggressiven Gleichstellungsprogrammen, verbreiteten

Mittelschicht – nämlich Effizienz-Experten, Evaluatoren, Tester und viele jener mit einem Technik- und Management-Sachverstand Begabten – einen Teil der Allianz mit der Neuen Rechten bilden werden. Dies einfach deswegen, weil ihr eigener Job und ihre Mobilität davon abhängen. Siehe dazu Apple, *Teachers and Texts*.

44 Omi/Winant, *Racial Formation in the United States*, S. 227.
45 Ibid., S. 164.

Wohlfahrts- und bildungspolitischen Aktionsprogrammen usw. zum Ausdruck.[46] Im Bildungswesen schlug sich dies in der Zunahme von bilingualen Programmen und in der Entwicklung von Frauen-, Schwarzen-, Spanisch- und Eingeborenen-Studien(gängen) an den (Oberstufen der) Schulen und an den Hochschulen sehr deutlich nieder.

Es gibt eine Reihe von Gründen dafür, daß der Staat als der Hauptadressat dieser früheren sozialen Bewegungen zur Erlangung von Personenrechten galt. Zunächst war der Staat der »Kohäsionsfaktor der Gesellschaft«, der historisch Praktiken und Politiken bewahrt und organisiert hatte, die die Spannung zwischen den Eigentums- und den Personenrechten aushielten.[47] Diese legte es nahe, sich auf ihn zu konzentrieren. Zweitens »war der Staat von denselben Antagonismen durchzogen, die die größere Gesellschaft durchdrangen, Antagonismen, die ihrerseits das Resultat vergangener (sozialer) Kampfzyklen waren«. Anknüpfungspunkte im Staat konnten aus diesem Grunde gewonnen werden. Ausgangspositionen in staatlichen Institutionen, die für Bildung und soziale Dienstleistungen verantwortlich waren, konnten ausgebaut werden.[48]

Doch trotz dieser (Boden)Gewinne begannen die früheren Koalitionen zu zerfallen. In den Kommunen mit Minderheiten vertiefte sich die Klassenspaltung. Die Mehrheit der Slum- und Ghettobewohner »blieb in der Armut befangen«, während ein relativ kleiner Teil der schwarzen und braunen Population aus den Bildungsgelegenheiten und den neuen Jobs (letztere meistens beim Staat selbst) Nutzen ziehen konnte.[49] Mit der aufziehenden Wirtschaftskrise entwickelte sich dies immer mehr zu einem Nullsummenspiel, in dem progressive soziale Bewegungen um einen begrenzten Teil an Ressourcen und Macht zu kämpfen hatten.

---

46 Ibid. Die Diskussion in Bowles/Gintis, *Democracy and Capitalism*, über die »Transferierbarkeit« des Kampfes um Personenrechte von, sagen wir, der Politik in die Ökonomie ist hier sehr nützlich. Ich habe einige ihrer Behauptungen weitergeführt und kritisiert, in: Michael W. Apple, »Facing the Complexity of Power: For a Parallelist Position in Critical Educational Studies«, in: Mike Cole (Hg.), *Rethinking Bowles and Gintis*, Philadelphia: Falmer Press, 1988.
47 Siehe dazu Apple, *Education and Power*; Apple, *Teachers and Texts*.
48 Omi/Winant, *Racial Formation in the United States*, S. 177-178.
49 Ibid.

Zwischen den Gruppen entwickelten sich eher konkurrierende und feindliche denn komplementäre und solidarische Beziehungen. So taten sich z. B. Minderheitengruppen einerseits und die überwiegend weiße und mittelschichtdominierte Frauenbewegung andererseits schwer damit, ihre Programme, Ziele und Strategien miteinander zu verbinden.

Dieses Problem wurde durch die Tatsache verschärft, daß – unter der Voraussetzung der durch die dominanten Gruppen vorgegebenen Konstruktion des Nullsummenspiels – die von den Frauen erzielten Erfolge manchmal unglücklicherweise zu Lasten der Schwarzen und Braunen gingen. Darüber hinaus waren die Führer vieler dieser Bewegungen durch die staatlich geförderten Programme in Anspruch genommen, was – während die Übernahme solcher Programme tatsächlich ein Teilerfolg war – den latenten Effekt hatte, die Führer von ihrem Heimatwahlkreis abzuschneiden und den gelegentlich sogar militanten Widerstand auf dieser Ebene zu schwächen. Diese Lähmung der Führungskraft resultierte oft in dem, was man die »Ghettoisierung« von Bewegungen innerhalb der staatlichen Institutionen genannt hat, da Forderungen der Bewegungen nur zum Teil und nur in ihren moderatesten Formen in staatlich geförderte Programme aufgenommen wurden. Widerstand wird so in Wählerschaft verwandelt.[50]

Die Brüche in diesen Bewegungen ergaben sich gleichermaßen aus strategischen Spaltungen, die paradoxerweise aus den Erfolgen der Bewegungen selbst resultierten. So konnten z. B. diejenigen Frauen, die sich in ihrer Arbeit mit den bestehenden politisch-ökonomischen Verhältnissen arrangiert haben, tatsächlich auf Beschäftigungszuwächse in Staat und Wirtschaft verweisen. Andere, radikalere Mitglieder schätzten solchen »Fortschritt« als »zu gering und zu spät kommend« ein.

Nirgends wird dies offensichtlicher als in der Bewegung der Schwarzen in den Vereinigten Staaten. Es lohnt sich, eine der besten Analysen der Geschichte dieser Spaltungen zu zitieren:

»Die Grenzen der Bewegung ergaben sich auch aus den strategischen Teilungen, die ihr als ein Ergebnis ihrer eigenen Erfolge widerfuhren. Hierfür ist das Schicksal der Schwarzen-Bewegung bezeichnend. Nur im Süden war die Bewegung der Schwarzen – während sie gegen eine rückständige politische Struktur und eine

50 Ibid., S. 180.

offene kulturelle Unterdrückung ankämpfte – in der Lage, eine *dezentrale* Einheit zu bewahren, sogar noch, als die internen Debatten schon erbittert verliefen. Auf dem Weg in den Norden begann die Schwarzen-Bewegung zu zersplittern, weil konkurrierende politische Projekte, die mit verschiedenen Segmenten des Gemeinwesens verbunden waren, bestrebt waren, sich entweder in den (reformierten) mainstream zu integrieren oder eine radikalere Transformation der herrschenden Rassenordnung anstrebten.

Nachdem anfänglich Siege gegen die Segregation errungen worden waren, rekonstruierte sich damit ein Sektor der Bewegung als eine Interessengruppe, die dem Rassismus, verstanden als Diskriminierung und Vorurteil, ein Ende setzen wollte und der oppositionellen ›Identitätspolitik‹ den Rücken kehrte. Sobald jedoch die organisierte Schwarzen-Bewegung zu einer bloßen Wählergemeinde verfiel, sah sie sich bei den staatlichen Institutionen, deren Programme sie selbst eingefordert hatte, in einer Bärenfalle gefangen, während sie zugleich von den Kerninstitutionen des modernen Staates ausgeschlossen blieb.«[51]

Im weiteren Verlauf wurden die radikalsten Segmente der Bewegung marginalisiert oder – und dies darf nicht vergessen werden – wurden schlicht durch den Staat unterdrückt.[52] Obwohl es bedeutende Erfolge gab, erzeugte die Integration der Bewegung in den Staat latent Bedingungen, die für den Kampf um Gleichheit katastrophal waren. Eine in den Massen verankerte militante Basisbewegung wurde zu einem Wahlvolk entschärft, das vom Staat selbst abhängig war. *Und, was sehr wichtig war: Als die neokonservative Ideologie und die Bewegung des rechten Flügels mit ihren dezidiert anti-staatlichen Themen auf den Plan traten, gerieten die im Staat erzielten Erfolge zunehmend unter Beschuß, und die Fähigkeit, eine massenhafte Basisbewegung wiederzubeleben, um diese Errungenschaften zu verteidigen, war erheblich geschwächt.*[53] Daher wird es zunehmend schwieriger, gegen die Angriffe des rechten Spektrums auf progressive nationale und lokale bildungspolitische Entscheidungen und Maßnahmen, die Farbigen zugute gekommen sind, Koalitionen auf Massenbasis zusammenzubringen, um diesen Offensiven zu begegnen.

51 Ibid., S. 190.
52 Ibid.
53 Ibid.

In ihrem Versäumnis, eine neue »radikale« demokratische Politik, eine Politik mit mehrheitsfähigen Zielen zu konsolidieren, öffneten die neuen sozialen Bewegungen der 60er und 70er Jahre »den politischen Raum, in dem sich die rechte Reaktion formieren und ihr politisches Programm enwickeln konnte«.[54] So stellten die von den Minderheitenbewegungen der 60er Jahre in den USA errungenen staatlichen Reformen und die darin enthaltenen neuen Personenrechtsdefinitionen »für die ›Gegenreformer‹ der 70er Jahre eine stattliche Anzahl von Angriffszielen dar«. Neokonservative und die Neue Rechte trieben ihr eigenes politisches »Projekt« voran. Sie waren in der Lage, bestimmte ideologische Themen zu reformulieren und sie neuerlich um eine politische Bewegung herum zu restrukturieren.[55] Und diese Themen hatten tatsächlich mit den Träumen, Hoffnungen und Ängsten vieler Menschen zu tun.

Wir wollen dies etwas eingehender untersuchen. Hinter der konservativen Restauration steht ein deutliches Gefühl des Verlustes: an Kontrolle, an wirtschaftlicher und persönlicher Sicherheit, an dem Wissen und den Werten, das bzw. die den Kindern weitergegeben werden sollten, an Vorstellungen darüber, welche Texte und welche Autoritäten als sakrosankt gelten. Der zweiwertige Gegensatz des Wir/Sie wird hier sehr wichtig. »Wir« sind gesetzestreu, »arbeiten schwer, sind anständig, tugendhaft und homogen«. Die »Sies« sind ganz anders. Sie sind »faul, unmoralisch, freizügig, heterogen«.[56] Diese bipolaren Entgegensetzungen grenzen die meisten Farbigen, Frauen, Schwulen und andere Menschen aus der Gemeinschaft wertvoller Individuen aus. Die Objekte von Diskriminierung sind jetzt nicht mehr die historisch unterdrückten Gruppen, sondern statt dessen die »richtigen Amerikaner«, die die idealisierten Tugenden einer romantisierten Vergangenheit verkörpern. Die »Sies« sind unwürdig. Sie bekommen etwas umsonst. Eine sie unterstützende Politik »untergräbt unseren Lebensstil«, mißbraucht die meisten unserer ökonomischen Ressourcen und hat die Regierungskontrolle über unser Leben im Gefolge.[57]

54 Ibid., S. 252.
55 Ibid., S. 155.
56 Hunter, »The Politics of Resentment and the Construction of Middle America«, S. 23.
57 Ibid., S. 30.

Diese Prozesse der ideologischen Distanzierung erlauben es, schwarzen- und feministinnenfeindliche Ressentiments nicht länger als rassistisch und sexistisch erscheinen zu lassen, weil sie so eng mit anderen Themen verbunden sind. Noch einmal ist Allen Hunter hilfreich:
»Rassistische Rhetorik verbindet sich mit Ressentiments gegen den Wohlfahrtsstaat, paßt zur Kampagne für den ökonomischen Individualismus; daher opponieren viele Wähler, die von sich behaupten, keine Vorurteile zu haben (was sogar einige Berechtigung haben mag), gegen Wohlfahrtsleistungen, weil sie sie für ungerecht halten. Antifeministische Rhetorik ... rankt sich um die Verteidigung der Familie, der traditionellen Moral und eines religiösen Fundamentalismus.«[58]
Alle diese Elemente sind integrierbar über die Formierung ideologischer Koalitionen, die es vielen Amerikanern, die sich selbst bedroht fühlen, ermöglichen, sich gegen Menschengruppen zu wenden, die sogar noch ohnmächtiger sind als sie selbst. Und gleichzeitig befähigt es sie, die »Vorherrschaft der liberalen, staatstreuen Eliten zu attackieren«.[59]
Diese Fähigkeit, eine Spezies »anderer« als Feinde, als Quelle aller Probleme zu identifizieren, ist sehr bedeutsam. Eines der Hauptelemente im Prozeß dieser ideologischen Formierung bestand tatsächlich in dem Glauben, daß liberale Staatseliten »sich in das häusliche Leben einmischten und versuchten, ihre Werte aufzudrängen«. Diese Vision hatte schwerwiegende negative Auswirkungen auf die moralischen Werte und auf traditionelle Familien. Ein großer Teil der konservativen Schulbuch- und Curriculumkritik beruht z. B. auf diesen Gefühlen. Während diese Position den Einfluß der »liberalen Elite« sicherlich übertrieb und mit Sicherheit die Macht des Kapitals und anderer herrschender Klassen falsch einschätzte[60], lag für die Rechte doch genug Wahrheit darin, um sie für ihre Versuche zu nutzen, das vorgängige Einverständnis zu demontieren und ihr eigenes dagegenzusetzen.
Ein neuer hegemonialer Konsens ist also damit erreicht. Er vereinigt die herrschenden ökonomischen und politischen Eliten in ihrer Absicht, die Ökonomie zu »modernisieren«, mit der weißen

58 Ibid., S. 33.
59 Ibid., S. 34.
60 Ibid., S. 21.

Arbeiterklasse und mit den Mittelschichtgruppen in ihrem Interesse an Sicherheit, an Familie und an traditionellen Kenntnissen und Werten, und mit den ökonomisch Konservativen.[61] Er bezieht außerdem eine Fraktion der neuen Mittelschicht ein, deren eigenes Vorankommen von einem erweiterten Gebrauch der Verantwortlichkeit, Effizienz und Managementverfahren abhängt, die ihr eigenes kulturelles Kapital ausmachen.[62] Diese Koalition hat teilweise erfolgreich die Bedeutung dessen, was es heißt, ein soziales Gleichheitsziel zu verfolgen, verändert. Der Bürger als »freier« Konsument hat den früheren Bürgertypus ersetzt, der in strukturell generierten Herrschaftsverhältnissen situiert war. Demzufolge hat das Gemeinwohl nunmehr ausschließlich durch die Gesetze des freien Marktes, des freien Wettbewerbs, des Privatbesitzes und der Rentabilität reguliert zu werden. Im Endeffekt werden Freiheit und Gleichheit nicht mehr demokratisch, sondern *kommerziell* definiert.[63] Dies wird insbesondere in den Vorschlägen deutlich, ein Gutschein- und auf individuellen Präferenzen beruhendes Wahlsystem zur »Problemlösung« für die massiven, historisch begründeten ökonomischen und kulturellen Ungleichheitsverhältnisse einzuführen.

Alles in allem ist mithin die Rechte in den USA wie in Großbritannien darin erfolgreich gewesen, eine Reihe historischer Nachkriegstrends zu revidieren.

»Sie hat angefangen, die Bedingungen des ungeschriebenen Sozialkontrakts, auf den sich die sozialen Kräfte nach dem Kriege gründeten, zu demontieren und auszuhöhlen. Sie hat die Gepflogenheiten politischen Denkens und Argumentierens verändert. Wo zuvor die soziale Bedürftigkeit begonnen hatte, ihre eigenen Imperative gegen die Gesetze der Marktkräfte zu setzen, sind jetzt Fragen des »Wert für Geld«, des »do ut des« bzw. des Äquivalenzprinzips, des Tausches, des privaten Rechts, über das eigene Vermögen zu verfügen, der Gleichsetzung von Freiheit und freiem Markt zu Bedingungen des Handels geworden, nicht nur auf dem Gebiet der politischen Debatte..., sondern auch auf dem des

61 Ibid., S. 37.
62 Siehe dazu Apple, »National Reports and the Construction of Inequality«. Siehe Apple, *Teachers and Texts*.
63 Stuart Hall, »Popular Culture and the State«, in: Tony Bennett/Colin Mercer/Janet Woollacott (Hg.), *Popular Culture and Social Relations*, Milton Keynes: Open University Press, 1986, S. 35-36.

Denkens und der Sprache des täglichen Kalküls. Es hat ein bemerkenswerter Wertewandel stattgefunden: die Aura, die den Wert der öffentlichen Wohlfahrt (d. h. den Wert des Gemeinwohls) umgab, umgibt jetzt alles Private – oder alles, was privatisiert werden kann. Eine bedeutsame ideologische Umkehr ist in der Gesellschaft im ganzen im Gang; und die Tatsache, daß sie nicht alles vor sich hergefegt hat und daß es viele bedeutsame Anzeichen ... für Widerstand gibt, widerspricht nicht der Tatsache, daß – nicht in Kategorien eines glatten Sieges, sondern eher als Bewältigung eines labilen Gleichgewichts begriffen – (die Rechte) ... angefangen hat, die soziale Ordnung neu zu gestalten.«[64]

Diese Neuordnung wird nicht einfach Menschen übergestülpt, die nicht denken. Es geschieht nicht durch einen Versuch der Rechten, das auszuüben, was Freire »banking« genannt hat, eine Vermittlungstechnik, bei der Wissen und Ideologien durch einfaches Eintrichtern in die Köpfe der Menschen zum alltäglichen Allgemeingut werden. Die herrschenden Auffassungen von der Welt und vom Alltagsleben »schreiben den geistigen Gehalt an Illusionen, der die Köpfe der Menschen, die den beherrschten Klassen angehören, vermutlich ausfüllt, diesen nicht direkt vor«.[65] Jedoch sind die Bedeutungen, Interessen und Sprachen, die wir konstruieren, in die ungleichen Machtverhältnisse, die wirklich bestehen, eingewoben. Um es theoretisch auszudrücken: der Bereich der symbolischen Produktion ist ein ebenso umkämpftes Gebiet wie es andere Bereiche des sozialen Lebens sind. »Der Umkreis der herrschenden Ideen häuft tatsächlich die symbolische Macht an, die Welt für andere zu vermessen oder zu klassifizieren«, die Grenzen für das zu setzen, was rational und vernünftig, ja, was sag- und denkbar erscheint.[66] Dies geschieht *nicht* durch Zwang, sondern durch ein kreatives Arbeiten an und Überarbeiten von vorhandenen Themen, Wünschen und Ängsten. Da die Vorstellungen der Menschen widersprüchlich und spannungsvoll *sind*, weil sie, wie manche es genannt haben, vielschichtig sind[67], lassen sich die Menschen dann in Richtungen drängen,

64 Hall, »The Toad in the Garden«, S. 40.
65 Ibid., S. 45.
66 Ibid.
67 Chantal Mouffe, »Hegemony and New Political Subjects: Towards a New Concept of Democracy«, in: Nelson und Grossberg (Hg.), *Marxism and the Interpretation of Culture*, S. 96.

die man angesichts ihrer gesellschaftlichen Position am wenigsten erwartet hätte.
Mithin kann das volkstümliche Bewußtsein durch die politische Rechte deshalb so genau ausgedrückt werden, weil die Gefühle von Hoffnung und Verzweiflung und die Logik und Sprache, jene auszudrücken, »vieldeutig« sind und an eine Reihe unterschiedlicher Diskurse anschließen können. Folglich kann ein männlicher Arbeiter, der seinen Job verloren hat, feindlich gegen die Unternehmen eingestellt sein, die Kapitalflucht begehen, oder er kann den Gewerkschaften die Schuld geben, den Farbigen oder den Frauen, »die den Männern die Arbeit wegnehmen«. Die Antwort ist *konstruiert* und keineswegs durch das Spiel der ideologischen Kräfte in der umgebenden größeren Gesellschaft vorherbestimmt.[68] Und obwohl diese Konstruktion auf einem widersprüchlichen und umkämpften Gebiet stattfindet, ist es die Rechte, die ganz erfolgreich darin gewesen zu sein scheint, den Diskurs zu speisen, der dieses Feld strukturiert.

6. Wird die Rechte erfolgreich sein?

Bisher habe ich in großen Zügen viele der politischen, ökonomischen und ideologischen Gründe nachgezeichnet, die aufzeigen, weshalb der sozialdemokratische Konsens, der die limitierte Erweiterung von Personenrechten im Bildungswesen, in Politik und Wirtschaft zur Folge hatte, langsam zerbrach. Gleichzeitig habe ich gezeigt, wie sich ein neuer »hegemonialer Block« durch die Verbindung neuer rechter Taktiken und Prinzipien herausbildet. Es bleibt die Frage: Wird dieser neue Gleichklang lange bestehen? Wird er seine Prinzipien in das Herz des amerikanischen Gemeinwesens eingravieren können?
Gegen eine vollständige Konsolidierung des politischen Programms der Neuen Rechten im Staate gibt es sehr reale Hindernisse. Zunächst hat es so etwas wie eine »große Umgestaltung« in den rassischen Identitäten gegeben. Omi und Winant beschreiben dies folgendermaßen:
»Das Schmieden neuer kollektiver rassischer Identitäten während der 50er und 60er Jahre ist das bleibende Erbe der rassischen Minderheitenbewegungen. Heute, da die in der Vergangenheit erziel-

68 Ibid.

ten Erfolge zurückgeschraubt werden und die meisten Organisationen sich als unfähig erweisen, in rassischen Minderheitengemeinden eine Massenunterstützung auf die Beine zu stellen, ragt das Fortbestehen der neuen rassischen Identitäten, die während dieser Zeit geformt wurden, als das einzig wahrhaft beachtenswerte Hindernis gegen die Konsolidierung einer neuerlich repressiven rassischen Ordnung heraus.«[69]
Somit haben ethnische Subjektivität und Selbstbewußtheit, die in diesen Bewegungen entwickelt wurden – selbst wenn soziale Bewegungen und politische Koalitionen zerbrochen sind, auch wenn ihre selbstgewählten Führer unterdrückt und manchmal ermordet wurden –, doch auf Dauer Fuß gefaßt. »Keine Repression, kein Übergriff, seien sie noch so groß, (kann) das mehr ändern.« Mit Omis und Winants Worten: Das Genie ist aus der Flasche.[70] Dies ist der Fall, weil im Endeffekt eine neue Art von Persönlichkeit in den Minderheitenkommunen geschaffen wurde.[71] Eine neue, viel selbstbewußtere *kollektive* Identität ist geschmiedet worden. So wurden z. B. in den Kämpfen der Farbigen in den letzten drei Jahrzehnten um mehr Einfluß und Kontrolle über das Bildungswesen – also darum, daß es unmittelbarer auf ihre eigene Kultur und kollektive Geschichte eingehe –, diese Menschen auf bedeutsame Weise selbst verändert.[72] Mithin:

»Soziale Bewegungen erzeugen eine kollektive Identität dadurch, daß sie ihren Anhängern eine andere Sicht von sich selbst und von ihrer Welt zur Verfügung stellen; ›anders‹ heißt, verschieden von der Weltsicht und den Selbstkonzepten, die die etablierte Sozialordnung offeriert. Dies geschieht durch einen Prozeß der *Neuformulierung*, der die neue Subjektivität entstehen läßt, durch die Nutzung von Informationen und Wissen, das sich in den Köpfen

---

69 Omi/Winant, *Racial Formation in the United States*, S. 165.
70 Ibid., S. 166.
71 Ich sage hier »neu«, doch muß auch die Kontinuität der Schwarzen-Kämpfe um Freiheit und Gleichheit betont werden. Siehe dazu die überzeugende Aufarbeitung der Geschichte solcher Kämpfe in: Vincent Harding, *There is a River: The Black Struggle for Freedom in the United States*, New York: Vintage Books, 1981.
72 Siehe dazu David Hogan, »Education and Class Formation«, in: Michael W. Apple (Hg.), *Cultural and Economic Reproduction in Education*, Boston: Routledge and Kegan Paul, 1982, S. 32-78, der diese Prozesse den Klassendynamiken gegenüberstellt.

der Menschen bereits vorfindet. Sie wählen Elemente und Themen ihrer Kultur und Traditionen und verleihen ihnen neue Bedeutungen.«[73]

Diese Bedeutungen werden es der Rechten äußerst schwer machen, die Perspektiven der Farbigen unter ihrem ideologischen Schirm zu integrieren, und sie werden in den schwarzen und braunen Gemeinden ständig oppositionelle Tendenzen erzeugen. Der langsame, aber stetige Machtzuwachs der Farbigen auf lokaler Ebene in diesen Kommunen wird als ein Gegengewicht gegen die Konsolidierung des neuen konservativen Konsenses dienen.

Hinzu kommt die Tatsache, daß es sogar innerhalb des neuen hegemonialen Blocks, sogar innerhalb der konservativen Restaurationskoalition, ideologische Strömungen gibt, die ernsthafte Auswirkungen auf ihre Fähigkeit haben können, für eine längere Periode die Oberhand zu behalten. Zum Teil werden diese Spannungen wegen der Klassendynamiken innerhalb der Koalition selbst erzeugt. Fragile Kompromisse können aufgrund der manchmal direkt gegenläufigen Überzeugungen zwischen einigen der vielen Partner des neuen Einklangs zerbrechen.

Dies kann am Beispiel zweier der Gruppen, die derzeit den neuen Konsens unterstützen, abgelesen werden. Es sind dabei zugleich – wie man sie nennen könnte – »rückständige« wie »aufstrebende« ideologische Systeme oder Überzeugungen am Werke. Die rückständige Kultur und Ideologie der alten Mittelschicht und eines aufstrebenden Teils der Arbeiterklasse und der unteren Mittelschicht – die viel Wert auf Kontrolle, individuelle Leistung, »Moral« usw. legen – ist mit dem neuen Orientierungsmuster eines Teils der neuen Mittelschicht – Vorankommen, Technik, Effizienz, bürokratischer Aufstieg usw. – verschmolzen.[74]

Diese Überzeugungen stehen in einer ihnen immanenten instabilen Beziehung zueinander. Die Wertschätzung der Moralität seitens der Neuen Rechten paßt nicht unbedingt gut zu einer amoralischen Betonung von Karrierismus und ökonomischer Normierung. Die Vereinbarkeit dieser Überzeugungen kann nur so lange andauern, wie Mobilitätspfade nicht blockiert werden. Die Ökonomie muß sich für die neue Mittelschicht in Form von Stellen und Mobilität auszahlen, sonst ist die Koalition gefährdet.

---

73 Omi/Winant, *Racial Formation in the United States*, S. 166.
74 Apple, »National Reports and the Construction of Inequality«.

Jedoch gibt es angesichts der instabilen Natur der Wirtschaft und der Art der geschaffenen Stellen keine Garantie dafür, daß es zu dieser Rentabilität auch tatsächlich kommen wird.[75]

Diese Spannung kann auf eine andere Weise betrachtet werden, die wiederum zeigt, daß auf lange Sicht die Aussichten für eine solche dauerhafte ideologische Koalition nicht notwendig gut sind. Unter dem neuen, konservativeren Konsens müssen die Konditionen für Kapitalakkumulation und Profit durch staatliche Aktivitäten so weit wie möglich gefördert werden. Der »freie Markt« muß also entfesselt werden. So viele Bereiche des öffentlichen und privaten Lebens wie möglich müssen mit solchen privatisierten Marktprinzipien auf Linie gebracht werden, die Schulen, die Gesundheitsfürsorge, das Wohlfahrtssystem, das Wohnen usw. eingeschlossen. Jedoch macht es der Kapitalismus um Profit zu erzielen, im großen und ganzen auch erforderlich, traditionelle Werte zu unterminieren. Warenerwerb und Marktbeziehungen werden zur Norm, und es wird nötig werden, ältere Werte der Gemeinschaft, das »sakrosankte Wissen« und die Moralität, abzuwerfen. Diese Dynamik läßt die Saat möglicher künftiger Konflikte zwischen den ökonomischen Modernisierern und den neuen rechten kulturellen Traditionalisten, die einen signifikanten Teil der neu gebildeten Koalition ausmachen, keimen.[76]

Zudem könnte es sein, daß der Konkurrenzindividualismus, der jetzt in den Bildungsreformbewegungen der USA so stark gefördert wird, mit der stärkeren Gemeinschaftsorientierung der traditionellen Arbeiterklasse und armer Gruppen nicht gut in Einklang zu bringen ist.

Schließlich werden zur Zeit im Bildungsbereich selbst gegenhegemoniale Bewegungen installiert. Der ältere sozialdemokratische Konsens umfaßte viele Pädagogen, Gewerkschaftsführer, Mitglieder von Minderheitengruppen und andere. Es gibt Anzeichen dafür, daß der Bruch dieser Koalition nur ein zeitweiliger sein könnte. Sehen wir uns zum Beispiel die Lehrer an. Obwohl ihre Gehälter im ganzen Land gestiegen sind, wurde dies konterkariert

75 Apple, *Teachers and Texts;* Martin Carnoy, Derek Shearer; Russell Rumberger, *A New Social Contract,* New York: Harper and Row, 1984.
76 Apple, »National Reports and the Construction of Inequality«. Zu einer umfassenden Analyse der Kapitallogik, einer, die sie mit anderen politischen und ökonomischen Traditionen vergleicht, s. Andrew Levine, *Arguing for Socialism,* Boston: Routledge und Kegan Paul, 1984.

durch eine rasche Verstärkung der externen Kontrolle ihrer Arbeit, durch die Rationalisierung und Entprofessionalisierung ihres Tätigkeitsprofils und durch eine zunehmende Schuldzuweisung an die Adresse der Lehrer und an die Pädagogik im allgemeinen für die meisten der größeren sozialen Mißstände, die die Wirtschaft heimsuchten.[77] Viele Lehrer haben sich um diesen Themenkreis herum in einer Weise organisiert, die an die frühere Arbeit der Bostoner Lehrerinnen-Gruppe erinnert.[78] Darüber hinaus gibt es im ganzen Land Anzeichen für die Entstehung multi-rassischer Koalitionen unter Grund- und Sekundarschullehrern, Hochschullehrern und Gemeinwesen-Mitgliedern, die gemeinschaftlich auf die Bedingungen hinwirken, unter denen Lehrer arbeiten, die die Demokratisierung des Curriculums und des Lehrens unterstützen und sich neuerlich für die Chancengleichheit bei schulischen Zugängen und Abschlüssen einsetzen. Die ›Rethinking Schools‹-Gruppe, die in Milwaukee ihren Hauptstützpunkt hat, ist ein Beispiel dafür.[79]

Selbst wenn diese innerhalb der konservativen Restauration aufkommenden Spannungen sowie ein nochmaliges Erstarken von Bündnissen, die dieser angestrebten Umbildung von Politik und Ethik des Gemeinwohls begegnen könnten, vorausgesetzt werden, heißt das nicht, daß wir allzu optimistisch sein sollten. Es ist möglich, daß das ökonomische Programm der Rechten aufgrund dieser Spannungen und Gegenbewegungen fehlschlagen wird. Doch könnte ihr letztendlicher Erfolg darin bestehen, das Gleichgewicht der Klassenkräfte beträchtlich nach rechts verschoben und die Art, in der wir das Gemeinwohl handhaben, verändert zu haben.[80] Privatisierung, Profit und Habgier könnten noch immer eine Ersatzbefriedigung darstellen für jedes ernsthafte gemeinschaftliche Engagement.

Wir laufen tatsächlich Gefahr, sowohl die Jahrzehnte harter Arbeit

77 Apple, *Education and Power;* Apple, *Teachers and Texts.*
78 Siehe dazu Sara Freedman/Jane Jackson/Katherine Boles, *The Effects of the Institutional Structure of Schools on Teachers,* Somerville, Mass.: Boston Women's Teacher's Group, 1982.
79 Siehe dazu Apple, *Teachers and Texts;* Bastian/Fruchter/Gittell/Greer/Haskins, *Choose Equality;* David Livingstone (Hg.), *Critical Pedagogy and Cultural Power,* South Hadley, Mass.: Bergin and Garvey, 1987.
80 Hall, »The Great Moving Right Show«, S. 120.

zu vergessen, die es kostete, eine auch nur beschränkte Gleichheitsperspektive auf die soziale und bildungspolitische Tagesordnung zu setzen, als auch die Realität repressiver Bedingungen, die für so viele unserer amerikanischen Mitmenschen weiterbesteht. Die kollektive Erinnerung an den Kampf um die Gleichheit und für Personenrechte in *allen* Institutionen unserer Gesellschaft bei allen Menschen lebendig zu erhalten, ist eine der bedeutendsten Aufgaben, die Pädagogen einlösen können. In einer Zeit der konservativen Restauration können wir es uns nicht leisten, diese Aufgabe zu ignorieren. Dies erfordert eine neuerliche Aufmerksamkeit gegenüber wichtigen curricularen Fragen. Wessen Wissen wird gelehrt? Warum wird es auf diese besondere Weise dieser besonderen Gruppe vermittelt? Wie erreichen wir es, daß die Geschichten und Kulturen der Arbeiter-Majorität, der Frauen, der Farbigen (wiederum schließen diese Gruppen sich offensichtlich nicht wechselweise aus) verantwortlich und ansprechend in den Schulen unterrichtet werden?

Falls das kollektive Gedächtnis, das *derzeit* in unseren Bildungsinstitutionen bewahrt wird, von dominanten Gruppen der Gesellschaft stärker beeinflußt werden wird[81], so werden fortgesetzte Bemühungen, demokratischere Curricula und ein demokratischeres Unterrichten zu fördern, jetzt wichtiger denn je. Denn es sollte klar sein, daß die Tendenz zu einem autoritären Populismus sogar noch legitimer werden wird, wenn die in der konservativen Restauration verkörperten Werte auch noch über unsere öffentlichen Institutionen zugänglich gemacht werden. Die verbreitete Einsicht, daß es mehr Gleichberechtigung schaffende Modalitäten des wirtschaftlichen, politischen und kulturellen Lebens gab, gibt und geben kann, kann nur durch organisierte Anstrengungen eingelöst werden, die diesen Unterscheidungssinn vermitteln und ausweiten helfen. Damit ist klar: es gibt noch viel Bildungsarbeit zu tun.

---

81 Apple, *Ideology and Curriculum*.

Geoff Whitty
Ist die jüngste Bildungsreform ein postmodernes Phänomen?

Hintergrund

Als ich um die Mitte der 80er Jahre über den Zustand der englischen Bildungspolitik und der Innenstädte schrieb, merkte ich an, daß im Laufe des vorangegangenen Jahrzehnts ›korporatistische‹ und ›marktförmige‹ Alternativen begannen, der traditionell sozialdemokratischen Politik den Rang streitig zu machen (Whitty, 1986). Gegen Ende der 80er Jahre bekundete die konservative Regierung Margaret Thatchers, die zunehmend von der ›Neuen Rechten‹ beherrscht wurde, eine deutliche Präferenz für die Marktalternative. Während man anfing, die Staatsintervention anstelle der Unbeständigkeit der kapitalistischen Marktwirtschaft für den industriellen Niedergang und die sozialen Erschütterungen, die die urbanen Regionen Englands und Wales' trafen, verantwortlich zu machen, führte man die schlechten pädagogischen Leistungen der Innenstadtschulen auf die interventionistische Politik der lokalen örtlichen Schulbehörden (LEAs) zurück. Wie man nunmehr in der Privatisierung den Schlüssel zum wirtschaftlichen Aufschwung sah, so sah man die Lösung für die Schulprobleme der Städte in der Schaffung eines Marktes im Bildungssektor.

Viele der Bestimmungen des Bildungsgesetzes (›Education Act‹) von 1986 und des Bildungsreformgesetzes (›Education Reform Act‹) von 1988 bezweckten somit eine Erweiterung des ›Mitsprache‹-, des ›Wahl‹- und des ›Austritts‹rechts der Klientel. Diese dünkten vielen Anhängern der Neuen Rechten als wichtige Rechte und Freiheiten in eigenem Interesse. Aber über dieses eher philosophische Postulat nach Wahlfreiheit hinaus wurde behauptet, daß die Schulen durch eine erweiterte Kontrolle der Eltern über die Bildungseinrichtungen ihrer Kinder und durch die Stimulierung einer größeren Vielfalt im System direkter und sensibler auf die Marktkräfte reagieren und somit effizienter werden könnten. Mit Bezug auf die Schulbildung in der Metropole be-

hauptete der für das Gesetz von 1988 verantwortliche Minister, Kenneth Baker, daß »Wahloptionen und Diversifikation die Schlüssel zur Verbesserung der Bildungsqualität für alle Londoner Kinder sind« (Baker, 1990).
Rückblickend kann bereits das frühere Bildungsgesetz (›Education Act‹) von 1980 als Vorläufer einiger späterer Elemente der Bildungspolitik der Thatcher-Regierung gelten – insbesondere was die Verwendung öffentlicher Gelder zur Unterstützung privater Bildungsangebote und den Versuch betrifft, durch die Ermutigung von Wettbewerb und Wahlmöglichkeiten das Verhalten des öffentlichen Sektors dem des privaten anzunähern (Whitty und Menter, 1989). Das Platzzuweisungsschema, die Anreizmechanismen und das Erfordernis für die Schulen, die Abschlußergebnisse zu veröffentlichen, müssen aus heutiger Sicht, wenngleich dies damals überhaupt nicht offenkundig war, bereits als Bausteine des neuen Ansatzes betrachtet werden.
Insgesamt stellt die Politik der Thatcher-Jahre eine besondere Herausforderung dessen dar, was wohl zu Recht das Kernstück der sozialdemokratischen Sozialtechnologie der Nachkriegsjahre genannt werden kann: das System der Allgemeinen Gesamtschulen (Common Comprehensive Secondary Schools) unter Kontrolle der lokalen Schulbehörden (LEAs). Insofern diese Politik die Befugnis der örtlichen Schulbehörden einschränkte, an der detaillierten Planung des Bildungsangebots mitzuwirken, kann sie auch als Wegbereiterin einer Restrukturierung des gesamten Systems und schließlich der Abschaffung dieser Behörden selbst aufgefaßt werden. Hand in Hand mit dem offenkundigen Machttransfer auf einzelne Schulen ging eine Stärkung der Macht der Zentralregierung einher, die in der Schaffung eines nationalen Curriculums – eher das Produkt der Denkweise neokonservativer Mitglieder der Neuen Rechten als der marktorientierten Neoliberalen – ihren deutlichsten Ausdruck fand (Whitty, 1989).
Richard Johnson sagte voraus, daß – als Resultat dieser verschiedenen Politiken – »die Hauptkonfigurationen des formalen Schulsystems bis in die Mitte der 90er Jahre nicht mehr erkennbar sein werden« (Johnson, 1989). Als ich dies zuerst las, hielt ich diese Behauptung für übertrieben. Dennoch könnte sie – im Lichte der für 1993 vorgeschlagenen Aufhebung der Kontrolle der örtlichen Schulbehörden über die Weiterbildungshochschulen und über die abschlußbezogenen Colleges sowie der ministeriellen Aufforde-

rung an alle Sekundarschulen, sich von ihren Schulbehörden zu trennen – dem Kern der Sache durchaus nahekommen. Stuart Sexton, der entschiedenste Verfechter des Marktes auf Seiten der Rechten, behauptete dezidiert, in zehn Jahren werde es überhaupt keine lokalen Schulbehörden mehr geben, falls die Konservativen die nächste Wahl gewönnen. Und selbst wenn die Labour Partei sich durchsetzte, wäre es unwahrscheinlich, daß ihr Chancen-Konzept eine andere Wahl haben werde als sich mit den konservativen Elternwahlmechanismen auseinanderzusetzen oder daß die LEAs wieder in die Lage versetzt würden, dieselbe Art von Schulaufsicht auszuüben, die vor den Zeiten des Bildungsreformgesetzes (›Education Reform Act‹) üblich war.

Wuchernder Thatcherismus oder Postmodernismus?

Ich möchte daher an dieser Stelle Überlegungen dazu anstellen, ob einige der Veränderungen, die sich etwa während der letzten zehn Jahre im Bildungswesen vollzogen haben, als Abscheulichkeiten des Thatcherismus aufgefaßt werden dürfen oder ob sie vielleicht ein Zeichen für etwas Weiterreichenderes sind, das ein umfassenderes Überdenken der Bildungspolitik erforderlich macht. Obwohl Teile des Bildungsreformgesetzes (›Education Reform Act‹) als ein typischer Feldzug der Neuen Rechten angesehen werden könnten, der die Marktkräfte auf Kosten von »Produzenteninteressen« im allgemeinen und des linken Bildungsestablishments im besonderen stimulieren sollte, so ist das doch nur eine mögliche Sichtweise. Die Parteinahme für Wahloptionen und Vielfalt im Bildungssystem stimmt überein mit der Vorstellung einer offenen, demokratischen Gesellschaft wie auch mit der Marktideologie. In solche Begriffe gefaßt entfaltet die gegenwärtige Politik einen potentiellen Reiz, der weit über die Clique der Neuen Rechten hinausreicht.
Teil dieses Reizes ist die erklärte Absicht, die Entwicklung verschiedener Schulformen gemäß dem Bedarf besonderer Gemeinschaften und Interessengruppen zu fördern. Darüber hinaus versichert man uns, daß die Vielfalt der schulischen (Aus)Bildungsgänge nicht notwendigerweise die Schaffung von Hierarchie bedeute. So hat ein ehemaliger Minister den Trend der Abkehr vom Gesamtschulmodell in Richtung spezialisierterer und diffe-

renzierterer Schulformen nicht als einen Rückfall in elitäre Ansätze schulischer Bildung verstanden wissen wollen, sondern ihn als einen Prozeß bezeichnet, »in dem keine Schulform weniger Ansehen genießt als eine andere« (Dunn, 1988).
In einer engeren soziologischen Perspektive kann diese offenkundige Unterstützung einer Vielfalt von (Aus)Bildungsangeboten als Ausdruck einiger typischer Merkmale des postmodernen Denkens betrachtet werden. Organisatorisch gefaßt erscheinen die gegenwärtigen Entwicklungen vielleicht nicht bloß als Produkt eines kurzlebigen Aufstiegs der Ideologie des freien Marktes innerhalb der konservativen Partei, sondern als Teil eines umfassenderen Rückzugs aus den modernen, durchbürokratisierten staatlichen Bildungssystemen (Chubb und Moe, 1990; Glenn, 1987), denen man Versagen in der Erfüllung ihrer Versprechen attestiert und daher mit der Behauptung begegnet, sie seien den Ansprüchen der Gesellschaften des ausgehenden 20. Jahrhunderts nicht gewachsen. Sieht man diese Trends in Zusammenhang mit Veränderungen der Weise, wie der Staat andere Bereiche des sozialen Lebens reguliert, so könnte man in ihnen neue Lösungsansätze erkennen, mit denen der Staat Kernprobleme bearbeitet, denen er sich gegenübersieht.
Eine solche Politik kann auch als Reaktion auf die Veränderungen der Akkumulationsweise aufgefaßt werden, der die Verschiebung von der ›Fordistischen‹ Schule der Phase der Massenproduktion zu dem entspricht, was Stephen Ball (Ball 1990) die ›Post-Fordistische Schule‹ genannt hat. Das Aufkommen neuer Schulformen kann daher sehr wohl auf Seiten des Bildungssystems das Äquivalent dessen sein, was Stuart Hall (Hall und Jacques, 1989) die Durchsetzung einer »flexiblen Spezialisierung anstelle der alten Fließbandwelt der Massenproduktion« nannte, die stärker durch die Imperative eines entfalteten Konsums als durch die Massenproduktion selbst forciert wird. Das Erscheinungsbild einiger der neuen, großstädtischen Technik-Colleges im ›Marks und Spencer‹-Stil und der Trend zu ›Markt-Nischen‹-Schulen stützen möglicherweise eine solche ›Entsprechungsthese‹.
Bei erweiterter Perspektive könnte man in diesem Trend zur Ausbildung verschiedener Schulformen eine Antwort auf die komplexen Muster politischer, ökonomischer und kultureller Differenzierung in der gegenwärtigen Gesellschaft sehen, die die traditionellen Trennungen nach sozialen Klassen, auf deren Über-

windung Gesamtschulbildung gegründet war, ersetzt haben. Die Förderung von Schulen – die religiöser Minderheiten eingeschlossen –, die nach unterschiedlichen Prinzipien geführt werden, kann aber auch als Zeichen der Einsicht in den weitverbreiteten Zusammenbruch des Vertrauens in die Moderne interpretiert werden – oder, anders gesagt, als Zurückweisung der totalisierenden Geschichte des Projekts der Aufklärung in ihren liberalen oder marxistischen Versionen und deren Ersetzung durch ›eine Reihe kultureller Projekte, die (nur) durch eine selbsterklärte Verpflichtung auf Heterogenität, Fragmentierung und Differenz‹ vereint sind (Boyne und Rattansi, 1990).

Sicherlich wird die Diversifizierung des Schulangebots und die lokale Schulkontrolle aus verschiedenen politischen Perspektiven unterstützt, wie es in Ländern mit unterschiedlichen politischen Regimen der Fall zu sein pflegt. Obwohl also die Politik der freien Schulwahl in den USA durch die republikanischen Präsidenten Reagan und Bush eine besondere Ermutigung erfahren hat, entstand für ortsgebundene Management-Politikstrategien, für Magnetschulen und andere Schulen freier Wahl eine viel breitere Unterstützung. Die Idee des Marktes im Bildungswesen ist inzwischen in das soziale mainstream-Denken der USA eingedrungen, und es wird keineswegs nur eng mit der Neuen Rechten in Verbindung gebracht (Chubb und Moe, 1990). Darüber hinaus wurde eine ähnliche Politik von Labour-Regierungen in Australien und Neuseeland verfolgt, während in Teilen Osteuropas die zentral geplanten Erziehungssysteme der kommunistischen Regime ebenfalls von Bildungsmarktexperimenten ersetzt werden. Sogar in Japan, wo die Einschätzung geläufig ist, daß die Standardisierung der schulischen Ausbildung zur Modernisierung der Nation und zu ihrem außerordentlichen wirtschaftlichen Erfolg beigetragen hat, wird neuerdings eine Politik der Stärkung der Wahloptionen und der Vielfalt in Erwägung gezogen, »um eine Ausbildung sicherzustellen, die mit den sozialen Veränderungen und kulturellen Entwicklungen unseres Landes Schritt hält« (Stevens, 1991: 148).

Viele Feministinnen hielten den Schwenk hin zu den pluralistischen, mit Postmodernismus und Postmoderne verbundenen Gesellschaftsmodellen für attraktiv; auch gibt es Parallelen in der Bildungspolitik, die derzeit von ethnischen Minoritäten betrieben wird. In den USA weisen die jüngsten Reformen des Schulsystems in Chicago auf einige Dilemmata hin, in die diese Gruppen infolge der Politik der Neuen Rechten hineingerieten. Ziel dieser Reformen war das Abspecken einer unüberschaubaren Bürokratie, derentwegen der Chicagoer Schuldistrikt – wie viele Kritiker meinen – die Mehrheit seiner Schüler, selbst wenn er von schwarzen Politikern kontrolliert würde, nicht erreichte. Die Politik von Vielfalt und Wahloptionen wurde inszeniert als Resultat einer merkwürdigen Allianz aus Verfechtern der Wahlfreiheitsidee seitens der Neuen Rechten, aus Gruppen von schwarzen Bürgern, die die Kontrolle der Kommune über ihre örtlichen Schulen durchsetzen wollten, aus desillusionierten weißen Liberalen sowie einigen ehemaligen radikalen Studenten der 60er Jahre.

Ein solches Bündnis erscheint auf den ersten Blick paradox, ist es aber nicht im Kontext einer Postmoderne, die von Lyotard, einem ihrer führenden philosophischen Köpfe, als ein pluralistisches, pragmatisches und ruheloses Ensemble partiell differenzierter Sozialordnungen entworfen wird. Die gesellschaftliche Entwicklung wird demnach nicht als »die Einlösung einer großen historischen Erzählung« aufgefaßt, sondern als »eine pragmatische Angelegenheit der Erfindung neuer Regeln, deren Geltung mehr in ihrer Effektivität denn in ihrer Kompatibilität mit irgendwelchen Legitimitätsdiskursen begründet liegt« (Boyne und Rattansi, 1990). In diesem Kontext ist die Bezeichnung ›prinzipienfreie Allianzen‹, die eine solche politische Konfiguration, wie sie in Chicago entstanden ist, wohl einst hätten verhindern können, kaum angemessen. Wenn weitreichende sozialtechnologische Gestaltungsversuche als Fehlschlag wahrgenommen wurden, mögen nun weniger ehrgeizige Ziele an der Tagesordnung sein.

Auch in der Politik der Labour-Partei in England kann man eine ähnliche Abwendung von den großen, in Klassenpolitik gegründeten »Meistererzählungen« beobachten. Das Aufkommen des Gesamtschulprinzips in England hatte sich selbst an eine Politik gebunden, die annahm, daß die soziale Klassenzugehörigkeit die wichtigste Dimension sozialer Differenzierung sei. Die traditionelle Politik der Sozialdemokratie erschien vielen schwarzen Eltern – von denen zuweilen behauptet wird, sie hätten die neuen, durch das ›Reformgesetz‹ eröffneten Chancen, den Schulen ihrer Kinder näher zu sein, gutgeheißen – sicherlich übermäßig bürokratisch und entfremdend (Phillips, 1988). Während sie auch dem thatcheristischen Traum nicht unbedingt in seiner Gesamtheit zustimmten, so mögen einige seiner Aspekte ihren Hoffnungen immerhin entsprochen haben. Es kann also sein, daß die Politiken, die ein Schwergewicht auf Heterogenität, Fragmentierung und Differenz zu legen scheinen, mehr darstellen als nur eine vorübergehende Modeerscheinung neo-liberaler Politiker. Möglicherweise spiegeln sie die Vielfalt der Verlaufslinien aufkommender sozialer Fragmentierung sowie einen tiefgreifenderen Wandel sozialer Solidaritätsformen wider.

Manche der Gruppen, die aus den übernommenen pluralistischen Bildungsangebotsmustern Vorteile ziehen könnten, werden jedoch durch solche Geisteshaltung ermutigt, sich für Philosopheme zu engagieren, die in ihren Zielsetzungen noch totalisierender sind als die breiten sozialdemokratischen Ziele, die die Bildungspolitik der jüngsten Vergangenheit beherrscht haben. Dies ist eines der Argumente, das gegen die staatliche Finanzierung neuer Religionsschulen in England vorgetragen wurde, insbesondere gegen die Koranschulen und deren vermuteter Einstellung zur Rolle von Frauen (Walking und Brannigan, 1986). Diese Kritik läßt sich jedoch ihrerseits als ein Produkt arroganten Aufklärungsdenkens auffassen, das, indem es einem gegen die Kultur des Ostens bestehenden Vorurteil Ausdruck verleiht, das kulturelle Überlegenheitsgefühl des Westens aufrechterhält (Said, 1978; Parmar, 1981; Halstead, 1990).

Diese Fragen sind alles andere als einfach, und die politischen Implikationen postmoderner Tendenzen und der Theorien der Postmoderne sind bekanntermaßen schwer zu ›lesen‹ (Giroux, 1990). Weit davon entfernt, einem tatsächlichen Wandel in der Gesellschaft auf die Spur zu kommen, vermögen solche Analysen, die eine Fragmentierung und Atomisierung der Entscheidungsfindung zu Lasten von Sozialplanung und Regierungsintervention zelebrieren, allenfalls eine repressive Meister-Narration durch eine andere – die des Marktes nämlich – zu ersetzen. Darüber hinaus halten noch immer viele Soziologen das Eintreten für Heterogenität, Pluralität und lokale Narrative als Basis einer neuen Sozialordnung für eine Verwechslung der Erscheinungsformen mit den Strukturverhältnissen. David Harvey (1989) erkennt in den postmodernen Kulturformen und flexibleren Modi der Kapitalakkumulation »eher Verschiebungen auf der Oberfläche der Erscheinungen denn Zeichen der Heraufkunft einer völlig neuen post-kapitalistischen oder gar post-industriellen Gesellschaft«.

Rhetorik und Wirklichkeit

Wenn die Rhetorik von Wahlmöglichkeiten und Vielfalt verschiedene Lesarten erlaubt – was ist dann mit Blick auf die politischen Realitäten zu tun, die gegenwärtig in Großbritannien vorherrschen? Ist es denn überhaupt so, daß sie Wahlfreiheit und Vielfalt fördern? Natürlich ist es noch zu früh, um klare und schnelle Schlußfolgerungen zu ziehen. Es gibt allerdings bereits einige Evidenzen, so daß ich mich in dem, was ich im folgenden darlegen werde, auf Ergebnisse beziehen kann, die jüngst auf Konferenzen vorgestellt wurden sowie auf ein bestimmtes an Städtischen Technologiefachschulen durchgeführtes Forschungsprojekt, an dem ich in Zusammenarbeit mit Kollegen aus Newcastle und Birmingham beteiligt war. Im Anschluß daran will ich eine Reihe von zentralen Politikentscheidungen der Thatcher-Regierung kommentieren: die offene Einschreibung an staatlichen Schulen, das örtliche Schulmanagement, die städtischen Technologiefachschulen und die durch Subventionen am Leben gehaltenen Schulen, bevor ich versuche, einen Blick auf das zu werfen, was Jennifer Ozga (1989) im Rahmen ihrer Kritik an der Kurzsichtigkeit von Projekten (wie unseres eigenen), die auf Individualpolitiken ausgerichtet sind, das ›größere Bild‹ nannte. Ein solches Vorgehen wird insofern von Bedeutung sein, als Ozga (1989) behauptet, die aktuellen Politikstudien schmuggelten heimlich eine pluralistische Orthodoxie ein und lenkten auf diese Weise von theoretischen Versuchen ab, die Kohärenz (oder selbst Inkohärenz) der Bildungspolitik im ganzen zu begreifen. Zunächst aber ein Blick auf einige der individualpolitischen Ansätze.

Die offene Einschreibung

Es war das Bestreben des Bildungsreformgesetzes, die »künstlichen Grenzen..., die den staatlichen Schulen hinsichtlich der vollen Ausschöpfung ihrer Aufnahmekapazitäten auferlegt waren«, aufzuheben. Die Abschaffung des Rechts der lokalen Schulbehörden, die planmäßige Zulassungsgrenze (Planned Admission Limits, PAL) bis zu 20% unter die ›Standardzulassung‹ der Schulen herabzusetzen, bedeutet, daß nunmehr die meisten Schulen ihre Einschreibungen bis zur Höhe des in den Jahren 1979/80 üblichen Niveaus hinaufsetzen zu können. Dies, so wird behauptet, steigere die Chancen auch jener Schüler, die beliebtesten Schulen besuchen zu können, denen zuvor der Zugang zu ihnen verschlossen war. Von diesen individuellen Vorteilen jedoch abgesehen ist es eine der Ideen der offenen Einschreibung, sie werde dadurch zu Systemverbesserungen führen, daß sie die weniger populären Schulen zu vermehrten Anstrengungen oder aber zur Aufgabe zwingt.

Eine vollständige Kritik der Wirkungen der offenen Einschreibung hat deren vollständige Einführung und die Implementation des örtlichen Schulmanagements, das die Mittelzuweisungen direkt an Schülerzahlen bindet, abzuwarten. In Schulbezirken, die schon eine Zeitlang mit der offenen Einschreibung arbeiten, scheint sie allerdings nicht in der erwarteten Weise zu funktionieren. Obwohl einige Schulen buchstäblich volliefen, während andere weit unter ihre alten Planzahlen, ganz zu schweigen von ihren Standardzulassungen, absanken, wurden letztere nicht unbedingt entbehrlich. Viele dieser Schulen blieben geöffnet, um die schrumpfende Bevölkerung der Innenstädte zu bedienen. Das für die Kontrolle verantwortliche Mitglied der regierungseigenen Prüfungskommission (Audit Commission) vermutet, daß die gegenwärtige Politik eher tausende von Schulplätzen unbesetzt lassen werde, als daß ganze Schulen geschlossen würden, und kommt zu dem Schluß, es ließe sich fast kein Beispiel dafür auffinden, daß die offene Einschreibung zur Verbesserung aller Schulen und zur Schließung der hoffnungslosen Fälle stimuliert habe (Bates, 1990). Mittlerweile sieht es so aus, daß besonders beliebte Schulen, denen man nicht die Möglichkeit gibt, ihrer Popularität durch die Erhöhung der Standardzulassungen zu entsprechen, versucht sind, insgeheim zu selegieren, d. h. sie operieren zunehmend mit künstlich angehobenen Testergebnissen, um ihren Marktwert zu steigern. Die offene Einschreibung mag wohl einigen Schulen den Anschein der Qualitätsverbesserung verleihen, sie ist jedoch nicht unbedingt geeignet, die Unterrichtsqualität aller Schulen zu verbessern. Wahrscheinlich wird sie auch die Kluft zwischen den besten und den schlechtesten Schulen erweitern mit der Konsequenz, diese – im Kontext der Bewertung gemäß dem Nationalcurriculum – eher entlang einer linearen Meßskala zu hierarchisieren, als ihre Vielfalt zu stärken.

Ein weiterer Grund zur Besorgnis besteht darin, daß die Befürchtungen der Labour Partei, »jene Vorschläge könnten zur Apartheid im Bildungswesen und zu rassisch getrennten Schulen führen« (zit. n. Weekes, 1987), angesichts beobachtbarer realer Entwicklungen bestätigt werden könnten. Während die Regierung bestreitet, Segregation sei ein Teilziel der Reform gewesen, behauptet sie zugleich, es habe auf keinen Fall in ihrer Absicht gelegen, den »(Eltern-) Willen irgendwie zu beschränken« (Blackburne, 1988). Die Gefahr, daß dies so sein könnte, wurde deutlich, als 1989 der Staatssekretär die Klage des Ausschusses für Rassengleichheit (Council for Racial Equality) abwies, der Bezirksrat von Cleveland (Cleveland County Council) habe gesetzeswidrig gehandelt, als er Eltern gestattete, eine Schulummeldung ihres Kindes aus rassischen Gründen vorzunehmen. Zwar waren die Einzelheiten dieses Falles komplex; dennoch hatten viele Menschen den Eindruck, die Regierung räume dem ›Bildungsreformgesetz‹ gegenüber dem Rassengleichheitsgesetz (›Race Relations Act‹) von 1976 den Vorrang ein (Hugill, 1990). Allerdings könnten manche Leute der Meinung sein, der sozialdemokratische Traum von einer integrierten Gesellschaft sei überholt und Schulen für bestimmte ethnische oder rassische Gruppen spiegelten die Vielfalt postmoderner Gesellschaften wider.

Das örtliche Schulmanagement (LMS)

Das ›Bildungsreformgesetz‹ fordert von den lokalen Schulbehörden, das Gesamt ihres Budgets auf die einzelnen Schulen nach Maßgabe ihrer altersgewichteten Schülerzahlen zu verteilen. Das verleiht den Rektoren (Headteachers) und Verwaltungsräten (Governing Bodies) der einzelnen Schulen erheblich mehr Macht, während die Rolle der lokalen Schulbehörden im tagtäglichen Management ihrer Schulen stark eingeschränkt wird. Die einzelnen Behörden befinden sich in unterschiedlichen Stadien der Entwicklung ihrer örtlichen Schulmanagementsysteme. In einigen Schulbezirken, die bereits Schulmanagementmethoden anwenden, hat sich die Arbeitsweise einzelner Schulen kaum verändert, während andere Schulen spezifisch neue Management- und Marketingansätze eingeführt haben. Brian Knight (1990) macht darauf aufmerksam, daß das lokale Schulmanagement eine größere Differenzierung der Schulen untereinander generieren werde und daß die einzelnen Schulen versuchen würden, unterschiedliche Marktnischen zu besetzen. Ob diese Schulen zwar verschieden, aber doch gleichwertig sein werden, ist jedoch sehr zweifelhaft. Eine formale Gleichbehandlung aller Schulen bildet selbstverständlich den Kern des Verteilungsprinzips öffentlicher Mittel; aber offenkundig verschiedene Fälle gleich zu behandeln entspricht dem, was die Mehrheit der Soziologen eine Verstärkung bestehender Ungleichheiten nennen würde.

Die Auswirkungen der Prinzipien des lokalen Schulmanagements auf die Innenstadtschulen gaben Anlaß zu erheblichen Unruhen. Die Vergabe der Geldzuweisungen nach altersgewichteten Schülerzahlen führte dazu, selbst die wenigen Ansätze von positiver Diskriminierung, die sich seit den 60er Jahren entwickelt hatten, auslaufen zu lassen. Ein erster Versuch der Regierung, die Einführung weiterer Faktoren und komplizierterer Formeln, die soziale Bedürfnisse berücksichtigen sollten, zu entmutigen, ließ viele örtliche Schulbehörden zögern, über neue Formen positiver Diskriminierung nachzudenken. Andere Elemente des Umgangs der Regierung mit dem örtlichen Schulmanagementansatz werden ebenfalls besondere Auswirkungen auf die Innenstadtschulen ausüben. Die umstrittene Entscheidung, die aktuell anfallenden Personalkosten gegen ein durchschnittliches Stellenbesetzungsbudget aufzurechnen, hat den zweifelhaften Vorteil, Innenstadtschulen mit hoher Personalfluktuation und zahlreichen unbesetzten Stellen einen Budgetüberschuß zur Verfügung zu stellen. Jedoch hat der Effekt sinkender Schülerzahlen in solchen Gebieten in der Vergangenheit auch zu Schulfusionen und relativ hohen Personalkosten geführt, die durch Stellenschutz und Verbreiterung der Verantwortung im Anschluß an die Fusionen verursacht wurden. Trotz einiger kürzlich gemachter Konzessionen seitens der Regierung werden solche Kompetenzübertragungen wohl schließlich zurückgenommen werden müssen.

Insgesamt hatten die Budgetierungsformeln in einigen Schulbezirken zur Folge, daß Ressourcen von den Innenstadtschulen abgezogen wurden oder zumindest den vorstädtischen und ländlichen Schulen überdurchschnittliche Zuweisungen zukamen. Das Entwurfsformular, das ursprünglich für ›Avon‹, einen Schulbezirk, der alle drei Typen von Einzugsgebieten umfaßt, erarbeitet worden war, wurde in dieser Hinsicht besonders heftig kritisiert. Praktisch alle innerstädtischen Grundschulen sowie einige der am meisten benachteiligten Sekundarschulen in Bristol liefen Gefahr, aufgrund dieser Vorschläge bedeutende Geldbeträge zu verlieren (Guy und Menter, 1990). Nur eine konzertierte lokale Kampagne, die anschließend landesweit von der Presse aufgegriffen wurde, führte zu Veränderungen. Dieselbe allgemeine Tendenz kann jedoch auch in anderen Bezirken festgestellt werden, insbesondere in denen mit sehr gegensätzlichen Einzugsgebieten.

Weitere Bedenken hinsichtlich des lokalen Schulmanagementsystems beziehen sich auf die Kinder mit besonderen Bildungserfordernissen. Der parlamentarische Ausschuß »Bildung, Wissenschaft und Künste« (1990) vertritt den Standpunkt, daß das örtliche Schulmanagementsystem und andere Einrichtungen des Reformgesetzes wahrscheinlich einen Teil des bisher erreichten Fortschritts bei der Integration solcher Schüler in die Regelschulen unterminieren. Zudem sind viele der von den örtlichen Schulbehörden übernommenen Budgetierungsformeln, die besonderen Bildungsbedarf berücksichtigen, zu eng gefaßt, um den Schulen die zusätzlichen Ressourcen zuzuführen, die nötig sind, um die gesamte Bandbreite besonderer Bildungshilfen zur Verfügung zu haben. Darüber hinaus bieten – selbst nach einiger Anstrengung auf Regierungsseite, solcher Kritik zu entsprechen – jene in den Reglements anerkannten besonderen Bildungserfordernisse keinen ausreichenden Anreiz für die Schulen, Schüler mit solchen Bedürfnissen aufzunehmen. Die Schulen sind sich wahrscheinlich genau darüber im klaren, daß die Marktkonsequenzen eines solchen Verhaltens die Schulen weniger attraktiv für jene Eltern machten, deren Kinder den Löwenanteil der Schüler stellen, deren Größenordnung die Mittelzuweisungen in erster Linie bestimmt (Gold, Bowe und Ball, 1990). Unter diesen Umständen könnte es passieren, daß sich die Kinder mit besonderem Förderungsbedarf in solchen Schulen konzentrieren, die mit der Anwerbung anderer Schüler wenig Erfolg haben. Diese Schulen werden sich folglich überproportional in den Innenstädten finden. Damit würde wiederum jegliche Diversifizierung des Bildungsangebots mit Ungleichheit verbunden erscheinen – und noch ist nicht klar, ob ein neuer Runderlaß der Regierung (DES, 1991) etwas zur Entlastung dieser Situation bewirken kann.

Die städtischen Technikfachschulen
(City-Technology-Colleges)

Andererseits könnte die Schaffung zweier neuer Schulformen, die überhaupt nicht der Kontrolle der örtlichen Schulbehörden unterliegen, als eine Möglichkeit der Befreiung vom verbreiteten Image der Innenstadtschulen aufgefaßt werden, sie blieben hinter den normalen Leistungsstandards zurück, einem Image, dem sie mittels solcher Maßnahmen wie dem ›Assisted Places-Schema‹ entrinnen könnten. Damit ist ein Förderprinzip gemeint, das darin besteht, daß Unternehmen schulische Lernplätze finanziell ausstatten. Städtische Technikfachschulen, eine ›neue Schulalternative‹ von hohem Prestigewert für 11-18jährige Schüler, die mit Hilfe von Wirtschaftssponsoren eingerichtet und mit einem curricularen Schwerpunkt in Naturwissenschaften und Technik versehen werden, sollten in oder am Rande von heruntergekommenen städtischen Kernzonen angesiedelt werden, da (wie Kenneth Baker es formulierte, als er die Idee anläßlich des 1986er Parteitags der Konservativen lancierte) »es unsere Städte sind, in denen das Bildungssystem derzeit dem größten Druck ausgesetzt« ist (DES, 1986).

Die Initiative stieß jedoch auf vielfältige Hindernisse, und verschiedene Rückschläge führten dazu, daß bis September 1990 nur sieben der geplanten 20 Fachschulen die Arbeit aufgenommen hatten, und es sieht nun so aus, als würden nur 15 errichtet. Einige davon gehen von bestehenden Schulen aus und planen für die nächsten Jahre die schrittweise Überführung in das Fachschulmodell.

Es ist daher schwierig, im einzelnen anzugeben, wie diese Fachschulausbildung aussehen und ob es ein klar definiertes, spezifisches und als solches erkennbares Fachschulethos geben wird. Als diese Schulform zur Diskussion gestellt wurde, behauptete man, ›ihr Zweck sei eine breite, allgemeine Sekundarstufen-(Aus)Bildung mit starker technologischer Ausrichtung, um damit in bestimmten Städten Eltern eine größere Auswahl an weiterführenden Schulen und ihren Kindern eine verläßlichere Vorbereitung auf das Erwachsenen- und Arbeitsleben zu bieten‹ (DES, 1986). Ihr offensichtlich modernes und berufsbildungsrelevantes Curriculum hielt man für richtungweisend, und es offerierte solchen Gruppen erweiterte Optionen, denen diese traditionellerweise versagt geblieben waren.

Ob die städtischen Technikfachschulen benachteiligten Gruppen tatsächlich und nachhaltig zu verbesserten Chancen und Gelegenheiten verhelfen, und ob sie darin erfolgreich sein werden, Verbesserungen in anderen städtischen Schulen zu stimulieren, ist alles andere als klar. Die ursprünglichen Pläne zur Einrichtung von Technikfachschulen ließen wohl ein Engagement für die besonderen Bedürfnisse von Großstadtkindern erkennen. In der Tat: die Entscheidung, diesen Schulen besondere Einzugsgebiete zu einer Zeit zur Verfügung zu stellen, als andere Schulen die ihren verloren, hatte fast den Geruch einer in Mißkredit geratenen Politik positiver Diskriminierung; sie implizierte somit, das Bestreben zu verhindern, daß diese spezielle Initiative von Gruppen dominiert wurde, die bereits von anderen Schulen gut bedient wurden. Jedoch waren nicht nur Sponsoren, sondern auch Standorte schwer zu finden. Der Mißerfolg bei der Suche nach angemessenen Standorten und die daraus resultierende Entscheidung, Standorte in Vororten zu akzeptieren, war zum Teil durch Labour-Bezirksräte verursacht, die sich weigerten, Standorte in den Innenstädten bereitzustellen. Die Schwierigkeiten, Sponsoren zu finden, war für die Regierung fast noch blamabler. Nicht nur waren die Anlaufkosten für diese Schulen vom Bildungsministerium ›jämmerlich unterschätzt‹ worden; auch einige wichtige Wirtschaftsunternehmen wie z. B. BP und ICI distanzierten sich in aller Öffentlichkeit von dem Projekt – sie zogen es vor, bestehende Schulen zu fördern. So waren es nurmehr dem Kapitalismus im Thatcher-Stil eng verpflichtete Betriebe und Einzelunternehmer, die das Konzept stützten; zudem gab es hartnäckige Gerüchte über ministerielle Überredungskünste. Kenneth Baker aber behauptete, die großen Konzerne seien Teil des sozialdemokratischen Establishments, und der Typ von Unternehmen, der die technischen Fachschulen unterstütze, sei identisch mit dem, der neue wirtschaftliche Entwicklungen bahnbrechend vorantreibe.

Es ist nicht vorgesehen, die Schüler an den Technikfachschulen auf der Basis ihrer akademischen Eignung zu selegieren. Das Personal der wenigen schon arbeitenden Fachschulen behauptet, daß ihr Aufnahmeverhalten der Forderung entspreche, die Schüler gemäß der Repräsentanz ihres Einzugsgebietes aufzunehmen; ein für das Ministerium erstellter Bericht stellt demgegenüber fest, die ministerialen Anforderungen seien nicht erfüllbar (Dean, 1990). Aber selbst wenn die Technikfachschulen hinsichtlich ihrer Zu-

gänge formal-kognitive Maßstäbe angeben und eine erhebliche soziale Bandbreite berücksichtigen: sie sind dennoch keine Gesamtschulen. Schüler (und Eltern) werden nur in dem Ausmaß gewählt, in dem sie die gefragten Charakteristika aufweisen. Diese Charakteristika sind insofern weiter gefaßt als die rein formalkognitiven, die das ›Assisted-Places-Schema‹ (APS) kennzeichneten, als sie auch auf Engagement, Orientierung und Motivation Wert legen. Dies verdeutlichte der Rektor der Technikfachschule in Bradford, als er die hohe Aufnahmequote asiatischer Kandidaten damit rechtfertigte, daß »die hohe Arbeitsmoral in Familien dieser Herkunft genau die Qualität ist, die wir suchen« (Lewis, 1990). Insoweit könnte man die Initiative als eine Reaktion auf die sich verändernde britische Gesellschaft interpretieren sowie auf die sich wandelnden Arbeitsmarktbedürfnisse, und mit Sicherheit erschließt sie einen anderen Markt als den, den das APS avisierte.
Jedenfalls erschwert die starke Konkurrenz um Schulplätze, die in einigen Fachschulen bereits spürbar wird, eine Vorhersage über die künftigen Auswahlkriterien und über die Effekte, die diese auf benachteiligte Gruppen haben werden. Auf der Grundlage ihrer Beobachtungen in ›Kinghurst‹ in den West Midlands, der Technikfachschule, die als erste die Arbeit aufnahm, prognostizierten Walford und Miller (1991), daß die Fachschulen zweifelsohne einem Teil der Arbeiterklasse (oder der ›hilfsbedürftigen Armen‹, wie sie einst wohl genannt wurden) aus ihrem Milieu heraushelfen würden, daß sie insgesamt jedoch einen nur geringen positiven Einfluß auf diese Lebenswelt selbst und sogar bestimmte negative Konsequenzen für diejenigen zeitigen würden, die darin verhaftet blieben. Außerdem sind sie der Meinung, daß diese Schulen mit steigender Popularität bemüht sein würden, entlang der traditionellen Hierarchie der Wertschätzung aufzusteigen, die konventionellen Lehrplanmethoden zu übernehmen und sich so ›von ihrer (ursprünglichen) Aufgabe zu entfernen – wie es in Kinghurst bereits der Fall zu sein scheint‹.

Subventionsschulen
(Grant Maintained Schools)

Die Regierung behauptet, daß der andere neue, durch das Bildungsreformgesetz inaugurierte Schultyp, die Subventionsschule, der Möglichkeit der Eltern, innerhalb des öffentlichen Bildungssektors zu optieren, ›eine weitere mächtige Dimension hinzufüge‹ und daß damit ›die Eltern und Gemeinden vor Ort neue Chancen erhielten, die Entwicklung ihrer Schulen den Bedürfnissen ihrer Kinder und ihren eigenen Wünschen anzupassen‹ (DES, 1987). Subventionsschulen sind bestehende Schulen, die nach dem Elternwillen der Kontrolle der örtlichen Schulbehörde entzogen werden und die Geldzuweisungen direkt von der Zentralregierung erhalten sollen. Man sah in ihnen ein Instrument, mittels dessen die Schulen in die Lage versetzt werden sollten, ihrer unmittelbaren Klientel besser zu entsprechen, und man hielt sie darüber hinaus (selbstverständlich) für ein geeignetes Mittel, den Einfluß der am linken Labour-Flügel orientierten örtlichen Schulbehörden, insbesondere in den Stadtgebieten, einzudämmen.

Die Erwartung von Frau Thatcher, die Mehrzahl der unter lokaler Kontrolle befindlichen Schulen würde sich schließlich dieser Aufsicht entledigen (Garner, 1987), scheint vom derzeitigen Erziehungsminister, Kenneth Clarke, geteilt zu werden. Inwieweit dies jedoch für die Eltern eine attraktive Vorstellung ist, ist völlig unklar. Obwohl mehr als die Hälfte der lokalen Schulbehörden in England und Wales Schulen unter sich hatten, die bis April 1991 einen Status als Subventionsschulen anstrebten, und obwohl mehr als ein Drittel der örtlichen Behörden mindestens eine Schule zu ihrem Kontingent zählte, der ein solcher Status zugebilligt worden war, so machen die insgesamt ca. 300 Schulen, die Schritte in diese Richtung unternommen hatten, dennoch nur einen kleinen Teil aller Subventionsschulen aus. Die Erwartung der Regierung, daß die ersten Umsteigerschulen solche in Labour-dominierten städtischen Gebieten sein würden, hat sich in der Praxis nicht bewahrheitet. Weniger als ein Drittel der ersten 72 Schulen, denen der Übergang zum Subventionsstatus zugestanden worden war, standen auf von Labour beherrschtem Gebiet, während die von den Konservativen dominierten Grafschaften zu den am meisten betroffenen zählten (Fitz et al. 1991).

In 50 Schulen haben durchgeführte Elternabstimmungen die Ausstiegspläne zurückgewiesen, und in anderen Fällen haben lokale Schulbehörden (linksgerichtete städtische Behörden eingeschlossen) Schulleitungen dazu überredet, keine Abstimmungen durchzuführen. Auf der anderen Seite behaupten Kritiker, die Regierung besteche Schulen, auf den Subventionszug umzusteigen, indem sie beispielsweise diesen Schulen – im Vergleich zu den Schulen, die unter lokaler Aufsicht verbleiben – ein ›allzu großzügiges Startsubventionskapital‹ bewillige (Halpin und Fitz, 1990). Neue Anreize, die auf dem Parteitag der Konservativen von 1990 in Aussicht gestellt wurden, scheinen diesen Eindruck zu bestätigen. Das Recht auf Umsteigen, das ursprünglich auf Sekundarschulen und die größeren Grundschulen beschränkt war, ist inzwischen auf alle Grundschulen ausgedehnt worden. Eine konzertierte Aktion der Minister, mehr Schulen zum Umsteigen zu ermuntern, begleitete diese Aktionen.

Inzwischen entwickelt sich eine Debatte, die sich mit der Möglichkeit der Nutzung von Subventionsschul-Regelungen zur Gründung von Minderheitenschulen, insbesondere für muslimische Kinder, beschäftigt (Cumper, 1990). Zur Zeit des Reformerlasses forderte die zur ›Neuen Rechten‹ gehörige Hillgate-Gruppe (1987), die Regierung solle »neue und autonome Schulen ... einschließlich kirchlicher Schulen aller Konfessionen – jüdische, islamische und dergleichen Schulen mehr, wie Eltern sie wünschen« – unterstützen. Während ihre Forderungen den bereits auf der Regierung lastenden Druck, die Einrichtung nichtchristlicher, freiwillig unterstützter Schulen (Halstead, 1986) zuzulassen, noch verstärkten, erkannte man, daß dasselbe Ziel entweder durch staatliche Hilfen für unabhängige Religionsschulen oder durch den Umstieg bestehender Schulen, die sodann ihre religiöse oder kulturelle Besonderheit ausbilden könnten, ebenso erreichbar sei. Marks (1990) vertrat diesen Ansatz auf der argumentativen Grundlage einer ›natürlichen Gerechtigkeit‹; ein vor kurzem von allen Parteien im House of Lords unternommener Versuch, diesen Ansatz zu realisieren, fand jedoch nicht die Unterstützung der Regierung. Nichtsdestotrotz gaben die Minister auf einer allgemeineren Ebene ihrer Überzeugung Ausdruck, daß die Regularien für Subventionsschulen »den Schulen die Freiheit eröffnen sollten, ihren eigenen Charakter zu entfalten und um Schüler auf der Grundlage elterlicher Präferenzen« zu werben (TES, 1991). Dies scheint gut in das Bild der angestrebten Vielfalt zu passen.

Kritiker halten dem jedoch entgegen, der Subventionsstatus sei ein Weg zur Wiedereinführung einer ›akademischen‹ Hierarchisierung, indem durch ihn einer Selektion nach formal-kognitiven Kriterien die Hintertür geöffnet werde. Ursprünglich hatte die Regierung erklärt, daß es den Subventionsschulen in der Regel nicht erlaubt sein solle, ihr Profil oder ihre Zulassungsregeln innerhalb einer Fünfjahresfrist zu ändern. Kenneth Clarke kündigte jedoch die Abschaffung dieser 5-Jahres-Regelung mit der Begründung an, dies fördere die Vielfalt und er erwarte nicht, daß allzu viele Subventionsschulen zu einer selektiven Zulassungspolitik übergehen würden. Dies bleibt abzuwarten. Der Subventionsstatus wurde bisher weitgehend dazu genutzt, die Selektivität der bestehenden Gymnasien zu erhalten. Gymnasien, die von örtlichen Schulbehörden unterhalten werden und denen die Umgestaltung in Gesamtschulen bevorsteht, können daher umgehend einen Subventionsstatus beantragen und darüber eine Entscheidung erwarten, bevor noch irgendwelche Reorganisationsvorschläge realisiert werden. Sind sie in ihrem Antrag auf Statusänderung erfolgreich, so können sie ihre Selektivität bewahren. Einige der ersten Umsteiger-Schulen fallen in diese Kategorie, und 28 der ersten 72 Subventionsschulen waren selektive Schulen.
Es gibt bisher sicherlich nur wenige Anhaltspunkte dafür, daß der Subventionsstatus tatsächlich Vielfalt an wählbaren Schulformen hervorbringt. In der Tat, wenn Walfords und Millers Behauptung, daß beliebte Technikfachschulen bemüht seien, den bestehenden statusträchtigen Elementen des Systems nachzueifern, auch auf die Subventionsschulen übertragbar ist, dann können wir damit rechnen, daß viele von ihnen in wachsendem Maße akademisch selektiv in ihrem Aufnahmeverhalten und konventionell in ihren curricularen Ansätzen sein werden. Fitz et al. (1991) vertreten den Standpunkt, daß – angesichts der Tatsache, daß sich unter den ersten zur Genehmigung anstehenden Subventionsschulanträgen eine beachtliche Zahl von Schulen befindet, die 11-18jährigen Schülern und Schülerinnen offenstehen und den Prinzipien von Selektivität, Freiwilligkeit und Geschlechtertrennung folgen wollen – der sich neu entwickelnde Sektor als ganzer bereits jetzt ein Image herausbilden könnte, das »Eltern anspricht, die für ihre Kinder eine ›traditionelle‹ Sekundarschulbildung anstreben«.

Die Politik im ganzen

Was ist also mit Ozgas ›größerem Bild‹? Im großen und ganzen gesehen scheinen die frühen Analysen über die Auswirkungen der diversen marktorientierten Strategien der Thatcher-Regierung die Auffassung nahezulegen, daß sie mehr dazu dienen, legitimatorischen Glanz über die Perpetuierung der überlieferten Formen struktureller Ungleichheit zu werfen als originären Pluralismus zu erzeugen und die traditionellen Modi sozialer Reproduktion zu durchbrechen. Es gibt kaum Anzeichen für einen postmodernen ›Bruch‹. Eine stärkere Differenzierung von Qualität und Prestige auf horizontaler Ebene der Schulen untereinander als Resultat des Bildungsreformgesetzes erscheint jedenfalls ebenso wahrscheinlich wie die Vielfalt, die sich einige Befürworter erhofft hatten. Wenn das so ist, dann reihen sich die jüngsten Reformen nahtlos in die lange Geschichte der englischen Erziehung ein, die Banks in seinem Buch »Parität und Prestige der englischen Sekundarbildung« dokumentiert hat (Banks, 1955).
Walford und Miller (1991) behaupten, daß, während es ein Anliegen der Gesamtschulen war, die historische Koppelung zwischen der Unterschiedlichkeit des Bildungsangebots und der Ungleichheit von gesellschaftlicher Klasse und Geschlecht zu überwinden, »die städtischen Technikfachschulen eine wichtige Rolle bei der Relegitimierung der Ungleichheit des Angebots für unterschiedliche Schüler« gespielt hätten. Ja, sie behaupten sogar, das »unvermeidliche Resultat« des Technikfachschul-Konzepts insbesondere in Verbindung mit den Subventionsschulen und dem örtlichen Schulmanagement sei »eine Schulformhierarchie mit dem privaten Sektor an der Spitze, gefolgt von den städtischen Technikfachschulen und Subventionsschulen und schließlich von den verschiedenen vor Ort von kommunalen Schulbehörden betriebenen Schulen« gewesen. Jack Straw, der bildungspolitische Sprecher der Opposition, beteuerte vor kurzem, die Schaffung einer Hierarchiefolge, die mit den privaten Eliteschulen beginnt, über die Technikfachschulen und die Subventionsschulen läuft und bei der Restversorgung durch die Stadtschulen endet, sei die volle Absicht der Politik der Konservativen gewesen – ein Vorwurf, der Gefahr läuft, sich als eine ›self-fulfilling prophecy‹ zu erweisen.
Aber – beabsichtigt oder nicht – bislang läßt sich kaum ein Anhaltspunkt dafür auffinden, daß das Bildungsreformgesetz eine

Struktur erzeugt, die Vielseitigkeit einschließt und zugleich Chancengleichheit für alle Schüler sichert. Vielmehr spricht einiges dafür, daß diese Reformen die wettbewerbsunfähigen Schüler noch stärker benachteiligen und tatsächlich eine Hierarchisierung zwischen den Schulen herbeiführen werden. Dies wird besondere Konsequenzen für die vornehmlich die Innenstädte bevölkernden Familien der Arbeiterklasse und schwarzen Minoritäten zeitigen. Während sie auch unter sozialdemokratischer Ägide nie einen gerechten Anteil an den Bildungsressourcen erlängten, macht der Verzicht auf Planung zugunsten des Marktes eine solche Lösung unwahrscheinlich. Die Entstehung eines Bildungsproletariats in den Innenstädten Großbritanniens ist dagegen viel wahrscheinlicher.

Welches immer die Absichten ihrer Befürworter sein mögen – in diesem Streit wird eines deutlich: Während die gegenwärtige Politik glauben macht, ihr Engagement für Wahlfreiheit schaffe tatsächlich eine echte Chancengleichheit für all jene, die dies für sich nutzen wollen, bewirkt sie mit gleicher Wahrscheinlichkeit eine Verschärfung der strukturellen Ungleichheiten wie deren Milderung. Für all jene Angehörigen benachteiligter Gruppen, denen z.B. trotz besonderer kognitiver Fähigkeiten oder alternativer Würdigkeitsdefinitionen aus den am unteren Ende der Hierarchie rangierenden Schulen nicht herausgeholfen werden kann, stellen die neuen Regelungen bloß eine weitere Methode dar, die tiefreichenden Klassentrennungen zu reproduzieren. Visionen, die uns auf ein postmodernes Bildungssystem in einer postmodernen Gesellschaft zubewegen sehen, könnten daher verfrüht oder eine bloße Reflexion von Oberflächenerscheinungen sein – vielleicht auch nur eine Illusion. Allenfalls könnte man die gegenwärtigen Reformen eher in einen Zusammenhang stellen mit einer Version von Postmoderne, die im Rahmen einer fragmentierten Sozialordnung mehr Wert auf ›Unterschied‹ und ›Hierarchie‹ legt, als mit einer solchen, die ›Differenz‹ und ›Heterogenität‹ in einem positiven Sinne zelebriert (oder toleriert) (Lash, 1990).

Das nationale Curriculum

Diese Linearität zeigt sich auch, wenn man das nationale Curriculum betrachtet, das einzige Element der jüngsten Reformen, das nicht in die Parteinahme der Thatcher-Regierung für die Marktkräfte hineinzupassen scheint (Whitty, 1989). Das Nationalcurriculum, das durch das Bildungsreformkonzept von 1988 eingeführt wurde, spezifiziert Unterrichtsprogramme und Lernziele für die drei ›Kernfächer‹ Englisch, Mathematik und Naturwissenschaften sowie für sieben weitere ›Grundlagenfächer‹. Während einige Vertreter der extremen Neo-Liberalen in der Neuen Rechten das Curriculum gerne ganz dem Markt selbst überlassen hätten, scheint es, als habe sich die Regierung in diesem Punkte mehr von den Argumenten neo-konservativer Interessengruppen, wie z. B. der Hillgate-Gruppe, leiten lassen. Diese Gruppe vertritt die Ansicht, daß – selbst wenn die Marktkräfte letztlich als die beste Instanz zur Bestimmung des schulischen Curriculum anzusehen seien – die zentralstaatliche Setzung eines allgemeinen nationalen Curriculums eine notwendige Interimsstrategie sei, um die Absichten der maßgeblichen Kreise des ›liberalen Erziehungsestablishments‹, das die Bildungsstandards und die traditionellen Werte bedrohe, zu unterlaufen.

Die Hillgate-Gruppe ist besonders darum bemüht, sich dem Druck zugunsten eines multikulturellen Curriculums, der sich »in der ganzen westlichen Welt, am deutlichsten in Frankreich, Deutschland, den Vereinigten Staaten, aber auch in Großbritannien bemerkbar gemacht hat, entgegenzustemmen«. Sie bekennt sich zu jenen Kräften, »die die traditionellen Werte der westlichen Gesellschaften verteidigen, und insbesondere zu denen, die erkennen, daß eben diese Universalität und Offenheit der europäischen Kultur unsere beste Legitimation für deren Übermittlung ist – selbst an solche, die aus ganz anderen kulturellen Kontexten zu ihr finden« (Hillgate Group, 1987). Zwar wird die Einrichtung neuer und selbständiger Schulen, islamische und andere von Eltern gewünschte Schulen inbegriffen, von dieser Gruppe begrüßt; ihr Engagement zugunsten der Marktkräfte ist jedoch im Rahmen eines Beharrens darauf zu sehen, daß alle Kinder »mit den Kenntnissen und dem Verständnis auszustatten sind, die für den vollen Genuß und die Verbesserung der britischen Gesellschaft notwendig sind«. »Unsere« Kultur, als Teil der universalistischen Kultur

Europas, »darf nicht zugunsten eines mißverstandenen Relativismus oder um einer deplazierten Sorge um jene willen, die noch kein Bewußtsein von deren Stärken und Schwächen haben mögen, geopfert werden« (Hillgate Group, 1987).
Die Hillgate-Streitschrift trägt also zu beidem bei: zur Anerkennung von Differenz und zur Entschärfung der möglichen Herausforderung für die bestehende Sozialordnung durch Differenz. Bedenkt man den Einfluß der Schrift auf die Regierungspolitik zur Zeit der Verabschiedung des Reformgesetzes, so wird die Deutung der politischen Entscheidungen, mit denen wir früher liebäugelten – insofern wir in ihnen den Ausdruck jener Spielart postmoderner Gesellschaften sahen, die sich in Heterogenität und Differenz gefällt – sogar noch fragwürdiger. Innerhalb des Diskurses der Hillgate-Gruppe gibt es eindeutig eine Meistererzählung, die die Kulturen entlang einer hierarchischen Skala differenziert, derzufolge sozialer Fortschritt im wesentlichen im Sinne der Assimilation an die europäische Kultur gemessen wird.
Ein weiterer Aspekt des nationalen Curriculums, der dazu führen könnte, Schulen wie Schüler auf einer linearen Skala anzuordnen, ist das Zusammenspiel von örtlichem Schulmanagement und der Konkurrenz der Schulen um Schüler und der Veröffentlichung der Abschlußzeugnisse. Das Resultat könnte sehr bald die Konzentration der am meisten benachteiligten Schüler in den Schulen mit niedrigen Testergebnissen, schrumpfenden Ressourcen und abnehmender Moral sein.

Alternative Zukunftsaussichten?

Die Kombination politischer Programmatiken, die den bildungspolitischen Ansatz der Thatcher-Regierung kennzeichnet, wird mit dem paradoxalen Konzept einer »konservativen Modernisierung« (Dale, 1989) auf den Begriff gebracht – eine Formulierung, die zudem die Verbindung zu anderen Aspekten der Modernität betont und nicht etwa ausgesprochen antimoderne oder postmoderne Assoziationen weckt. Trotz der Entwicklung neuer Akkumulationsformen und der Veränderungen der staatlichen Steuerungsmodalitäten und angesichts einiger begrenzter Veränderungen der sozialen und kulturellen Differenzierungsmuster im heutigen Großbritannien erscheinen die Kontinuitäten als ebenso bemerkenswert wie die Diskontinuitäten.

Dieweil festgestellt werden könnte, daß es keinen postmodernen ›Bruch‹ gegeben hat, so scheint es doch, als sei für jene feinen sozialen und kulturellen Verschiebungen, die sich in den modernen Gesellschaften ereignet haben, die jüngste Politik der Konservativen in einem weit größeren Maße sensibel gewesen als die der Labour-Partei. Obwohl die sozialen Klassenschranken nach wie vor eine wichtige Herausforderung für unser Bildungssystem bleiben werden, wird sich die Sozialdemokratie mit ihren traditionellen bildungspolitischen Entwürfen, die die Idee der Einheitsschule sowie üblicherweise in der Tat auch ein allgemeines Curriculum favorisieren (Lawson, 1975), ebenso der neuen sozialen Vielfalt der gegenwärtigen Gesellschaften stellen müssen. Die in den gegenwärtigen Diskussionen der Linken über Bürgerrechte (›citizenship‹) zu beobachtende Suche nach Möglichkeiten, »Einheitlichkeit zu schaffen, ohne Besonderheiten zu leugnen« (Mouffe, zitiert in Giroux, 1990), wird somit zu einer Herausforderung für jede künftige Bildungspolitik. James Donald (1989) forderte die Entwicklung von Denkansätzen, die »Partizipation und Verteilungsgerechtigkeit anstelle eines simplen Gleichheitsprinzips zu ihrer Grundlage machen, die mehr auf kulturelle Heterogenität als auf geteilte Menschlichkeit setzen«. Donald selbst zieht den Schluß, dies setze hinter die Idee der Gesamtschulerziehung ein grundlegendes Fragezeichen. Auch wenn ich noch nicht davon überzeugt bin, daß dies unbedingt der Fall sein muß: eine Revision des Bedeutungsgehalts von Gesamtschulerziehung steht dennoch an – für die Linke ein Indiz für die Notwendigkeit, überkommene Orthodoxien zu überdenken.

Literatur

Baker, K. (1990), »»A bright new term for London's children«», *Evening Standard*, 30. März, S. 7.
Ball, S. (1990), *Politics and Policymaking in Education*, London: Routledge.
Banks, O. (1955), *Party and Prestige in English Secondary Education*, London: Routledge.
Bates, S. (1990), »Unfilled primary school places cost £ 140 m«, *The Guardian*, 13. Dezember, S. 5.

Blackburne, L. (1988), »Peers back policy on open enrolment«, *The Times Educational Supplement*, 13. Mai.

Boyne, R./Rattansi, A. (Hg.) (1990), *Postmodernism and Society*, London: Macmillan.

Chubb, M./Moe, T. (1990), *Politics, Markets and America's Schools*, Washington: Brookings Institution.

Cumber, P. (1990), »Muslim schools: the implications of the Education Reform Act 1988«, *New Community*, Jahrg. 16, Nr. 3.

Dale, R. (1989), »The Thatcherite Project in Education«, *Critical Social Policy*, Jahrg. 9, Nr. 3.

Dean, C. (1990), »CTC selectors face an ›impossible task‹«, *The Times Educational Supplement*, 21. September, S. 1.

DES (1986), *City Technology Colleges: A New Choice of School*, London: DES.

– (1987b), *Grant Maintained Schools: Consultation Paper*, London: DES.

– (1991), *Local Management of Schools: Further Guidance*, London: DES.

Donald, J. (1989), »›Interesting Times‹«, *Critical Social Policy*, Jahrg. 9, Nr. 3.

Dunn, R. (1988), *Quoted in Education*, 8. Juli.

Fitz, J./Halpin, D./Power, S. (1991), *Grant Maintained Schools: A Third Force in Education?*, Forum, Januar.

Garner, R. (1987), »Mrs. Thatcher enthuses over opting out proposals«, *The Times Educational Supplement*, 18. September.

Giroux, H. (Hg.) (1990), *Postmodernism, Feminism, and Cultural Politics*, New York: State University of New York Press.

Glenn, C. (1987), *The Myth of the Common School*, Amhurst: University of Massachusetts Press.

Gold, A./Bowe, R./Ball, S. (1990), *Special Educational Needs in a New Context: Micropolitics, Money, and Education for All*, Vortragsms. der Jahreskonferenz der British Educational Research Association.

Guy, W./Menter, I. (1990), »Local Management of Schools: Who Benefits?«, in: Gill, D./Mayor, B. (Hg.), *Racism and Education: Strategies for Change*, Milton Keynes: Open University Press.

Hall, S./Jacques, M. (Hg.) (1989), *New Times*, London: Lawrence und Wishart.

Halpin, D./Fitz, J. (1990), *Local Education Authorities and the Grand Maintained Schools Policy*, Vortragsmanuskript der Jahreskonferenz der British Educational Research Association.

Halstead, J. M. (1986), *The Case for Muslim Voluntary-Aided Schools*, Cambridge: The Islamic Academy.

Harvey, D. (1989), *The Condition of Postmodernity*, Oxford: Basil Blackwell.

Hillgate Group (1987), *The Reform of British Education*, London: Claridge Press.

House of Commons Select Committee on Education, Science and Arts (1990), *Staffing for Pupils with Special Educational Needs*, London: HMSO.

Hugill, B. (1990), »Government lets parents choose schools by race«, *The Observer*, 22. April.

Johnson, R. (1989), »Thatcherism and English Education: breaking the mould or confirming the pattern?«, *History of Education*, Jahrg. 18, Nr. 2.

Knight, B. (1990), *Research on Local Management of Schools*, Vortragsmanuskript der Jahreskonferenz der British Educational Research Association.

Lash, S. (1990), *Sociology of Postmodernism*, London: Routledge.

Lawton, D. (1975), *Class, Culture and the Curriculum*, London: Routledge.

Lewis, J. (1990), »Bradford CTC responds«, Letter in: *Education*, 1. Juni.

Marks, J. (1990), »Let natural justice be done«, *The Times Educational Supplement*, 17. August.

Ozga, J. (1989), »Policy Research and Policy Theory«, *Journal of Education Policy*, Jahrg. 5.

Parmar, P. (1981), »Young Asian women: a critique of the pathological approach«, *Multiracial Education*, Jahrg. 9, Nr. 5.

Phillips, M. (1988), »Why black people are backing Baker«, *The Guardian*, 9. September.

Said, E. (1978), *Orientalism*, London: Routledge.

Stevens, M. (1991), *Japan and Education*, London: Macmillan.

TES (1991), »Clarke senses a bloom time ahead«, *The Times Educational Supplement*, 8. März, S. 3.

Walford, G./Miller, H. (1991), *City Technology College*, Milton Keynes: Open University Press.

Walkling, P./Brannigan, C. (1986), »Anti-sexist/anti-racist education: a possible dilemma«, *Journal of Moral Education*, Jahrg. 15, Nr. 1.

Weekes, W. (1987), »Tory fury at Heath attack on ›divisive‹ schools Bill«, *Daily Telegraph*, 2. Dezember.

Whitty, G. (1986), »Education policy and the inner cities«, in: Lawless, P./Raban, C. (Hg.), *The Contemporary British City*, London: Harper and Row.

– (1989), »The New Right and the National Curriculum – state control or market forces?«, *Journal of Education Policy*, Jahrg. 4, Nr. 4.

–/Menter, I. (1989), »Lessons of Thatcherism: Education Policy in England and Wales, 1979-88«, *Journal of Law and Society*, Jahrg. 16, Nr. 1.

Stefan Hradil
Sozialisation und Reproduktion in pluralistischen Wohlfahrtsgesellschaften

1. Gesellschaftliche Veränderungen und sozio-kulturelle Pluralisierung seit den 70er Jahren

Seit den 70er Jahren hat sich in Westdeutschland viel verändert. Auch die meisten Lebens- und Sozialisationsbedingungen sind anders geworden. Einige dieser Wandlungsprozesse sind:
- die Steigerung des Massenwohlstandes,
- die Bildungsexpansion,
- die drastische Zunahme von Berufspositionen im Dienstleistungsbereich, besonders von hochqualifizierten Positionen,
- die Ausdifferenzierung des Klassen- und Schichtengefüges sowie die Ausgrenzung diverser Rand- und Problemgruppen, trotz
- des Ausbaus sozialer Sicherungen und anderer wohlfahrtsstaatlicher Leistungen, wenigstens bis Mitte der 70er Jahre,
- der Geburtenrückgang sowie das Schrumpfen der Familien- und Haushaltsgrößen,
- die zunehmende Erwerbstätigkeit verheirateter Frauen und Mütter,
- der Rückgang der Arbeitszeiten,
- die Einwanderung von Gastarbeitern, Asylbewerbern und Übersiedlern,
- die Vermehrung von Arbeitsmarktrisiken,
- die Entwicklung neuer Technologien in Erwerbsarbeit und Haushalt, usw.

Neben diesen gesellschaftlichen Veränderungen, die sich weitgehend unbeeinflußt vom Denken und Handeln der einzelnen, insofern »objektiv« vollzogen, haben sich seit den 80er Jahren auch maßgebliche »subjektive« Wandlungen ergeben. Die Mentalitäten und Verhaltensweisen vieler Menschen sind anders geworden. Diese »subjektiven« Entwicklungen, die mit dem Wandel »objektiver« Existenzbedingungen direkt oder indirekt zusammenhängen, werden häufig unter dem Schlagwort »Pluralisierung

der Lebensweisen«[1] (Hradil 1987; Zapf u. a. 1987) zusammengefaßt. Dieser Eindruck einer sozio-kulturellen Pluralisierung verdichtete sich in den 80er Jahren immer mehr.[2] Einige der vielbeachteten Erscheinungen sind:
- die Pluralisierung von Lebensformen (Zunahme von Singles, nichtehelichen Lebensgemeinschaften und Alleinerziehenden zu Lasten der »Normalfamilie«),
- neue, oft jugendliche Subkulturen (»Punks«, »Raps«, »Poppers« etc.),
- die »neuen sozialen Bewegungen« (vor allem die Frauen-, Friedens-, Ökologie-, Alternativ- und Antikernkraftbewegung),
- neue soziale Milieus (Stadtteilmilieus, politische Milieus, die Milieus technologisch neuer Berufe, wiedererstarkte regionale Milieus),
- die Ausdifferenzierung von Lebensstilen (vor allem in der Großstadt).

Die soziologische Untersuchung dieser Lebensweisen erlebte seit den späten 70er Jahren einen wahren Boom. Solche Studien wurden zunächst vor allem von praxisnahen Disziplinen betrieben wie der Freizeit-, der Konsum- und der politischen Soziologie, dann aber auch von »akademischen« Teildisziplinen wie der Kultursoziologie und der Sozialstrukturanalyse. Die Ergebnisse gehen zwar im einzelnen auseinander; aus einer gewissen Distanz betrachtet wird aber deutlich, daß sie in wesentlichen Punkten übereinstimmen (vgl. Hradil 1992). Sie belegen eine »Pluralisierung« von Lebensweisen in dreierlei Hinsicht.

1 Der Begriff »Lebensweise« wird als Oberbegriff zu den Konzepten »Lebensform«, »Milieu«, »Subkultur«, »soziale Bewegung« und »Lebensstil« aufgefaßt. Vgl. hierzu im einzelnen die untenstehenden Begriffserklärungen.
2 Was nicht notwendigerweise heißt, daß alle im folgenden genannten Pluralisierungserscheinungen wirklich neu sind. Etliche unter ihnen, etwa die unterschiedlichen Mentalitäten und Alltagswelten der Religionen, Konfessionen, Regionen oder Berufsstände sind im Gegenteil sehr alt. Sie gerieten in den letzten Jahren nur wieder mehr in den Vordergrund der Aufmerksamkeit, sowohl der Sozialwissenschaftler als auch der Bevölkerung, und sie erfuhren dadurch eine Revitalisierung. Eine ganze Reihe von Mentalitäten, Werthaltungen, Milieus, Lebensstilen etc. sind jedoch tatsächlich neu.

Erstens erwies sich, daß viele insbesondere der »neuen« Lebensweisen viel unabhängiger von äußeren Lebensbedingungen und insbesondere von der Position im Klassen- und Schichtgefüge sind, als dies Befunde aus den 60er und 70er Jahren nahelegten. Zwar ist die Lebensweise der Menschen auch heute noch von äußeren Rahmenbedingungen geprägt. Die wichtigsten dieser Determinanten sind nachweislich: der Bildungsgrad, die Stellung im Familienzyklus (z. B. das Aufziehen kleiner Kinder), das Alter und die Höhe des verfügbaren Einkommens. Aber auch diese Faktoren prägen die Lebensweise nur bedingt. Auch unter Bildungs-, Familien-, Alters- und Einkommensgleichen finden sich große Unterschiede der Lebensweise (Gluchowski 1988, S. 40 ff.).
Als Gründe für diese partielle Entkoppelung »subjektiver« Lebensgestaltung und »objektiver« Lebensbedingungen sind zum einen die gestiegenen Freiräume infolge vermehrter Einkommen, erweiterter Bildung, hoher sozialer Sicherheit, großer beruflicher und regionaler Mobilität, geringer Kinderzahlen und abgeschwächter Alltagsnormen zu nennen. Zum andern sind aber auch zunehmende Zwänge zur individuellen Lebensplanung wegen wachsender beruflicher Verwerfungen (Arbeitslosigkeit, Umschulung usw.) und immer häufigeren privaten Umbrüchen (Scheidung, Arbeitsortwechsel des Partners etc.) in Rechnung zu stellen.
Zweitens häufen sich empirische Nachweise einer Pluralisierung von Lebensweisen im Sinne ihrer »morphologischen« Ausdifferenzierung. Verglichen mit dem massenhaft ähnlichen Denken und Handeln arbeitsgesellschaftlicher Großgruppen (Arbeiterbewußtsein, Angestelltenmentalität etc.), das noch Anfang der 70er Jahre als typisch für ganze Klassen und Schichten galt, werden heute sehr viel mehr und vor allem unterschiedliche, weniger eng mit der (Erwerbs-)Arbeitswelt verknüpfte Lebensweisen gefunden. Schon die eher groben soziologischen Versuche, gesamtgesellschaftliche Übersichten über Milieus und Lebensstile zu erstellen, münden nicht in zwei oder drei, sondern in die Unterscheidung von 8^3, 9^4, 12^5, 15^6 oder gar 25^7 Gruppierungen.

---

3 Acht soziokulturelle Gruppierungen ermittelten Milieustudien des SINUS-Instituts (vgl. Hradil 1987, S. 131) sowie die Untersuchungen von Freizeit-Lebensstilen durch Gluchowski (1988).
4 Typologie politischer Lebensstil-Gruppierungen der Konrad-Adenauer-Stiftung (Gluchowski 1987, S. 28).

Als Beispiele sollen zwei bekannt gewordene Befunde graphisch dargestellt werden.

Abb. 1: Soziale Schicht und Grundorientierungen von Milieus in der Bundesrepublik

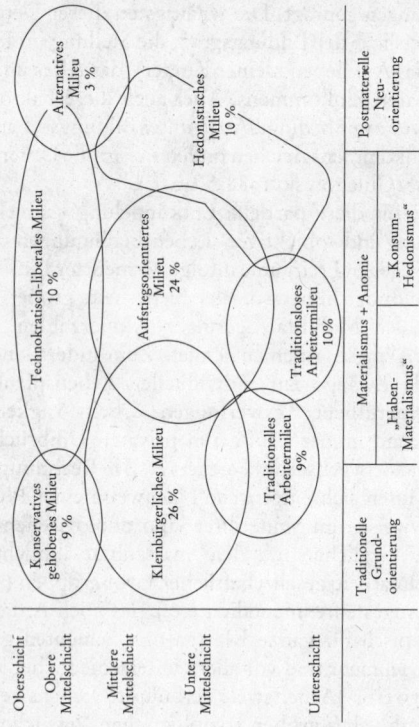

(Quelle: Nowak/Becker 1985, S. 14, zit. n. Hradil 1987, S. 131)

Hinzu kommt, daß gewissermaßen »unterhalb« der Ebene gesamtgesellschaftlich verbreiteter Gruppierungen gleicher Denk- und Lebensweise offenbar auch kleinere sozio-kulturelle Kollektive (Stichworte: Unternehmenskultur, »Heimat«, »Kiez«, Stadt-

5 Lebensstiltypologie, Lüdtke (1989).
6 Lebensstiltypologie, Lüdtke (1990).
7 Typologie von Lebensformen nach Zapf u. a. (1987).

Abb. 2: Schichtzuordnung und gesellschaftliche Wertorientierung von Lebensstil-Gruppierungen

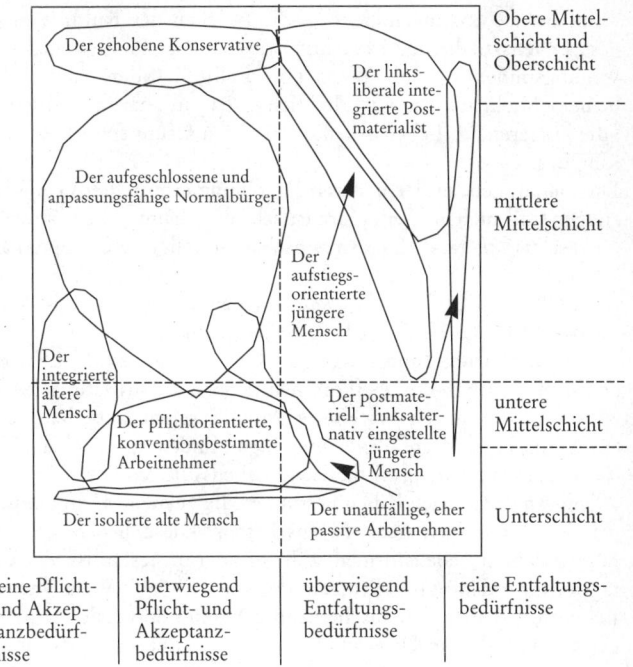

(Quelle: Gluchowski 1987, S. 28)

viertelmilieus, »Szene«, großstädtische Lebensstile) wichtiger werden. Einige Lebensstile, die in einem eher kleinen Gebiet innerhalb des Stadtviertels Berlin-Schöneberg gefunden wurden, sollen hiervon einen Eindruck vermitteln:
»Homosexuelle Subkultur«, »das gutbürgerliche Schöneberg«, »die Drogenszene«, »die Punks«, »die erste New-Wave-Generation«, »die links-alternative Szene«, »die Alternativszene«, »die sogenannten neuen Mittelschichten«, »Altlinke«, »die intellektuelle Szene«, »die Aufstandskultur«, »der ästhetische Flügel der

no-future-Generation«, »Söhne und Töchter des exekutiven Kleinbürgertums, die hier Gelegenheit hatten, den Bruch mit ihrem Herkunftsmilieu zu leben und zu zelebrieren«, »existentiell radikalisierte Spätjugendliche«, »die Nischen der Kulturszene«, »der Lebensstil des neu-existentialistischen Post-Punks«, »das Bewegungsmilieu«, »die Widerstandskultur«, »der aufgestylte Schicki-Micki aus dem City-Bereich«, »das proletarische Milieu«, »die jüngeren, an Lebensstilen orientierten Gruppen« usw. (Berking u. a. 1990).
Die vielfältigen, in der neueren Forschung ermittelten Gruppierungen sind auch insofern pluralistisch, als sich unter ihnen sowohl
- *traditionale* (z. B. Landsmannschaften, religiöse Gruppen) als auch
- moderne, von der *industriellen* Arbeitswelt geprägte Kollektive (z. B. das traditionale Arbeitermilieu), aber auch
- durch Schrumpfungs- und Erosionsprozesse dieser Lebensformen, durch das Aufkommen neuer Dienst(leistungs)klassen sowie durch erweiterte Möglichkeiten außerhalb der Arbeit begünstigte *Neuformierungen* finden (neue soziale Bewegungen, neue großstädtische Lebensstile etc.).

Allem Anschein nach haben besonders die »neuen« Gruppierungen hierunter auch neue Eigenschaften. Diese heben sie von hergebrachten Lebensformen, z. B. von der protestantischen Alltagskultur oder vom »Proletariat«, deutlich ab: Viele »neue« Lebensformen werden anscheinend bewußter und zielgerichteter gelebt, sind also im Unbewußten und im Habituellen psychologisch weniger »tief« verankert. Sie nehmen nicht die gesamte »Breite« der Existenz ein. Sie sind individuell kombinierbarer (z. B. in Gestalt eines »Arbeits-« und eines »Wochenend-Lebensstils«), mischbarer und unsteter bis hin zur »Patchwork-Identität«. (Arbeiter blieb man, was grundlegende Werte, Einstellungen und Verhaltensformen betrifft, das ganze Leben lang und in allen Lebensbereichen; »Yuppie« bleibt man nicht unbedingt und ist es auch nicht in jeder Situation.) Die gesellschaftlichen Grenzen der neuen Lebensweisen lassen sich nur undeutlich bestimmen, eine geht in die andere über. Sie sind auf kleinere Gruppen begrenzt, und sie sind gesellschaftlich aller Wahrscheinlichkeit nach vergänglicher als industriegesellschaftliche oder traditionale Lebensweisen.
Drittens erbrachte die empirische Forschung der letzten Jahre im-

mer mehr Belege für eine Pluralisierung auch in dem Sinne, daß es die »subjektiven« Lebens*weisen* und nicht so sehr »objektive« Lebens*bedingungen* sind, die heute die Lebenspraxis prägen. Der Eindruck verdichtet sich, daß immer öfter »innere« Werthaltungen, Ziele und Präferenzen der Menschen und immer seltener »äußere« Regeln, Ressourcen oder Restriktionen über Alltagshandlungen und Alltagsmeinungen entscheiden. So sind heute Wahlentscheidungen, Art und Ausmaß politischer Partizipation, aber auch das Konsumverhalten nachweislich zu einem erheblichen Grade eine Frage der Lebensweise.

Die Vermutung liegt nahe, daß auch Prozesse familialer Sozialisation sich heute weniger aus äußeren Bedingungen denn aus »inneren« Haltungen und diesbezüglichen Gruppenzugehörigkeiten erklären lassen, und sich die Sozialisationsforschung dieser Bestimmungsgründe annehmen sollte. Im folgenden (Abschnitte 2-4) wird gezeigt, daß sie das bislang erst ansatzweise getan hat. Erst recht selten sind noch Forschungen dazu, was eine kultur- und lebensweiseabhängige Sozialisation für soziale Mobilität und die Reproduktion sozialer Ungleichheit bedeutet. Im letzten Teil (5) dieses Aufsatzes werden diesbezügliche Thesen und Kategorien und erste Forschungsergebnisse vorgestellt.

2. Die Defizite der Sozialisationsforschung

Versteht man unter Sozialisation den »Prozeß der Entstehung und Entwicklung der menschlichen Persönlichkeit in Abhängigkeit von und in Auseinandersetzung mit den sozialen und den dinglich-materiellen Lebensbedingungen (...), die zu einem bestimmten Zeitpunkt der historischen Entwicklung einer Gesellschaft existieren« (Hurrelmann 1986, S. 14), so hat sich seit den 60er Jahren an der soziologischen Erforschung von Sozialisation und Sozialisationsbedingungen viel geändert. Schematisch zusammengefaßt lassen sich die Entwicklungsetappen darstellen als Übergänge von der
(a) schichtspezifischen zur
(b) sozialstrukturellen und der
(c) Mehrebenen- bis hin zur
(d) sozialökologischen Sozialisationsforschung.
Diese Entwicklung stellt ganz sicher einen Fortschritt dar. Denn

mindestens drei erkenntnishemmende Prämissen wurden Zug um Zug abgebaut.
(1) Man hat die Beschränkung auf ökonomisch begründete und beruflich vermittelte Determinanten der Sozialisation fallengelassen. Beispielsweise wurden im Rahmen der *sozialstrukturellen* Sozialisationsforschung die Mitgliedschaft in Organisationen und die Eigenheiten des jeweiligen Wohngebiets als Einwirkungskräfte einbezogen. Der Blickwinkel der schichtspezifischen Sozialisationsforschung hat sich so beträchtlich erweitert (Bertram 1981; Grüneisen/Hoff 1977; Steinkampf/Stief 1978).
(2) Zusätzlich zu äußeren, die Sozialisation unmittelbar prägenden Faktoren hat man zunehmend auch *intermediäre* Instanzen und Vermittlungsebenen berücksichtigt (wie z. B. lokale oder familiale Lebenswelten), denen eine relativ eigenständige Kraft zuerkannt wurde, viele der Sozialisationsprozesse zu beeinflussen, die von äußeren Existenzbedingungen ausgehen (Bernstein 1970; Hurrelmann 1985).
(3) Das simple Addieren von Wirkungsfaktoren und damit im Zusammenhang ihre oft rein vertikale Anordnung in Klassen- und Schichtmodellen machte den *Konstellationsvorstellungen* der sozialstrukturellen Sozialisationsforschung und schließlich den *Kontext*modellen der sozialökologischen Sozialisationsforschungen Platz (Schneewind u. a. 1983; Vaskovics 1982).
Diese in den 70er und 80er Jahren Zug um Zug beseitigten Prämissen, der enge Ökonomismus, der lineare Determinismus und das simple Faktoren- und Hierarchiedenken waren mit Sicherheit auch schon in den 50er und 60er Jahren ungebührliche Vereinfachungen und somit Erkenntnisbarrieren gewesen. Auch damals, als ökonomische, deterministische und vertikale Sozialisationsmodelle wahrscheinlich noch eher angebracht waren, weil die Bundesrepublik einen immensen Modernisierungs- und Industrialisierungsschub erlebte, der damals die Sphäre der Ökonomie, die Berufshierarchie, die materialistische Alltagskultur und die entsprechenden Schichtmodelle der Gesellschaft weit in den Vordergrund rückte, gab es vermutlich komplexere Sozialisationseinflüsse. Es gab mit Bestimmtheit größere lebensweltliche Unterschiede und kompliziertere Sozialisationssituationen, als dies die damals soziologisch vorherrschenden Klassen- und Schichtmodelle veranschlagten. Die fortgeschrittenen sozialstrukturellen Mehrebenen- und sozialökologischen Sozialisationsforschungen

haben somit seit den 70er Jahren manche *alten Fehler korrigiert.*
Dennoch hielt sich der Erkenntnisgewinn in Grenzen. Zwar waren die verfeinerten Ansätze zur Erforschung familialer Sozialisation in der Lage, Sozialisationsunterschiede detaillierter zu beschreiben und besser zu erklären als herkömmliche Klassen- und Schichtgliederungen. Besonders gut demonstriert haben dies *Steinkamp/Stief* (1978). Aber im ganzen blieben, besonders wenn man den großen Aufwand bedenkt, ihre Leistungen weit hinter den Erwartungen zurück (Steinkamp 1991).

Es mag sein, daß die Ergebnisse der Sozialisationsforschung der 70er Jahre zu einem gewissen Teil deshalb enttäuschten, weil sie trotz allen Raffinements nicht alle alten Fehler korrigierten und schon den Verhältnissen der 50er und 60er Jahre nicht voll gerecht geworden wären. Vieles spricht aber dafür, daß die weiterentwikkelten Sozialisationsforschungen sich vor allem deshalb so schwer taten, weil ihnen die Realität davonlief. Sie trafen auf die massiven gesellschaftlichen Veränderungen der Lebens- und Sozialisationsbedingungen und auf die Tendenzen sozio-kultureller Pluralisierung, die eingangs beschrieben wurden. Damit konnten sie nicht Schritt halten. Denn: Auch die fortgeschrittenen sozialstrukturellen und sozialökologischen Forschungsrichtungen berücksichtigen Lebensweisen kaum. Und selbst lebensweltlich ausgerichtete Mehrebenenanalysen sehen in Mentalitäten, Milieus und Lebensstilen allenfalls Vermittlungs- und Modifikationsfaktoren »objektiver« Lebensbedingungen (z. B. Oevermann u. a. 1976).

3. Die Erforschung von Sozialisationsmilieus

Will man die Herausforderungen der Sozialisationsforschung thesenartig zusammenfassen, die die sozio-kulturelle Pluralisierung von Wohlfahrtsgesellschaften (aber auch die seit jeher bestehende, in den 50er und 60er Jahren soziologisch meist übersehene soziokulturelle Pluralität) mit sich bringt, so wird eine Konzeption benötigt,
– die geeignet ist, *»subjektive«* Entscheidungen der Gesellschaftsmitglieder und ihr aktives Handeln ernst zu nehmen und so entstehende sozio-kulturelle Gegebenheiten, Lebensformen und Gruppierungen als eigenständige Bestimmungsgründe der Sozialisation einzusetzen,

- die dem *heterogenen* Nebeneinander solcher Aktivitäten, sozio-kultureller Faktoren und Gruppierungen, auch innerhalb des Daseins von Individuen, als einem sozialisationsrelevanten Pluralismus Rechnung trägt,
- die *diachron* einsetzbar und geeignet ist, gesellschaftliche Veränderungen und den biographischen Wechsel von Lebensweisen und sozio-kulturellen Zugehörigkeiten zu berücksichtigen sowie der daraus resultierenden Prozeßhaftigkeit der Sozialisation im Lebens(ver)lauf mit ihrer Komplexität von bleibenden Prägungen und aktuellen Veränderungen gerecht zu werden.

Die folgenden Argumente gehen davon aus, daß *Milieukonzepte* diesen Anforderungen gerecht werden können. Um diesen Anspruch zu untermauern, will ich die historische Entwicklung und die besonderen Eigenschaften des Milieubegriffs kurz skizzieren.

Unter »*Milieu*« im allgemeinen Sinne wird in den Sozialwissenschaften eine *Gesamtheit von Gegebenheiten verstanden, die auf das Verhalten und auf die Lebensweise einer bestimmten Gruppe von Menschen prägend einwirkt*. Hierbei kommen prägende Umstände jedweder Art in Betracht: natürliche oder von Menschen geschaffene, ökonomische, politische oder kulturelle, geistige oder körperliche Dinge oder Menschen, Zustände oder Handlungen etc.

Der Milieubegriff hat eine Tradition, die bis weit vor die Etablierung der Soziologie als eigenständige Disziplin zurückreicht. Dem Inhalt nach, noch nicht unter dieser Bezeichnung, trat er während der Aufklärung in den Vordergrund, als man sich nach dem Vorbild der Naturwissenschaften bemühte, die wesentlichen äußeren Einwirkungskräfte auf die menschliche Entwicklung zu ergründen. Besonders häufig, z. B. bei *Montesquieu* (1949, S. 1328 f.), sah man damals im *Klima* die formenden Milieukräfte. Damals wie heute stand das Milieukonzept Theorien entgegen, die in *ererbten* Anlagen von Menschen die wesentlichen Prägefaktoren sahen.

Mit Beginn der Industrialisierung, als die Einsicht unabweisbar wurde, wie sehr unser Dasein abhängig ist von menschengemachten Umständen und nicht nur von natürlichen, setzte sich der Milieubegriff vollends durch und wurde zum soziologischen Grundbegriff (Comte 1973, 1974; Taine 1907; Durkheim 1970,

S. 193 ff.). Er implizierte zwar unverändert eine umfassende Prägekraft der Umwelt. Er sah diese aber in immer komplexerer Zusammensetzung, bestehend aus natürlichen und mehr und mehr auch aus sozialen Komponenten.

Zwischen den Weltkriegen begann jene Wendung des Milieubegriffs ins »Subjektive«, Relative und Pluralistische, die ihm heute – zusammen mit dem Lebensstilbegriff – angesichts der Pluralisierung von Lebensweisen zu einer unübersehbaren Renaissance verholfen hat und ihn auch für die Sozialisationsforschung anbietet. Für das Milieukonzept, das zuvor meist auf »objektive« (d. h. hier nur: vom Denken der Menschen unabhängige) Umweltbedingungen zielte, galt seit der Zwischenkriegszeit immer öfter deren *Wahrnehmung* und Interpretation als konstitutiv. So stellte für *Max Scheler* ein »Milieu das Insgesamt dessen dar, was vom Einzelwesen als auf es wirksam erlebt wird« (zit. n. Hitzler/Honer 1984, S. 61).

Es war kein Zufall, daß solche Milieubegriffe nach dem Zweiten Weltkrieg in der Bundesrepublik mit der rapiden Durchsetzung der Industriegesellschaft – und mehr noch mit der Durchsetzung *soziologischer Paradigmen* von der Industriegesellschaft – in den Hintergrund gerieten. Sie »paßten nicht in die Zeit«.[8]

Denn unter »Milieus« verstand man nun ja, wie gesagt, Umwelten, die vor allem in der jeweiligen Wahrnehmung (z. B. als sozial-moralisches Milieu des Katholizismus) als zusammengehörig erschienen und über diese Wahrnehmung ihre Prägekraft (z. B. bei Wahlentscheidungen) entfalteten. Dies heißt aber auch, daß Milieus in mancher Hinsicht »objektiv« sehr heterogen zusammengesetzt sein können (so erstreckt sich z. B. das Milieu des Katholizismus über alle Berufe, Altersgruppen und Einkommensklassen), recht klein (z. B. ein bestimmtes Vorstadtmilieu) oder biographisch vorübergehend sein können (wie z. B. das Milieu der Krankenhausärzte einer bestimmten Klinik, das ein Arzt in seiner Assistentenzeit durchläuft).

Demgegenüber hatte man aber in der Soziologie der 60er und 70er Jahre sehr »objektivierte«, »zentralisierte« und auf Stetigkeit gerichtete Vorstellungen über die wirklich wichtigen sozialen Um-

---

8 Deutlich z. B. bei Lepsius 1966: Dessen richtungsweisender, bezeichnenderweise erst seit den späten 70er Jahren immer mehr beachteter Aufsatz stellte die politische Wirkungskraft sozialmoralischer Milieus heraus, sah sie aber seit der Zwischenkriegszeit zurückgehen.

welten: Als ursächlich wurde letzten Endes die Macht- und/oder Marktstellung von Menschen im Wirtschaftsleben angesehen. Als Verhaltensdeterminanten galten vor allem die Berufsposition und die damit verbundenen Ressourcen (Geld, Qualifikation, Prestige). Ihre gesellschaftliche Verteilung wurde als konsistente, vertikale Ordnung aufgefaßt. Der jeweilige Status in dieser Struktur des Höher und Tiefer, die Klassen- oder Schichtzugehörigkeit, schien das Denken und Handeln massenhaft, »objektiv« und langfristig zu prägen.

Die bis in die 70er Jahre vorherrschenden Konzeptionen gesellschaftlicher Umwelten waren also objektivistisch, ökonomistisch, deterministisch (im psychologischen Sinn), makro- und stabilitätsorientiert. Allen diesen Eigenschaften widersprachen Milieukonzepte. Denn sie nahmen auch »subjektiv« gesehene, ökonomieferne, von der äußeren Lage relativ unabhängige, kleinere und gesellschaftlich oder biographisch wechselnde Umwelten ernst (wie z. B. »Heimat«-Milieus). Die Folge: Der Milieubegriff erschien damals allenfalls geeignet für periphere Phänomene und geriet weit in den Hintergrund.

Das ist heute, wie gesagt, ganz anders. Als Folge der oben skizzierten Sozialstrukturveränderungen – vielleicht mehr noch als Folge von Veränderungen der vorherrschenden *Interpretation* der Sozialstruktur – und der immer deutlicheren Beschreibungs- und Erklärungsmängel von Klassen- und Schichtmodellen erlebte das Milieukonzept eine unübersehbare Renaissance. Ganz besonders in der politischen Soziologie (Berg-Schlosser/Schissler 1987; Mintzel 1988; Vester 1992), in der Stadt- und Regionalsoziologie (Keim 1979), in der Kultursoziologie (Schulze 1990; 1992) und in der allgemeinen Sozialstrukturanalyse (Hradil 1987; 1992), aber auch in der Jugendsoziologie (Bohnsack 1989) wird das Milieukonzept zunehmend zur Lokalisierung und Erklärung unterschiedlicher Wahlentscheidungen, Konsumstile etc. herangezogen.

Betrachtet man die neuerdings verwendeten Milieukonzepte, so wird eine nochmalige Weiterentwicklung in dreierlei Hinsicht deutlich.

(1) Was heute als »Milieu« verstanden wird, prägt Menschen oft nicht nur durch gemeinsame Wahrnehmung, sondern darüber hinaus auch durch gemeinsame *aktive Nutzung und Gestaltung* von Umwelten. Typisch hierfür sind »Milieus«, die im

Rahmen von neuen sozialen Bewegungen und Bürgerinitiativen entstehen.
(2) »Milieus« gelten immer seltener als das *Insgesamt* der als wirksam erlebten Kräfte (wie noch in der o. a. Definition Max Schelers), sondern als jeweils *einer von mehreren* Umweltkontexten, die den einzelnen prägen.
(3) Schließlich wird mit der Kategorie »Milieu« zunehmend die Vorstellung einer biographischen *»Durchgangsstation«* verbunden, die trotz ihrer nur zeitweiligen Wirksamkeit als *»Nährboden«* gilt, der individuelle, aber auch kollektive (z. B. politische) Dispositionen und Verhaltensweisen hervorbringt.

Wenn die Vermutung stimmt, daß diese begriffliche Weiterentwicklung und der heutige Boom der Milieuforschung nicht nur die Wiederentdeckung dessen ist, was die Faszination durch das Paradigma von der Industriegesellschaft einst fast vergessen ließ, sondern auch *reale Veränderungen* zum Ausdruck bringen, dann besagt die voranstehende Begriffsanalyse auch einiges über den Charakter dieses Wandels: Während »Milieus« in Gestalt »objektiv« begründeter, totaler und lebenslang unausweichlicher Prägungen durch klar abgrenzbare Gruppenzugehörigkeiten (z. B. die »déformation professionelle« von Lehrern, oder »dem Zille sein Milieu«) offenkundig auf dem Rückzug sind, werden »Milieus« im Sinne des Zusammenfindens unscharf begrenzter »Gruppen Gleichgesinnter« und der Prägung ihrer Mitglieder durch die zeitweilige gemeinsame »subjektive« Beurteilung, Nutzung und Veränderung ihrer Umwelt zunehmend zu einer zentralen Vergesellschaftungsform. In diesem Zusammenhang macht die veränderte Begrifflichkeit auch darauf aufmerksam, daß sich das Gewicht weg von den (eher »objektiven«) »Produktions- und Erwerbsarbeitsmilieus« hin zu (eher »subjektiven«) »Freizeit- und Konsummilieus« zu verlagern scheint. Die Verschiebung des Milieubegriffs weist außerdem darauf hin, daß manche »objektiv« gleichgebliebenen Lebensumstände (z. B. ein Stadtviertel oder eine Gewerkschaft oder eine Berufsgruppe) heute oftmals insofern neuartigen Milieucharakter erhalten, als sie weniger automatisch durch ihre »objektive« (d. h. dem Bewußtsein und gezielten Handeln der Betroffenen äußerliche) Struktur als durch veränderte »subjektive« Deutungen, Nutzungs- und Tätigkeitsformen bestimmter Gruppierungen prägenden Einfluß ausüben.

Die Vermutung liegt nahe, daß die »neuen«, d.h. subjektiveren, aktiveren, temporären Milieus heute wichtige Funktionen in der Sozialisation erfüllen. Dieser Verdacht liegt schon deswegen nahe, weil Milieubegriffe die Beeinflussung von Menschen schon per definitionem enthalten und die Forschung heute zeigt, wie viele solche Milieus existieren. Entsprechend zugeschnittene Milieubegriffe könnten daher geeignet sein, einige der genannten Defizite der Sozialisationsforschung zu beheben.

Milieubegriffe erscheinen dazu geeigneter als etwa *Lebensstilbegriffe,* die in den letzten Jahren ebenfalls wieder in den Vordergrund des Interesses geraten sind. Denn bei aller begrifflichen (und vermutlich auch realen) Subjektivierung, Pluralisierung und Verzeitlichung erfaßt man mit dem Begriff »Milieu« doch – verglichen mit »Lebensstil« – relativ »dichte« Interaktionsgeflechte, vergleichsweise »stabile« Gefüge und eher überpersönliche Vergesellschaftungsformen. »Milieu« ist eine relationale Kategorie, die Kontexte von Umweltbedingungen und das, was Menschen gemeinsam daraus machen, in den Vordergrund rückt, während »Lebensstil« als eine eher individualistische und attributive Kategorie verstanden wird. Lebensstilbegriffe zielen eher auf die persönliche Organisation und Stilisierung des Lebens und auf das Zusammenfinden solchermaßen Gleichgesinnter. Im Milieubegriff werden – anders als im Lebensstilkonzept – stets auch die äußeren Existenzbedingungen (z.B. die Baulichkeit eines Stadtviertels oder die Arbeitsmarktchancen Jugendlicher einer Region) mitgedacht, und seien sie auch nur durch die »Filter« einer bestimmten Interpretation als Handlungsvoraussetzung oder Handlungsgegenstand wahrgenommen. Alle diese Eigenschaften machen verständlich, daß Prägungen von Menschen im Milieubegriff immer enthalten sind. So bieten sich Milieubegriffe eher für die Sozialisationsforschung an als die gleichfalls zur Analyse soziokultureller Pluralisierung benutzten Lebensstilbegriffe.

Dies wird deutlich, wenn man sich eine typische neuere Definition vor Augen führt: »Lebensstil« wird hier definiert als »unverwechselbare Struktur und Form eines subjektiv sinnvollen, erprobten Kontextes der Lebensorganisation eines privaten Haushalts, den dieser mit einem Kollektiv teilt und dessen Mitglieder deswegen einander als sozial ähnlich wahrnehmen und bewerten« (Lüdtke 1989, S. 40).

4. Die empirische Erforschung milieuspezifischer Sozialisation

Die Eignung des Milieu-Konzepts zur Erforschung von Sozialisationsprozessen in soziokulturell pluralen Wohlfahrtsgesellschaften hat sich mittlerweile schon in empirischen Studien bestätigt. Zwei typische Ergebnisse sollen kurz vorgestellt werden. So untersuchte *Kurt Möller* (1988) in einer qualitativen Längsschnittstudie die Sozialisation von Jugendlichen aus Arbeiterfamilien, also aus einem Bereich der Sozialstruktur, wo sehr viel weniger Milieudifferenzierung als z. B. im Dienstleistungsbereich zu erwarten ist. Mit der Zielrichtung, das Zustandekommen politischer Orientierungsprozesse zu erklären, wurde gefragt nach Milieuleistungen und nach dem Auftreten »neuer Sozialisationshorizonte« (S. 116) in »peer groups« und Familien.

Die ausgewählten Jugendlichen hätte man nach herkömmlichen Schichtkriterien alle der gleichen (Arbeiter-)Schicht zugeordnet. Sie waren darüber hinaus alle in der Gewerkschaft organisiert, hatten den gleichen Berufsstatus, die politische Einstellung entsprach der der jeweiligen Eltern und sie waren alle in ein Normalarbeitsverhältnis integriert. Dieses einheitliche Bild zerfiel aber sehr schnell, als die tatsächlichen Alltagswelten und sozialisationsrelevanten Milieus betrachtet wurden: Hierunter verstand Möller »kleinräumige, historisch bestimmte raum-zeitlich begrenzte Aggregation(en) alltagsweltlicher Wirkungsbeziehungen, die für ihre dauerhaft leiblich Zugehörigen auch vermittels der ihr eigenen Wertestruktur sozialisationswirksam sind« (S. 120). Gefragt wurde nach den »tatsächlich relevanten Wirkfaktoren von Sozialisationskontexten« (S. 122) auf den vier Ebenen des Orientierungspotentials, des Verhaltens- und Handlungsspielraums, der Selbstbildkonstruktion und der Fremdpräsentation.

Drei Milieus finden sich unter den Arbeiter-Jugendlichen:

1) Ein *klassisches Arbeitermilieu*: Diese Jugendlichen sind organisiert in verschiedenen Organisationen wie SPD, ÖTV, Arbeitersportvereinen und Bürgerinitiativen »gegen rechts«. Die Lebensführung ist eher konventionell. Die Jugendlichen haben damit zwar gelegentlich Schwierigkeiten, brechen deswegen aber nicht mit diesem Milieu und steigen nicht in andere Sozialisationshorizonte ein.

2) Ein *haltloses Arbeitermilieu*: Diese Jugendlichen übernehmen

(z. B. wegen Scheidung der Eltern oder sprunghafter Erziehung) nicht die Werte und Einstellungen ihrer Eltern. Sie haben oft auch keinen Halt in Cliquen und peer groups. Sie flüchten oft, z. B. in Rauscherlebnisse, in Waffenhobbies und in Rambo-Phantasien.

3) Ein *aufstiegsorientiertes Arbeitermilieu*: Diese Jugendlichen planen, meist im Einvernehmen und mit Unterstützung der Eltern, ihre Zukunft. Sie berücksichtigen dabei sehr realistisch das individualistische Leistungsprinzip. Politik ist eher unwichtig. Die Freizeit, wo mit Hilfe eines auffälligen Outfits und besonderer Unternehmungen die eigene »Individualität« ausgelebt wird, steht in einem gewissen Gegensatz zum angepaßten Berufsleben.

Möller (1988, S. 134) sieht zusammenfassend eine Entwicklungstendenz, wo »an die Stelle historisch gewachsener Milieus mit ihrer Tradition homogenitätsstiftender subkultureller Werte- und Deutungssysteme die abhängig von den Gesetzen des kapitalistischen Warenmarktes in stetem Wandel befindliche, kurzlebige ›Szene‹ tritt, die Zugehörigkeit über Erkennungsmarken des Konsums regelt.«

Karl Lenz (1988) geht in seiner empirischen Untersuchung von der phänomenologischen Sozialtheorie Alfred Schütz' aus. Bei seiner Typisierung der »Sinnsetzungs- und Sinndeutungsprozesse« von Jugendlichen findet er vier immer wiederkehrende Verarbeitungs- und Bewältigungsmuster. Diese »jugendlichen Handlungstypen« erweisen sich als dominant gegenüber anderen Variablen wie Alter, Geschlecht, sozialer Herkunft und Schulausbildung:

1) familienorientierte
2) hedonistisch orientierte
3) maskulin orientierte
4) subjektorientierte Handlungstypen

Lenz ordnet diese Handlungstypen versuchsweise in das System sozialer Ungleichheit ein. Dabei zeigt sich, daß der familien- und hedonistisch orientierte Typ ziemlich unabhängig von sozialer Herkunft und Schulausbildung vorkommt, wobei bei letzterem die peers eher statusgleich sind. Der maskulin orientierte Typ entstammt eher Familien mit niedrigem Sozialstatus und hat geringere Schulbildung. Der subjektorientierte Typ hat meist eine bessere schulische Qualifikation und kommt eher aus einer höhergestellten Familie.

Sieht man beide Studien im Zusammenhang, so fällt auf, daß jedes Milieu aus *Möllers* Befunden auf eine der Handlungsorientierungen zuläuft, die *Lenz* zutage förderte: Im klassischen Arbeitermilieu entsteht der familienorientierte Handlungstypus. Das haltlose Arbeitermilieu stimmt mit der maskulinen Orientierung gut überein. Und das aufstiegsorientierte Milieu ist mit dem hedonistischen zumindest vereinbar. Daß der subjektorientierte Typ bei *Lenz* in der Untersuchung *Möllers* nicht aufgefunden wurde, entspricht genau der Feststellung von *Lenz*, daß dieser Typ unter Arbeitern kaum vorkommt. Alles in allem lassen schon die ersten vorliegenden Untersuchungen milieuspezifischer Sozialisation übereinstimmende Strukturen erkennen.

Doch die beiden Pionieruntersuchungen milieuspezifischer Sozialisation erbrachten noch mehr Gemeinsamkeiten. Diese bestätigen zugleich, daß milieutheoretische Sozialisationsanalysen sinnvoll und notwendig sind.

Erstens belegen die Befunde, daß sich Unterschiede der Orientierung und der Persönlichkeitsentwicklung von Jugendlichen teilweise unabhängig von der sozio-ökonomischen, aber abhängig von der sozio-kulturellen Stellung der Eltern herausbilden. Dieser Trend wurde schon Mitte der 80er Jahre als Strukturwandel von einem »produktionistischen« zu einem »konsumistischen Sozialisationsparadigma« erkannt. (Baethge 1985, S. 10 f.; zit. n. Heine/Mautz 1989, S. 17).

Zweitens schlagen sich (auch bei Eltern gleicher ökonomischer Position) Unterschiede der sozio-kulturellen Ausrichtung, insbesondere des Konsumverhaltens und Lebensstils, zwar oft, aber durchaus nicht immer in einer gleichen Orientierung der Kinder nieder. Denn andere Faktoren, wie instabile elterliche Familienverhältnisse und so entstehende Biographiebrüche, steigende Freiheitsgrade für Jugendliche sowie der offenbar wachsende Einfluß außerfamilialer Sozialisationsinstanzen (Schule, Gleichaltrige und deren Familien, Vereine, Freizeitstätten etc.) sorgen dafür, daß die Sozialisation Jugendlicher heute keinesfalls mehr durchgängig als Prägung durch elterliche Lebensbedingungen und Lebensweisen angesehen werden kann.

In manchen Teilen der Gesellschaft scheint der direkte Sozialisationseinfluß durch die Familie langsam einem indirekten Sozialisationseinfluß Platz zu machen. Die Familie wird zur »*Clearing-Stelle*«, in der die unterschiedlichen, manchmal widersprüchli-

chen Einflüsse, die von den heterogenen Sozialisationsinstanzen pluralistischer Wohlstandsgesellschaften ausgehen, geklärt, bewertet, gewichtet, aufgearbeitet und wenn möglich biographisch »auf die Reihe gebracht« werden.
Die Befunde milieuspezifischer Sozialisationsstudien weisen *drittens* darauf hin, daß Sozialisationsprozesse nicht mehr so sehr auf die Formung einer lebenslang stabil bleibenden »basic personality« hinauslaufen, als vielmehr Kompetenzen im Umgang mit der eigenen u. U. pluralen und wechselnden Identität und in der Gestaltung des eigenen Lebenslaufs vermitteln (vgl. Steinkamp 1986, S. 148).

5. »Vertikale« Mobilität und Reproduktion sozialer Ungleichheit in pluralistischen Wohlfahrtsgesellschaften

Wenn die »sozio-kulturelle Struktruierung der Sozialstruktur« (A. Giddens) sich in fortgeschrittenen Industriegesellschaften so weit durchgesetzt hat, daß auch Sozialisationsprozesse davon wesentlich beeinflußt werden, dann hat dies Implikationen
(1) für die Struktur sozialer Ungleichheit und deren Bedeutung für die Menschen,
(2) für die Bewegung der Menschen in dieser Struktur, d. h. für vertikale Mobilität und damit auch
(3) für die Reproduktion bzw. Veränderung des Gefüges sozialer Ungleichheit.
Dazu werde ich zunächst einige Überlegungen und Thesen formulieren. Dann werde ich geeignete forschungsleitende Kategorien und erste empirische Befunde zur Überprüfung dieser Thesen vorstellen.
Zu 1): Vieles spricht dafür, daß durch die Pluralisierung der Lebensweisen die einzelnen sozialen Ungleichheiten (Einkommensabstufungen, Berufsprestige, Wohnbedingungen usw.) immer unterschiedlichere Bedeutungen für die Menschen gewinnen. So ist – um an den o. a. »Sinus-Milieus« anzusetzen – im »traditionslosen Arbeitermilieu«, im »aufstiegsorientierten Milieu« und im »alternativen Milieu« (somit in Milieus, die auch in den beiden oben skizzierten Sozialisationsstudien eine wichtige Rolle spielen) der Stellenwert bestimmter Dimensionen sozialer Ungleichheit offenkundig sehr unterschiedlich. Während aufgrund der Knapp-

heitssituation und der entsprechenden Werthaltungen des »traditionslosen Arbeitermilieus« das Geld geradezu obenan stehen muß, nimmt diesen Platz im leistungsbetonten »aufstiegsorientierten Milieu« zwangsläufig die Bildung ein. Den Werthaltungen des »alternativen Milieus« entsprechend gelten dagegen öffentliche Güter und Umweltbedingungen als zentral. Somit verliert mit zunehmender sozio-kultureller Pluralisierung die »Objektivität« des Gefüges sozialer Ungleichheit an Durchschlagskraft. Mit der Ausdifferenzierung von (Sozialisations)-Milieus geht die Vorherrschaft und Eindeutigkeit einer Ungleichheitsstruktur zu Ende, in der die Berufshierarchie, die beruflich erlangten Gratifikationen (Einkommen, Vermögen, Berufsprestige, Qualifikation) und die dementsprechende materialistisch-utilitaristische Massenkultur absoluten Vorrang hatten. Auch soziale Ungleichheiten erweisen sich als kulturrelativ und als abhängig von bestimmten Definitionen sozialer Ungleichheit. Die Pluralisierung von (Sozialisations-) Milieus impliziert eine Relativierung der Bezugsrahmen sozialer Ungleichheit. Was »oben« und »unten« ist in unserer Gesellschaft wird allmählich zu einer Frage der Milieuzugehörigkeit und der dementsprechenden Werthaltungen und Lebensziele. Damit ändert sich weder die Einkommensverteilung noch das Machtgefüge, wohl aber deren Wahrnehmung und praktische Folgen.

Zu (2), dem sozialen »Auf- und Abstieg«: Die Daten zur milieuspezifischen Sozialisation zwingen uns zum Überdenken dessen, was »Aufstieg und Abstieg«, was »vertikale« Mobilität heißt. Wenn Sozialisation immer weniger beruflich und immer mehr sozio-kulturell begründet ist und diesbezügliche Unterschiede schafft, nicht länger biographisch eindeutig und unausweichlich prägt, sondern multiplen Einflüssen, pluralen Identitäten und aktiver Veränderung Raum läßt, dann besteht die Funktion der Sozialisation für individuelle Mobilität nicht mehr nur darin, ungleiche Komptenzen zu erzeugen, um auf einer gegebenen (berufsnahen Schichtungs-)Skala des Oben und Unten hochzukommen und mit dementsprechend komplexeren Bedingungen zurechtzukommen. Wenn unterschiedliche Bezugssysteme sozialer Ungleichheit präsent sind, dann werden eindeutige, »objektive« Begriffe von Mobilität immer lebensferner, denn die Lebens- und Aufstiegsziele und die Interpretation von »Aufstiegs« wegen werden unterschiedlich, ambivalent und unstet. Dann wird die Mobilitätsbewegung von Milieu zu Milieu (wo Definitionen der

eigenen Lage, Zielvorstellungen, Interessen, bis hin zu politischen Konfliktstellungen entwickelt werden) ähnlich wichtig wie die Bewegung von Schicht zu Schicht. Man stelle sich nur vor, wie unterschiedlich und ambivalent, da von Milieu und Lebensphase abhängig, eine berufliche Beförderung beurteilt wird, die mit dem Umzug in die infrastrukturschwache »Provinz« einhergeht. Diese wachsende Kulturrelativität »vertikaler« Mobilität verkennen die herkömmlichen, ausschließlich an Berufsprestigeskalen oder Qualifikationsstufen orientierten soziologischen Mobilitätsbegriffe. Mobilitätskonzepte mit ganz oder teilweise sozio-kulturellen Bezugsrahmen würden der kulturellen Bestimmung dessen, was »vertikal« an Auf- und Abstiegen ist, besser gerecht werden.
Zu 3), der Reproduktion des Gefüges sozialer Ungleichheit: Es gibt eine dritte Konsequenz, die aus der Entwicklung hin zur milieuspezifischen Sozialisation gezogen werden muß. Wenn sowohl die Strukturen sozialer Ungleichheit als auch die Bewegungen hierin nach anderen, d. h. nach erweiterten, unterschiedlicheren und unsteteren Maßstäben beurteilt werden, so wird es auch komplizierter, Fragen danach zu beantworten, inwieweit das Gefüge sozialer Ungleichheit sich strukturell und personell reproduziert. Wie diese Fragen beantwortet werden, ist wichtig. Denn in modernen Gesellschaften hängt die Legitimität des Ungleichheitsgefüges maßgeblich davon ab, inwieweit sich die wesentlichen Strukturen sozialer Ungleichheit (z. B. die Einkommensverteilung) verändern (= strukturelle Reproduktion sozialer Ungleichheit). Die Legitimität des Ungleichheitsgefüges bestimmt sich insbesondere danach, inwieweit sich die Chancen sozialer Gruppen (Frauen, Ausländer, Berufsgruppen etc.) verändern, an vorteilhafte oder nachteilige Stellen des Ungleichheitsgefüges zu geraten (= personelle Reproduktion sozialer Ungleichheit).
Die herkömmlichen empirischen Befunde beantworten Fragen nach der personellen Reproduktion sozialer Ungleichheit eindeutig: So kommen Mayer und Blossfeld (1990, S. 307) auf der Grundlage von Lebensverlaufsdaten von vier Kohorten der Geburtsjahrgänge 1919-21, 1929-31, 1939-41 und 1949-51 zu folgendem Schluß: »Der Zusammenhang zwischen der sozialen Klassenherkunft, den erreichten Bildungsabschlüssen und Berufsqualifikationen, den erreichten Positionen beim Berufseintritt sowie den Karrierechancen ist im Laufe der letzten Jahrzehnte in (West-)Deutschland eher enger als loser geworden. Es zeigt sich, daß der Einfluß

der Klassenstruktur keineswegs verschwindet und daher als die nach wie vor zentrale Steuerungsinstanz für die Beschäftigungsverläufe und deren Wohlfahrtsergebnisse akzeptiert werden muß. Darüber hinaus haben diese Arbeiten nachgewiesen, daß (...) die Mobilitätsprozesse zwischen den sozialen Klassen während des Arbeitslebens (...) einen Prozeß eigener Qualität repräsentieren, der eben genau durch Klassengrenzen und -barrieren markiert ist: Im Vergleich zwischen unseren drei Kohorten (sowohl bei Männern als auch bei Frauen) werden Klassengrenzen zunehmend *wichtiger*. Die Klassenstruktur wird rigider und verschwindet keineswegs.«

Widersprechen diese empirischen Befunde, die, ähnlich vielen anderen, eine anhaltende personelle Reproduktion sozialer Ungleichheit belegen, jenen Schlüssen, die oben aus der milieuspezifischer werdenden Sozialisation gezogen wurden, welche von Elternhäusern unabhängigere, unstetere, nach unterschiedlichen Gesichtspunkten interpretierte und betriebene Mobilitätsvorgänge, also eine Veränderung des Gefüges sozialer Ungleichheit nahelegen? Was die schiere Datenlage betrifft, nicht unbedingt. Denn die herkömmliche Mobilitäts- und Lebenslaufforschung behandelt ausschließlich den Aspekt beruflicher Ungleichheit, die Mobilitätskette, die über die Stationen Familie – Schule – Beruf(sgratifikationen) führt. Sie geht weder auf weitere Dimensionen ein, wie z. B. soziale Sicherheit, Wohnen, Umwelt, Integration, noch bezieht sie die Bedeutung ein, die jene Stationen für die Menschen angesichts milieuspezifischer Wert- und Zielvorstellungen haben. Was also die schieren Daten betrifft, so reden die herkömmliche Mobilitätsforschung und die milieuspezifische Sozialstrukturforschung aneinander vorbei.

Was aber die Praxisrelevanz betrifft, so stehen die Befunde der »klassischen« Mobilitätsforschung in deutlichem Widerspruch zu den Erkenntnissen milieuspezifischer Sozialstruktur- und Sozialisationsstudien. Entweder stellt der berufliche Aufstieg im Denken und Handeln, in Lebensstil und Lebensführung, in Konsum und Politik der Menschen die zentrale Achse des Auf- und Abstiegs dar, oder aber mehrere unterschiedliche, miteinander konkurrierende, wechselnde Bezugssysteme konkurrieren hierfür.

Nach welcher Seite und wie weit dieser Widerspruch zu klären ist, läßt sich – in Ergänzung der geläufigen berufsnahen Mobilitätsstudien – durch empirische Mobilitätsuntersuchungen mit pluralen milieuspezifischen Bezugssystemen klären. Das Ziel solcher Untersuchungen besteht *nicht* darin, Zufriedenheit und die »subjektive« Bewertung des »objektiven« beruflichen Fortkommens herauszufinden. In diesem Auseinanderdividieren von »objektiven« Umständen (deren »Objektivität« im Zweifelsfall von Soziologen festgelegt wird) und »subjektiven« Beurteilungen (die Soziologen in der Regel von den einzelnen erfragen) liegt ohnehin eine der Schwächen der gegenwärtigen empirischen Sozialforschung. Das Besondere milieuspezifischer Mobilitätsforschungen ist das praktische Umgehen mit ungleichen Lebensbedingungen aufgrund deren Interpretation und Bedeutung im Alltag.[9]

Es liegen bereits empirische Befunde vor, die belegen, daß milieuspezifische Mobilität nicht nur in Form von Thesen und Kategorien, sondern auch in der Realität existiert. Diese Ergebnisse enthalten auch Hinweise darauf, ob die sich reproduzierende berufliche Struktur sozialer Ungleichheit im Leben der Menschen weiterhin dominiert, trotz oder vielleicht gerade wegen soziokultureller Pluralisierung und sozio-kultureller Mobilität, ob die sozio-kulturelle Pluralisierung der Gesellschaft die Bedeutung der beruflichen (Im-)Mobilität relativiert oder gar völlig überlagert.

Zuvor sollen die vier Konzepte skizziert werden, die zum Verständnis sozio-kultureller Mobilität nötig sind: »Sozialer Raum«, »Soziale Lage«, »Soziales Milieu« und »Milieubiographie«. Diese Konzepte sind nicht neu. So verwendet Pierre Bourdieu (1979, 1982, 1985) das Konzept des »sozialen Raums«. Das Konzept der »Sozialen Lage« knüpft unter anderem an die Lebenslagekonzepte Gerhard Weissers an (vgl. Hradil 1987, S. 145 ff.). Die Entwicklung des Milieukonzepts wurde oben dargestellt. »Milieubiographie« erforscht u. a. die »Arbeitsgruppe Interdisziplinäre Sozialstrukturforschung« (Vester u. a. 1992).

9 Die in der gegenwärtigen Sozialforschung vorherrschende Abtrennung des »Objektiven« vom »Subjektiven« kommt wohl eher durch die verfügbaren empirischen Methoden als durch theoretische Überlegungen zustande. Diese Dichotomie vertraut (zu) sehr auf die Macht des Bewußtseins von Menschen. Während andererseits doch in der herkömmlichen Sozialstrukturforschung dem Bewußtsein von Menschen ein recht geringer Stellenwert zukommt: Von der marxistischen Klassentheorie bis hin zur funktionalistischen Schichtungstheorie, samt der darin eingeschlossenen Sozialisationstheorien, erscheint der Mensch primär als sich bewußtlos an äußere Umstände anpassendes Wesen.

Diese Konzepte zusammen können helfen, nach der synchronen nun auch die diachrone Sozialstrukturforschung weiterzuentwickeln und von arbeitsgesellschaftlichen, objektivistischen und rein vertikalen Fixierungen zu lösen.

»Soziale Räume« heißen die generalisierten Felder potentiellen Handelns individueller Akteure. Generalisiert sind individuelle Handlungsfelder in diesem Konzept insofern, als »Soziale Räume« Handlungsfelder großer sozialstruktureller Gruppierungen mit relativ stabilen Handlungsbedingungen bezeichnen.

»Soziale Lagen« sollen jene sozialen Räume heißen, die einer Gruppe von Menschen mit einer gemeinsamen Konstellation ungleicher (besserer oder schlechterer) Handlungsbedingungen (Ressourcen, Regeln, Restriktionen, Risiken, Einflüsse) offensteht.

»Soziale Milieus« heißt eine Gruppe von Akteuren, die aufgrund einer gemeinsamen Interpretation ihrer sachlichen Um- und menschlichen Mitwelt, also ihrer Bedingungen handelt. Als Milieus bezeichnet man also eine Gruppe, die über übereinstimmende Werthaltungen, Grundeinstellungen und hiervon geprägte Mentalitäten und Interaktionen verfügt.

Wie soziale Räume so sind auch Milieus als Kontexte, d. h. im gegenseitigen Aufeinander-Einwirken vieldimensionaler Elemente zu begreifen. Bildlich kann man sich soziale Räume und Milieus vielleicht am besten als Vektoren vorstellen, die auf individuelle Akteure zulaufen. Die Vektorenmetapher hat zudem den Vorteil, daß ein allzu einfaches Kausalitätsdenken vermieden und durch die Vorstellung von Spannungsverhältnissen abgelöst wird.

Bei der Erklärung von Sozialisationsunterschieden, wie auch anderen Formen individuellen und kollektiven Handelns, kommt jenen Konzepten Priorität zu, deren empirische Äquivalente für die Menschen »enger« sind und so mehr Handlungen ausschließen. In Zeiten knapper Ressourcen, strenger Normen und vielfältiger Restriktionen ist es sicher angebracht, primär soziale Räume und soziale Lagen (also z. B. ihre Schicht- oder Klassenzugehörigkeit) und erst sekundär Milieudifferenzierungen zu berücksichtigen. Die unübersehbare Öffnung der sozialen Räume für die Bevölkerungsmehrheit seit den 60er Jahren und die gleichzeitige Ausdifferenzierung sozialer Milieus läßt es heute ratsam erscheinen, von der Milieuzugehörigkeit auszugehen und erst in zweiter

Linie zu berücksichtigen, welchen äußeren Bedingungen die Mitglieder sozialer Milieus ausgesetzt sind. Wie oben gezeigt, gelangt auf diesem Wege auch die neuere (milieuspezifischere) Sozialisationsforschung besser als früher an ihr Ziel.

Das Konzept der »*Milieu-Biographie*« macht diese Begriffe geeignet zur Analyse von (diachronen) Sozialisations- und Mobilitätsverläufen und deren strukturellem Ergebnis, der Reproduktion bzw. Modifikation des Gefüges sozialer Ungleichheit.

Es gibt vier Arten von »Milieu-Biographien«. Sie sind analytisch unterscheidbar, in der Realität wohl meist ineinander verwoben:

a) »Biographien« von Milieus, d. h. der Gestaltwandel von Milieukulturen im Laufe der Zeit (z. B. die Erosion von Milieus der 68er-Studentenbewegung oder die Verfestigung von Milieus neu entstehender EDV-Berufe).

b) Intergenerationelle »Biographien« von elterlichen Milieus (z. B. einem pflicht- und leistungsorientierten protestantischen Aufsteigermilieu) zu Milieus der Kinder (etwa einem hedonistischen Milieu).

c) Intragenerationelle Biographien von Milieu zu Milieu (beispielsweise der Übergang vom Milieu der 68er-Studentenbewegung in das der Ministerialbürokratie oder in ein Gewerkschaftsmilieu).

d) Individuelle Biographien innerhalb eines Milieus, insbesondere sozialer Auf- und Abstieg in der Berufshierarchie bei Beibehaltung milieuspezifischer Mentalitäten und Beziehungsformen.

Die dargestellten Überlegungen und Kategorien im Hinblick auf pluralistische, sozio-kulturell definierte Mobilitätsprozesse sind nicht aus der Luft gegriffen. Sie existieren und haben für die Menschen erhebliche Bedeutung. Dies zeigen beispielsweise die empirischen Befunde der »Arbeitsgruppe Interdisziplinäre Sozialstrukturforschung« an der Universität Hannover (Vester u. a. 1992).

Diese Studien gehen aus von der »Öffnung des sozialen Raums«. Sie hat seit den 60er Jahren im Gefolge und in Gestalt der Bildungsexpansion, der Ausbreitung neuer Technologien in Beruf und Freizeit, der Vermehrung neuer Lebensformen, erweiterter sozialstaatlicher Sicherungen und wohlfahrtsstaatlicher Infrastruktur, neuer Freizeit- und Konsummöglichkeiten, größerer Alltagstoleranz etc. stattgefunden. Die »Öffnung des sozialen

Raums« äußert sich auch in der Vermehrung der hochqualifizierten »neuen Dienstleistungsberufe« (Angestellte und Beamte in Bildung, Wissenschaft, Kultur, Kunst, Sozialarbeit i.w.S. und Medizin sowie »freie Berufe« wie Ärzte, Apotheker, Heilpraktiker, Architekten und Rechtsanwälte). Diese »neuen Berufe« wuchsen weit überproportional von 5,4% (1950) auf 22% (1987) der Erwerbstätigen (Vester 1992, S. 152). Die »Öffnung des sozialen Raums« zog Veränderungen der Habitusformen, Mentalitäten und Milieuzugehörigkeiten, also vier genannte Arten soziokultureller Mobilität nach sich. Aus der folgenden Übersicht geht hervor, daß sich unter den gesamtgesellschaftlich verbreiteten Sozialmilieus in Westdeutschland insbesondere die »modernen« deutlich vergrößert haben.

Abb. 3.: Die Größenveränderung der Sozialmilieus 1982 bis 1992

	modernisiert	teilmodernisiert	traditionell
Obere Lagen	Alternatives Milieu (4% → 2%)	Technokratisch-liberales Milieu (9% → 9%)	Konservativ-gehobenes Milieu (9% → 8%)
Mittlere Lagen	Hedonistisches Milieu (10% → 13%)	Aufstiegsorientiertes Milieu (20% → 24%)	Kleinbürgerliches Milieu (28% → 22%)
Arbeiterlagen	Neues Arbeitnehmermilieu (0% → 5%)	Traditionsloses Arbeitermilieu (9% → 12%)	Traditionelles Arbeitermilieu (9% → 5%)

(Quelle: Vester u. a. 1992, S. 15)

Das Anwachsen der »neuen Milieus« ist nach den Befunden Vesters u. a. keineswegs die direkte (kausale) Folge der genannten »objektiven« Veränderungen des »sozialen Raums«. Vielmehr stellten die veränderten »objektiven« Lebens- und Berufsbedingungen »Lernaufforderungen« dar, sich mit den neuen Möglichkeiten des erweiterten Raums auseinanderzusetzen. Hierauf reagierten die Menschen aktiv und mit durchaus unterschiedlichem Ergebnis, z. B. mit größerer Autonomie oder mit wachsender Orientierungslosigkeit, mit der Hinwendung zu diesem oder jenem, zu einem, keinem oder mehreren Milieus.

Dies zeigt sich sozialstrukturell in vielfältigen »Milieu-Metamorphosen«, »Milieu-Stammbäumen« und Milieuwechseln. Diese sozio-kulturellen Strukturveränderungen und Mobilitätsbewegungen werden vor allem dann sichtbar, wenn unter »Milieus« nicht nur Syndrome abstrakter Wertorientierungen und Grundeinstellungen, evtl. konfundiert mit sozio-ökonomischen Lagemerkmalen, verstanden werden (wie o. a. SINUS-Milieus), sondern auch die konkreten und praktischen Formen des sozialen Zusammenhalts und des Politikverständnisses (Vester u. a. 1992, S. 181). Dann zeigt sich, daß in den so verstandenen »neuen Milieus«, die mittlerweile gut 20% der Bevölkerung stellen, zwar manche ursprünglich erworbenen Habitus- und Mentalitätsformen erhalten bleiben, insbesondere was Distinktion (also Geschmack, Umgang mit Hochkultur sowie Wahrnehmung und Einschätzung sozialer Ungleichheit) betrifft, daß aber andere Milieu-Aspekte wie Selbstverwirklichungsansprüche im Beruf, hedonistische Freizeitpraktiken und neue Modelle der Rollenverteilung zwischen Frau und Mann sich drastisch änderten. Auf diese Weise manifestierte sich die »höhere Selbstreflexivität« von Teilen der jüngeren Generation, »die bewußte Distanzierung von den ›inkorporierten‹ Schemata des Habitus ermöglicht« (Vester u. a. 1992, S. 194). Es entstand eine Spannung zwischen ursprünglich erworbenen Dispositionen und den Idealen, Werten der neuen Milieuzugehörigkeit. Somit entsprechen diese neueren empirischen Befunde genau den Voraussagen, die aus den o. a. veränderten Sozialisationsbedingungen und -prozessen entwickelt wurden.

Die folgenden Einzelbefunde zeigen dementsprechende soziokulturelle, plurale Mobilitätsbewegungen innerhalb und zwischen Milieus am Beispiel des »ganzheitlichen Milieu-Typus«: »Er besteht überwiegend aus Aufsteigern und/oder kommt aus Aufsteigerfamilien. Teilweise entstammen die Väter dem gleichen Feld gehobener kulturell-sozialer und technisch-administrativer Berufe wie die befragten Kinder. Aber ein Teil von ihnen und die Mehrheit der Großväter hatte solche Positionen noch nicht erreicht, sondern gehörte zur Facharbeiter- und Handwerkerintelligenz. (...) Die Eltern gehören also hauptsächlich zur Aufbaugeneration der westlichen Bundesrepublik, die heute berufliche Arriviertheit, Wohneigentum und relativ gut ausgebildete Kinder vorweisen kann.« (Vester u. a., S. 214).

Wollte man diese Aufstiegswege jedoch ausschließlich beruflich nachzeichnen, wie das herkömmlicherweise geschieht, so würde man das Spezifische dieser Aufsteigergruppe, mit ihrer besonderen Art der Auseinandersetzung mit den neuen Möglichkeiten des geöffneten sozialen Raums verfehlen. Man würde diese von anderen Gruppierungen nicht unterscheiden können, die gleichermaßen beruflich aufgestiegen, aber dabei in ihren Zielsetzungen, Mentalitäten und Gesellungsformen deutlich anders geworden sind. Man würde dadurch politisch, wirtschaftlich und zwischenmenschlich höchst wichtige Differenzen verfehlen. Die »Ganzheitlichen« haben sehr anspruchsvolle Ziele der ganzheitlichen, Körper und Geist, Gefühl und Intellekt, Politik und Person vereinenden Selbstverwirklichung entwickelt. Diese Ziele verfolgen sie bei der Arbeit und ebenso in der Partnerschaft, wo »Beziehungsarbeit« und partnerschaftliche Arbeitsteilung angestrebt werden. Ähnlich in Konsum und Freizeit. Hier wird ein »Feingeschmack« zelebriert. Im Hinblick auf Gesellschaft und Ungleichheit wird eine karitative, für die Ökologie und Dritte Welt sensible Haltung kultiviert. Trotz u. U. gleicher Herkunft, gleicher Aufstiegswege und gleich anspruchsvoller aktueller Berufstätigkeit im Bildungs- und Gesundheitswesen, in Verwaltung und Handel unterscheiden sich diese »Ganzheitlichen« damit drastisch z. B. von den »Humanistisch-Aktiven« und den »Erfolgsorientierten« (Vester 1992, S. 209 ff.).

6. Schluß

Die Erwähnung der »Öffnung des sozialen Raums« und vermehrter Dienstleistungstätigkeiten seit den 60er Jahren sowie das angeführte Beispiel der typischen Aufsteigergruppe der »Ganzheitlichen« könnte die Annahme nahelegen, daß Aufstiegsprozesse innerhalb der Berufshierarchie doch häufiger geworden seien, daß also die oben referierten empirischen Ergebnisse der Reproduktion beruflicher Klassen und Schichten falsch seien. Dies ist nicht so. Trotz *absolut* erweiterter Optionen für große Teile der Bevölkerung haben sich die *relativen* Gefüge der Berufshierarchie und die dementsprechenden Aufstiegsbewegungen nur wenig verändert. Insofern widersprechen die eben dargestellten typischen »Milieubiographien« den o. a. Befunden nicht.
Aber die Resultate der neueren Milieubiographieforschung zeigen, daß die erweiterten absoluten Freiheitsräume durchaus unterschiedlich bewältigt werden. Vieles spricht dafür, daß die oben

skizzierten, bis in die Arbeiterschaft hinein wachsenden milieuspezifischen Sozialisationsunterschiede daran beteiligt sind. Diese Prozesse der Milieusozialisation und der Milieubiographien führen, nach allem, was wir bislang wissen, keineswegs durchgehend zu einer Individualisierung im Sinne der Vereinzelung. Vielmehr finden sich gerade dort, im wachsenden »neuen Bildungsbürgertum«, wo die weitestgehende Erosion arbeitsgesellschaftlicher Kollektive und Bindungen stattgefunden hat, auch die meisten neuen Vergemeinschaftungen und die am deutlichsten erkennbaren Strukturen sozio-kulturell begründeter Sozialisation und sozio-kulturell definierter Mobilität. Die neuen Milieus und Lebensstile, die hierauf basierenden sozialen und individuellen Bewegungen finden wir vor allem – aber nicht nur – dort, in den Zonen besonders stark erweiterter Möglichkeiten.
Berufs- und schichtspezifische Sozialisation, Auf- und Abstiege innerhalb der Berufshierarchie werden dadurch nicht gegenstandslos. Aber, ähnlich wie eine Meereswelle von einer anderen überholt wird, diese sich dabei aber verändert, so werden industriegesellschaftliche, der Berufs-, Klassen- und Schichtungshierarchie verpflichtete Sozialisations- und Mobilitätsprozesse in »entwickelten« »postindustriellen« Dienstleistungsgesellschaften von sozialen Milieus und Lebensstilen zunehmend alltagsweltlich überformt. Für den Angehörigen der jeweiligen Milieus macht es dabei auch in entwickelten, sozio-kulturell pluralisierten Gesellschaften sehr wohl einen Unterschied, welcher Schicht oder Klasse er angehört und woher er stammt.

Literatur

Beck, U. (1986), *Risikogesellschaft*, Frankfurt/M.
Becker, U./Nowak, H. (1982), »Lebensweltanalyse als neue Perspektive der Markt- und Meinungsforschung«, in: *ESOMAR-Kongreß*, Bd. 2, S. 247-267.
Berg-Schlosser, D./Schissler, J. (Hg.) (1987), *Politische Kultur in Deutschland. Bilanz und Perspektiven der Forschung, Sonderheft 18 der PVS*, Opladen.
Berking, H./Neckel, S. (1990), »Die Politik der Lebensstile in einem Berliner Bezirk. Zu einigen Formen nachtraditionaler Vergemeinschaftung«, in: Berger, P. A./Hradil, S. (Hg.), *Lebenslagen, Lebensläufe, Lebensstile, Sonderband 7 der Zeitschrift* SOZIALE WELT, Göttingen, S. 481-500.

Bertram, H. (1981), *Sozialstruktur und Sozialisation. Zur mikroanalytischen Analyse von Chancenungleichheit*, Darmstadt und Neuwied.
Bernstein, B. (1970), »Lernen und soziale Struktur, in: Bernstein, B. u. a. (Hg.), *Lernen und soziale Struktur*, Amsterdam 1970.
Bohnsack, R. (1989), *Generation, Milieu und Geschlecht*, Opladen.
Bolte, K. M./Hradil, S. (1988), *Soziale Ungleichheit in der Bundesrepublik Deutschland*, Opladen.
Bourdieu, P. (1979), *Entwurf einer Theorie der Praxis*, Frankfurt/M.
– (1982), *Die feinen Unterschiede. Kritik der gesellschaftlichen Urteilskraft*, Frankfurt/M.
– (1985), *Sozialer Raum und ›Klassen‹. Leçon sur la leçon*, Frankfurt/M.
Bronfenbrenner, U. (1976), *Ökologische Sozialisationsforschung*, Stuttgart.
Comte, A. (1973) (zuerst 1822), *Plan der wissenschaftlichen Arbeiten, die für eine Reform der Gesellschaft notwendig sind*, München.
– (1974) (zuerst 1830-42), *Die Soziologie. Positive Philosophie*, Stuttgart.
Durkheim, E. (1970) (zuerst 1895), *Regeln der soziologischen Methode*, Neuwied.
Engler, S. (1988), *Die Reproduktionstheorie Pierre Bourdieus*, Arbeitspapier Nr. 2 des Forschungsprojekts »Studium und Biographie« (Leitung: J. Zinnecker), Siegen.
Gluchowski, P. (1987), »Lebensstile und Wandel der Wählerschaft in der Bundesrepublik Deutschland«, in: *Aus Politik und Zeitgeschichte* (Beilage zur Wochenzeitschrift *Das Parlament*), B 12, 21. 3. 1987, S. 18-32.
– (1988), *Freizeit und Lebensstile*, Erkrath.
Grüneisen, V./Hoff, E. (1977), *Familienerziehung und Lebenssituation*, Weinheim und Basel.
Heine, H./Mautz, R. (1989), *Industriearbeiter contra Umweltschutz?*, Göttingen.
Hitzler, R./Honer, A. (1984), »Lebenswelt – Milieu – Situation. Terminologische Vorschläge zur theoretischen Verständigung«, in: *KZfSS 36*, S. 56-74.
Hradil, S. (1987), *Sozialstrukturanalyse in einer fortgeschrittenen Gesellschaft. Von Klassen und Schichten zu Lagen und Milieus*, Opladen.
– (1989), »System und Akteur. Eine empirische Kritik der soziologischen Kulturtheorie Pierre Bourdieus«, in: Eder, K. (Hg.), *Klassenlage, Lebensstil und kulturelle Praxis*, Frankfurt/M.
– (1990), »Die ›Postmoderne‹. Zur sozialstrukturellen Relevanz einer ›modernen‹ Gesellschaftstheorie«, in: Berger, P. A./Hradil, S. (Hg.), *Lebenslagen, Lebensläufe, Lebensstile*, S. 125-150.
– (1990a), »Social Stratification, New Lifestyles und Welfare Research«, in: Habich, R. (Hg.), *Social Reporting*, Frankfurt/M.
– (1991), »Die Familie als ›Clearingstelle‹ pluralistischer Sozialisationsmilieus«, in: *Forschungsforum der Otto-Friedrich-Universität Bamberg*, Heft 3, S. 62-68.

- (1992), »Alte Begriffe und neue Strukturen. Die Milieu-, Subkultur- und Lebensstilforschung der 80er Jahre«, in: ders. (Hg.), *Zwischen Bewußtsein und Sein. Die Vermittlung ›objektiver‹ Lebensbedingungen und ›subjektiver‹ Lebensweisen*, Opladen, S. 15-56.
- (1992a), »Die ›objektive‹ und die ›subjektive‹ Modernisierung. Der Wandel der westdeutschen Sozialstruktur und die Wiedervereinigung«, in: *Aus Politik und Zeitgeschichte* (Beilage zur Wochenzeitschrift *Das Parlament*), B 29-30/92, S. 3-14.

Hurrelmann, K. (1985), »Soziale Ungleichheit und Selektion im Erziehungssystem«, in: Strasser, H./Goldthorpe, J. H. (Hg.), *Die Analyse sozialer Ungleichheit*, Opladen.
- (1986), *Einführung in die Sozialisationstheorie. Über den Zusammenhang von Sozialstruktur und Persönlichkeit*, Weinheim und Basel.

Keim, D. (1979), *Milieus in der Stadt. Ein Konzept zur Analyse älterer Wohnquartiere*, Stuttgart u. a.

Lenz, K. (1988), *Die vielen Gesichter der Jugend*, Frankfurt/M.

Lepsius, M. R. (1966), »Parteiensystem und Sozialstruktur: zum Problem der Demokratisierung der deutschen Gesellschaft«, in: Abel, W./Borchardt, K./Kellenbenz, H./Zorn, W. (Hg.), *Wirtschaft, Geschichte und Wirtschaftsgeschichte. Festschrift zum 65. Geburtstag von Friedrich Lütge*, Stuttgart, S. 371-393.

Liebau, E. (1987), *Gesellschaftliches Subjekt und Erziehung. Zur pädagogischen Bedeutung der Sozialisationstheorien von Pierre Bourdieu und Ulrich Oevermann*, Weinheim und München.

Lüdtke, H. (1989), *Expressive Ungleichheit. Zur Soziologie der Lebensstile*, Opladen.
- (1990), »Lebensstile als Dimension handlungsproduzierter Ungleichheit. Eine Anwendung des Rational-choice Ansatzes«, in: Berger, P. A./Hradil, S. (Hg.), *Lebenslagen, Lebensläufe, Lebensstile*, Sonderband 7 der Zeitschrift SOZIALE WELT, Göttingen.

Mayer, K. U./Blossfeld, H. P. (1990), »Die gesellschaftliche Konstruktion sozialer Ungleichheit im Lebensverlauf«, in: Berger, P. A./Hradil, S. (Hg.), *Lebenslagen, Lebensläufe, Lebensstile*, S. 297-318.

Mintzel, A. (1988), *Sozialwissenschaftliche Analysen lokaler und regionaler politischer Kulturen: Westdeutsche Ansätze und Ergebnisse*, Arbeitspapier, Passau.

Möller, K. (1988), »Milieu-Einbindung und Milieu-Erosion als individuelle Sozialisationsprobleme«, in: *Zeitschrift für erziehungswissenschaftliche Forschung*, S. 115-144.

Montesquieu (1949), *Œuvres complètes*, Paris.

Müller, H.-P. (1989), »Lebensstile«, in: *KZfSS*, 41, S. 53-71.
- (1992), »Sozialstruktur und Lebensstile. Zur Neuorientierung der Sozialstrukturforschung«, in: Hradil, S. (Hg.), *Zwischen Bewußtsein und Sein*, Opladen, S. 57-66.

Oevermann, U. u. a. (1976), »Die sozialstrukturelle Einbettung von Sozialisationsprozessen: Empirische Ergebnisse zur Ausdifferenzierung des globalen Zusammenhangs von Schichtzugehörigkeit und gemessener Intelligenz sowie Schulerfolg«, in: *ZfS* 5, S. 167-199.
Portele, G. (1985), »Habitus und Lernen«, in: *Neue Sammlung* 25, S. 289-313.
Rerrich, M. S./Voß, G. G., »Vexierbild soziale Ungleichheit. Die Bedeutung alltäglicher Lebensführung für die Sozialstrukturanalyse«, in: Hradil, S. (Hg.), *Zwischen Bewußtsein und Sein*, Opladen, S. 251-266.
Richter, R. (1988), »Subtile Distinktion. Zur Reproduktion sozialer Ungleichheit im mikrosozialen Bereich«, in: *Österreichische Zeitschrift für Soziologie*, 14. Jg., S. 53-63.
Schneewind, K. u. a. (1983), *Eltern und Kinder*, Stuttgart.
Schulze, G. (1990), »Die Transformation sozialer Milieus in der Bundesrepublik Deutschland«, in: Berger, P. A./Hradil, S. (Hg.), *Lebenslagen, Lebensläufe, Lebensstile*, Sonderband 7 der Zeitschrift SOZIALE WELT, Göttingen, S. 409-432.
– (1992), *Die Erlebnisgesellschaft. Kultursoziologie der Gegenwart*, Frankfurt und New York.
– (1992a), »Situationsmodi und Handlungsmodi. Konzepte zur Analyse des Wandels sozialer Ungleichheit, in: Hradil, Stefan (Hg.), *Zwischen Bewußtsein und Sein*, Opladen, S. 67-80.
Steinkamp, G. (1986), »Jugendbezogene Lebenslagenforschung als interdisziplinäre Mehrebenenanalyse«, in: Heitmeyer, W. (Hg.), *Interdisziplinäre Jugendforschung*, München, S. 133-154.
– (1991), »Sozialstruktur und Sozialisation«, in: Hurrelmann, K./Ulich, D. (Hg.), *Neues Handbuch der Sozialisationsforschung*, Weinheim und Basel, 4. völlig neubearb. Aufl., S. 251-278.
– /Stief, W. H. (1978), *Lebensbedingungen und Sozialisation*, Opladen.
Taine, H. (1907), *Philosophie der Kunst*, Jena.
Toffler, A. (1980), *Die dritte Welt. Zukunftschance. Perspektiven für die Gesellschaft des 21. Jahrhunderts*, München.
Vaskovics, L. A. (1982), *Umweltbedingungen familialer Sozialisation. Beiträge zur sozialökologischen Sozialisationsforschung*, Stuttgart.
Vester, M. u. a. (1992), *Neue soziale Milieus und pluralisierte Klassengesellschaft. Endbericht des Forschungsprojektes ›Der Wandel der Sozialstruktur und die Entstehung neuer gesellschaftlich-politischer Milieus‹*, Hannover.
– (1992), »Die Modernisierung der Sozialstruktur und der Wandel von Mentalitäten«, in: Hradil, S. (Hg.), *Zwischen Bewußtsein und Sein*, Opladen, S. 223-250.
Zapf, W. u. a. (1987), *Individualisierung und Sicherheit*, München.

Frank Fischer, Alan Mandell
Bildungspolitik und die postindustrielle Transformation:
»Excellence« als technokratische Ideologie[1]

Die Bildungskrise steht an erster Stelle in den Nachrichten der US-Zeitungen. Täglich werden wir mit Zeitungsartikeln, speziellen Fernsehsendungen, politischen Kampagnen und anderen Medien auf die traurige Situation an amerikanischen Schulen aufmerksam gemacht. Tatsächlich wurden innerhalb des letzten Jahrzehnts mindestens zwei Dutzend Expertisen veröffentlicht, die von der Bundesregierung, den Staatsregierungen, philantropischen Organisationen, Wirtschaftsverbänden sowie von individuellen Forschungsgruppen durchgeführt bzw. in Auftrag gegeben wurden. Obwohl diese Expertisen in ihrer Herangehensweise und in ihren Vorschlägen differieren, so behaupten sie alle, daß die Bildungskrise vielfältige Konsequenzen für die gesamte amerikanische Gesellschaft mit sich bringt.[2]

Diese Berichte behaupten, die Bildungskrise sei die Ursache der fünfzehn schwierigen Jahre des Rückgangs nationaler Produktivität und von zentraler Bedeutung für die niedergehende Konkurrenzfähigkeit – insbesondere im Vergleich zu Deutschland und Japan. Das Scheitern unserer Schulen muß sozusagen im Zusammenhang mit dem Charakter der Bevölkerung und der Unbegabtheit der amerikanischen Arbeiter gesehen werden. Demzufolge hat eine ›nationale Kommission über Excellence in der Erziehung‹ in ihrem Report »A Nation at Risk« festgestellt, die Kernfrage sei die nach der nahen Zukunft von »amerikanischem Wohlstand, Sicherheit und Ordnung«. Die Drohung ist überwältigend: »Wenn eine feindselige fremde Macht versuchte, Amerika jene mittelmäßige Erziehung aufzuerlegen, die wir heute vorfinden, hätten wir

---

1 Dieser Essay ist die revidierte Fassung einer Abhandlung, die zuerst unter dem Titel erschien »Relegimitating Meritocracy: Educational Policy as Technocratic Strategy«, *TELOS*, Nr. 76, Sommer 1988.
2 Für die hier erwähnten Reports findet sich eine Auflistung bei Philip G. Altbach/Gail P. Kelly/Lois Weiss (Hg.), *Excellence in Education*, Buffalo, N. Y.: Prometheus Books, 1985, S. 41-42.

das als einen Angriff aufgefaßt. So, wie es sich verhält, haben wir zugelassen, daß uns dieses durch uns selbst passiert.«[3]
Die Reports legen unzählige Symptome dieser »Mittelmäßigkeit« dar: schlechter werdende Testergebnisse, das Versagen der Schulen, gehobenere akademische Anforderungen an die Schüler zu stellen, gefährliche Lockerungen in der Schuldisziplin, das Fehlen strikter und systematisch anzuwendender Kriterien für die Versetzung, die Anfälligkeit der Curricula für den ständigen und beliebigen Wechsel in der Fächerwahl der Schüler sowie der beschleunigte Niedergang in mathematischen, naturwissenschaftlichen, technologischen und fremdsprachlichen Studiengängen.[4] Genauso kann man auch das Fehlen adäquater Computertrainings aufgreifen, die eine wesentliche Bedeutung in einer technologischen Gesellschaft haben sollten. An der Spitze dieser Mißerfolge steht, so behaupten die Reports, daß die öffentliche Unterstützung für die Erziehung abgenommen und das Vertrauen in die Schulen den niedrigsten Stand aller Zeiten erreicht hat. Als selbstverständlich wird in diesen Studien die Auffassung vertreten, daß die Absolventen amerikanischer Schulen und Colleges bestenfalls mittelmäßig sind.[5] Diese »ansteigende Flut von Mittelmäßigkeit« ist bedrohlich für »unsere unmittelbare Zukunft, als Nation und als Volk«.[6] Der Report »Educating Americans for the 21st Century« zeigt deutlich:
»Die Nation, die auf mutige Weise die Welt in das technische Zeitalter führt, versäumt es, ihre eigenen Kinder mit dem für das 21. Jahrhundert notwendigen intellektuellen »Werkzeug« auszustatten... Bereits jetzt sind die Qualität der von uns hergestellten

---

3 National Commission on Excellence in Education, *A Nation at Risk: The Imperative for Educational Reform*; Nachdruck in: Ronald Gross/Beatrice Gross (Hg.), *The Great School Debate: Which Way for American Education?*, New York: Simon und Schuster, 1985, S. 23.
4 Sheila Slaughter, »Main-Travelled Road or Fast-Track«, in: Altbach et al., S. 107-126; und Svi Shapiro, »Capitalism at Risk: The Political Economy of the Educational Reports of 1983«, in: *Educational Theory*, Vol. 35, No. 1 (Winter 1985), S. 57-72. Beide Aufsätze bieten nützliche Analysen über die Differenzen dieser Reports. Vgl. auch Ira Shor, *Culture Wars: School and Society in the Conservative Restoration, 1969-1984*, Boston: Routledge & Kegan Paul, 1986.
5 Vgl. Gail P. Kelly: »Setting the Boundaries of Debate about Education«, in: Altbach (ibid.), S. 31-42.
6 *A Nation at Risk*, op. cit., S. 23.

Produkte, die Existenzfähigkeit unseres Handels, unsere führende Stellung in Forschung und Entwicklung und unser Lebensstandard erheblich herausgefordert. Unsere Kinder könnten zu Nachzüglern in einer technologischen Welt werden. Wir müssen es jedoch nicht zulassen; Amerika muß kein technologischer Dinosaurier werden. Wir dürfen unseren Kindern keine Ausbildung der 60er Jahre für das 21. Jahrhundert zukommen lassen.«[7]

Zusammenfassend läßt sich sagen, daß die hier vorgestellten Ergebnisse und Empfehlungen eine Gesellschaft mit ernsthaften Schwierigkeiten portraitieren. Die Berichte basieren auf den Segmenten der Vereinigten Staaten, die in den letzten Jahrzehnten von großen sozialen und wirtschaftlichen Konfliktlagen beherrscht wurden. Sie unterstreichen die beunruhigende Tatsache, daß das »Regieren« der meisten Institutionen nahezu zu einer (Aus)Übung im »Krisenmanagement« geworden ist. Und sie verweisen nicht nur auf die niedrige Qualität der Bildungsleistung *per se,* sondern auf das Versagen amerikanischer Schulen, demokratische Werte zu fördern und zu stärken. Derartige Probleme sind am schärfsten offensichtlich in den Schulen der Armen – diese Institutionen befinden sich wahrhaftig in einem Krisenzustand. Es ist überhaupt nicht verwunderlich, daß die meisten Leute, von Kongreßvorsitzenden über die Mitglieder lokaler Schulgremien bis hin zu den typischen amerikanischen Eltern, die Autorität dieser Krisensprache akzeptiert haben – diese Interpretation dessen, was falsch gelaufen ist – und nun überzeugt sind, die Hauptursache für die sich verschlechternden sozialen und wirtschaftlichen Bedingungen seien unsere Bildungsinstitutionen.

Aber mit dieser Interpretation verbinden sich starke Einschränkungen: Es geht um Widersprüche, deren Auflösung uns vielleicht helfen könnte, umfassender und genauer die sich vollziehenden gesellschaftlichen Transformationen zu verstehen.

Vor diesem Hintergrund ist unsere These, daß die Semantik von »Excellence«, um die sich eine Strategie für einen nationalen Konsens in Erziehungsfragen gruppiert, als eine organisierende »Leistungsideologie« gebildet wurde, um das tiefgreifende Unbehagen, das die Zukunft der High-Tech-Gesellschaft Amerika bedroht, zu kurieren. Dieser Rhetorik liegt der Versuch zugrunde, die gegenwärtige Krise für techno-industrielle Interessen zu in-

---

[7] Educating Americans for the 21st Century, »Executive Summary«.

strumentalisieren. Das Problem ist hier *nicht* die Bildungskrise, sondern ihre Interpretation und die Art und Weise, in der diese Krise benutzt wird, um eine größere, techno-kooperative, postindustrielle Transformation der amerikanischen Gesellschaft zu ermöglichen.

Nichts spielt in dem übernommenen Bild der Bildungskrise eine bedeutendere Rolle als das Scheitern der Schulen, ihren Schülern Fähigkeiten zu vermitteln, um im High-Tech-Amerika erfolgreich zu sein. Wesentlich für die Reformideologie ist die langjährige Auffassung, daß die Schule der Weg zum Arbeitsplatz sein muß. Es wird angenommen, daß die grundlegende Funktion moderner Erziehung darin liegt, den Schülern angemessene Berufstechniken und arbeitsrelevante Werte und Einstellungen zur Verfügung zu stellen. Den Kommissionsberichten zufolge sind amerikanische Schulen blind gegenüber den Anforderungen einer High-Tech-Welt und erfüllen diese Aufgabe nicht.

Die Ergebnisse der Kommissionen sind jedoch in Frage zu stellen. Während die Reports typischerweise die Notwendigkeit für ein High-Tech-Training voraussetzen, zeigen neuere Studien über den Arbeitsmarkt ein völlig anderes Bild. Der höchste Anstieg der Arbeitsplätze ist in den Bereichen zu verzeichnen, in denen die geringsten Fachkenntnisse erforderlich sind – insbesondere für jene Arbeitsplätze, die in dem expandierenden Dienstleistungssektor der Wirtschaft liegen. Die amerikanische Behörde für Arbeitsstatistik zum Beispiel zeigt, daß selbst wenn High-Tech-Industrien sehr allgemein definiert werden, sie »nur für einen geringen Teil neuer Arbeitsplätze bis zum Jahre 1995 verantwortlich sind«.[8] Die Behörde behauptet, daß in dem Zeitraum von 1985 bis 1995 zwischen 23,4 und 28,6 Millionen neue Arbeitsplätze geschaffen sein werden. Es wird geschätzt, daß von diesen Arbeitsplätzen nur zwischen 1,0 und 4,0 Millionen in der High-Tech-Industrie liegen werden.[9] Äußerst bemerkenswert ist, daß der Anstieg derartiger Arbeitsplätze wie Aufseher, Kassierer, Se-

8 Richard Richie/D. E. Hecker/John V. Burgan, »High-technology Today and Tomorrow: A Small Slice of the Employment Pie«, *Monthly Labor Review* (November 183), S. 50. Vgl. auch »Study Calls Most New Jobs Low Paying«, *San Francisco Chronicle* (November 10, 1986), Zusammenfassung einer Studie von Barry Bluestone und Bennet Harrison für das Joint Economic Committee of Congress.

9 Michael Black/Richard Worthington, »The Center for Industrial Inno-

kretäre, Küchenhelfer, Wächter und Portiers über dem Durchschnitt des gesamten Arbeitsplatzanstiegs liegt im Vergleich zu den Bereichen wie Computersystemanalytiker, Programmierer und sogar Operator.[10]

Noch fundamentaler ist das Unvermögen, sich mit dem extrem unsicheren Verhältnis zwischen Bildung und Berufsfertigkeiten auseinanderzusetzen. Tatsächlich ist keine der entscheidenden Bildungsideologien stärker als der Glaube, daß Bildung die Grundlage für die ökonomische Entwicklung darstelle – insbesondere in fortgeschrittenen technologischen Gesellschaften. Das setzt voraus, daß die Ausbildungsanforderungen aufgrund technologischer Veränderungen ständig steigen, und daß es Aufgabe der Schulen ist, das für hochqualifizierte Arbeitsplätze erforderliche Training zu ermöglichen.[11] Bemerkenswert dünn sind die Beweise, die diese Glaubensartikel unterstützen. Eine ausführliche Literaturstudie zur Verbindung zwischen Ausbildung und Arbeitsplatz führt nicht nur zu der Schlußfolgerung, daß es »keinen klaren Beitrag zur ökonomischen Entwicklung über die Bereitstellung einer Massenalphabetisierung hinaus gibt«, sondern daß Bildung oftmals »irrelevant« oder sich sogar »kontraproduktiv« zur Produktivität am Arbeitsplatz verhält.[12] Demgegenüber zeigen Studien, daß es die Berufserfahrung selbst und nicht die formale Schulausbildung ist, die am effektivsten zur Kompetenz im Beruf beiträgt. Die Schulausbildung ist nicht die effizienteste Methode, die Arbeitskraft auszubilden.

> vation at RPI: Critical Reflections on New York's Economic Recovery«, in: Morton Schoolman/Alvin Magad (Hg.), *Reindustrializing New York State*, Albany, N. Y.: State University of New York Press, 1986, S. 257-280.
> 10 Vgl. Henry Levin/Russell W. Rumberger, »High-Tech Requires Few Brains«, *The Washington Post* (30. Januar 1983), S. C5. Vgl. auch Stanley Aronowitz/Henry Giroux, *Education Under Siege: The Conservative, Liberal, and Radical Debate over Schooling*, South Hadley, Mass: Bergin and Garvey, 1985, darin vor allem ihr Kapitel: ›Is Computer Technology the Answer? The Crisis in the Classroom and Educational Reform‹, S. 185-98.
> 11 Randall Collins, *The Credential Society: An Historical Sociology of Education and Stratification*, New York: Academic Press, 1971.
> 12 Ibid., Kapitel 1: ›The myth of Technocracy‹. Vgl. auch Ivan Berg, *Education and Jobs: The Great Training Robbery*, Boston: Beacon Press, 1971.

Ein zweiter Punkt bezieht sich auf die Betonung von Testverfahren und Testergebnissen. Obwohl viele Reports den Rückgang nationaler Examensergebnisse herausstellen, ist dieser Beweis oft irreführend. Zahlreiche Bildungsexperten haben gezeigt, daß in Wirklichkeit der Rückgang der Ergebnisse fragwürdig ist. Selbst dort, wo Statistiken diesen Rückgang stichhaltig beweisen können, sind deren Ursachen offen für eine Bandbreite verschiedener Interpretationen. Obwohl es zum Beispiel zutrifft, daß zwischen 1952 und 1982 der Durchschnitt im mündlichen Ergebnis beim Scholastic Aptitude Test um ungefähr 50 Punkte gefallen ist, begannen im Jahr 1982 (ein Jahr, bevor die meisten nationalen Reports veröffentlicht wurden) die SAT-Ergebnisse tatsächlich anzusteigen, eine Tatsache, die von dem Kongreßbüro für Finanzen bestätigt wurde. Darüber hinaus zeigen andere Testergebnisse, zum Beispiel der Lesetest des NAEP (National Assessment of Educational Progress) aus den Jahren 1971, 1975 und 1980, daß 17jährige »genauso gut lesen, wie sie es bereits vor 10 Jahren taten«.[13] Es gibt auch eindeutige Nachweise für einen systematischen Anstieg der Scores bei den Eingangstests der Juristischen Fakultäten und der Medizinischen Colleges als auch bei den hochschulinternen Eignungstests.[14]

Noch relevanter als der Mythos von der High-Tech-Beschäftigung und der Mißbrauch der Testscores ist ein dritter Punkt in den Kommissionsberichten, der ihren unvergänglichen Glauben an eine Reihe traditioneller Vorstellungen über die historische Rolle amerikanischer Bildungsinstitutionen in der amerikanischen Gesellschaft verkörpert. In dieser Sichtweise haben die Schulen effektiv dazu beigetragen, die amerikanischen Ideale von Demokratie, Gleichheit, sozialen Aufstiegsmöglichkeiten und wirtschaftlicher Entwicklung zu fördern. Jüngste Analysen über die Funktion dieser Ideale lassen ernsthafte Zweifel über das Verhältnis zwischen Ausbildung und einer Verpflichtung gegenüber diesen Werten aufkommen. Statt die Schulen als Ort ökonomischen

---

13 Vgl. Ernest Boyers (The Carnegie Foundation for the Advancement of Teaching), *High School: A Report on Secondary Education in America*, S. 26; Lawrence C. Stedman/Karl F. Kaestle, »The Test Score Decline is Over: Now What?«, *Phi Delta Kappan* (November 1985), S. 204-10; sowie Stephen Judy, *The ABC's of Literacy: A Guide for Parents and Educators*, New York: Oxford University Press, 1980.
14 Vgl. Shor, *Culture Wars*, op. cit., S. 7-15.

Fortschritts und sozialer Versprechungen zu betrachten, haben die »revisionistischen Studien« vielfältig Methoden aufgedeckt, wie Schulen Klassenprivilegien gestützt, Ungleichheit geschaffen und die demokratische Idee verzerrt haben.[15]
Es ist die Macht einer »Legende«, nicht »die Realität(en), die wir geerbt haben«, die die meisten Reports und das öffentliche Verständnis über Schulen bestimmt.[16] Tatsächlich zeigt eine kritische Geschichtsschreibung der amerikanischen Erziehung deutlich, daß Schulen benutzt wurden, um ökonomische Ungleichheiten und soziale Veränderungen zu vermitteln, die durch kapitalistische Transformationen erzeugt wurden. »Schulreformen« sind somit eng mit den Konflikten zwischen dem amerikanischen demokratischen Ethos und den ökonomischen Disparitäten verbunden. Geschichtswissenschaftler haben ausdrücklich drei zentrale Verbindungen hervorgehoben, in denen Schulen aufgefordert wurden, grundlegende ökonomische Transformationen zu rationalisieren und zu legitimieren. Es ist unsere These, daß wir jetzt in eine *vierte* Periode der amerikanischen Bildungsreform eingetreten sind, die dieses Mal eng mit der Entstehung der »postindustriellen« Gesellschaft verknüpft ist.
Innerhalb der ersten Reformperiode Ende der 30er bis Ende der 40er Jahre des 19. Jahrhunderts waren die Schulen die »Unruh der sozialen Maschine«, eine Antwort auf die Zunahme der Stadtbevölkerung, den Rückgang ausgebildeter Handwerker und das Ende selbständiger Farmer.[17] Die Schulen wurden als »bestes Ge-

---

15 Es gibt viele hervorragende »revisionistische« Beiträge über die amerikanische Bildung, obwohl es erforderlich ist zu beachten, daß selbst in diesen kritischen Analysen signifikante methodologische und theoretische Differenzen vorliegen. Um hier nur einige zu nennen: Joel Spring, *The Sorting Machine: National Education Policy Since 1945*, New York: McKay, 1976. Ira Katznelson/Margaret Weir, *Schooling for All*. New York: Basic Books, 1971; Michael B. Katz, *Class, Bureaucracy, and Schools*, New York: Praeger, 1971; Samuel Boles/Herbert Gintis, *Schooling in Capitalist America*, New York: Basic Books, 1976; David Nasaw, *Schooled to Order: A Social History of Public Schooling in the United States*; Martin Carnoy/Henry M. Levin, *Schooling and Work in the Democratic State*, Stanford: Stanford University Press, 1985.
16 Collin Greer, *The Great School Legend: A Revisionist Interpretation of American Public Education*, New York: Viking, 1973, S. 33.
17 Horace Mann zit. in: Merle Curti, *The Social Ideas of American Educators*, Totowa, N.J.: Littlefield, Adams 1974, S. 134.

genmittel zu einem sozialen Aufruhr eingesetzt, der von einem allgemeinen Leidensdruck, der Demokratie Jacksons und einer störrischen Arbeiterschaft in den Städten« verursacht worden war.[18] Hier war es ein Curriculum, das als Basis einer neuen moralischen Bildung errichtet wurde, um den Charakter der Schüler durch neue Formen sozialer Kontrolle zu beeinflussen.

Zwischen 1890 und 1920 wurden die Schulen wiederum eingesetzt, sozial-ökonomische Transformationen zu fördern: dieses Mal von einer unternehmerischen Welt zu einer, die von weitreichenden bürokratischen Firmen beherrscht wurde. Für diese »progressiven« Reformer handelte es sich jedoch nur um eine neue professionelle Elite der »education executives«, die geschult war in den hierarchisch organisierten Techniken des wissenschaftlichen Managements des Taylorismus und in dem Kanon der wirtschaftlichen Rentabilität, die die Schule mit dem Image einer modernen Fabrik neu formen konnten.[19] Die Einführung der Gesamtschule entwickelte sich zum institutionalisierten Mechanismus zur »Amerikanisierung« von Immigranten (häufig als Vorfeld des Arbeitsradikalismus betrachtet) und zur Ausweitung der erforderlichen Schulung und Internalisierung der neuen Autoritätsmuster, die für eine sich herausbildende korporative Manager-Revolution unabdingbar waren.[20]

18 Nasaw, op. cit., S. 40. Für eine ausführliche Diskussion der ersten Reformperiode vgl. Bowles und Gintis' Interpretation der »History of the Lowell, Massachusetts public schools«, in: *Schooling in Capitalist America*, op. cit., S. 160-73.
19 Vgl. David Tyack/Elisabeth Hansot, *Managers of Virtue: Public School Leadership in America: 1920-1980*, New York: Basic Books, 1982. Vgl. auch Samuel Haber, *Efficiency and Uplift: Management in the Progressive Era, 1890-1920*, Chicago: The University of Chicago Press, 1964; Robert Weibe, *The Search for Order: 1877-1920*, New York: Hill and Wang, 1967.
20 Das Bestreben nach einer Institutionalisierung dieser neuen Muster sozialer Leistungsfähigkeit fand einen ihrer stärksten Anhänger in Elwood Cubberley, dem Dekan der einflußreichen *School of Education* der Stanford Universität. »Unsere Schulen sind in gewisser Hinsicht Fabriken, in denen Rohmaterialien zu Produkten geformt und gestaltet werden, um verschiedenen Lebensanforderungen begegnen zu können.« Cubberly fährt fort: »Die Bestimmungen zur (Waren)Herstellung entstammen den Anforderungen des zwanzigsten Jahrhunderts der Zivilisation, und es ist die Aufgabe der Schule, ihre Schüler

Die dritte Periode der Bildungsreform folgte dem Zweiten Weltkrieg und führte zur Errichtung eines mehrstufigen Systems, das der neuen arbeitenden Mittelklasse sowohl einen Platz als auch die Zusage verschaffte, daß die Eliteuniversitäten ihren selektiven und privilegierten Status behaupten könnten. Obwohl die Errichtung der Community Colleges daraufhin ausgerichtet war, »ausgebildete subprofessionelle Angestellte« weiterzubilden, ist hier die Veränderung an der elitären Spitze entscheidend.[21] Auf dieser Ebene war es die Aufgabe, sich einer wachsenden »Wissenschaftslücke« zu stellen. Die »knowledge race«, wie sie genannt wurde, erforderte es, großzügig neue Fonds für wissenschaftliche Forschung und Entwicklung sowie für die Ausbildung von Ingenieuren und Naturwissenschaftlern zu schaffen.[22] Die Rentabilität von R & D, die Rhetorik des Kalten Krieges und der Wechsel zur internationalen Arbeitsteilung, der die amerikanische Hegemonie gefährdete, bildeten die Grundlage für die Errichtung der »federal contract university«, wodurch die Verbindung zwischen dem Anstieg höherer Bildung, der »nationalen Sicherheit« der Vereinigten Staaten und der Fachkenntnis der wissenschaftlichen Elite institutionalisiert wurde. De facto schaffte die Stärkung des Verhältnisses der Bildung zu Wissenschaft und Technologie, die

den festgelegten Entwürfen entsprechend zu bauen. Diese Aufgabe erfordert ein gutes Werkzeug, spezialisierte Maschinen, kontinuierliche Produktionsmessungen zur Überprüfung, ob sie den Bestimmungen entsprechen, die Eliminierung von Schwund in der Produktionsherstellung sowie eine Vielfalt der Produktionsleistung.« Zit. in: Bowles/Gintis, op. cit., S. 199. Vgl. auch Joel Spring, *Education and the Rise of the Corporate State*, Boston: Beacon, 1972, insbesondere Kapitel 6.

21 Der Ausdruck »skilled subprofessional white-collar workers« entstammt der Diskussion bei Bowles und Gintis über die Gruppe der »rapide anwachsenden Berufsbezeichnungen«, deren Ausbildung aus dem expandierenden Universitätssystem kommt. Bowles/Gintis, op. cit., S. 205. Vgl. auch den klassischen Essay von Burton Clark »The ›Cooling Out‹ Function in Higher Education«, *The American Journal of Sociology*, 65, Nr. 6, Mai 1960, S. 569-77.

22 Zum Aufkommen der »Big Science« vgl. Robert Kargon, »The Future of America Science: An Historical Perspective«, in: Mark Kann (Hg.), *The Future of American Democracy*, Philadelphia: Temple University Press, 1983, S. 152. Vgl. auch Chandra Mukerji, *A Fragile Power: Scientists and the State*, Princeton: Princeton University Press, 1989.

einherging mit einer zunehmenden Erkenntnis ihrer Bedeutung für den internationalen wirtschaftlichen Wettbewerb im Bereich der »high technology«, die Grundlage für eine neue soziale Transformation, das Auftreten der »postindustriellen Gesellschaft« – die vierte Periode der Bildungsreform.[23]

Die Idee von einer »postindustriellen Gesellschaft« bleibt ein umstrittenes Konzept und ist selbst jetzt schwer zu beschreiben. Aber bedeutsam für diese Vorstellung ist die Erkenntnis, daß die politische Ökonomie Amerikas in den 60er Jahren in eine neue Phase eintrat, die einen grundlegenden Wechsel von einem vornehmlich industriellen System zu einer auf Informationen basierenden dienstleistungsorientierten Wirtschaft vollzog.[24] Die Information selbst wurde zur grundlegenden Ware dieser hervortretenden sozialen Form, und Wissenschaft und Technologie waren ihre elementare Antriebskraft. Während das traditionelle Industriesystem sich Wissenschaft und Technologie für seine eigenen Zwecke zu eigen machte, haben sich diese selbst nun zu einem produktiven System entwickelt. Ein Resultat liegt hierbei in einer immer weiter expandierenden Verpflichtung gegenüber der Forschung und Entwicklung. Ein weiteres Resultat ist, daß die Ausbildung von Wissenschaftlern und Technikern in der Wirtschaft eine Spitzenstellung einnimmt.

Die Relevanz dieser postindustriellen Transformation für die amerikanische Gesellschaft ist bisher noch nicht deutlich. De facto ist genau die Diskussion über ihre Auswirkungen zu einem der kritischsten Probleme dieser Zeit geworden. Es *ist* jedoch *klar*, daß diese neue soziale Form – wie auch andere gesellschaftliche Formationen – eine grundlegende sozialpolitische Restrukturierung verlangt, die die signifikanten Probleme im Hinblick auf elementare Werte und Ansichten über soziale Ungleichheiten, demokratische Partizipation und politische Freiheit in den Vordergrund rückt. Darüber hinaus ist auch deutlich geworden, daß sich gegenwärtig die herrschenden Eliten um ein spezifisches programmatisches Konzept einer *technokratischen* postindustriellen Gesellschaft sammeln – ein Konzept, welches eine besondere Theorie

23 Vgl. Spring, Kapitel 3, op. cit. (*Education and the Rise*), S. 93-139.
24 Vgl. Daniel Bell, *The Coming of Postindustrial Society*, New York: Basic Books, 1973; vgl. auch James R. Beniger, *The Control Revolution: Technological and Economic Origins of The Information Society*, Cambridge, Mass.: Harvard University Press, 1986.

über Postindustrialismus mit einer spezifischen Zukunftsvision und einer Bandbreite von Strategien beinhaltet –, und welches eine bildungsorientierte Theorie mit einschließt, um es herbeizuführen.[25]

Diese technokratische Theorie, die von Autoren wie Bell, Brzezinski, Etzioni, Rohatyn und Reich entwickelt wurde, haben sowohl führende Gruppen der beiden großen amerikanischen Parteien als auch internationale Organisationen, wie zum Beispiel die Trilateriale Kommission, übernommen.[26] Diese Tatsache verlangt nach der Etablierung eines eher wissenschaftlich organisierten Regierungssystems, das die Demontage des traditionellen pluralistischen Systems der Interessengruppenpolitik erfordert. Die Interessengruppen selbst werden als das hauptsächliche Hindernis gesehen, um die technokratische Koordination zu erreichen. Der technokratischen Analyse zufolge ist es der aggressive Wettbewerb egoistischer Gruppen um knappe Ressourcen, die eine dramatische Steigerung sozialer Ansprüche hervorgebracht haben. Dies hat zu einer »Systemüberlastung geführt, die die Entwicklung eines umfassenden zentralen Plans verhindert«.[27] Indem

25 Eine hilfreiche Orientierung bei der Vielfalt der Interpretationen über Postindustrialismus findet sich bei Victor Ferkiss, »Daniel Bell's Concept of Postindustrial Society: Theory, Myth, and Ideology«, *The Political Science Reviewer*, Volume 9, (Herbst 1979), S. 61-102. Vgl. auch Christopher Lasch, »Toward a Theory of Postindustrial Society«, in: M. Donald Hancock/Gideon Sjoberg (Hg.), *Politics in the Post-Welfare State*, New York: Columbia University Press, 1972, S. 36-50; Benjamin S. Kleinberg, *American Society in the Postindustrial Age: Technology, Power, and the End of Ideology*, Columbus: Charles E. Merrill, 1973.
26 Folgende Texte sind repräsentativ: Bell, op. cit.; Zbigniew Brzezinski, *Between Two Ages: Americans Role in the Technocratic Era*, New York: Viking, 1976; Amitai Etzioni, *The Active Society*, New York: The Free Press, 1968; Felix G. Rohatyn, »Restructuring America«, *New York Review of Books* (March 5, 1981), S. 16; »Alternatives to Reaganomics«, *The New York Times Magazine* (December 5, 1982); Robert Reich, *The New American Frontier*, New York: Times Books, 1983. Eine kritische Auseinandersetzung mit dem Thema »trilateralism« erfolgt bei Holly Sklar (Hg.), *Trilateral Commission and Elite Planning for World Management*, Boston: South End Press, 1980.
27 Vgl. Samuel P. Huntington, »The Democratic Distemper«, *The Public Interest*, No. 41 (Herbst 1975), S. 36-37. Noam Chomsky hat diese

man zentralisierte administrative Mechanismen einsetzt, streben die technokratischen Strategien danach, die Prozesse der Interessengruppen zu *depolitisieren*.

Eine weitere Grundlage für dieses Modell bildet eine Reihe neuer Werte – die Formulierung einer neuen ideologischen *Basis*. Traditionelle kapitalistische Werte, die mit Armut, Reichtum und Produktion verbunden sind, sollen zugunsten von Werten, die auf Wissen, Intellekt und Bildung basieren, aufgegeben werden. Der Unternehmer wird durch den »Professionellen« ersetzt und Professionalität wird selbst zu einer zentralen Ideologie.[28] Übereinstimmend mit der technokratischen Vision nimmt Bildung eine außergewöhnlich bedeutsame Stellung ein; der Universität – der traditionellen Stätte der Wissenschaft und der Expertise – wird ein besonderer Status verliehen. Da die Organisation und Produktion von Forschung eine der kritischen Aufgaben in der neuen sozialen Ordnung darstellt, wird die Universität zu einer primär »produktiven Einrichtung« für die Erschaffung und Verbreitung der technologischen Ideologie. In diesem Sinne argumentiert Bell, daß »das Hauptproblem in der postindustriellen Gesellschaft in der Organisation der Wissenschaft liegt, und daß die primäre Institution die Universität oder eine Forschungseinrichtung ist, in der derartige Arbeit durchgeführt wird«.[29] Die »Organisation der Wissenschaft« nimmt zahlreiche Formen an: Eine Form ist mit Sicherheit die Produktion neuen Wissens; eine andere ist die Ausbildung und die professionelle Qualifizierung von Experten, die die Verantwortung für den postindustriellen Apparat übernehmen werden. Eine dritte Form, die größtenteils durch professionelle Ausbildung vermittelt wird, umfaßt die Übermittlung neuen Wissens, um so auf das Problem der »sozialen Führung« (z. B. die Zunahme in den Politikwissenschaften) Bezug zu nehmen.

Die Aufgabe der Bildungsinstitutionen in der postindustriellen

---

Sichtweise über »governance« untersucht: »Trilateralism's RX for Crisis: Governability Yes, Democracy No«, *Seven Days* (February 14, 1977). Vgl. auch David Dickson, »Limiting Democracy: Technocrats and the Liberal State«, *Democracy*, Volume 1, Nr. 1 (Januar 1981), S. 61-79.

28 Magali S. Larson, *The Rise of Professionalism*, Berkeley: The Unversity of California Press, 1977. Vgl. auch »The Politics of Professions«, in: Collins, *The Credential Society*, S. 131-81.

29 Bell, op. cit.

(Informations-) Gesellschaft ist niemals größer gesehen worden. Wie schon in der Vergangenheit haben diese Institutionen eine Schlüsselrolle bei der historisch spezifischen Eingliederung der Studenten in die Arbeitswelt und Staatsbürgerschaft einzunehmen. In der postindustriellen Periode aber müssen die Schulen den Schülern nicht nur neue Ideologien einimpfen, die den sozialen, ökonomischen und kulturellen Anforderungen einer technokratischen Gesellschaft entsprechen; sie sind jetzt an der Kreation neuer Ideologien selbst beteiligt.[30]

Vor diesem Hintergrund, der Entwicklung einer Ideologie, der Konstruktion einer Sprache postindustrieller technokratischer Normen ist es für die Legitimation dieses neuen Systems unabdingbar, daß »Excellence« mehr beinhalten muß als nur eine abgedroschene und neutrale Phraseologie. Obwohl Petersons Argument teilweise zutrifft, die Forderung nach »Excellence« sei »bloß Luft«, ist es sicherlich nicht zufällig, daß »actions for excellence«, »barriers to excellence«, »Wettbewerbe um Excellence«, »Zentren für Excellence« und »Excellence in Lehrprogrammen« (um nur einige zu nennen), wie besessen einen Begriff beschwören, der eine Bedeutung unmittelbarer und mächtiger Assoziationen in sich zu tragen scheint.[31] »Excellence« hat sich in Wahrheit zu einer Art emotionaler Losung entwickelt, die ein neues Zeitalter ankündigt – ein Schlüsselbegriff innerhalb des komplexen Prozesses ideologischer Dialoge und sozialer Transformation. Selten ist ein Begriff so endlos zitiert, so regelmäßig beachtet worden. Obwohl der Begriff selbst nicht neu für die Literatur der

30 Joseph G. Peschek, *Policy Planning Organizations: Elite Agendas and America's Rightward Turn*, Philadelphia: Temple University Press, 1978. Huntington ist sich des zentralen Stellenwertes der Universität und der Notwendigkeit ihrer Ausrichtung auf die Anforderungen der »Gesellschaft« bewußt: »Höhere Bildung stellt inzwischen das wichtigste Wert produzierende System in der Gesellschaft dar. Daß es schlecht oder entgegen den Zielen der Gesellschaft arbeitet, sollte Grund zur Besorgnis sein.« Huntington, zit. in Sklar, op. cit., S. 41. Vgl. auch Svi Shapiros Diskussion über die Rolle der Schulen bei dem Versuch, demokratische Werte mit den »Befehlen der Wirtschaft« zu »vereinbaren«, in: »Crisis of Legitimation: Schools, Society, and Declining Faith in Education«, *Interchange*, Vol. 15, No. 4 (Winter, 1984), S. 26-39.

31 Paul Peterson, »Did the Education Commissions say Anything?«, in Altbach, op. cit., S. 57-74.

Sozialreform ist (John Gardner verwendet ihn 1960 in einem Text als zentrales Konzept), erfuhr er die jüngste Wiederbelebung innerhalb der Managementliteratur.[32] Die Forderung nach »Excellence« war die Antwort auf Probleme in der Produktion, der Führung und Kontrolle in den gegenwärtigen postindustriellen Organisationen. Ausgehend von der Welt des Managements hat sich der Begriff bis in jeden Bereich der Gesellschaft ausgedehnt. Wir werden verlockt, in allen Belangen nach einer Welt der »Excellence« zu greifen: von der Mikrowelle, die uns eine »Galaxis der Excellence« vermittelt, bis zu dem Orchester der Stadt Philadelphia, das uns einlädt, für »Excellence zu spenden«, bis zu Selbsterfahrungsseminaren, die uns einen »Entwurf für Excellence« anbieten, bis zu dem Anspruch der Universität Indiana, in Vorlesungen als auch auf dem Basketballplatz »excellence erfassen« zu können. Kurz gesagt, »Excellence« steht heutzutage als kultureller Jargon für Leistung und Errungenschaft. Pathetisch stellte Ronald Reagan 1987 die Frage, ob nicht Excellence das sei, »what we do best!« Und seine Antwort lautete, daß sie sogar »Freiheit erklingen« lasse.[33]

Obwohl einige der nationalen Bildungsberichte den Versuch unternommen haben, diesen bisher äußerst illusionären Begriff zu definieren, ist sein amorpher Charakter, seine emotionale Bedeutung und seine fachspezifische Verwendung innerhalb der Bildungsliteratur höchst bemerkenswert: seine Fähigkeit, sich gleichzeitig auf etwas und nichts zu beziehen.[34] Über eine Aus-

---

32 John Gardner, *Excellence: Can We Be Equal and Excellent Too?*, New York: Harper and Row, 1961. Vgl. auch Peters, *In Search of Excellence* (Thomas J. Peters und Robert H. Watermans), New York: Warner Books, 1982; *A Passion for Excellence: The Leadership Difference* (Tom Peters und Nancy Aush), New York: Warner Books, 1985. Eine Darstellung darüber, wie sich die Verknüpfung von »excellence« mit der Management»entwicklung« vollzog, geben Loretta R. Flanders und Dennis Utterback, »The Management Excellence Inventory: A Tool for Management Development«, in: *Public Administration Review*, Vol. 45, No. 3 (Mai/Juni 1985), S. 403-410.

33 Ronald Reagan, State of the Union Address, *New York Times*, 28. Januar 1987, S. A 16.

34 Es ist recht aufschlußreich, wie wenig Substanz der Begriff »Excellence« enthält und wie dürftig die Bemühungen tatsächlich sind, ihn annähernd präzise zu definieren. Dennoch ist »Excellence« in der Methode der technokratischen Operationalisierung fest verwurzelt und

führung »an der Grenze individueller Fähigkeiten« zu schreiben oder »hohe Erwartungen« zu stellen, verwischt die Art und Weise, in der das Reden über Excellence die Konturen dieser Periode widergespiegelt hat, verdeckt die wirklichen Konflikte unserer Zeit und versucht jene technokratischen Untermauerungen zu verstecken, die erfolgreich begonnen haben, in unsere Schulen zu dringen.[35] Wichtig ist, daß die Bildungskommissionen weder dieses Element technokratischer Ideologiebildung erschaffen noch über Mitarbeiter verfügt haben, denen es an Bewußtsein für tatsächliche Probleme fehlt. Statt dessen, so behaupten wir, haben sie die Bildungskrise durch die begriffliche Optik einer postindustriellen Zukunft vermittelt. Die Berichte untersuchen die Schulen – bewußt oder unbewußt – von einem Standpunkt aus, der eher danach schaut, wohin sich ihrer Ansicht nach die Gesellschaft bewegt – und von dem viele annehmen, wohin sie sich bewegen *sollte* – als dorthin, wo die Probleme wirklich sind. Vor diesem Hintergrund liegt die Aufgabe der Kommissionen darin, einen Weg zu finden, die ideologischen Anforderungen, die von den politischen und ökonomischen Eliten propagiert werden, auf Bildungspolitik zu übertragen. Ihr grundlegendes Ziel war es, die Art zu gestalten, in der wir über Schulen *reden* und ein spezifisches Reformprogramm zu legitimieren.[36]

emblematisch für die gesamte Periode. So wird in einem Bericht dargelegt, daß ›Excellence‹ »offensichtliche Verbesserungen« hervorbringen muß; derartige »Verbesserungen« sollten innerhalb »exakt ausgedrückter Leistungsstandards« stattfinden und »effizient« erzielt werden.« *Involvement in Learning: Realizing the Potential of American Higher Education* (National Institute of Education, Oktober, 1984), S. 15-16.

35 Es gibt wichtige kritische Fachliteratur, die auf die ideologische Dimension der »Excellence«-Bewegung innerhalb der Bildung hinweist. Vgl. z. B. Marvin Lazerson et al., *An Education of Value: The Purposes and Practices of Schools,* Cambridge: Cambridge University Press, 1985; Michael Apple, *Teacher and Texts: A Political Economy of Class and Gender Relations in Education,* New York: Routledge and Kegan Paul, 1987, darin: Kapitel 6: ›Educational Reports and Economic Realities‹; sowie die Essays in Altbach et al., op. cit.

36 In dem Essay »Producing Inequality: The Ideology and Economy in the National Reports on Education« (*Educational Studies,* Vol. 18, No. 2, Sommer 1987, S. 195-200) zeigt Michael Apple auf, wie die Berichte von dem »Terrain der Debatte, das sich mit Ungleichheit und

Noch ausdrücklicher formuliert ist mit der Hervorhebung des »Excellence«-Begriffes in der Bildungspolitik das Ziel verbunden, auf die drei miteinander verbundenen Legitimationsprobleme, mit der sich die postindustrielle Transformation auseinanderzusetzen hat, zu reagieren: Erstens die Notwendigkeit einer geteilten Moralvorstellung, die imstande ist, den zum größten Teil instrumentellen Druck des technokratischen Postindustrialismus zu verdecken; zweitens die Erweiterung und Verbesserung einer Reihe leistungsgesellschaftlicher Standards, die die offensichtlichen sozialen Ungleichheiten verteidigen kann; und drittens die Einführung eines eher technokratisch ausgerichteten Autoritätssystems, das dafür bestimmt ist, die generelle Depolitisierung von Entscheidungsprozessen zu legitimieren.

Der Mangel an einer genuinen Moralvorstellung ist die Achillesferse der technokratischen Theorie. Wie kritische Theoretiker deutlich herausstellten, fehlt es dem technokratischen Gedanken aufgrund seines Vertrauens in technokratische Kriterien an einer reflexiven Dimension.[37]

Der technokratische Gedanke ist unfähig, auf Verantwortung zu reflektieren; somit gründet er seine eigene Weltsicht, ohne auch nur eine Anziehungskraft auf äußere normative Werte zu haben. Der Begriff der »Excellence« postuliert zum Beispiel eine Vision des »Guten«, die das Versäumnis der Technokratie, ein legitimes moralisches »Reich« zu schaffen, zu kompensieren versucht. Die Forderung nach »Excellence« in dem postindustriellen Kontext, mit dem wir es zu tun haben, stellt so einen Versuch dar, eine moralische Dimension in eine von Natur aus wertlose technokratische Weltsicht zu übertragen: ein *Ersatz*system geteilter Werte einem anderen, instrumentalen Set gesellschaftlicher Vereinbarungen hinzuzufügen, das bezeichnenderweise von Gegenständlichkeit, Systemen, Planungen und Technik beherrscht ist.

> Demokratisierung befaßt ... zu einer Sprache der Effizienz, Standards und Produktivität ›wechselt‹.« (S. 200). Es ist jedoch wichtig zu bemerken, daß selbst in den meisten hilfreichen und kritischen Analysen über »Excellence« in der Bildung die Idee und Verwendung des Begriffes selbst in keiner Weise sorgfältig untersucht wurde, und es wird ihm oftmals die gleiche Symbolik und der nebulöse Status gewährt, den er in den Berichten selbst erlangt hat.

37 Vgl. z. B. Manfred Stanley, *The Technocratic Conscience*, Chicago: The University of Chicago Press, 1978.

Das *Motivations*problem ist auf das engste mit der Aufgabe verbunden, eine eklatant moralische Leere zu füllen. Indem eine »Gesellschaft in der Krise«, ein »Amerika im Untergang« beschrieben und indem »Excellence« als ein für Verbesserung stehender Begriff eingeführt wird, verlassen sich Kommissionsberichte, Arbeiterführer, Pädagogen und corporate executives ganz entscheidend auf einen Begriff, der dazu beitragen soll, Individuen neu zu motivieren, ihre in der »neuen« Gesellschaft erforderliche Rolle zu spielen. Eine große Anzahl von Arbeitern und Studenten *haben* die Ziele des jüngsten korporativen Kapitalismus persönlich für bedeutungslos befunden. Viele haben sich für einen zynischen Gehorsam entschieden, einige haben kulturelle Erwartungen im Hinblick auf andere Lebensformen abgelehnt; vielleicht schuftet sich die Mehrheit, in Apathie verfallen, ab.[38] Es war immer schon ein Hauptziel der Bildungsinstitutionen, Studenten Motivation und Antrieb zur Leistungserbringung zu vermitteln, insbesondere im Hinblick auf ihr zukünftiges Berufsleben. Die gegenwärtige Hinwendung zur »Excellence« hat diesen pädagogischen Druck noch mehr in den Vordergrund gestellt.

Der Begriff »Excellence« muß in seiner Verbindung zur Leistungsgesellschaft gesehen werden, damit sein Auftreten in der heutigen Bildungsreformdiskussion nachzuvollziehen ist. Historisch gesehen stellte die Leistungsgesellschaft *die* soziale Form der Technokratie dar. Sie ist ein hierarchisches, nach Status und Aufstieg strebendes System, das ›von Natur aus‹ auf größtenteils technischer Errungenschaft basiert. Es ist dies die gleiche Quelle wie im Falle der Technokratie, die der Leistungsgesellschaft ihre Legitimität verschafft: die Wissenschaft und ihre Methodologie. Sowohl in der Leistungsgesellschaft als auch in der Wissenschaft wird die Validität von Behauptungen durch objektive Verfahren wie zum Beispiel durch Versuche, Messungen und ihre pragmatischen Konsequenzen festgesetzt. Hier wird Wissen eher als materieller Wohlstand oder traditionelle Herrschaft zur Grundlage für Macht und Status. Obwohl die Ideologie der Leistungsgesellschaft lange Zeit als Grundlage diente, Kapitalismus und Regierung miteinander zu verbinden, entwickelte sie sich innerhalb der

---

38 Michael Lerner, *Surplus Powerlessness*, Oakland, Cal.: The Institute for Labor & Mental Health, 1986. Vgl. auch Mike Roses, *Lives on the Boundary*, New York: Penguin Books, 1989.

letzten Jahrzehnte zum Gegenstand einer umfassend und kritisch geführten Debatte. Aufgrund ihres engen und einfachen Weltbildes kritisiert, wurde die leistungsgesellschaftliche Ideologie durch die Forderungen von Minderheitengruppen, die sich für soziale Gleichheit (einschließlich gleicher Bildungschancen) einsetzen, direkt angegriffen.[39] Die Forderung nach »Excellence« ist deshalb so gestaltet, um die Ansprüche der Leistungsgesellschaft auf Wahrheit und Fairneß wiederzubeleben und ihre »objektiven« Methoden und »universellen« Standards von neuem zu legitimieren.

Die Sprache der »Excellence« wurde eingesetzt, um das Konzept der Leistungsgesellschaft auf einer höheren, den moralischen Diskurs mehr miteinbeziehenden Ebene umzugestalten und auf diese Weise ihre eigentlichen elitären Realitäten zu verschleiern.

Über den ideologischen Versuch hinaus, eine eher instrumentelle Konzeptualisierung der Leistungsgesellschaft zu remoralisieren, liegt ein weitaus schwierigerer Aspekt des Appells an die »Excellence« in der Art und Weise, in der er jetzt sowohl in der Schule als auch am Arbeitsplatz programmatisch institutionalisiert wird. Wir finden hier konkrete Praktiken – fast unmittelbar der Managerliteratur über »Excellence« entnommen –, die geschaffen sind, sowohl im Klassenzimmer als auch im Büro Ethos und Prioritäten des neuen sozialen Paradigmas einzuimpfen.

Genauer formuliert: Während die Standardkonzeption der Erziehungsverdienste aus der Artikulierung und Institutionalisierung einer objektiven Reihe von Leistungsstandards besteht, die die Fähigkeit der Studenten, Leistung zu erbringen, mißt, fügt die Leistungsgesellschaft »as-excellence« eine tiefere sozialpsychologische Dynamik hinzu. Diese neue ideologische Stoßkraft zielt im wesentlichen darauf, *persönliche* Meinungen einer anderen, unpersönlichen (und oft persönlich bedeutungslosen) Reihe institutionalisierter Ziele und Standards ›einzuflößen‹. »Excellence« handelt von der Person (personhood); im wesentlichen aber handelt »Excellence« von den Qualitäten des *Selbst*.

Da »Excellence« häufig mit der Beschaffenheit des Selbst assoziiert ist (z. B. eher als mit der Funktionsfähigkeit eines Systems,

---

39 Vgl. Herbert Marcuse, *One Dimensional Man*, Boston: Beacon Press, 1964, Kapitel 6. Vgl. auch Frances F. Piven/Richard Cloward, *Poor People's Movements*, New York: Vintage, 1977.

einer Institution oder eines Prozesses), suggeriert sein besonderer Gebrauch Vorstellungen von Person und individueller Verantwortlichkeit. »Excellence« handelt tatsächlich von der Art und Weise, mit der ein unverkennbares Selbst sich mit der Welt abfindet. Indem man jedoch die Ideologien über »Excellence« sorgfältig innerhalb der Voraussetzungen des leistungsgesellschaftlich-technokratischen Projektes gestaltet, werden die besonderen Qualitäten einer Person dadurch verzerrt, indem sie für die Anforderungen einer bestimmten Legitimations- und Motivationskrise geformt werden, die genau dann abhängig ist von der Treue und Initiative der Arbeiter, Studenten und Staatsbürger, wenn ihre Beziehung zum System als äußerst prekär *und* unentbehrlich eingeschätzt wird. »Excellence« vor diesem Hintergrund zu idealisieren und die »Mittelmäßigkeit« im Beruf, in der Schule und in der politischen Leistung zu beklagen, hätte zur Folge, sowohl die Schuldzuweisung für das Versagen der Institutionen an die Individuen zu richten als auch eine Sprache der Motivation zu bilden, die das Individuum zu überreden vermag, »produktiver« zu arbeiten und »verantwortlicher« zu handeln.

Die gegenwärtigen Forderungen nach »Excellence« beschäftigen sich selbst mit Fragen nach Stolz und Enthusiasmus. Sie handeln davon, Individuen zum »Glänzen« aufzufordern.[40] Derartige Zauberformeln fassen entschlossen Selbst und Institution, Person und Leistung, Individuum und Gesellschaft in einer Weise zusammen, um uns zu einem wirklichen Mißverständnis über den Platz des Individuums in der Gesellschaft zu drängen. Sie drängen uns tatsächlich dahin, systematisch die Differenzen zwischen den Verantwortlichkeiten des Selbst und den strukturellen Anforderungen eines sich entwickelnden kulturellen Systems zu verwischen. Die »Excellence«-Strategie versucht im Grunde genommen als ein Motivationsinstrument, den Wettbewerb der Wirtschaft dadurch zu beleben, daß er lediglich in die interpersonelle Welt, am Arbeitsplatz und in der Schule, verlagert wird. Mit Sicherheit wird hier das Opfer verantwortlich gemacht, ein Prozeß, der sogar schädlicher – und wirksamer – ist, da er zu einer Zeit auftritt, in der die Sicherheit der Selbstdefinition und die Unantastbarkeit des Selbstverständnisses für die meisten Menschen zweifellos proble-

---

40 Peters/Watermans, op. cit., S. xxiii.

matisch ist.[41] Während die Dynamik der Schuldzuweisung für die weitere *Schwächung* des Selbst eine bedeutende Rolle spielt, bekräftigt sie gleichzeitig die Ethik der leistungsgesellschaftlich bedingten sozialen Trennung. Die Einstufung als »less-than-excellent« bedeutet einerseits auf eine untere Stufe degradiert zu werden und andererseits, die seit langem anerkannten »verborgenen Verletzungen« dieser sozialen Klasse zu erleiden.[42] Es ist nicht neu, daß sich die Psychologie des Mißerfolgs selbst im Verlust des Selbstvertrauens und noch häufiger in der Passivität angesichts von Autorität manifestiert. Charakteristisch für die gegenwärtige Periode ist dennoch das systematische Vorgehen, jene strengen Leistungsstandards einzusetzen, die heimtückisch den psychologischen Prozeß ausbeuten. Sowohl in der Schule als auch am Arbeitsplatz leisten die Kriterien für »Excellence« insofern ihren Beitrag, als der Erfolg unerreichbar und das Scheitern »objektiver« gestaltet wird. Es ist nicht nur der Fall, daß diese Strategie einen größeren persönlichen Schmerz mit sich bringt, sondern ebenfalls einen für das neue technokratische Projekt grundlegenden Elitismus legitimiert.

Schließlich ist es das Autoritätssystem selbst. Die Autorität der Wissenschaft und der Technologie bilden die Grundlage für ein technokratisch-postindustrielles System. Während der letzten zwei Jahrzehnte jedoch unterlagen Wissenschaft und Technik – sogar als sie bereits als wesentliche gesellschaftliche Mächte anerkannt waren – von vielen Seiten der Gesellschaft scharfer Kritik. Angesichts der zahlreichen Krisen und Bedrohungen, die aus dem technischen Fortschritt hervorgehen (z. B. der systematische

41 William Ryan, *Blaming the Victim,* New York: Vintage Books, 1976.
42 Richard Sennett/Jonathan Cobb, *The Hidden Injuries of Class,* New York: Vintage Books, 1972. Während des letzten Jahrzehnts hat Christopher Lasch in mehreren Texten einfühlsam die Verringerung und systematische »invasion of the self« beschrieben. Vgl. *The Culture of Narcissism: American Life in an Age of Diminishing Expectations,* New York: W. W. Norton and Company, 1978, insbesondere Kapitel III; und *The Minimal Self: Psychic Survival in Troubled Times,* New York: W. W. Norton and Company, 1984, insbesondere seine Diskussion über den/die »contract(ion) of selfhood to a set of defensive survival techniques« und auch die Diskussion darüber, daß in Wahrheit das »psychische Überleben« und nicht – wie viele annehmen – die Suche nach dem Selbst und Hedonismus diese Zeiten charakterisiert (S. 15-16).

Raub an der Umwelt), stellen nun einflußreiche Stimmen die grundlegende Legitimität des wissenschaftlichen Weltbildes selbst in Frage.[43] Und noch einmal wurde die Ideologie der Excellence aufgefordert, in einem neuen Projekt die Wissenschaftskultur neu zu legitimieren. In curricularen Terms haben die Berichte versucht, »Excellence« durch eine Erneuerung der Geisteswissenschaften in die Schulen einfließen zu lassen. Doch trotz dieses exalticrten Lippenbekenntnisses hinsichtlich der Bedeutsamkeit der geisteswissenschaftlichen Fächer (einer Ausweitung historisch-kultureller Bildung, einer Entwicklung kritischer Denkfähigkeit, sogar zu einer Rückkehr zu den »großen Werken«) liegt das vorrangige Interesse der Eliten bei den technischen *Wissenschaften* und nicht in den Geisteswissenschaften.[44] Ein deutliches Anzeichen dieser Orientierung ist der unverhältnismäßig hohe Geldbetrag, der durch gesetzlich festgelegte finanzielle Unterstützungen und Studienstiftungen sowohl zur Erneuerung der wissenschaftlichen Infrastrukturen als auch zur Verbesserung der wissenschaftlichen Ausbildung in die Universitäten fließt.[45] Hinzu kommt, daß selbst *innerhalb* der Geisteswissenschaften

43 Es gibt bereits einen Anstieg der Literatur, die die Ursprünge der »wissenschaftlichen« Geisteshaltung und ihren schädlichen Einfluß auf die Menschheit und das Öko-System analysiert. Eine hilfreiche Bibliographie findet sich bei Jeremy Rifkin, *Declaration of a Heretic*, Boston: Routledge and Kegan Paul, 1985. Vgl. auch Bill McKibben, *The End of Nature*, New York: Random House, 1989; Susan Bordo, *The Flight to Objectivity: Essays on Cartesianism and Culture*, New York: State University of New York Press, 1987; sowie Morris Berman, *The Reenchantment of the World*, Ithaca N. Y.: Cornell University Press, 1981.
44 Sehr beachtenswert sind die Bemühungen hinsichtlich der Orientierung auf die »great books« von Mortimer J. Adler, *The Paideia Proprosal: An Educational Manifesto*, New York: Macmillan, 1982. Kerry S. Walters bietet eine wertvolle Kritik an der vor kurzem einsetzenden Hinwendung zum »kritischen Denken« als ein zentrales pädagogisches Ziel: »Critical Thinking, Rationality, and the Vulcanization of Students«, *Journal of Higher Education*, Vol. 61, No. 4, Juli/August 1990, S. 448-67.
45 Viele Autoren haben diese Funktion der Universität untersucht. Vgl. Martin Kenney, *Bio-Technology: The University Industrial Connection*, New Haven: Yale University Press, 1986; John W. Kalas, »Reindustrialization in New York: The Role of the State University«, in Schoolman, op. cit., S. 257-280. Vgl. auch Chandra Mukerji, op. cit.

und des wissenschaftlichen Curriculums die Forderung nach »Excellence« sich zunehmend auf das konzentriert, was als »technological literacy« bezeichnet wird.
Größtenteils für die Studenten der Geisteswissenschaften ist die »technological literacy«-Bewegung in einer Weise gestaltet, daß sie auf ein für Kritik bedeutsames Problem trifft: Die weitverbreitete wissenschaftliche und technologische *Nicht-Bildung* in der amerikanischen Gesellschaft hindert die Bürger, an der scheinbar neutralen Technologiedomäne, die auch zunehmend politische Entscheidungen formt, teilzuhaben. Damit Demokratie richtig funktionieren kann, müssen ihre Bürger ausreichend über eine wissenschaftliche Kompetenz verfügen, um Entscheidungen technologischer Art beurteilen zu können. Es wird dahingehend argumentiert, die Demokratie in einer High-tech-Gesellschaft könne nur dann überleben, wenn die Möglichkeit geschaffen werde, ein besseres Verständnis für die politische Beteiligung an technisch begründeten Entscheidungen zu erreichen.
Wenn die erklärte Absicht der technologischen Bildung darin liegt, Demokratie zu gestalten, stellt sich die Frage, wie sie eine technokratische Strategie ausfüllt, die nach unserer Argumentation so ausgerichtet ist, daß sie die Partizipation der Bürger im allgemeinen eher *depolitisiert* und *limitiert*? Betrachtet man die »technological literacy« genauer, drängt sich eine ironisch wirkende (Ver-)Drehung auf.
Es spricht vieles dafür, daß die eigentliche – die versteckt latente – Funktion dieser Programme zur technologischen »literacy« nicht so sehr darin liegt, die Kompetenz zur Beurteilung wissenschaftlicher und technologischer Angelegenheiten zu lehren, als vielmehr die Wissenschafts*autorität* zu ermutigen, dem störenden Einfluß der anti-technokratischen Kritik der Wissenschaft und Technologie entgegenzuwirken.[46]
Ein wichtiger Anhaltspunkt für dieses Ziel findet sich in einem Bericht der National Science Foundation und des US Department of Science zum Thema Wissenschaftsausbildung, der unter der Carter-Regierung 1980 in Auftrag gegeben wurde.[47] Darüber be-

---

46 Unser grundlegendes Argument über die Bedeutung und Lehre der »scientific literacy« haben wir David Dickson, *The New Politics of Science*, New York: Pantheon, 1984 entnommen.
47 National Science Foundation/U.S. Department of Education, Science

sorgt, daß die Schulen ihre Studenten nicht länger mit einer angemessenen Einstellung gegenüber der Wissenschaft ausstatten, appellieren die Berichte an Lehrer und Administratoren, neue Strategien zu entwickeln, die der Wissenschaft – ihren Methoden und ihren Inhalten – ein positiveres Klima bereiten. Hierbei ist nicht allein die Sorge vor einem Mangel an zukünftigen Wissenschaftlern und Technikern von Bedeutung, sondern die Legitimität einer besonderen Wissenschaftskultur selbst.

Darüber hinaus lassen unsere Untersuchungen der technologischen Bildungsprogramme vermuten, daß ihr Hauptziel zwar darin liegen mag, ausreichend die Logik und die Kenntnis von Wissenschaft zu lehren, so daß die Studenten Anerkennung für ihre Institutionen und Kultur entwickeln, aber nicht hinreichend darin zu unterrichten, die allgemeinen Voraussetzungen oder bestimmte Ergebnisse in Frage zu stellen. Es geht darum, daß die Ausweitung, innerhalb derer die technologische Bildung zur *Wertschätzung* von Wissenschaften und nicht zu ihrer Beherrschung führt, eben *nicht* beabsichtigt, die Sachkenntnis zu fördern, die die Bürger befähigen würde, technisch begründete Entscheidungen zu beurteilen und auch an ihnen zu partizipieren. Vielmehr geht es darum, »eine größere Bereitschaft zu erzeugen, die Entscheidungen der Experten zu akzeptieren«, um dadurch eine Wissenschaftskultur zu legitimieren (oder auch eine »Wissenschaft als Kultur«, wie es der Präsident der Stanford University Donald Kennedy so eindrucksvoll formulierte).[48] Das Hauptargument in diesem Essay bestand darin, daß die Forderung nach »Excellence« so gestaltet sein muß, die Expansion der technokratischen Strategien, die nun von einer herrschenden Elite vorangetrieben wird, zu legitimieren. Sowohl im Bildungssystem als auch in der Welt des Managements ist »Excellence« als eine bedeutsame ideologische Erwiderung auf die sozioökonomischen und politischen Krisen angetreten – eine Erwiderung, die eine Restrukturierung gesellschaftlicher Spaltungen und die Legitimation neuer Formen von Macht und Herrschaft verlangt.

    and Engineering for the 80s and Beyond, Washington, D.C.: U.S. Government Printing Office, 1980.
48 Donald Kennedy, zit. in Dickson, op. cit., S. 312. Michael Black und Richard Worthington beschreiben dieses neue Verständnis von Wissenschaft – die »scientization by an elite« – in einer sehr passenden Art und Weise; op. cit., S. 277 f.

In diesem Kontext läßt sich die Obsession über unsere Schulen nicht lediglich als Beunruhigung über die wirklich entscheidenden Probleme verstehen, mit denen Lehrer und Studenten konfrontiert sind.[49] Vielmehr handelt es sich darum, im Rahmen weitgreifender Bemühungen die Vorstellung von politischen und technokratischen Eliten zu institutionalisieren, die sich dazu wieder einmal eine soziale Institution, die einfach zu beschuldigen und besonders anfällig für die Anwandlungen ideologischer Manipulation ist, auserwählt haben.

Das technokratische System und seine »new class«-Eliten sind offensichtlich nicht spontan in fertiger Gestalt entstanden. Ein Projekt dieser Größe und Wichtigkeit muß sich tatsächlich durch eine gesamte Kultur hindurcharbeiten; es muß Werte, Beziehungen zu Autoritäten, Technologien sowie Statusstrukturen für seine eigenen Ansprüche formen. Dahingehend zu argumentieren, daß die technokratische Interpretation des Postindustrialismus ihre bedeutungsvolle Präsenz durch die Ideologie der Excellence innerhalb der gegenwärtig entstehenden vierten Periode der Bildungsreform erworben hat, sollte nicht dahin führen, die Tatsache zu übersehen, daß eine technokratische Umstrukturierung auf viele Hindernisse bis zu ihrer endgültigen Realisierung stoßen wird. Es ist jedoch anzuerkennen, daß die »Excellence«-Bewegung während des letzten Jahrzehnts äußerst erfolgreich darin war, das Terrain des Diskurses über sozioökonomische und schulische Mißerfolge zu besetzen.[50]

Es besteht kein Zweifel, daß neue Ideologien die Strategie der »Excellence« ersetzen werden, wenn ihr besonderer Einfluß zu Ende ist. Weitere Forschung wird nötig sein, um das genaue Vorgehen, mit dem »Excellence« und andere entstandene Sprachen

---

49 Eine eindringliche Darstellung der Probleme und des tatsächlichen Versagens amerikanischer Schulen heutzutage gibt Jonathan Kozol, *Savage Inequalities: Children in America's Schools*, New York: Crown, 1991.

50 Die Bildungsprogramme von George Bush geben hierfür ein Paradebeispiel. Indem sie die Rückkehr zu den Standards der »Excellence« fordern, verdeutlichen sie den größeren Bedarf an Testverfahren, die Einführung einer mehr geschäftsorientierten Sachkenntnis in der Schulverwaltung, mehr technische Kontrollinstrumente der Lehrer sowie die Strategien des »freien Marktes«, der durch die »Wahl« der Eltern herbeigeführt wird.

neu geformt werden können und auch neu geformt wurden, zu analysieren, um zum einen den besonderen Interessen zu entsprechen und zum anderen die anhaltenden Kämpfe *innerhalb* der Schulen und die Art und Weise zu untersuchen, in der Rhetorik und Alltagserfahrungen miteinander *und* gegeneinander arbeiten.

Peter Leisink
Bildungspolitik, Spaltung des Arbeitsmarktes und Emanzipation

1. Einleitung

Eine eindeutige Beurteilung der Entwicklung im Bildungswesen der achtziger Jahre in den Niederlanden ist nicht einfach. Es bedarf nur eines Beispiels, um diese Behauptung zu illustrieren. Während die Vorschläge der sozialdemokratischen Politiker und Wissenschaftler bezüglich einer Gesamtschule ab Mitte der siebziger Jahre am parteipolitischen Kampf mit Christdemokraten und Liberalen scheiterten, wurden im Jahre 1986 ähnliche Vorschläge für eine Bildungsreform des Wissenschaftlichen Rates für Regierungspolitik (WRR) von einer christdemokratisch-liberalen Koalitionsregierung positiv beurteilt. Handelte es sich hier um eine politische Veränderung? Oder wurde das eigentliche Ziel – Aufhebung der sozialen Ungleichheit durch eine integrierte Gesamtschule – vom Wissenschaftlichen Rat durch eine Grundbildung für alle Schüler bis 16 Jahre mit dem Ziel, der Wirtschaft allgemein gebildete und flexible Arbeitnehmer zu liefern, ersetzt? Oder lassen sich beide Ziele bis zu einem gewissen Punkt vielleicht vereinen?

Der Versuch, diese Fragen zu beantworten und zu einer kritischen Beurteilung der Entwicklungen im Bildungswesen zu gelangen, bedarf einer Analyse der Dynamik des Arbeitsmarktes sowie der politischen Verhältnisse. Auch eine Antwort auf die Frage, welche Möglichkeiten das Bildungswesen in den neunziger Jahren habe, um zur Bekämpfung gesellschaftlicher Ungleichheiten beizutragen, wird rein idealistisch, wenn das Verhältnis zwischen Bildungswesen und politisch-ökonomischem System nicht in die Beurteilung miteinbezogen wird. Das Bildungswesen kann einerseits als eine Antwort auf die wirtschaftlichen Bedürfnisse des modernen Kapitalismus verstanden werden. Es sorgt für die Qualifikationen, die der Arbeitsmarkt fordert, und sozialisiert Individuen zum Arbeiten. Andererseits hat die Entwicklung des Bildungswesens im 20. Jahrhundert zur Persönlichkeitsentwicklung und gesellschaftlichen Partizipation der Bürger beigetragen. Wie das Bildungswesen diese verschiedenen Funktionen erfüllt, kann nicht unabhängig, von den gesellschaftlichen Verhältnissen gelöst betrachtet werden. Daß es dem Bildungswesen nicht gelungen ist, soziale Ungleichheit aufzuheben, hängt zu einem Teil mit unseren mangelhaften Kenntnissen über die Mechanismen dieser Erscheinung zusammen, ist jedoch gewiß auch mit der Feststellung verbunden, daß der gesellschaftliche Einfluß der sozialen Bewegungen, die eine Emanzipation anstreben, zu gering gewesen ist.

Im Gefolge der hier skizzierten theoretischen Ausgangspunkte gehe ich zunächst auf Entwicklungen des niederländischen Arbeitsmarktes in den achtziger Jahren ein (2). Danach gebe ich eine Übersicht über die wichtigsten Veränderungen in der Bildungspolitik (3). Ferner versuche ich, die Frage zu beantworten, ob die Bildungspolitik der Regierung nur die bestehenden gesellschaftlichen Unterschiede sozialer Ungleichheit reproduziert oder emanzipatorische Möglichkeiten schafft (4). Ich beende meinen Beitrag mit einigen Betrachtungen über die Perspektiven der Bildungstheorieforschung (5).

2. Entwicklungen auf dem Arbeitsmarkt

Wie fast alle westlichen Industrienationen wurden die Niederlande in den achtziger Jahren mit einer steigenden und umfassenden Arbeitslosigkeit konfrontiert. Unter den OECD-Ländern gehören die Niederlande zu der Gruppe mit den höchsten Arbeitslosenquoten der achtziger Jahre (Tabelle 1).

Tabelle 1 Standardisierte Arbeitslosenquoten (in Prozent der berufstätigen Bevölkerung)

	1979	1983	1986	1988	1990
USA	5,8	9,5	6,9	5,4	5,4
GB	5,0	12,4	11,2	8,3	6,9
Frankreich	5,9	8,3	10,4	10,3	9,0
Schweden	2,1	3,5	2,7	1,6	1,5
BRD	3,2	8,0	6,4	6,2	5,1
Niederlande	5,4	12,0	9,9	9,5	7,5

Quelle: OECD Employment Outlook 1989, OESO Economic Outlook 1991
Übernommen aus: OSA 1990: 43 und SZW 1991a: 26

Die Arbeitslosenquote von 1990 (7,5%) ist wesentlich niedriger als die Anfang der achtziger Jahre. Das liegt einerseits an der Tatsache, daß die Zahl der Arbeitsplätze gestiegen ist, vor allem via flexible Stellen mit niedrigen Einkommen im Dienstleistungsbereich (Elfring und Kloosterman 1989). Ein anderer Grund liegt darin, daß bestimmte Kategorien von Erwerbsfähigen nicht mehr zur berufstätigen Bevölkerung gezählt werden, so zum Beispiel Personen ab 57 Jahre. Auch aus anderen Gründen gibt die offizielle Zahl kein zuverlässiges Bild der Realität: aus Untersuchungen geht hervor, daß vor allem bei Frauen verborgene Arbeitslosigkeit vorherrscht. Von allen arbeitsuchenden, wieder in das Berufsleben eintretenden Frauen sind nur 30% beim Arbeitsamt registriert (SZW 1991a: 25).

Arbeitslosigkeit kommt nach sozialen Ungleichheiten auf unterschiedliche Weise zum Ausdruck: im uns interessierenden Rahmen geht es um Fragen von Geschlecht, Ausbildungsniveau und ethnischer Herkunft.

Frauen haben auf dem Arbeitsmarkt eine schlechte Position: Das zeigt sich unter anderem daran, daß nur 54% von ihnen eine bezahlte Arbeit haben – oft eine Teilzeitstelle – gegenüber 81% der Männer (SZW 1991a: 9). Die Erwerbstätigenquote der Frauen in den Niederlanden gehört zu den niedrigsten der OECD-Länder.

1990 waren durchschnittlich 346 000 Personen als arbeitslos registriert, was etwa 5% der berufstätigen Bevölkerung entspricht (SZW 1991a: 23). Von ihnen waren 56% länger als ein Jahr arbeitslos und 29% sogar länger als drei Jahre. In der zweiten Hälfte der achtziger Jahre wuchs einerseits die Zahl der Arbeitsplätze und andererseits bildete sich ein harter Kern Langzeitarbeitsloser heraus, der nicht von den neuen Arbeitsplätzen profitierte. Vor allem die Arbeitsmarktposition der Personen mit niedrigem Ausbildungsniveau ist sehr schlecht. Von allen registrierten Arbeitslosen verfügt ein Drittel nur über eine Grundschulbildung ohne Berufsausbildung. Im allgemeinen nimmt die Arbeitslosenquote mit Anstieg des Ausbildungsniveaus ab. Nur bei Hochschulabsolventen steigt die Arbeitslosenquote wieder etwas an, allerdings in starker Abhängigkeit vom gewählten Studienfach. Vor allem Universitätsabsolventen der Sprachen, der Geschichte und Sozialwissenschaften haben relativ ungünstige Chancen auf dem Arbeitsmarkt (OSA 1990: 39-40; SZW 1991b: 12).

Ein anderes Kennzeichen der Arbeitslosigkeit in den Niederlanden ist der verhältnismäßig hohe Anteil ethnischer Minderheiten. Aus den Statistiken geht hervor, daß die Arbeitslosigkeit unter ethnischen Gruppierungen dreimal so hoch ist wie unter den Niederländern (Reubsaet 1990: 52-53). Vor allem in den Großstädten sind 40 bis 50% der türkischen und marokkanischen Erwerbsfähigen arbeitslos (Dercksen, Van Luijk, Den Hoed 1990). Dies hängt nur teilweise mit ihrem niedrigen Ausbildungsniveau zusammen; denn unter den ethnischen Gruppen sinkt mit einer höheren Ausbildung das Arbeitslosigkeitsrisiko nicht. So ist von Diskriminierung auf dem Arbeitsmarkt die Rede, wenn etwa bei Bewerbungen Anforderungen gestellt werden, die für die betreffende Tätigkeit nicht relevant sind (Kruyt und Fleuren 1990: 47).

Der schlechten Position von Personen mit niedrigem Ausbildungsniveau auf dem Arbeitsmarkt wird im Rahmen dieses Beitrages weitere Aufmerksamkeit geschenkt werden. Die Chancen auf eine bezahlte Stelle sind für Arbeitslose mit niedrigem Ausbildungsniveau eher schlecht. Dies hat einerseits mit dem absoluten Mangel an Arbeitsplätzen und andererseits mit Veränderungen der qualitativen Struktur der Arbeitsplätze sowie einem Verdrängungsprozeß auf dem Arbeitsmarkt zu tun.

In den Niederlanden ist die Entwicklung der qualitativen Struktur der Arbeitsplätze anhand der Anforderungen, die an bestimmte Funktionsebenen gestellt werden, untersucht worden (Huijgen 1989). Es gibt sieben Funktionsebenen von ungelernter bis zu akademischer Arbeit, für die Jahre 1960, 1971, 1977 und 1985 wurden die Qualifikationsanforderungen der Arbeitsplätze anhand der gestellten Anforderungen – wie Lehrzeit, selbständige Initiative und das Niveau der erforderlichen theoretischen und/oder praktischen Schulung – untersucht. Aus der Untersuchung der qualitativen Struktur der Arbeitsplätze läßt sich schließen, daß die durchschnittliche Funktionsebene in den sechziger Jahren leicht gestiegen und eine Polarisierung eingetreten ist (ein relatives Absinken der mittleren Ebenen bei einer gleichzeitigen Steigung der niedrigeren und höheren Funktionsebenen). In den siebziger Jahren schritt die Polarisierung weiter fort, und die durchschnittliche Funktionsebene blieb nahezu gleich. Nach 1977 ist die durchschnittliche Funktionsebene relativ stark gestiegen (Huijgen 1989: 17). Diese seit 1977 vorherrschende Entwicklung ist das Ergebnis einiger anderer Entwicklungen. Einerseits ist der

Anteil der Handarbeit mit einer durchschnittlich niedrigen Funktionsebene an der Gesamtzahl der Arbeitsplätze zurückgegangen. Der Anteil der Handarbeiter an der Gesamtzahl der Erwerbstätigen sank zwischen 1960 und 1985 von über 60% auf 39%. Andererseits hat sich die Funktionsebene qualitativ verändert. Die durchschnittliche Funktionsebene der Handarbeit ist seit 1977 zwar gleich geblieben, aber hinter diesem Durchschnitt verbirgt sich eine weitere Polarisierung. Dahingegen ist die durchschnittliche Funktionsebene von Angestellten (Beamten) deutlich gestiegen (Huijgen 1989: 17-21). Tabelle 2 zeigt die Entwicklungen im Zeitraum von 1977 bis 1985.

Tabelle 2 Die Zahl der Arbeitsplätze für Handarbeiter und Angestellte nach Funktionsebenen in Prozent

Ebene	1977	1985	Unterschied	1977	1985	Unterschied
1	17,1	19,5	+ 2,4	–	–	–
2	35,5	35,6	+ 0,1	22,0	10,5	– 11,5
3	22,1	19,6	– 2,5	17,4	21,5	+ 4,1
4	24,5	24,0	– 0,5	15,7	19,1	+ 3,4
5	0,7	1,3	+ 0,6	21,9	22,3	+ 0,4
6	–	–	–	16,4	17,7	+ 1,3

Quelle: Huijgen 1989: 19

Diese Veränderungen der qualitativen Struktur der Arbeitsplätze sind eine Folge wirtschaftlicher und technologisch-organisatorischer Entwicklungen. Die wirtschaftliche Umstrukturierung der achtziger Jahre hat zu einem Abbau vor allem von Arbeitsplätzen mit niedrigen Qualifikationsanforderungen in der Industrie geführt. Gleichzeitig ist die Zahl der Arbeitsplätze im Dienstleistungsbereich gestiegen, obwohl der Umfang der nichtkommerziellen Dienstleistungen als Folge von Sparmaßnahmen der Regierung nahezu gleich geblieben ist. Technologisch-organisatorische Entwicklungen, die Einfluß auf die qualitative Struktur der Arbeitsplätze hatten, sind vor allem Automatisierung und Flexibilisierung. Durch Automatisierung ist ein Großteil der einfachen Hand- und Büroarbeit verschwunden. Die Folgen für die restlichen Aufgaben sind auch davon abhängig, wie das Management die Arbeitsorganisation einrichtet. Kern und Schumann (1984) haben darauf hingewiesen, daß der tayloristische Trend, Aufgaben immer weiter zu teilen, an sein Ende zu kommen scheint. Neue Produktionskonzepte führen zur Zusammenfügung verschiedener Aufgaben, wodurch Arbeitsplätze mit hohen Qualifikationsanforderungen entstehen. Diese Entwicklung scheint bisher jedoch auf einige Kernbereiche begrenzt, und sogar in einem Kernbereich wie der Automobilindustrie entsprechen nur 5% der Arbeitsplätze dem Profil des modernen hochqualifizierten und universell einsetzbaren Arbeitnehmers (Schumann et al. 1988). In anderen Bereichen ist eher von einer Fortsetzung der tayloristischen Organisationsprinzipien die Rede, wenn auch mit gewissen Anpassungen u. a. der Aufgabenstrukturen innerhalb von oder zwischen Unternehmen (Wood 1989). Gegenüber der Neuqualifizierung der Arbeit kleiner Gruppen von Arbeitnehmern und größerer Gruppen von Angestellten ist die Dequalifizierung, mit der traditionelle Facharbeiter und Arbeitnehmer mit niedrigem und mittlerem Ausbildungsniveau konfrontiert werden, bisher von größerer Bedeutung. Neben den technologisch-organisatorischen Entwicklungen, die Folgen für die Qualität der Arbeit haben, sind auch Entwicklungen hinsichtlich der Bezahlung, der Sicherheit der Arbeitsplätze und der Schulungs- und Aufstiegsmöglichkeiten bedeutsam. Diese Entwicklungen treffen nicht alle Wirtschaftszweige gleichermaßen. Während im Bereich der Banken gute Bezahlung, hohe Sicherheit der Arbeitsplätze und gute Aufstiegsmöglichkeiten dominieren, sind im Gaststättengewerbe die Löhne relativ niedrig, gibt es eine geringe Sicherheit der Arbeitsplätze aufgrund befristeter oder flexibler Arbeitsverträge und geringe Aufstiegsmöglichkeiten (Kloosterman und Elfring 1991: 180-181). Es handelt sich um eine Tendenz zur Segmentierung zwischen Wirtschaftszweigen, die auf Unternehmensebene ergänzt wird. In Banken gibt es ferner Tendenzen zur Flexibilisierung, wobei Arbeitnehmer, die niedrigqualifizierte Arbeit verrichten, mit befristeten Verträgen oder über Zeitarbeit-Büros angestellt und Subunternehmen eingeschaltet werden. In Unternehmen gibt es also eine Entwicklung zu einem internen Arbeitsmarkt, der aus einem Kern mit einer Peripherie besteht (Atkinson 1985). Der Kern umfaßt hochqualifizierte Stellen, die eine höhere Ausbildung erfordern, die weitere Ausbildungs- und Aufstiegsmöglichkeiten bieten, mit einer hohen Sicherheit der Arbeitsplätze und einer guten Bezahlung. Um diesen Kern existiert eine Peripherie von Stellen mit niedrigen Qualifikationsanforderungen, die eine begrenzte Ausbildung und Schulung erfordern, die wenige Ausbildungs- und Aufstiegsmöglichkeiten bieten und durch relativ geringe Sicherheit der Arbeitsplätze und niedrige Bezahlung charakterisiert sind. Es sind vor allem Männer, die zum Kern des Personalbestandes gehören, während Frauen eher die flexiblen Stellen in der Peripherie besetzen.

Die geschilderten Veränderungen implizieren Folgen für die Art und Weise, in der das Bildungswesen seine Funktionen für den Arbeitsmarkt erfüllt. Eine dieser Funktionen ist die Qualifizierungsfunktion (Fend 1974; Watts 1984). Qualifizierungen werden hier als die Gesamtheit von Kenntnissen, Haltungen und Fähigkeiten betrachtet, die eine Person in die Lage versetzen, eine bestimmte Funktion zu erfüllen. Seit 1960 ist das durchschnittliche Qualifizierungsniveau der niederländischen berufstätigen Bevölkerung stark gestiegen, wenn man sich an den Ausbildungsjahren orientiert. Das gilt sowohl für Handarbeiter als auch für Angestellte (Huijgen 1989: 41).

Die spezifischen Qualifizierungen, die für eine bestimmte Funktion erforderlich sind, werden vom Arbeitgeber durchweg als Selektionskriterien verwendet. Dieses Selektionsprinzip funktioniert jedoch nur mäßig, wie sich aus dem Auftreten von Überqualifizierung und Verdrängung zeigt.

Die tatsächliche Entwicklung des qualifikatorischen Anforderungsniveaus der Stellen ist im Zeitraum 1977-1985 gegenüber dem Anstieg des Ausbildungsniveaus der Arbeiter und Angestellten zurückgeblieben. Gemessen an ihrem gestiegenen Ausbildungsniveau könnten viele Arbeiter und Angestellte also auf einer höheren Funktionsebene als der tatsächlich eingenommenen eingesetzt werden. Diese Überqualifizierung gilt nicht nur für die gesamte erwerbstätige Bevölkerung, sondern auch für jede darin existierende Ausbildungskategorie. Die durchschnittliche Funktionsebene jeder Ausbildungskategorie ist 1985 niedriger als 1977. Dies gilt am stärksten für Arbeitnehmer mit einer unspezifischen niedrigen Ausbildung (Huijgen 1989: 42). Im Zeitraum 1977-1985 wurde auf jeder Funktionsebene der Anteil von einer oder mehreren der niedrigeren Funktionsebenen durch die Zunahme der Personen mit einer höheren Ausbildung zurückgedrängt. Dieser Prozeß der Verdrängung nach unten ist unter Arbeitern stärker als unter Angestellten. Arbeitnehmer mit dem niedrigsten Ausbildungsniveau sind von diesen Entwicklungen am stärksten betrof-

fen, sowohl was die Verdrängung auf niedrigere Funktionsebenen als auch die Freisetzung aus bezahlter Arbeit betrifft (Huijgen 1989: 46-53, 72). Der Prozeß der Verdrängung ist im Verhältnis zum großen Arbeitsangebot auf dem Arbeitsmarkt recht einfach zu verstehen. Das umfassende Angebot für einen Großteil der offenen Stellen bietet Unternehmen die Möglichkeit, höhere Selektionsanforderungen zu stellen. Personen mit höherer Ausbildung erhalten bei einem großen Angebot den Vorzug, weil Unternehmen davon ausgehen, daß sie sich schneller und besser einarbeiten und bei neuen technologischen Entwicklungen flexibler umschalten können (Coenen und Van de Winkel 1988; Scholtz 1987). Schließlich zeigt sich, daß zwischen 1977 und 1985 die Streuung der Ausbildungsniveaus über die Funktionsebenen zugenommen hat. Die Passung zwischen einem bestimmten Ausbildungsniveau und einer bestimmten Funktionsebene ist weniger eindeutig geworden. Andere Selektionsanforderungen sind bei der Einstellung von Personal gegenüber der genossenen Ausbildung wichtiger geworden (Huijgen 1989: 72), obwohl bei höheren Funktionsebenen weiterhin strenge Anforderungen an erzielte Abschlüsse gestellt werden. Bei diesen anderen Selektionsanforderungen handelt es sich um persönliche Eigenschaften wie Einsatz, Zuverlässigkeit und Disziplin. Auch aus britischen Untersuchungen ist bekannt, daß für niedrige Funktionsebenen die erzielten Ausbildungsabschlüsse oft nur als Rohindikatoren, und zwar nicht für kognitive, sondern für sozio-normative Fähigkeiten verwendet werden oder völlig entfallen (Watts 1984: 7-8).
Die Analyse der Entwicklungen auf dem Arbeitsmarkt zeigt, daß die Konkurrenz- und Verdrängungsprozesse zugenommen haben, wobei dem Besitz von kulturellem Kapital eine wesentliche Bedeutung zukommt (Van Hoof 1987). Es gibt eine Tendenz zum Entstehen eines Kerns höher qualifizierter Arbeitnehmer, die auch aufgrund betriebsspezifischer Kenntnisse und Fähigkeiten durch gute Arbeitsbedingungen und gute Ausbildungs- und Aufstiegsmöglichkeiten an den Betrieb gebunden werden. Dagegen arbeiten Arbeitnehmer mit einem mittleren Ausbildungsniveau in zunehmendem Maß in Stellen unter ihrem Ausbildungsniveau, während vor allem niedrigqualifizierte Arbeitnehmer auf dem Arbeitsmarkt mit Verdrängung und Freisetzung konfrontiert werden. Die Tendenz zur Spaltung des Arbeitsmarktes hängt in hohem Maße mit der durch Ausbildung erzielten Qualifikation

zusammen, besitzt daneben jedoch eine geschlechtsgebundene und ethnische Dimension. Frauen, vor allem diejenigen, die nach einer Unterbrechung ihrer Laufbahn wegen der Erziehung der Kinder wieder in das Berufsleben eintreten möchten, und ethnische Minderheiten werden verhältnismäßig stärker durch (Langzeit-)Arbeitslosigkeit getroffen und befinden sich eher an der Peripherie der aufgrund flexibler Verträge eingestellten Arbeitnehmer. Als Folge dieser Entwicklungen hat sich die gesellschaftliche Ungleichheit in den Niederlanden in den achtziger Jahren verschärft.

3. Veränderungen in der Bildungspolitik

Das Bildungswesen war in den achtziger Jahren Objekt intensiven Regierungsbemühens. Vor allem die Berufsausbildung wurde als Antwort auf die Kritik aus der Wirtschaft, die Ausbildung konzentriere sich mehr auf die Persönlichkeitsentwicklung der Schüler als auf die Vorbereitung für die Berufstätigkeit, tiefgreifend verändert (Schouten 1977). Als Ergebnis jüngster Politik wird die weiterführende Bildung, die neben Berufs- und Berufsfachausbildung auch Realschul- und Gymnasialausbildung umfaßt, in den neunziger Jahren umfangreiche Veränderungen erfahren.
Die unmittelbar für Entwicklungen auf dem Arbeitsmarkt empfängliche Berufs- und Berufsfachschulbildung bildeten den ersten Ansatzpunkt für die neue Bildungspolitik. Ende der siebziger Jahre entschied sich die Regierung zu einem Experiment mit der sogenannten kurzen Berufsfachschulbildung. Schüler, die die Berufsfachschule, die recht theoretisch ist und vier Jahre dauert, nicht besuchen wollen, werden in zwei bis drei Jahren zum Facharbeiter ausgebildet.
Die Berufsausbildung wurde in den achtziger Jahren stärker an die Qualifikationsbedarfe der Wirtschaft angekoppelt. Den Ratschlägen einer Berufsbildungskommission folgend, erkannte die Regierung 1985 eine gemeinsame Verantwortung von Wirtschaft, Bildungswesen und Regierung für die Berufsausbildung an. Demzufolge bekam die regelmäßige Rücksprache zwischen Wirtschaft und Bildungswesen auf Wirtschaftszweigebene eine direkte, inhaltlich steuernde Funktion. Das Ziel bestand darin, Informationen der Wirtschaft über Entwicklungen der Berufsprofile und der

Arbeitsplatzstrukturen mit den Lehrplänen der Berufsschulen zu koordinieren. Die Regierung schränkte daher die zentralen Anordnungen für die Berufsausbildung ein (Deregulierung), und die Schulen bekamen ein größeres Maß an Freiheit, den Unterricht selbst zu gestalten.

Das Interesse an einer besseren Zusammenarbeit zwischen Bildungswesen und Arbeitsmarkt führte für die Berufsfachschulen zu einer umfangreichen Reorganisation, die 1986 begann. Die Reorganisation erfolgte zweistufig. Der erste Schritt, der 1991 vollendet wurde, bedeutete die Zusammenlegung von ursprünglich 385 Schulen zu mittlerweile gut 140 sogenannten Sektorschulen. Die einzelnen Berufsfachschulausbildungen, die die Schulen früher besorgten, sind jetzt in vier Sektoren zusammengefaßt, die sich weiter nach Arbeitsmarktbereichen und Berufskategorien untergliedern. Jede Sektorschule bildet in einem oder in mehreren der folgenden Sektoren aus: Technik, Landwirtschaft, Wirtschaft, Dienstleistung und Gesundheitswesen. Im zweiten Schritt werden die Berufsfachschulen inhaltlich erneuert: es geht um Breite und Differenzierung, um ein Angebot kurzer und langer sowie praxis- und theorieorientierter Ausbildungen. Die Regierung hofft, durch diese Veränderungen und durch eine Beschränkung auf globale Randbedingungen (Deregulierung) eine Flexibilisierung der Berufsfachschulausbildung zu erreichen. Die Sektorschulen sollen schneller und zielstrebiger auf Veränderungen auf dem Arbeitsmarkt und in der Berufsausübung, insbesondere auf Veränderungen, die mit der Einführung von neuen Technologien zusammenhängen, reagieren.

Die wichtigste Veränderung in der weiterführenden Bildung ist zweifelsohne, daß die erste Phase der Grundbildung aller Schüler von 12 bis 15/16 Jahre Anfang 1993 in Kraft treten wird. In anderen Ländern führte die Sorge um größere Chancengleichheit und das Bedürfnis der Wirtschaft nach höher geschulten Arbeitnehmern schon in den sechziger Jahren zu der Gründung der Gesamtschule (Watts 1984: 5). In den Niederlanden war eine vergleichbare Bildungsreform in den siebziger Jahren an den großen Gegensätzen zwischen den politischen Parteien gescheitert. Diese Situation hielt bis 1986 an. Damals präsentierte der Wissenschaftliche Rat für die Regierungspolitik einen Bericht zur Grundbildung, in dem nicht die institutionelle Gestaltung der Gesamtschule, sondern die inhaltlichen Zielsetzungen betont wurden. Grundbildung wurde als gemeinschaftliche und allgemeine Bildung auf intellektuellem, kulturellem und sozialem Gebiet, als Grundvoraussetzung für eine weitere Persönlichkeitsbildung betrachtet. Diese Bildung sollte dem sinnvollen Funktionieren als Mitglied der Gesellschaft dienen und eine Hilfe bei der weiteren Ausbildungs- und Berufswahl sein. Dieser Bericht des Wissenschaftlichen Rates war für die christdemokratische und liberale Koalitionsregierung der Ausgangspunkt für einen Gesetzentwurf, der 1987 dem Parlament vorgelegt wurde.

Konkret schlug die Regierung vor, achtzig Prozent der verfügbaren Unterrichtszeit der ersten Phase der weiterführenden Bildung für die vierzehn Pflichtfächer zu verwenden und zwanzig Prozent zur freien Verfügung zu reservieren. Die für alle Schüler vorgeschlagenen Pflichtfächer sind: Niederländisch, Englisch, Deutsch oder Französisch, Geschichte und Gesellschaftskunde, Erdkunde, Wirtschaft, Mathematik, Physik und Chemie, Biologie, Informatik, Technik, Musik, Sport und Kunst. Später wurde Arbeitslehre als fünfzehntes Fach hinzugefügt. In Abhängigkeit von erfolgreich absolvierten Fächern ist es möglich, nach der Grundbildung auf bestimmte Bildungszweige in der zweiten Phase der weiterführenden Bildung überzuwechseln. Einer bestimmten Gruppe von Schülern, speziell jenen, die in der Vergangenheit eine Berufsschule besucht haben, wird aber bereits nach zwei Jahren, d. h. bevor sie die Grundbildung abgeschlossen haben, eine berufsorientierte Fächerkombination angeboten. Die Regierung erwartet nämlich, die frühzeitige Einführung der berufsorientierenden Fächer werde diese Schülerkategorie anregen, die Basisbildung abzuschließen.

Aus der Perspektive der Bildungspolitik in den Niederlanden ist der nutzbare Freiraum neben den Pflichtfächern äußerst wichtig. In diesem Freiraum kann u. a. dem Religionsunterricht angemessen Rechnung getragen werden. Die im niederländischen Grundgesetz festgelegte Unterrichtsfreiheit wird auf diese Art respektiert. Das bedeutet konkret, daß jede religiöse Gruppierung die Freiheit besitzt, eigene Schulen zu gründen, und daß diese genauso vom Staat finanziert werden wie die staatlich organisierten öffentlichen Schulen. Diese Bildungsfreiheit ist das Resultat des im vorigen Jahrhundert geführten Kulturkampfes und sie ist die Grundlage des geschichtlichen Friedensschlusses zwischen den religiösen Gruppierungen in den Niederlanden (Lijphart 1968).

Die Bildungsfreiheit erfährt hohe Wertschätzung, da sie die Befugnisse des Staates beschränkt, die Bildungsinhalte detailliert vorzuschreiben. So beschränkt sie auch die Möglichkeit der Verschmelzung verschiedener Schularten in einer bestimmten Region. Konfessionelle Schulen können sich schließlich auf ihre eigene Identität berufen, so daß die Regierung, wenn sie zum Beispiel Gesamtschulen bilden will, in einer bestimmten Region immer konfessionelle neben öffentlichen Schulen zulassen muß.
Die Veränderungen der neunziger Jahre in der weiterführenden Bildung beschränken sich nicht auf eine allmähliche Einführung der Grundbildung. Im Laufe der Jahre 1990 und 1991 erschienen nämlich Pläne für ein Reorganisation der zweiten Phase der weiterführenden Bildung.
Erneut untersuchte ein Beratungsausschuß im Auftrag der Regierung das Verhältnis von Bildung und Arbeitsmarkt. Dieser vorläufige Beratungsausschuß »Bildung–Arbeitsmarkt« behauptet (1990), daß wirtschaftliche Entwicklungen (eine immer weiter abnehmende Lebensdauer der Produkte, ein Streben nach just-in-time Lieferung) neben sozialkulturellen und demographischen Entwicklungen (Individualisierung, rückgängige Geburtszahlen, Vergreisung) hohe Anforderungen an das Vermögen der Menschen und Unternehmen stellen, sich fortwährend anzupassen. Die Wechselbeziehung zwischen Bildung und Arbeitsmarkt müsse deswegen aus der Perspektive des lebenslangen Lernens betrachtet werden.
Der Ausschuß schlägt vor, daß alle Berufsausbildungen ein duales System des Lernens und Arbeitens entwickeln. Dieses System gibt es in den Niederlanden bis jetzt nur im »Lehrlingswesen«, das an den Abschluß der Berufsfachschulen anschließt.
Innerhalb dieses »Lehrlingswesens« erhält der Schüler eine Ausbildung in einem Unternehmen unter der Aufsicht eines betriebsinternen Betreuers; komplementär dazu erfolgt die theoretische Ausbildung unter der Verantwortung der Schule. Jede Berufsausbildung soll nach der Ansicht des Ausschusses mit einer Übergangsphase von der Ausbildung in den Beruf abgeschlossen werden. Der Ausschuß ist außerdem der Ansicht, daß jeder Schüler das Recht haben muß, eine Qualifikation auf dem Niveau eines zukünftigen Facharbeiters zu bekommen. Dieses Niveau entspricht dem Niveau des heutigen primären »Lehrlingswesens«. Nach der momentanen Lage entsprechen 30 bis 40 Prozent der

Schulabgänger diesem Mindestniveau des zukünftigen Facharbeiters nicht (Ministerie van Onderwijs & Wetenschappen/niederländisches Kultusministerium 1991: 90-91). Schließlich ist der Ausschuß der Meinung, daß jede Schule selbständig sein und in Orientierung auf den Arbeitsmarkt und nach Rücksprache mit der Regierung ein Ausbildungsangebot bieten sollte.
Die Regierung beurteilte die Empfehlungen des Rauwenhoff-Ausschusses im großen und ganzen positiv. Das heißt jedoch nicht, daß jeder einzelne Vorschlag übernommen wird. Anfang der achtziger Jahre hatte der Wagner-Ausschuß schon die allgemeine Einführung eines dualen Systems des Lernens und Arbeitens vorgeschlagen, aber trotz regierungsamtlich positiver Beurteilung wurde dies nicht realisiert. Die Regierung hat jetzt aber konkrete Pläne für die Reform der zweiten Phase der weiterführenden Bildung vorgeschlagen (Ministerie van Onderwijs en Wetenschappen 1991).
Für die Berufsfachschulbildung behält die Regierung die Aufteilung in vier Sektoren bei. Alle Berufsfachausbildungen, so auch zum Beispiel die momentan noch selbständigen Schulen für die Ausbildung im Rahmen des »Lehrlingswesens«, werden in die Sektorschulen integriert. Analog zur Berufsfachschulbildung wird vorgeschlagen, die Realschulen und Gymnasien in vier Pflichtfachbereiche aufzuteilen. Diese vier Bereiche sind: 1. Naturwissenschaft und Technik, 2. Naturwissenschaft und Gesundheitslehre, 3. Wirtschaft und Gesellschaft, 4. Kultur und Gesellschaft. Die Regierung ist der Ansicht, daß dieser Aufbau der Vorbereitung für die Hochschul- und Universitätsbildung den angehenden Studierenden eine akzeptable Allgemeinbildung bietet.
Die Veränderungen der zweiten Phase der weiterführenden Bildung sollen im August 1993 in Kraft treten. Durch diese Veränderungen sollen verschiedene Probleme gelöst werden: die zumindest partielle Orientierung der schulischen Bildung an den Anforderungen des Arbeitsmarktes; die Senkung der großen Zahl von Drop-outs, die die Ausbildung vorzeitig ohne Berufsqualifikation verläßt; die ineffiziente Bildungslaufbahn mancher Schülergruppen und außerdem die ungleiche Teilnahme verschiedener gesellschaftlicher Gruppen an der Bildung.

4. Bildungspolitik, soziale Ungleichheit und Emanzipation

In den siebziger und achtziger Jahren wurde das Verhältnis zwischen Bildung und sozialer Ungleichheit in großem Umfang untersucht. Die Einsicht in die verschiedenen Mechanismen der Reproduktion von Ungleichheit ist dadurch erheblich gestiegen, während gleichzeitig der Optimismus über die Möglichkeiten, durch Bildung soziale Ungleichheit aufzuheben, erheblich gedämpft wurde. Vor dem Hintergrund dieser Theoriebildung werde ich die Veränderungen in der Bildungspolitik der achtziger Jahre in den Niederlanden hinsichtlich zweier Punkte evaluieren. Zuerst geht es um eine Beurteilung des Verhältnisses, in dem das Bildungswesen seine verschiedenen Funktionen erfüllt, zu den Effekten der Arbeitsmarktfunktion für die Strukturen sozialer Ungleichheit. Danach befasse ich mich mit der Organisation und dem Funktionieren des Bildungssystems selbst und mit dem Maß, in dem im Bildungswesen soziale Ungleichheiten reproduziert werden.

Kennzeichnend für die niederländische Bildungspolitik in den achtziger Jahren war der Versuch, den Anschluß des Bildungswesens an einen sich verändernden Arbeitsmarkt herzustellen. Die Tatsache, daß in den wichtigsten Beratungsausschüssen der Regierung ehemalige »captains of industry« den Vorsitz hatten, ist in dieser Hinsicht symbolisch.

Erstens zeigt sich die Anpassung an die Bedürfnisse der Wirtschaft nach höher und breiter qualifizierten Schülern in Veränderungen der Organisation der weiterführenden Bildung. Die Grundbildung der ersten Phase der weiterführenden Bildung dient dazu, möglichst alle Schüler für mindestens zwei Jahre Pflichtfächer absolvieren zu lassen. Ein anderes Element liegt in dem Streben, den Schülern zumindest eine Qualifizierung auf dem Niveau eines zukünftigen Facharbeiters zu verschaffen, auch wenn die Regierung aus finanziellen Gründen dieses Recht nicht uneingeschränkt allen Bürgern zukommen lassen will. Das Streben nach breiteren Qualifikationen und flexibel anzupassenden Ausbildungen hat zur Einrichtung von Fachsektoren in den Berufsschulen, Realschulen und Gymnasien geführt.

Zum zweiten hat das Streben nach einer besseren Koppelung der Ausbildung an den Arbeitsmarkt dazu geführt, daß die Regierung

die Berufsausbildung als gemeinsame Verantwortung der Wirtschaft, des Bildungswesens und der Regierung betrachtet. Durch die Einschränkung ihrer eigenen Einflußmöglichkeiten (Deregulierung) bietet die Regierung der Wirtschaft die Möglichkeit zur inhaltlichen Lenkung der Ausbildung, zum Beispiel durch Teilnahme an Bildungsausschüssen oder durch Investitionen in Vertragsunterricht.
In der Regierungspolitik steht die Funktion des Bildungswesens im Vordergrund, die Bedürfnisse des modernen Kapitalismus an qualifizierten Arbeitskräften zu erfüllen (Bowles und Gintis 1976). Trotzdem hält die niederländische Regierung in ihrer Bildungspolitik daran fest, daß es in der Schule neben der Vorbereitung auf den Beruf auch um Persönlichkeitsentwicklung und um die Vorbereitung auf die gesellschaftliche Partizipation geht (Ministerie van Onderwijs en Wetenschappen 1991: 87-88). Muß diese Politik als reine Ideologie betrachtet werden? Als Antwort auf diese Frage verdienen einige Überlegungen Aufmerksamkeit.
Die Dominanz der wirtschaftlichen Zulieferfunktion des Bildungswesens bedeutet nicht, daß die anderen beiden Funktionen für das Bildungswesen nicht auch eine Rolle spielen. In der Grundbildung sind sie bei den oben erwähnten Pflichtfächern erkennbar in Fächern wie Geschichte, Gesellschaftskunde, Musik, Sport, Arbeitslehre und Kunst. Die persönliche und gesellschaftliche Bildung könnte noch größeres Gewicht haben, wenn alle Fächer inhaltlich so gestaltet würden, daß sie sowohl für den Arbeitsmarkt qualifizieren als auch bilden würden. Das erfordert jedoch eine inhaltlich und pädagogisch-didaktisch andere Annäherung als die traditionelle Form, die auf Trennungen zum Beispiel in theoretische und praktische Fächer, in funktionelle »harte« und bildende »weiche« Fächer beruht. In der Berufsausbildung laufen die bildenden Funktionen jedoch Gefahr, vernachlässigt zu werden: Die Deregulierung, die den Schulen eine größere Freiheit gibt, den Unterricht selbst zu gestalten, kann im Zusammenhang mit der stärkeren Orientierung auf die Wirtschaft und mit den Sparmaßnahmen der Regierung zu einer Gefährdung der »weichen« Fächer führen.
Außerdem wurde die Bedeutung der Arbeitspartizipation als Bedingung für und als Teil der Persönlichkeitsbildung und der gesellschaftlichen Partizipation in den achtziger Jahren in den

Niederlanden stark aufgewertet (Wetenschappelijke Raad voor het Regeringsbeleid/Wissenschaftlicher Rat für die Regierungspolitik 1990). Verschiedene niederländische Untersuchungen des Arbeitsverständnisses von Arbeitslosen zeigen, daß sich die Erwartungen der meisten Arbeitslosen auf die Rückkehr in bezahlte Arbeit richten, auch wenn die Dominanz der bezahlten Arbeit nicht ohne weiteres für alle Erwerbsfähigen selbstverständlich ist (Van Berkel und Hindriks 1991, Kroft u. a. 1989). Die Wirtschaftskrise ging in den achtziger Jahren mit einer Regierungspolitik der Sparmaßnahmen im Bereich der Sozialunterstützungen und kollektiven Einrichtungen einher, so daß auch in den Niederlanden wieder von einer Unterklasse die Rede ist (Engbersen 1990). In der öffentlichen Debatte führte dies zu einem neuen Interesse am Konzept der Bürgerrechte und an der Bedeutung der Arbeitspartizipation als Teil der sozialen Bürgerrechte (Adriaansens 1989). Insofern kann auch der Wert einer arbeitsmarktorientierten Bildungspolitik der Regierung als Beitrag zur Persönlichkeitsbildung und gesellschaftlichen Partizipation nicht geleugnet werden.

Die zunehmende Dominanz der Funktion der Vorbereitung auf den Beruf bedeutet, daß die Frage, ob Bildung zur Minimierung sozialer Ungleichheit beitragen kann, entscheidend durch die Entwicklungen auf dem Arbeitsmarkt bestimmt wird. Diese Entwicklungen (vgl. Abschnitt 2) deuten jedoch nicht auf eine Reduzierung der sozialen Unterschiede hin. Die neuen Produktionskonzepte führen nur zu einer Verbesserung der Qualität der Arbeit für eine kleine Gruppe hochqualifizierter Arbeitnehmer, während der Großteil der Arbeitnehmer unter seinem Niveau arbeitet und vor allem die niedrig ausgebildeten Arbeitnehmer mit Dequalifizierung konfrontiert werden. Verdrängung und Freisetzung vom Arbeitsmarkt treffen vor allem Frauen, ethnische Minderheiten und gering geschulte und ungeschulte junge und ältere Arbeitnehmer. Auch das moderne Human Resource Management ist durch diese Segmentierung gekennzeichnet: Betriebe investieren zwar zunehmend in die Ausbildung ihrer Arbeitnehmer, diese Investitionen in menschliches Kapital werden jedoch meist für höher ausgebildete und jüngere Arbeitnehmer verwendet, während niedrig qualifizierte und ältere Arbeitnehmer freigesetzt werden (Tijdelijke Adviescommissie Onderwijs-Arbeidsmarkt/ Vorläufiger Beratungsausschuß Bildungswesen-Arbeitsmarkt

1990: 25-26, 83). Auf dem Arbeitsmarkt scheint es also keine Entwicklungen zu geben, die in die Richtung eines Abbaus sozialer Ungleichheit wirken: Eine verstärkte Orientierung des Bildungswesens am Arbeitsmarkt unterstützt weder direkt noch indirekt den Abbau sozialer Ungleichheit. Es ist dennoch denkbar, daß die für die neunziger Jahre erwartete Knappheit des Arbeitskräfteangebots auf dem Arbeitsmarkt, die sich jetzt bereits für Facharbeiter in der Industrie ankündigt, neue Chancen für Frauen und ethnische Minderheiten bietet. Die Frage, ob sie dann über die erforderlichen Qualifikationen verfügen, hängt davon ab, ob Bildung ihnen inhaltlich und pädagogisch-didaktisch die Möglichkeit bietet und sie motiviert, die erforderlichen Qualifikationen zu erwerben. Diese Frage bringt mich zu meinem zweiten Hauptpunkt in der Evaluation der Bildungspolitik.

Die Spaltung des Arbeitsmarktes folgt meist dem Ausbildungsniveau der Arbeitnehmer. Deshalb muß die Frage nach dem Beitrag der Bildung zur Reproduktion sozialer Ungleichheit auch aus der Perspektive der Zugangschancen zu Bildung nach Klasse, Geschlecht und ethnischer Herkunft betrachtet werden.

Die ungleiche Teilhabe an Bildung nach Klasse, Geschlecht und ethnischer Herkunft hat sich in den achtziger Jahren in den Niederlanden nicht geändert. Ich beschränke mich hier auf die weiterführende Bildung. Von Kindern aus Arbeiterfamilien besuchen nur 12% Realschulen und Gymnasien, während bei Kindern aus höheren Berufsgruppen die Quote bei 46% liegt. Der Unterschied wird wesentlich erklärt durch Leistungsunterschiede der Kinder am Ende der Grundschule, die wiederum im großen Maße mit dem Ausbildungsniveau der Eltern der Schüler zusammenhängen. Dies ist jedoch nicht der einzige Faktor. Auch bei gleichen schulischen Leistungen und bei gleicher Empfehlung für einen bestimmten weiterführenden Schultyp zeigt sich, daß Schüler aus höheren gesellschaftlichen Schichten einen höheren Schultyp wählen als Schüler aus niedrigeren gesellschaftlichen Schichten (SCP 1990: 214). Kinder türkischer und marokkanischer Herkunft besuchen meist die Berufsschulen, wobei dies mit dem sehr niedrigen Ausbildungsniveau ihrer Eltern und mit der unzureichenden Beherrschung der niederländischen Sprache korreliert (SCP 1990: 216). Auch unter denjenigen, die als Drop-outs die weiterführenden Schulen ohne Abschluß verlassen, sind Schüler aus Arbeiterfamilien, ethnischen Minderheiten und Mädchen re-

lativ stärker vertreten (Ministerie van Onderwijs en Wetenschappen 1991).
Das Bewußtsein, daß ein Bildungssystem mit verschiedenen Schultypen die sozialen Ungleichheiten reproduziere, gibt es schon länger (Van Kemenade 1981: 155). Dennoch war es jahrelang politisch unmöglich, die institutionelle Trennung in der niederländischen weiterführenden Bildung von Berufsschulen bis Gymnasien zu durchbrechen und die Wahl eines bestimmten Schultyps altersmäßig zu verschieben. Vor diesem Hintergrund ist der Beschluß, 1993 mit der Einführung einer integrierten Gesamtschule in der weiterführenden Bildung für alle Schüler von 12 bis 15/16 Jahre zu beginnen, ein politischer Durchbruch. Ob die Einführung dieser Gesamtschule tatsächlich zu einer Reduzierung der sozialen Unterschiede führen wird, scheint jedoch nicht sehr wahrscheinlich. Dies hat mit der institutionellen Gestaltung und mit dem inhaltlichen und pädagogisch-didaktischen Vorgehen der Gesamtschule zu tun.
Die Entscheidung, die politische Pattstellung bezüglich der Gesamtschule zu durchbrechen, indem die inhaltlichen Ziele der Gesamtschule in den Mittelpunkt gestellt werden, war effektiv, läuft aber nun Gefahr zu mißlingen, da sich die Struktur der weiterführenden Bildung nicht gleichzeitig geändert hat. Der Mechanismus der frühzeitigen Selektion der Schüler nach Herkunft wird sich schließlich kaum ändern, wenn die heutige Berufsschule weiterhin neben dem Gymnasium bestehenbleibt. Die kulturelle Dimension der Reproduktion der sozialen Unterschiede, die vor allem von Bourdieu und Passeron (1977) analysiert wurde, wird ohne Veränderung der bestehenden Schulstruktur weiterhin existieren. Die kulturellen Unterschiede zwischen den Schichten werden weiterhin dazu führen, daß Kinder aus Arbeiterfamilien überwiegend die Berufsschule und Kinder von höher ausgebildeten Eltern das Gymnasium besuchen. Nur wenn alle Schüler die gleiche Schule besuchen, wird dieser Effekt verschwinden. Die Regierung will zwar die Einrichtung solcher Gesamtschulen stimulieren, dazu verpflichtet ist sie jedoch nicht. Es ist deshalb nicht zu erwarten, daß die soziale Integration von Schülern verschiedener Klassen erfolgreich sein wird. Es ist außerdem kaum vorstellbar, daß, wenn die heutige Schulstruktur im Prinzip weiter existiert, die ehemaligen Berufsschulen in der Lage sein werden, die Gesamtschule auf dem gleichen Niveau zu realisieren wie die

ehemaligen Gymnasien. Dieser Unterschied wird für die intellektuelle, kulturelle und soziale Entwicklung der Schüler und für ihre Möglichkeiten, Zugang zu den verschiedenen Ausbildungen der Sekundarstufe der weiterführenden Bildung zu erhalten, nicht ohne Folgen sein. Selbst wenn Gesamtschulen für alle Schüler entstehen, muß der kulturelle Effekt der sozialen Ungleichheiten berücksichtigt werden. In den Pflichtfächern der Grundbildung herrschen die allgemeinen theoretischen Lernfächer vor.
In mehrfacher Hinsicht sind die heutigen Berufsschulen den Realschulen und Gymnasien unterlegen. Die ersteren haben unter anderem weniger Schüler, schlechter qualifizierte Lehrkräfte und ein niedrigeres gesellschaftliches Ansehen. Dieser Statusunterschied hängt u. a. von der geringeren Bewertung ab, die die Gesellschaft praktischen Kenntnissen im Vergleich zu theoretischen Kenntnissen und Handarbeit gegenüber Kopfarbeit entgegenbringt (Meijers 1983). Unter diesen Bedingungen wird die Gründung von Gesamtschulen für deren Grundbildung bedeuten, daß deren Inhalte stärker durch die heutigen Realschulen und Gymnasien bestimmt werden, die mit ihren Werten und ihrer Kultur eine Reflexion der middle und upper classes der niederländischen Gesellschaft sind. Wenn sich dieser Prozeß in den neunziger Jahren in der genannten Richtung vollzieht, ist es wahrscheinlich, daß die Gesamtschule die sozialen Unterschiede eher festigt und verstärkt als durchbricht und reduziert.
Der kulturelle Ausschluß als Mechanismus der Reproduktion sozialer Ungleichheit würde durch die Einführung dieser Art von Grundbildung Schüler, die aus Arbeiterfamilien und ethnischen Minderheiten stammen, stärker treffen, als dies bisher schon der Fall ist (vgl. Willis 1977). Diese Schüler besuchen derzeit zum Großteil die Berufsschulen und benötigen oft ein fünftes Schuljahr, um das Niveau zu erreichen, von dem aus sie zu den Berufsfachschulen wechseln können. Es ist daher wahrscheinlich, daß die Mehrzahl dieser Schüler die Grundbildung innerhalb der verfügbaren Zeit nicht wird abschließen können. Auch der 20%ige Stundenanteil der Wahlfächer in der Grundbildung bietet hierfür keine Lösung. Wenn die Wahlfächer für diese Schüler mit zusätzlichen Stunden in den Pflichtfächern gefüllt werden, geht das auf Kosten der praxisorientierten oder berufsvorbereitenden Fächer, von denen angenommen wird, daß sie gerade diese Schüler motivieren, die Grundbildung abzuschließen. Das Festhalten

an der verpflichtenden Grundbildung für alle Schüler führt auf diese Weise zu Demotivation und einem größeren Drop-out, den die Regierung gerade einschränken will. Umgekehrt wird jedoch das Einführen der Wahlfächer mit ihren praxisorientierten und berufsvorbereitenden Inhalten für diese Schüler wahrscheinlich dazu führen, daß sie die meisten Pflichtfächer nicht schaffen werden.

Im Zusammenhang mit der Vernachlässigung der möglichen Auswirkungen der kulturellen Dimension ist auffällig, daß in den Vorschlägen für die Grundbildung pädagogisch-didaktischen Fragen wenig Aufmerksamkeit geschenkt wird. Solche Elemente sind jedoch von großer Bedeutung, um gerade für Schüler, die heute nur die Berufsschule absolvieren können, günstige Bedingungen zu schaffen, so daß sie die Grundbildung mit Erfolg abschließen können (Valkenburg und Coenen-Hanegraaf 1987: 31).

Auch wird dem Problem des spezifischen Rückstandes von Kindern ethnischer Minderheiten keine fundamentale Aufmerksamkeit geschenkt. Das Fehlen ausreichender Kenntnisse der niederländischen Sprache führt dazu, daß sie mehrheitlich in den Berufsschulen landen. Diese unzureichende Beherrschung der niederländischen Sprache wird auch durch die Tatsache verursacht, daß der Unterricht in der eigenen Sprache und Kultur, der ausländischen Schülern während der Grundschule angeboten wurde, immer auf der Annahme basierte, daß die ausländischen Arbeitnehmer mit ihren Kindern in ihr Heimatland zurückkehren würden. Diese Annahme ist schon seit Jahren überholt.

Die Regierungspolitik weist hinsichtlich der weiterführenden Bildung eine merkwürdige Zweideutigkeit auf. Einerseits trifft die Regierung parallel zum Unterricht Maßnahmen, die zur Produktion qualifizierter Arbeitskräfte für die Wirtschaft beitragen sollen. Man denke zum Beispiel an die Politik, Stadtteilen, in denen viele Personen mit niedrigem Ausbildungsniveau und ethnische Minderheiten wohnen, Einrichtungen wie Kindertagesstätten, Bibliotheken, Jugendgesundheitswesen und Sozialarbeit zu bieten. Der Bildungsrückstand von Schülern aus diesen Stadtteilen muß auf diese Weise frühzeitig und integral in Angriff genommen werden. Genauso trifft die Regierung Maßnahmen für das Problem der Schüler, die die Schulen ohne Abschluß verlassen. Als Teil dieser Maßnahmen wird unter anderem für Jugendliche zwischen 16 und 20 Jahren die Jugendarbeit finanziert, die in zunehmendem

Maße auf die Rückkehr der Jugendlichen zur Bildung ausgerichtet ist (Ministerie van Onderwijs en Wetenschappen 1991: 45, 48). Andererseits schenkt die Regierung bei der Reorganisierung der weiterführenden Bildung selbst den strukturellen und pädagogisch-didaktischen Aspekten zu wenig Aufmerksamkeit, obwohl gerade diese entscheidend mitbestimmen, ob die am meisten marginalisierten Schülergruppen im Bildungswesen eine Chance auf einen erfolgreichen Abschluß der Basisbildung haben und damit ihren Bildungsrückstand zu anderen Gruppen gutmachen können. Die Erklärung für diese Zweideutigkeit könnte sein, daß die gesellschaftlichen Machtverhältnisse zwar Einrichtungen am Rande des Systems tolerieren, aber keine Reorganisierung des Bildungswesens erlauben, die eine strukturelle Veränderung dieser Verhältnisse selbst bewirken könnte.

5. Schlußbetrachtung über Theorie und Forschung

Was bei der Beurteilung der niederländischen Bildungspolitik auffällt, ist, daß die Theoriebildung und die Forschungsergebnisse über Bildung und gesellschaftliche Unterschiede aus den siebziger und achtziger Jahren noch immer aktuell sind. Das heißt nicht, daß die Theorien zum Beispiel von Bourdieu, Bowles, Gintis und Willis, um nur einige zu nennen, nicht modifiziert oder präzisiert werden können; in der Essenz sind diese Theorien jedoch noch immer sehr relevant. Zum Abschluß meines Beitrages möchte ich auf drei Punkte eingehen, die meiner Meinung nach in zukünftigen Forschungen besondere Aufmerksamkeit verdienen.
Der erste Punkt ist die Analyse der Bedeutung der Veränderungen im Bildungswesen im Verhältnis zu Veränderungen innerhalb der Lohnarbeit. Mit meinen soziologischen Augen betrachtet, haben Pädagogen manchmal die Neigung, den Unterricht auf die innerschulische Interaktion von Lehrkräften und Schülern zu beschränken. Die Bedeutung der Funktion, die die Bildung in der Reproduktion gesellschaftlicher Ungleichheit erfüllt, kann jedoch nicht unabhängig von den Entwicklungen auf dem Arbeitsmarkt betrachtet werden. Dies gilt um so mehr, da ein zunehmender Anteil der Ausgaben für Bildung aus der Wirtschaft stammt. Betriebe werden immer mehr zu lehrenden Organisationen, und die Investitionen in menschliches Kapital durch betriebsinterne Aus-

bildungen nehmen zu. Die Analyse der Entwicklungen auf dem Arbeitsmarkt ist notwendig, weil diese den Kontext bilden, in dem die Bildung ihre gesellschaftlichen Funktionen erfüllt, und um zu prüfen, ob die Entwicklungen innerhalb der bezahlten Arbeit selbst die Funktionen der Bildung verstärken oder schwächen. Ein Beispiel zur Illustration: Ein Beschluß, jeden Bürger zu berechtigen, seine Bildung wenigstens auf dem Niveau eines zukünftigen Facharbeiters abzuschließen, scheint in erster Instanz ein Beitrag zur Reduzierung sozialer Ungleichheit zu sein. Bei näherer Betrachtung ist es jedoch sehr fraglich, ob diese Beurteilung richtig ist. Schließlich trifft die Verdrängung auf dem Arbeitsmarkt vor allem niedrig ausgebildete Arbeitnehmer; sie werden mehr als andere durch Dequalifizierung und externe Flexibilisierung getroffen. Wenn sich die Organisation der Arbeit nicht ändert, ist es deshalb zweifelhaft, ob diese relative Steigerung des anfänglichen Qualifikationsniveaus den Erwerb einer Stellung ermöglicht, die weitere Ausbildungs- und Aufstiegsmöglichkeiten bietet. Einsichten über das Verhältnis zwischen Bildung und Arbeitsmarkt sind nicht nur für die Forschung wichtig, sondern genauso für die Politik und für den gesellschaftlichen Kampf um die Reduzierung der sozialen Ungleichheiten. Bowles und Gintis argumentieren, daß im heutigen System Schulen dazu verurteilt sind, Unterschiede zu legitimieren und Persönlichkeitsentwicklung auf Formen zu beschränken, die mit einer Unterordnung einhergehen und die Jugend dazu bringen, sich damit abzufinden. Ihr Schluß ist, daß, falls es mehr wirtschaftliche Demokratie und eine größere Gleichheit in der gesamten Gesellschaft gäbe, das Bildungssystem eine größere Entfaltung von Individuen bewirken könnte (Bowles und Gintis 1976: 266). Diese Analyse tendiert zu einer Form von ökonomischem Determinismus. Dennoch ist es auch möglich, einen anderen Schluß aus ihrer beeindruckenden Analyse zu ziehen, nämlich daß der Kampf gegen gesellschaftliche Ungleichheit gleichzeitig im Bildungswesen und in der Wirtschaft geführt werden muß, daß das Streben nach einer Reorganisation des Bildungswesens mit Forderungen nach der Veränderung der Organisation der Arbeit verbunden werden muß. Aufgrund dieser Überlegungen müßten die Bildungsinhalte wegen der fundamentalen Bestimmung der Qualifikationen, für die Bildung in einer modernen Gesellschaft sorgen muß, gründlich untersucht werden. Watts hat dazu einige

beachtenswerte Vorschläge gemacht, indem neben Qualifikationen für das Ausüben eines Berufs Qualifikationen genannt werden wie z. B. »survival skills«, die Menschen helfen, im Falle von Arbeitslosigkeit zu überleben, »leisure skills«, »opportunity creation skills«, »contextual awareness« und »alternative opportunity awareness« (Watts 1984: 81-82).
Der zweite Punkt, der besondere Aufmerksamkeit in der Bildungs- und Ungleichheitsforschung verdient, betrifft die Anknüpfungspunkte, die es gibt, um »resistance« zu organisieren. Willis (1977) schließt seine Analyse der Reproduktion sozialer Unterschiede mit einer Betrachtung der Implikationen seiner Ergebnisse für die praktisch politische Ebene. Für Bildung selbst, sagt er, gibt es einigen Handlungsraum auf der kulturellen Ebene. Lehrkräfte können durch bewußtes pädagogisches Handeln ihre Schüler entdecken lassen, was ihre eigene Kultur ihnen über ihre soziale Position in der Gesellschaft erzählt (Willis 1977: 186). Dieses Element in Willis' Analyse ist eng mit Giddens Analyse des »diskursiven« Bewußtseins der Akteure verbunden: Das Erkennen unbeabsichtigter Folgen früheren Handelns ist eine Bedingung, um das zukünftige Handeln nicht als reine Reproduktion sozialer Strukturen zu gestalten (Giddens 1984). Bewußtwerdung alleine reicht jedoch nicht aus. Sünker hat im Anschluß an Heydorn ausgeführt: »Bildung ist kein selbständiges revolutionäres Movens, sie kann dies nur in Verbindung mit der gesamten geschichtlichen Bewegung sein. Um die Voraussetzung hierfür zu klären, ist die Kenntnis der je eigenen individuellen sowie der gesellschaftlichen Konstitutionsbedingungen nötig, so daß deren notwendige historische Aneignung am Beginn des Bildungsdenkens anzusetzen hat« (Sünker 1989: 462). Die politische Konkretisierung hiervon finden wir bei Willis in seinem Aufruf, Bewußtwerdung mit Machtbildung zu verbinden. Politische Organisationen und Berufsverbände sind notwendig, um langfristig strukturelle Veränderungen zu erreichen (Willis 1977: 187 f.).
In dieser Hinsicht müßten es vor allem progressive Fachverbände von Lehrkräften sein, die Anforderungen an die Organisation und den Inhalt von Bildung stellen, und zwar nicht nur aufgrund der Konsequenzen für ihre eigenen Arbeitsbedingungen, sondern auch der Möglichkeiten wegen, die sie bieten, um die Emanzipation der Schüler mit der schwächsten gesellschaftlichen Position zu fördern. Leider wird diese politische Perspektive auch in den

Niederlanden unterschätzt, da die Gewerkschaften der Lehrkräfte mehr an den formellen Arbeitsbedingungen der Lehrkräfte (wie Belohnung, Arbeitszeit, Rechtslage) als an den Bildungsinhalten und den damit verbundenen Chancen der Schüler interessiert sind (Valkenburg und Coenen-Hanegraaf 1987: 36-41, 68-72).
Als dritten und letzten Punkt möchte ich nach Möglichkeiten fragen, die die Menschen selbst für emanzipatorisches Lernen außerhalb des offiziellen Bildungssystems, manchmal jedoch mit Unterstützung aus dem System, schaffen. Wenngleich solche Initiativen nicht direkt zu strukturellen Veränderungen der Gesellschaft führen, können sie doch sehr wichtig sein für Emanzipationsprozesse auf individueller Ebene. Für die Niederlande kann ich eine Reihe von mehr oder weniger erfolgreichen Initiativen nennen. Ein Beispiel ist eine Schule, gegründet durch die Frauenbewegung und die Gewerkschaft, die geringqualifizierte arbeitslose Frauen und wieder in das Berufsleben eintretende Frauen für qualifizierte Stellungen ausbildet, in denen vorrangig Männer arbeiten und für die es eine Nachfrage von Unternehmen gibt (Leisink und Valkenburg 1988). Ein anderes Beispiel sind die Niederländisch-Kurse am Arbeitsplatz, die auch auf Initiative der Gewerkschaften entstanden sind und in denen ausländische Arbeitnehmer während der Arbeitszeit und ohne Einkommensabzüge die Möglichkeit haben, Niederländisch zu lernen in Verbindung mit Themen, die Einsicht verschaffen in ihre Position als Arbeitnehmer (Van Berkel und De Wit 1988). Kennzeichnend für diese Initiativen ist, daß sie auf die Verbesserung der Position von Gruppen in marginaler gesellschaftlicher Position ausgerichtet sind. Ein anderes Kennzeichen ist, daß diese Initiativen oft von Organisationen mitgetragen werden, die gesellschaftliche Emanzipation anstreben und dafür nicht nur einen langfristigen politischen Kampf führen, sondern auch konkrete Einrichtungen hier und jetzt bieten wollen. Aus dem Funktionieren und den Ergebnissen solcher Initiativen kann jedoch auch etwas gelernt werden über die Art, in der das gesamte Bildungssystem zur Reduzierung sozialer Ungleichheit beitragen könnte.
Die drei Punkte, die ich genannt habe, werden, unabhängig davon, wie wertvoll sie der Leser einschätzt, ein gewisses Maß an Enttäuschung hervorrufen, da sie nicht die Umrisse einer »grand theory« von Bildung und gesellschaftlicher Emanzipation liefern. Abgesehen von der Tatsache, daß ich einen solchen Anspruch

nicht erhebe, bin ich auch der Meinung, daß die heutige politische Situation große Theorieentwürfe aus der Perspektive der Sozialwissenschaften problematisch macht. Ja die Enttäuschung, die progressive Wissenschaftler bei der Entdeckung der realen Situation in den osteuropäischen, ehemals »realsozialistischen« Ländern erfahren haben, als auch der Machtverlust der alten Arbeiterparteien und Gewerkschaften in den meisten westeuropäischen Ländern machen »grand theories« über gesellschaftliche Transformation zu diesem Zeitpunkt zu trügerischen Illusionen. Das bedeutet nicht, daß der Einsatz für Solidarität und Emanzipation nicht mehr aktuell wäre, wohl jedoch, daß aus der konkreten Alltagssituation erkennbare Perspektiven und Anknüpfungspunkte entwickelt werden müssen.

Literatur

Adriaansens, H. P. M. (1989), *Arbeid en burgerschap: een nieuwe dimensie*, Utrecht.
Atkinson, J. (1985), »Flexibility: Planning for an Uncertain Future«, in: *Manpower Policy and Practice*, Band 1.
Berkel R. van/T. Hindriks (1991), *Uitkeringsgerechtigden en vakbeweging*, Utrecht.
Berkel, R. van/T. de Wit (1988), »Niet bij taal alleen...«, in: *Landelijke Werkgroep Nederlands op de Werkvloer*, Beekbergen.
Bourdieu, P./J. Passeron (1977), *Reproduction: In Education, Society and Culture*, London.
Bowles, S./H. Gintis (1976), *Schooling in Capitalist America*, London.
Coenen, H. M. J./R. van de Winkel (1988), *Onderwijs en arbeidsmarkt gecoördineerd? Knelpunten in de grafische sector in de provincie Utrecht*, Utrecht.
Dercksen, W. J./E. W. van Luijk/P. den Hoed (1990), *Werkloosheidsbestrijding in Amsterdam, Rotterdam, Den Haag en Utrecht*, Den Haag.
Elfring, T./R. C. Kloosterman (1989), *De Nederlandse ›Job Machine‹. De snelle expansie van laagbetaald werk in de dienstensector, 1979-1986*, Amsterdam.
Engbersen, G. (1970), *Publieke Bijstandsgeheimen. Het ontstaan van een onderklasse in Nederland*, Leiden/Antwerpen.
Fend, H. (1974), *Gesellschaftliche Bedingungen schulischer Sozialisation*, Basel.

Giddens, A. (1984), *The constitution of society*, Cambridge/Oxford.

Hoof, J. J. van (1987), *De arbeidsmarkt als arena*, Amsterdam.

Huijgen, F. (1989), *De kwalitatieve structuur van de werkgelegenheid in Nederland, deel III*, Den Haag.

Kemenade, J. A. van (Red.) (1981), *Onderwijs: bestel en beleid*, Groningen.

Kern, H./M. Schumann (1984), *Das Ende der Arbeitsteilung?*, München.

Kloosterman, R. C./T. Elfring (1991), *Werken in Nederland*, Schoonhoven.

Kroft, H./G. Engbersen/K. Schuyt/F. van Waarden (1989), *Een tijd zonder werk*, Leiden/Antwerpen.

Kruyt, A./W. Fleuren (1990), »Juridische aspecten«, in: H. B. Entzinger/P. J. J. Stijnen (Red.), *Etnische minderheden in Nederland*, Meppel/Heerlen.

Leisink, P./B. Valkenburg (1988), *Die Gewerkschaften und marginale Gruppen auf dem Arbeitsmarkt*, Bremen.

Lijphart, A. (1968), *The politics of accomodation: pluralism and democracy in the Netherlands*, Berkeley.

Meyers, F. (1983), *Van ambachtschool tot LTS*, Nijmegen.

Ministerie van Onderwijs en Wetenschappen (1991), *Profiel van de 2e fase voortgezet onderwijs*, Den Haag.

OECD (1989), *Employment Outlook 1989*, Paris.

OESO (1991), *Economic Outlook 1991*, Paris.

OSA (Organisatie voor Strategisch Arbeidsmarktonderzoek) (1990), *OSA-Rapport 1990 Arbeidsmarktperspectieven*, Den Haag.

Reubsaet, Th. (1990), »Arbeidsmarkt en arbeidsbestel«, in: H. B. Entzinger und P. J. J. Stijnen (Red.), *Etnische minderheden in Nederland*, Meppel/Heerlen.

Scholtz, H. A. A. (1987), »Nieuwe technologieën; de kloof tussen vooropleiding en beroepspraktijk«, in: *Tijdschrift voor Arbeidsvraagstukken*, Jg. 3, Nr. 1.

Schouten, W. J. C. (Red.) (1977), *Ach meneer, zu kunnen tegenwoordig geen hamer meer vasthouden*, Scheveningen.

Schumann, M./M. Baethge/U. Neumann/R. Springer (1988), *Trendreport on industrial rationalization*, Amsterdam.

SCP (Sociaal en Cultureel Planbureau) (1990), *Sociaal en Cultureel Rapport 1990*, Rijswijk.

Sünker, H. (1989), »Heinz-Joachim Heydorn: Bildungstheorie als Gesellschaftskritik«, in: Hansmann, O./Marotzki, W. (Hg.), *Diskurs Bildungstheorie II: Problemgeschichtliche Orientierungen*, Weinheim.

SZW (Ministerie van Sociale Zaken en Werkgelegenheid) (1991a), *Rapportage Arbeidsmarkt 1991*, Delft.

SZW (1991b), *Notitie werkgelegenheids- en arbeidsmarktbeleid*, Den Haag.

Tijdelijke Adviescommissie Onderwijs-Arbeidsmarkt (1990), *Onderwijs – Arbeidsmarkt: Naar een werkzaam traject*, Alphen aan den Rijn.

Valkenburg, B./M. Coenen-Hanegraaf (1987), *Basisvorming voor alle leerlingen?*, Utrecht.
Watts, A. G. (1984), *Education, Unemployment and the Future of Work*, Milton Keynes.
Wetenschappelijke Raad voor het Regeringsbeleid (1986), *Basisvorming in het onderwijs*, Den Haag.
Wetenschappelijke Raad voor het Regeringsbeleid (1990), *Een werkend perspectief*, Den Haag.
Willis, P. (1977), *Learning to labour*, Aldershot.
Wood, S. (Hg.) (1989), *The transformation of work?*, London.

Dieter Misgeld
Pädagogik und Politik:
Wider eine postmoderne Wende
in der Kritischen Pädagogik

> Philosophie, wie sie im Angesicht der Verzweiflung einzig noch zu verantworten ist, wäre der Versuch, alle Dinge so zu betrachten, wie sie vom Standpunkt der Erlösung aus sich darstellten. Erkenntnis hat kein Licht, als das von der Erlösung her auf die Welt scheint: alles andere erschöpft sich in der Nachkonstruktion und bleibt ein Stück Technik. Perspektiven müßten hergestellt werden, in denen die Welt ähnlich sich versetzt, verfremdet, ihre Risse und Schründe offenbart, wie sie einmal als bedürftig und entstellt im Messianischen Licht daliegen wird. Ohne Willkür und Gewalt, ganz aus der Fühlung mit den Gegenständen heraus solche Perspektiven zu gewinnen, darauf allein kommt es dem Denken an.
>
> (Theodor W. Adorno, *Minima Moralia. Reflexionen aus dem beschädigten Leben*)[1]

Von der Erziehung ist in allen Gesellschaften stets viel erwartet worden. Seien es die nationalstaatlichen oder internationalen Organisationen, die ehemaligen kommunistischen Staaten oder die nach dem zweiten Weltkrieg von den Vereinigten Staaten geförderte ›reeducation‹, seien es Gruppen bzw. Parteien der »Linken«, »Rechten«, »Mitte« – die Erziehung wird immer dann beschworen, wenn man sich Unterstützung für ein spezielles gesellschaftliches, kulturelles oder politisches Vorhaben sichern will. Das gilt besonders in Krisenzeiten. Und bekanntlich findet in den Vereinigten Staaten augenblicklich eine heftige Debatte über Versäumnisse und Unzulänglichkeiten des Erziehungssystems in diesem

---

[1] Th. W. Adorno, *Minima Moralia. Reflexionen aus dem beschädigten Leben*, Frankfurt/M. 1971.

riesigen Land statt, die eine Vielzahl offizieller und inoffizieller Reaktionen provoziert hat.[2] Wie es scheint, macht sich jedermann um die Qualität der Erziehung Sorgen, denn wenn die Erziehung versagt, wird mit schlimmen Folgen gerechnet.
Gegenwärtig hat diese Furcht vor erzieherischem Versagen gewöhnlich einen Verlust der Wettbewerbswirtschaftskraft zum Inhalt. Während immer größere Handelsblöcke gebildet werden und die Weltwirtschaft zwischen ihnen aufgeteilt wird, werden – so die Vorstellung – in Zukunft nur diejenigen Länder von Bedeutung sein, denen es gelingt, Wettbewerbs- und Überlebensfähigkeit herzustellen oder die es schaffen, durch Erzeugung der Fertigkeiten und Fähigkeiten zu überleben, die zum Überleben eines Landes im Wirtschaftswettbewerb erforderlich sind. Dem Bildungswesen ist diese Aufgabe der Bereitstellung einer genügend großen Zahl ausreichend ausgebildeter Menschen aus den Teilen der Bevölkerung zugewiesen, die in der Lage sind, auf die neuen rauhen Bedingungen des globalen ökonomischen Wettbewerbs zu reagieren.
Das Ende des Kalten Krieges und der Rückzug der Sowjetunion von dem Versuch, ihren weltweiten Einfluß (oder ihren Herrschaftsbereich) durch militärische Mittel aufrechtzuerhalten, hat zur Folge gehabt, daß sich eine Vielzahl von Überzeugungen, die einst mit der Entstehung des modernen Zeitalters einhergingen und vor dem kürzlichen Ende der globalen Konfrontation der Supermächte immer noch präsent waren, auflösten: diese Überzeugungen hatten den sozialen Fortschritt zum Inhalt. Wir können mit dem alten Begriff »Emanzipation« auf sie verweisen: Emanzipation aus natürlichem Mangel und sozialer Ungerechtigkeit, aus der Unerbittlichkeit des Lebens, die durch naturgegebene Bedingungen und ungeeignete soziale Reaktionen darauf diktiert wird, und letztendlich Emanzipation aus spezifischen Formen sozialer Ungerechtigkeit wie z. B. Klassenunterdrük-

2 Vgl. z. B. A. Bloom, *The Closing of the American Mind*, New York: Simon and Schuster, 1987 und die Literaturdiskussion des Philosophen J. Searle in: »The Storm Over the University«, *New York Review of Books*, Vol. XXXVII, 6. 12. 1990. Searles Aufsatz ist an sich informativ. Darüber hinaus indiziert er eine wohlüberlegte Position zur amerikanischen Universitätserziehung, obwohl häufig der Eindruck entsteht, daß er einige der jüngsten und radikaleren Meinungen falsch darstellt oder mißverstanden hat.

kung, Kolonialunterdrückung und Geschlechterunterdrückung.³

In all diesen Fällen sollten Erziehung und Bildung anspornende Kräfte sein: 1. Das Wissen sollte die Menschheit in einen Zustand der Überlegenheit über die und Beherrschung der Natur versetzen, wie es bereits Francis Bacon vorausgesehen hatte, den Dewey als den wahren Vorgänger des Vertrauens des modernen, pragmatischen Philosophen des zwanzigsten Jahrhunderts auf eine praktische und interventionistische Lebenseinstellung gelobt hatte.⁴ 2. Wissen und Erziehung sollten »dem Arbeiter« zu Marx' Zeit und in der folgenden Arbeiterbewegung helfen, das Streben nach Gerechtigkeit und nach Gleichheit mit den einflußreicheren Klassen zu entwickeln.⁵ 3. Erziehung und Bildung sollten eine Hauptkraft im Prozeß der Entkolonialisierung, d. h. der Lösung des westeuropäischen Würgegriffs auf die Entwicklung in den Kontinenten Asien, Afrika und Lateinamerika sein.⁶ 4. Erziehung und der Eintritt von immer mehr Frauen in die Hochschulbildung sollen einen Zustand der Gleichheit der Geschlechter begründen; das ist die Position des Feminismus und war die Position derjenigen, die für die Emanzipation der Frauen kämpften. Im Falle der Frauen

---

3 Diese Formen der »Unterdrückung« und ihrer Kritik machen weitgehend den Inhalt der neuen Schule kritischer Pädagogik aus, wie sie von Autoren wie H. Giroux und anderen dargestellt wird. Ich wende mich ihren Werken in der folgenden Diskussion zu. Das klassische Quellenwerk über kritische Pädagogik ist von P. Freire, *Pedagogy of the Oppressed*, New York: Herder and Herder, 1970. Es muß in Erinnerung gerufen werden, daß Freire von einem definitiven Zusammenhang und einer definitiven Stellung der Dritten Welt spricht und daß er seine Bildungsphilosophie vor dem Hintergrund einer sehr praktischen Bemühung entwickelt: der Kämpfe für eine Bildung in verschiedenen Ländern Lateinamerikas.

4 Vgl. J. Dewey, *Reconstruction in Philosophy*, Boston: Beacon Press, 1948.

5 Die Entwicklung der Erwachsenenbildung in den angloamerikanischen Ländern könnte mit diesem Prozeß sozialer Mobilisierung verbunden sein.

6 In den Werken von Theoretikern der Dritten Welt findet man seit 1950 (und einige Zeit früher) viele Hinweise, in denen die Erziehung als eine soziale Mobilisierungskraft dargestellt ist: bei Mahatma Gandhi und Jawaharal Nehru (Indien), Mao Tse Tung (China), Hamilcar Cabral und Julius Nyerere (Afrika) oder bei den lateinamerikanischen Revolutionsbewegungen (Che Guevara, P. Freire und den Befreiungstheologen).

war die Bildung in der Tat als treibende Kraft für die Emanzipationsbewegung deshalb wichtig, weil Frauen die Fähigkeit abgesprochen wurde, wie Männer zu erkennen – ihnen wurde die Fähigkeit der »Vernunft« abgesprochen.[7]
Ohne den begrifflichen Spielereien und der gewollt frivolen Einstellung vieler Vertreter der Postmoderne gegenüber diesen kraftvollen Überzeugungen der jüngsten Geschichte der Modernität nachzugeben, können wir jedoch nicht umhin festzustellen, daß die Kraft und Entschlossenheit, die sie einst verkörperten, zerfallen.
Es gibt jetzt eine »Vielzahl« von Überzeugungen in der Welt[8], von denen die naiv gepriesene Vielfalt der Differenzen lediglich eine schwache und romantisch verfärbte Ähnlichkeit repräsentiert: Die Vielzahl der »Überzeugungen«, auf die ich mich beziehe, ist eine der vielen Versionen von Ungewißheit, Selbstzweifel und Verwirrung, die mit der Entschlossenheit einhergehen, Vorteile ohne wirkliche Zufluchtnahme zu Überzeugungen aufrechtzuerhalten.
Jürgen Habermas und seine postmodernistischen Opponenten haben beide recht. Wir leben in einem Zeitalter des Schwindens utopischer Energien.[9] Wir könnten sogar in einem Zeitalter leben, innerhalb dessen das gesamte Profil der Modernität, von der ich gesprochen habe, zerfällt. Tut es das jedoch, so geschieht dies

7 Dieses Thema tritt in vielen Werken in der feministischen Theorie auf. Meines Wissens wurde es erstmals während des 17./18. Jahrhunderts von Mary Wollstonecraft in England öffentlich zum Ausdruck gebracht.
8 Vgl. S. Miedema, *Plurality, Pedagogy and Democratic Citizenship: Notes on Political Pedagogics*. Konferenzvortrag. Second Invitational International Conference, Utrecht, August 1991. Miedema verweist auf Habermas' Argument, daß die Pluralisierung einer Divergierung der Welt der Diskurse eine integrale Erfahrung ist, die während des modernen Zeitalters gemacht wurde und die nicht als eine Art einheitlicher Weltsicht, selbst einer »wissenschaftlichen« nicht, zurückgenommen werden kann. Er verweist ebenfalls auf den von Habermas erhobenen Anspruch, daß die Konzeptionen über eine Staatsbürgerschaft mit den universalen Prinzipien des modernen konstitutionellen Staates verknüpft bleiben müssen. Vgl. J. Habermas, *Staatsbürgerschaft und nationale Identität. Überlegungen zur europäischen Zukunft*, unveröffentlichtes Manuskript, 1991.
9 Vgl. J. Habermas, *Die Neue Unübersichtlichkeit*, Frankfurt: Suhrkamp, 1989.

ebenfalls mit den meisten unserer vorherrschenden und lange Zeit geschätzten Ideen der Erziehung.

Im Gegensatz zu der Erwartung John Deweys, die auf die Wende des vergangenen Jahrhunderts sich bezog, daß Erziehung vorrangig Schauplatz oder Vehikel der Sozialreform sein würde (und könnte), müssen wir diesen Glauben jetzt aufgeben. Er kann nicht aufrechterhalten werden, da die Erwartungen über die Möglichkeit des Fortschritts zerfallen. Und man kann kaum damit rechnen, daß sie überleben werden. Warum ist das so?

Fortschrittserwartungen im großen Maßstab sind gewöhnlich während des modernen Zeitalters unter Verweis auf die Freisetzung von Fähigkeiten zur Beherrschung der natürlichen Umwelt durch die Entwicklung des Wissens definiert worden. Die soziale Emanzipation, das heißt die Überwindung von Gewalt und Leid im menschlichen Leben galt in dem Maße als erreichbar, wie Techniken und Technologien erfunden wurden, welche Bedingungen von materieller Sicherheit und Komfort für eine ständig wachsende Zahl von Menschen zu schaffen gestatteten. Für die Aufklärung waren diese Ergebnisse mit der Weiterentwicklung des Wissens, d. h. der Kenntnis der natürlichen Welt sowie der Gesellschaft, und der Fähigkeiten des Einzelmenschen zumindest teilweise erzielbar.[10]

Entwicklung ist ein Ausdruck, der all diese Bestrebungen in sich sammelt. Entwicklung diente und dient immer noch als Brennpunkt für alle Versuche in modernen und sich modernisierenden Gesellschaften, zuvor unbekannte Möglichkeiten, verborgene Fähigkeiten und noch zu verwertende Energien zu entdecken und zu benutzen. In unserer Zeit hat sich Entwicklung entlang des riesigen globalen Maßstabs auf den Vorrang der wirtschaftlichen Erschließung verkürzt.

Es wird damit gerechnet, daß die soziale und politische sowie die individuelle psychosoziale Entwicklung assimilativ nachfolgen werden. Zumindest ist das die Perspektive, die von überaus mächtigen internationalen Organisationen für ganze Gesellschaften

10 Vgl. M. Horkheimer/Th. W. Adorno, *Die Dialektik der Aufklärung*, Amsterdam: Querido, 1944. Dieser Text ist noch einmal höchst bedeutungsvoll in der jüngsten nordamerikanischen Debatte über Modernität und Postmodernität geworden. Vgl. Horkheimer/Adorno: *Dialectic of Enlightenment*, übersetzt von John Cumming, New York: Seabury Press, 1972.

entwickelt worden ist. Die wirtschaftliche Entwicklung hat insofern Vorrang, als jene Organisationen in Weltangelegenheiten die Oberhand behalten, die darauf ausgerichtet sind, die Entwicklung aus der Perspektive der Nationalökonomien so zu regulieren und zu kontrollieren, daß die wirtschaftliche Regulierung der Entwicklung menschlicher Angelegenheiten[11] an allererster Stelle steht und auch stehen muß.

Kritiker dieser Position seit Hegel und Marx (oder sogar noch früher) haben gegen diese einseitige Sichtweise argumentiert. Sie haben sie jedoch häufig als Maßstab für Fortschritts- oder Entwicklungsdimensionen benutzt, die als sie selbst transzendierend beschrieben werden: dies sind die Dimensionen demokratischen und soziokulturellen Fortschritts oder moralischer und politischer Entwicklung; kurz gesagt von Emanzipation, um eine ziemlich altmodische Terminologie zu benutzen.[12]

Somit sind unsere Vorstellungen von Fortschritt und Entwicklung während des zwanzigsten Jahrhunderts in zunehmendem Maße zusammengeschrumpft und von der älteren Aufklärungsansicht

[11] Jeder Student, der sich mit der kritischen Literatur über die Entwicklung der Dritten Welt befaßt, wird auf zahlreiche Kritiken an den Entwicklungsmodellen treffen, die entweder der Weltbank oder dem Internationalen Währungsfond anhaften. Hier lohnt es sich, zum Beispiel die Ausgaben des *Report on the Americas* (herausgegeben von dem North American Congress on Latin America, NACLA, in New York) zu studieren, um den Einfluß dieser Institutionen auf die lateinamerikanischen Gesellschaften während der letzten zwei Jahrzehnte zu verfolgen.

[12] Folglich könnte man argumentieren, daß Habermas in der *Theorie des Kommunikativen Handelns* (Frankfurt: Suhrkamp, 1981) den Versuch unternimmt, die Notwendigkeit für eine kommunikative Rationalisierung der Lebenswelt zu schaffen, denn seiner Ansicht nach besteht für sie die Notwendigkeit, mit der ökonomisch und administrativ »verfahrenden« Systemrationalisierung Schritt zu halten. Dieses ist ein altes Thema in Habermas' Werk. Es beruht auf Marx und Dewey und bringt die Sichtweise mit sich, daß die kommunizierenden Staatsbürger der »entwickelten« Gesellschaften der nördlichen Hemisphäre die Verantwortung für den Prozeß der sozialen Entwicklung übernehmen müssen. Habermas' ganze Theorie scheint so ausgerichtet zu sein, die defätistischen Sichtweisen kultureller Pessimisten als auch andere, die sich von der Modernität verabschieden wollen und die, aufgrund der zahlreichen Probleme, nicht die während dieser historischen Epoche gewonnenen Vorteile sehen wollen, abzulehnen.

weggeleitet worden, daß der Fortschritt die Entwicklung des Wissens auf breiter Basis erfordert. Die ältere Auffassung, daß der Erwerb von Wissen Emanzipation, d. h. den Sieg von Vernunft und Rationalität über Ignoranz und Furcht bedeutet, wird durch den Glauben ersetzt, daß wirtschaftlicher Fortschritt zuerst kommen müsse. Somit wird die einst unaufhebbare Verbindung zwischen Emanzipation und Wissen abgetrennt. Wissen und sein Erwerb oder kritische Einsicht und Verstehen sind nicht mehr bzw. sogar weniger erwünscht als das Wissen, welches der wirtschaftlichen Entwicklung dient oder von dem angenommen wird, daß es dies tut. Deshalb haben Fertigkeitstraining und technisches Können im Rahmen der ausdifferenzierten Bildungsplanung sowie die Managementformen, die man für diese Form der Erziehung für nötig erachtet, oberste Priorität.[13]

Daher ist es falsch und ein nicht tolerierbarer Fehler zu behaupten, wir lebten in einem ›postmodernen Zeitalter‹ und Erziehung und Bildung hätten ebenfalls ›postmodern‹ zu werden.[14] Wir erliegen dann der Illusion, ein Prozeß sei zu Ende gegangen, der de facto erst jetzt voll anzulaufen beginnt und sich in der Tat zu einem echten Sturm auswächst: Die wirtschaftliche Entwicklung muß um jeden Preis aufrechterhalten werden, die Modernität und ihr Versprechen der Emanzipation müssen darauf zurückgeführt werden. Und somit muß das Versprechen der universellen Emanzipation, dem soviel vom modernen Zeitalter zugrunde liegt – zumindest da es in Europa und Nordamerika seinen Ursprung hatte – ein letztes Mal gehalten werden.

Die Verfolgung dieser Schimäre von Fortschrittsideal hat jedoch

13 Zur Diskussion dieses Gegenstandes vgl. H. Giroux, *Schooling for Democracy: Critical Pedagogy in the Modern Age*, London: Routledge, 1989; D. Misgeld, »Education and Cultural Invasion: Critical Theory, Instructional Objectives and the Pedagogy of the Oppressed«, in: J. Forster (Hg.), *Critical Theory and Public Life*, Cambridge, Mass.: MIT Press, 1985; D. Misgeld, »Moral Education and Critical Theory. From the First World to the Third World«, in: W. Kurtines/J. Gewirth (Hg.), *Handbook of Development and Moral Behaviour*, Hillsdale, N.J.: L. Erlbaum and Associates, 1991.

14 Vgl. H. A. Giroux/S. Aronowitz, *Postmodern Education. Politics, Culture, and Social Criticism*, Minneapolis: University of Minnesota Press, 1991, S. 20-22; H. A. Giroux (Hg.), *Postmodernism, Feminism, and Cultural Politics. Redrawing Educational boundaries*, Albany, New York: SUNY Press, 1991, S. 2.

wenig mit der älteren Idee der universellen Emanzipation aus Bedürftigkeit, Leid und Ungerechtigkeit gemein. Um uns herum zerbröckeln die Bedingungen, die dazu geführt haben: Die Weltbevölkerung wächst exponentiell, und mit ihr Hunger, Hungertod, Krankheit, Unterernährung, Kindersterblichkeit, die unmenschliche Behandlung von Frauen und die Verrohung des Familienlebens. Immer größere Ströme von Menschen wandern aus und suchen Zuflucht und nehmen die bereits dürftigen, für humanitäre Hilfe vorgesehenen finanziellen Mittel bis zum äußersten in Anspruch.[15]

Alte Epidemien kommen zurück und neue entstehen. Die Auszehrung des Bodens, das Abholzen der Wälder und der Abbau von Bodenschätzen gehen unvermindert weiter.[16]

Die Brutalität zwischen Menschen und Staaten nimmt zu, und das schon seit geraumer Zeit. Eine große Zahl junger, sich zurückziehender und fliehender irakischer Soldaten wurden gnadenlos verbrannt, und die Welt betrauert sie nicht einmal.

Die Lebensbedingungen in den größten Städten werden unerträglich; viele dieser Städte zerfallen, und für viele Menschen wird das Leben in ihnen brutal und kurz.

Die fortschrittlichen Ideologien der Modernität, von Demokratie und Liberalismus bis hin zu Sozialismus und Kommunismus, sind zu leeren, leblosen Hüllen ehemals begeisternder Ideen degeneriert. Es geschieht selten, daß ein Volk immer noch zu einem großen Kampf in seinem eigenem Interesse motiviert würde. Das Wissen ist zu einer Industrie, die Universitäten sind zu Zentren von häufig exklusiven, in sich selbst vertieften Gesprächen und berufsmäßig ausgeübter Kommunikation geworden, während sich die Mehrzahl der Schulen unter dem Ansturm immer neuer Versuche, ihnen die Aufgabe zuzuweisen, das zu tun und zu errei-

[15] Man muß nur den Blick auf verschiedene Reports über internationale Hilfsorganisationen richten, die sich mit der Hilfe für Flüchtlingslager befassen, mit dem Ziel, einen Eindruck über das Ausmaß des Durcheinanders und den Aufruhr, um den es geht, zu bekommen. Ihr Ausmaß ist seit dem Ende des Kalten Krieges größer und nicht geringer geworden.

[16] Dokumentationen, die das Ausmaß der Zerstörung menschlichen Lebens während des Golfkrieges aufzeigen, sind nun zusammengestellt worden für das International War Crimes Tribunal, an dessen Spitze der ehemalige amerikanische Generalstaatsanwalt Ramsey Clark steht.

chen, was dem Rest der Gesellschaft nicht zu tun und zu erreichen gelingt, hin- und herwindet und in der Tat häufig zugrunde gerichtet wird.[17]
So ist es um uns bestellt: Es besteht die Wahrscheinlichkeit, daß wir uns noch nicht dagewesenen Formen von Zerstörungswut gegenübergestellt sehen, so wie man bereits neue und entsetzliche Formen der Verrohung neben bereits gut bekannten vorfindet. Als Mitglieder moderner Gesellschaften, nahe daran, uns in einer Serie von richtungslosen Reaktionen auf immer schrecklichere Gefahren zu verlieren, müssen wir uns dem ernüchternden Gedanken stellen, daß das Ende des modernen Zeitalters uns noch eine lange Zeit begleiten könnte, ein langwieriger Prozeß der Rückgängigmachung dessen, was gerade erst geschaffen werden sollte – wie viele dachten –: einer globalen Gesellschaft des Überflusses und der Gerechtigkeit. Darauf können wir nicht mehr hoffen.
Was ist also die Aufgabe der Erziehung für unsere Zeiten, für eine Zukunft der soeben beschriebenen Art?
Ist es möglich zu erziehen und einem Aufruf zu dieser Unternehmung Würde und Wert zu verleihen, wo es doch so wenig zu hoffen gibt und die begeisternden Ideale und Bestrebungen der Modernität ihre Kraft erschöpft haben?
Welches sind die Möglichkeiten, die angerufen und zu einem Ver-

17 H. Giroux' Vorschlag zur Schulreform, »Stätten« eines kritischen Diskurses in ihnen zu schaffen oder jener Vorschlag, der die Lehrerausbildung betrifft, sie entstammen beide der Annahme, daß Schulen die Hauptfunktion bei der Rekonstitution und der Rekonstruktion der Gesellschaft zukommt. Auf diese Weise setzt er die Tradition des Amerikanischen Progressismus' seit John Dewey fort. Er vermeidet jedoch die Frage, welche Veränderungen in der amerikanischen Gesellschaft erforderlich sind, damit Schulen (und Lehrer) befähigt werden, diese neue und sehr fordernde Aufgabe durchzuführen. Bis zu welchem Grad, zum Beispiel, können Schulen den Kampf gegen Rassismus austragen, wenn die ganze Umwelt ihnen mit Heftigkeit und Deutlichkeit in härtester Weise auf dieses katastrophale Problem in der amerikanischen Gesellschaft antwortet. Giroux konzentriert sich nicht hinreichend darauf, eine breit angelegte politische Bewegung zu schaffen, die auch eine Bildungsreformbewegung mittragen könnte. Er hinterläßt ein für die nordamerikanische Bildung endemisches Problem, daß die Bildungsinstitutionen die Hauptlast der Sozialreform zu tragen haben – anstatt der Politik sowie politischer und ökonomischer Institutionen.

sprechen eines zukünftigen Lebens für Menschen in einer Welt werden können, die von solchen folgenschweren Problemen überhäuft ist und sich Formen der Verrohung gegenübergestellt sieht, die uns um so schmerzlicher belasten, als soviel getan worden ist, um das Leben für viele Menschen friedlicher, gerechter und sogar erfreulicher zu machen?

Welches sind die Gründe der Hoffnung, wenn es – gemessen an den Ereignissen und Problemen unserer Zeit – so wenig auf der Welt gibt, was Hoffnung erweckt? Das ist eine alte Frage, und ich schlage vor, daß wir auf sie zurückgehen müssen. Wir müssen auf eine alte Verbindung zurückgehen: Die zwischen Hoffnung und Verzweiflung, wie Adorno (in dem Zitat zur Einführung in diesen Essay) sie erkannte. Meines Erachtens stand sie in einigen religiösen Traditionen im Zentrum der Überzeugungen. Religiöse Gedanken und religiöse Erfahrung haben von der Verbindung, von der fundamentalen Verknüpfung zwischen Hoffnung und Verzweiflung gewußt, denn sie haben die Beziehung zwischen Leben und Tod oder Sterblichkeit und Auferstehung reflektiert – eine Tatsache, der sich nach-christliche und nach-jüdische Philosophen wie Benjamin, Adorno und Heidegger sehr wohl bewußt waren. Es ist die Pflicht derjenigen von uns, die mit Erziehung befaßt sind, diese Frage zu behandeln und dies als säkulare Individuen oder als Forscher und Erzieher zu tun, die in einer säkularen Umwelt und gemäß ihren Regeln arbeiten. Mit diesem Problem stehen wir einer Kernfrage gegenüber, die zu umgehen die moderne Geschichte und das moderne Denken so oft versuchte: Sozialismus und Liberalismus, Pragmatismus und Marxismus, der Glaube an Wissenschaft und Entwicklung – sie haben sämtlich danach getrachtet, menschliche Sterblichkeit und Endlichkeit zu vermeiden. Es ist widerspenstigen und quasireligiösen Philosophen des individuellen Protests wie z. B. des Existentialismus überlassen worden, sich mit dieser Angelegenheit zu befassen. Dies ist jedoch nicht der Ort, wo das Thema der Hoffnung und Verzweiflung verbleiben kann. Auch wird es nicht helfen, einfach zu versuchen, sich mit all den Besorgnissen zu identifizieren, auf die als die kritischen Fragen angespielt wurde, die durch die »kulturelle Linke«[18] aufgeworfen wurden, die Streitfragen des unleugbar existierenden Rassismus und Sexismus, der Menschen-

---

18 Vgl. den Aufsatz von J. Searle, Anm. 2.

verachtung und vor allem der massiven Verarmung und Ausbeutung.
Eine kritische Pädagogik zum Beispiel, die sich lediglich auf diese Streitfragen konzentriert und die – wie es in einigen Fällen geschieht – auf die Erziehung zu kritischer Staatsbürgerschaft[19], eine neue Art der öffentlichen Präsenz für diejenigen festgelegt ist, die bis an den Rand gedrängt werden oder niemals ein Mitspracherecht erhalten haben, diese Art der Pädagogik – so nützlich sie auch ist – läßt drei überaus wichtigen Erwägungen keine Gerechtigkeit widerfahren:

1. Sie versäumt es, von der Tatsache Kenntnis zu nehmen, daß die Mehrheit der Bevölkerungen in vielen Ländern, eine erhebliche Zahl von Ländern in der Dritten Welt inbegriffen, eine Erziehung (formelle Erziehung) erwartet, die ihnen dabei helfen soll, ihre sozio-ökonomische Stellung – oder zumindest die ihrer Kinder zu verbessern.
2. Ein Bildungsansatz, verkörpere er eine Theorie oder einen Plan für eine praktische Reform, verdammt sich selbst zum Scheitern, wenn er keinen Platz für diese Bestrebungen findet. So erwarten beispielsweise Einwanderer der Arbeiterklasse in Nordamerika und z. B. spanische oder nordafrikanische, türkische und osteuropäische »Gastarbeiter« und umgesiedelte Einzelpersonen und Familien in Westeuropa eine Erziehung, die ihnen dabei hilft, ihre soziale Stellung zu festigen.
3. Es ist absolut sinnlos zu versuchen, sie in der Weise zu »politisieren«, daß sie in erster Linie auf Streitfragen des Sexismus und Rassismus reagieren. Sie werden das einfach nicht tun, solange sie etwas Hoffnung haben, eine bessere und sicherere Zukunft zu erreichen. Die mit der Einwanderung verbundenen Opfer, der Verlust einer angestammten Heimat oder selbst einer Kultur werden als Investitionen in eine Zukunft gesehen, die daher eine Entschädigung für die erlittene Verluste und gebrachten Opfer bereitstellen muß. Es ist unsinnig und naiv, solche grundlegenden Mechanismen und Muster des menschlichen Verhaltens und der menschlichen Sehnsucht zu ignorieren.

Daher ist die einzige Politik, auf die sich eine kritische Pädagogik festlegen kann, eine sozialdemokratische: ein Projekt sozialer Reform und Veränderung, welches das aus jüngsten historischen

---

19 Vgl. H. Giroux, *Schooling for Democracy*, a.a.O.

Erfahrungen in Westeuropa, Kanada (vielleicht auch Japan) und in dem einen oder anderen Staat der amerikanischen Konföderation in groben Zügen bekannte Wohlfahrtsstaatsgleichgewicht entweder aufrechterhält oder wiederherstellt oder zum ersten Male herstellt.

Ich argumentiere für diese Position, weil:

1. in Nordamerika und Westeuropa ein Rückzug des Wohlfahrtsstaates und der damit verbundenen Politiken der sozialen Unterstützung zugunsten der Rufe nach Erneuerung des auf Wettbewerb eingestellten Kapitalismus und der freien Marktwirtschaft zu vermerken ist. Der internationale Wettbewerb zwischen großen Handelsblöcken verschlimmert diesen Zustand. Verschiedene Arten von staatlichen Unterstützungen und subtile Politiken, die einen Ausgleich und ein Gleichgewicht zwischen diversen wirtschaftlichen Interessen bereitstellen, werden jetzt in Frage gestellt oder insgesamt abgeschafft.[20] Das könnte zu zunehmenden sozialen Konflikten führen.

2. in den meisten ärmeren Ländern der Welt eine minimale Form des Wohlfahrtsstaates erheblich zum grundsätzlichen Wohlergehen ihrer Bevölkerungen und, noch häufiger, einfach zu ihrem Überleben beitragen würde. Die Betonung des internationalen Wettbewerbs, von dem die Schaffung großer Freihandelszonen nur ein Teil ist, macht das Erreichen dieses Zieles jedoch fast unmöglich.

3. die Betonung der wirtschaftlichen Wettbewerbsfähigkeit als ein grundlegender und vorrangiger sozialer Wert auf die sozialen Bewegungen Druck ausübt und es schwieriger macht, für ihre emanzipatorischen Ziele einzutreten.

Ich glaube daher, daß wir die erzieherischen Bemühungen als Versuch interpretieren sollten, den Tendenzen der Aushöhlung der fundamentalen Strukturen des »Sozialstaates« entgegenzuwirken und zu zeigen, daß die soziale Solidarität durch seine Existenz erheblich gestärkt worden war. Das ist dem Streben nach radikaleren Zielen vorzuziehen, die etwas weitaus Besseres als den wohlfahrtsstaatlichen Kompromiß und die weiterreichenden Möglichkeiten der sozialen Transformation, die er anbietet, lediglich zu versprechen scheinen.

20 Vgl. F. Block/R. A. Cloward/B. Ehrenreich/F. Fox Piven, *The Mean Season. The Attack on the Welfare State*, New York: Pantheon Books, 1987.

Um meinem Argument Kraft und Perspektive zu verleihen, werde ich das Projekt einer kritischen Pädagogik oder – wie es zuweilen auch genannt wird – einer kritischen Theorie der Erziehung ansprechen, das in den letzten Jahren durch Giroux (in erster Linie) in Zusammenarbeit mit anderen (besonders McLaren und Aronowitz) entwickelt worden ist.[21]

Erst vor ganz kurzer Zeit haben diese Vertreter der kritischen Pädagogik eine postmoderne Wende vollführt[22] – das behaupten sie jedenfalls. Es ist wichtig, sich mit diesem Projekt vertraut zu machen, da gegenwärtig kaum irgendeine andere Erziehungstheorie in Nordamerika existiert, die in den Kreisen von Erziehungstheoretikern, -forschern und sogar Lehrern größeren Beifall findet und die beansprucht, verschiedene radikal-kritische Perspektiven, die aus der Reflexion über Bildung und Erziehung hervorgegangen sind, zu sichten und zusammenzufügen. Diese Perspektiven sind diejenigen des Feminismus (teilweise), der rassischen und ethnischen Minderheiten oder aller derjenigen, die glauben, daß die vorsätzliche Vernachlässigung der Armen (und häufig auch der Unterdrückten) in der und durch die amerikanische Gesellschaft eine gefährliche und problematische Entwicklung ist.

In meinen einleitenden Bemerkungen führte ich an, daß ich es für genauso wichtig erachte, eine globale, wenn nicht sogar eine »planetarische« Perspektive auf Situationen anzuwenden, die eine erzieherische Antwort erfordern. Erst dann kann man sehen, wie problematisch die wirtschaftliche und politische Vorherrschaft der reicheren Länder werden kann. Wenn man in diesen kosmopolitischen Grundsätzen denkt, kann man schneller bestimmen, ob die Loslösung von den Traditionen des Modernismus Sinn ergibt, oder ob eine vorsichtige und desillusionierte, dennoch moralisch und politisch entschlossene Verteidigung einiger seiner Kernwerte immer noch vorzuziehen ist.

Bereits in seinem Buch: *Theory and Resistance in Education. A Pedagogy for the Opposition*[23] schlägt Henry Giroux vor, daß eine »radikale Pädagogik« (ich nehme an, daß diese Bezeichnung mit

21 Vgl. die in Anm. 4 zitierte Literatur, sowie P. McLaren/R. Hammer, »Critical Pedagogy and the Postmodern Challenge. Toward a Postmodernist Pedagogy of Liberation«, in: *Educational Foundations*, Herbst 1989, S. 29-62.
22 Vgl. insbesondere Giroux/Aronowitz, *Postmodern Education*, a.a.O.
23 Veröffentlicht von Bergin/Garvey, South Hadley, Mass. 1985.

der Bezeichnung »kritische Pädagogik« austauschbar ist) »durch einen leidenschaftlichen Glauben an die Notwendigkeit des Kampfes gestützt werden muß, um eine bessere Welt zu schaffen«.[24] Es heißt, daß man einer Vision bedarf, wenn man auf eine neue Reihe menschlicher Möglichkeiten blickt. Die Mittel dafür sind – wie man sagt – die Schaffung öffentlicher Bereiche außerhalb derjenigen, die durch die vorherrschenden Institutionen des liberalen Staates gestaltet wurden. Diese alternativen öffentlichen Bereiche finden sich in den »verschiedenen Organisationen, Clubs, kulturellen Aktivitäten und Medienproduktionen«, die von der englischen Arbeiterklasse[25] entwickelt wurden oder in der Arbeiterbildung in den Vereinigten Staaten. Und jetzt wird sie, die radikale Pädagogik, in den neueren sozialen Bewegungen weiterbetrieben (Feminismus, Antirassismus und – unter Lehrern – durch alle diejenigen, die sich für Schuldemokratie und die Einbeziehung von Randgruppen in die Kontrolle des Lehrplans und der Schulpolitik einsetzen). Die »Taylorisierung« der Arbeit der Lehrer, die zellartige, klassenzimmergebundene Form ihrer Arbeit muß herausgefordert werden. Lehrer müssen in die Gesellschaft hineinwirken und an der Formierung alternativer Erziehungskreise und Bildungsaktivitäten teilnehmen.

Die staatsbürgerschaftliche Erziehung, auf die Giroux viel Nachdruck legt, soll ein Anwendungsfeld der Zivilcourage werden[26] – das wird mit Bezug auf Agnes Heller gesagt – und sozusagen eine Praxis der antizipatorischen Argumentation: eine Argumentation, die auf neue und bessere Möglichkeiten des gesellschaftlichen Lebens ausgerichtet ist. Die Erziehung, die auf diese Einstellungen vorbereitet, welche bestehende Formen der sozialen und sogar intellektuellen Disziplin herausfordern, legt sehr viel Gewicht auf kritische Argumentation und Einsicht in strukturelle und ideologische Kräfte sowie in die Muster der sozialen Reproduktion, wobei sie gleichzeitig versucht, Formen des Widerstandes, die unter Minoritäts- und untergeordneten Studentengruppen bestehen, in die Richtung stärker koordinierter Formen politischer Aktionen zu lenken.

Somit ist klar, daß das, um was es hier geht, ein radikales politi-

24 Ibid, S. 23.
25 Ibid., S. 240. Giroux verweist hier auf die bekannte Studie von E. P. Thompson, *The Making of the British Working Class*.
26 Giroux, *Schooling for Democracy*, a.a.O., S. 59/60.

sches Projekt ist, das Lehrer in »Agenten des Wandels« und Schulen in Stätten der radikalen Auseinandersetzung mit der Bedeutung sozialer Existenz transformieren soll.
So weit, so gut, könnte man sagen. Diese Art der Schulkritik und einer radikalen Pädagogik bezieht die kritischen Analysen und Visionen bestimmter Sozialtheoretiker (wie z. B. in erster Linie der Frankfurter Schule, jedoch auch von L. Althusser und P. Bourdieu, Ch. Mouffe und E. Laclau) einfach in den Dienst eines Erziehungsprojektes ein, welches das Lernen, d. h. das systematische Studium genehmigter Stoffe und die Entwicklung von Einsicht durch dieses Studium (wenn es stattfinden sollte), mit dem letzten Zweck verknüpft, eine Gesellschaft in eine vollkommenere ›Wirtschafts- und Sozialdemokratie‹ zu transformieren.[27]
Wenn man der Pädagogik ein solches Ziel zuweist, denkt man in der Tat aus dem Innern des modernistischen, radikalen Aufklärungsgedankens sowie einer marxistischen oder möglicherweise kritischen theoretischen Tradition heraus. Und eine z. B. durch die letztere oder durch die Arbeit von Paul Freire inspirierte kritische Pädagogik zeigt hierzu Parallelen, die sich aufdrängen.
Das gilt selbst dann, wenn eine Analyse fehlt, die das Weitertreiben einer solchen radikalen Pädagogik garantieren würde. Diese Analyse würde beispielsweise zu zeigen versuchen: 1. Welche Bedeutung Schulausbildung und postsekundäre Bildungsvarianten genau für die Selbsterhaltung entwickelter Industriegesellschaften haben. 2. Sie würde die Vielfalt der Erwartungen identifizieren und erörtern, die der Erziehung durch die verschiedenen gesellschaftlichen Gruppen entgegengebracht wurden und werden, die entweder an ihren Vorzügen interessiert sind oder diese bestreiten. 3. Sie würde die politische Macht der Lehrer und ihren Zugang zu kulturellem und sozialem Einfluß erwägen. 4. Und sie würde große Sorgfalt aufwenden, um die möglichen Relationen zu analysieren, die verschiedene benachteiligte und unterprivilegierte Gruppen zur Erziehung haben könnten. All das sind nüchterne und zeitraubende Aufgaben. Ihre angemessene Bearbeitung erfordert Geduld und sicherlich mehr als Enthusiasmus für Veränderungen, den Giroux so häufig ausdrückt ohne jemals zu bemerken, daß das, was er als wünschenswert beansprucht, häufig nicht

27 Vgl. Giroux (Hg.), *Postmodernism, Feminism, and Cultural Politics*, a.a.O., S. 2.

mehr ist als eine leere Formel, unnützes Geschwätz über Möglichkeiten und Transformationen, dessen Bedeutung je nachdem, wer oder welche gesellschaftliche Gruppe es zu ihrem eigenen macht, wechselt. Und es überrascht in diesem Zusammenhang nicht, daß Giroux in seiner überhasteten Anwendung des Denkgebäudes der Frankfurter Schule kaum jemals sich mit den analytischen Diskussionen befaßt, welche genau die Bedeutung von Möglichkeit umgeben;[28] auch bemerkt er nicht, daß Philosophen wie Horkheimer und Adorno kaum begeisterte Befürworter der Art von Aktivismus waren, für den Giroux eintritt. Das Durchdenken ihrer Positionen sowie die Durchsicht der sorgfältigen Untersuchung gerade der Möglichkeit und Plausibilität der Kritischen Theorie selbst als lebensfähige Gesellschaftstheorie durch Habermas hätte bei Giroux – und könnte bei jedem – Zweifel über die Fruchtbarkeit eines Aktivismus entstehen lassen, der so ungeduldig ist, daß er nicht auf die tiefgehende Ernüchterung über jegliches bedeutende radikale Projekt der Sozialreform reagieren kann, die zum Kennzeichen aller wesentlichen Politiken in den entwickelten Industriegesellschaften nach dem Zweiten Weltkrieg geworden ist.

Notwendig dagegen wäre eine eingehende und gründliche Prüfung der Ursachen für gegenwärtige Spannungen und Konflikte im Bildungssystem. Man würde einen Hang zum Aktivismus unter Kontrolle haben, bis eine sorgfältigere Rechenschaft über die Situation, so wie sie besteht, abgelegt worden ist. Und die Berücksichtigung der globalen Dimensionen des sozialen Konfliktes, die ich anfangs erwähnt hatte, besonders der ständig drohende Konflikt zwischen armen und reichen Nationen, könnte zu der Frage führen, welchen Nachdruck man auf erzieherische Alternativen legen sollte, von denen man mit großer Gewißheit vorhersagen kann, daß sie die Gesamtstruktur der gesellschaftlichen und wirtschaftlichen Mobilmachung sowie der sozialen und politischen Beschränkung und Kontrolle, welche den Zugang zu Bildung und ihre genuine Organisation reguliert, nicht einmal ›einbeulen‹ wür-

28 Ich entnehme alle Ansätze Habermas' späterer Theorie, um herauszuarbeiten, was unter den Transformationsmöglichkeiten in spätkapitalistischen Gesellschaften zu verstehen ist, und um zu argumentieren, daß normative und empirische Bedingungen unterschieden werden müssen – Marx hat diese Unterscheidung nicht unternommen –, damit diese Theorie Erfolg hat.

den. Wo starke Kräfte wirken, um die Erziehung mit grundlegenden Zielen der Vereinigten Staaten als Weltmacht im Einklang zu halten und sie diesen Zielen zu unterwerfen, wie es in den Vereinigten Staaten der Fall ist (zumindest wie durch ihre Regierung seit der Präsidentschaft von Reagan repräsentiert), gibt es kaum Raum, um z. B. radikale und drastische Veränderungen in der Schulbildung einzuführen, *es sei denn*, daß sie in irgendeiner Weise in die übergreifende Tagesordnung eingepaßt werden können. Auf diese Weise können Lehrpläne in den Vereinigten Staaten Fragen der Gleichberechtigung von Frauen und selbst des Feminismus oder sogar der ethnischen Unterprivilegierung und des Rassismus als Unterrichtsgegenstände einbeziehen. Sie dürfen jedoch einige der zentralen Überzeugungen der amerikanischen Demokratie oder selbst den grundlegenden und weitverbreiteten Glauben, daß die Vereinigten Staaten als Gesellschaft das repräsentieren, was für die Gesamtheit der menschlichen Ansprüche auf ein gutes und erfülltes Leben das Beste ist, nicht tangieren.

Als Theoretiker der radikalen oder kritischen Pädagogik müßte man der Tiefgründigkeit dieser Überzeugungen und ebenfalls der Verzweiflung, der echten Verzweiflung derjenigen Rechnung tragen, die – während sie ständig mit Verkündigungen dieser Überzeugungen konfrontiert werden – aus eigener Lebenserfahrung wissen, daß sie weder die Adressaten sind noch die durch die Verkündigung der Überzeugungen gemeinten Subjekte.

Eine kritische Pädagogik muß daher in hohem Maße kultur- und gesellschaftsspezifisch angelegt sein.

In den Vereinigten Staaten müßte sie sich beispielsweise des Glaubens annehmen und ihn zugleich in Zweifel ziehen, *daß es etwas Besonderes sei*, ein Staatsbürger der Vereinigten Staaten zu sein. Sie würde auf Grundsätze verweisen müssen, die über die Grenzen dieser Gesellschaft und dieses Staates hinaus Geltung beanspruchen.

Das wirft jedoch selbstverständlich die Frage des Universalismus auf. Bisher ist sie in der kritischen Pädagogik, der ich den bisherigen Verzicht auf ein sorgfältiges Durchdenken und eine verantwortliche Argumentation vorwerfe, nicht aufgeworfen worden.

Und jetzt hat diese Pädagogik eine postmoderne Wende vollzogen. Wir können kaum erwarten, daß dieser Schritt das Niveau der Diskussion verbessern wird. Man könnte eher eine gewisse Befürchtung zum Ausdruck bringen, daß das Wagnis weiter an

Qualität verlieren wird, daß es das Potential verschwenden wird, das es für eine Theorie hatte, die Bildungseinrichtungen in eine Gesamttheorie der Entwicklung von spätkapitalistischen Gesellschaften einbeziehen oder zumindest genau festgelegte Schritte für eine bestimmte Erziehungspraxis, eine Pädagogik vorschlagen würde, die einigen oder dem einen oder anderen Problem – dem wir uns in der entwickelten Welt gegenübersehen – entgegenwirken könnte unter gleichzeitigem Hinweis auf das größere Problem der Existenz einer Welt massiver Verarmung und massiven Leidens über die hegemonialen Gesellschaften und Staaten der nordwestlichen Hemisphäre hinaus. In diesem Zusammenhang hätten Übergangspunkte genannt werden können – Übergänge von einer der entwickelten Welt innewohnenden Perspektive zu einer solchen, welche das Bewußtsein für diese anderen, soviel weniger glücklichen Regionen einbezieht.

Anzeichen für lediglich eine weitere Zunahme der Verwirrung finden sich im neuesten, im Jahre 1989 veröffentlichten Buch von Henry Giroux mit dem ehrgeizigen und vielversprechenden Titel ›Schooling for Democracy. Critical Pedagogy in the Modern Age‹.[29] Das ist in Anbetracht dessen, daß sich die Wende zum Postmodernismus hier gelegentlich ankündigt, natürlich seltsam. Der Titel lädt jedoch um so mehr zu Vergleichen mit vielleicht einem oder zwei der größten Bücher in der Erziehungstheorie ein, die während dieses Jahrhunderts geschrieben wurden, ›Democracy and Education‹ von John Dewey. Man möchte vielleicht argumentieren, daß die Arbeit von Giroux erheblich verbessert worden wäre, wenn er sich wirklich durch die Deweyschen und progressistischen Positionen hindurchgearbeitet hätte und somit aus der Kritischen Theorie gegen Dewey hergeleitete Argumente, von denen er einige in ›*Theory and Resistance in Education*‹ *(Theorie und Widerstand in der Erziehung)* identifiziert hatte, hätte einwirken lassen. Aber wie steht es dann um die postmoderne Wende in der Bildungstheorie?

Man wird darauf aufmerksam gemacht, daß dies ein überaus problematisches Unternehmen sein könnte, wenn man bedenkt, daß in ›*Schooling for Democracy*‹ auf Ernst Bloch und Walter Benjamin verwiesen wird. Auf Benjamins häufig erwähnte *Thesen zur Philosophie der Geschichte* wird angespielt, als ob sie ausdrücken,

---

29 Vgl. Anm. 13.

wie die Geschichte aussehen würde, wenn sie vom Gesichtspunkt der Opfer geschrieben würde.[30]
In Giroux' Interpretation ist diese Perspektive diejenige, die in der radikalen Erziehungstheorie übernommen werden muß.
Das ist eine interessante Anregung, denn sie könnte die Formulierung einer ganz bestimmten Pädagogik wie z. B. ›Pedagogy of the Oppressed‹ von Freire enthalten, die für die Situation in der Dritten Welt geschrieben wurde. Diese Möglichkeit wird jedoch insoweit sofort verschlossen, als der messianische und gleichzeitig säkulare Utopismus von Benjamin und Bloch dahingehend interpretiert wird, daß er eine »Zueignung der Geschichte, durchdrungen von einem Engagement für Demokratie, Gerechtigkeit und Gleichheit« umfaßt.[31] Hier wird vergessen, daß man von Benjamin kaum sagen kann, daß er für Demokratie oder Gleichheit argumentiert hat. Statt dessen wollte er den revolutionären Klassenkampf gegen den sozialdemokratischen Inkrementalismus verteidigen und erneuern. Es war Gerechtigkeit anstelle von Demokratie, was er wollte. Und er spielt daher auf die Abneigung zu vergessen an, auf den Wunsch nach Rache als Grundlage einer durch die unterdrückten und Unrecht ausgesetzten Klassen zu verfolgenden Politik auf Klassenbasis.
Benjamins schockierende und schmerzliche Betrachtungen können sicherlich als völlig konträr zu der durch John Dewey in dessen früher Arbeit vorgebrachten Entwicklungsvision angesehen werden und ebenfalls als konträr zur sozialdemokratischen Orientierung des amerikanischen Progressismus im Bildungs- und Erziehungssystem. Sie schlagen ebenfalls eine Brücke zu den mit Nachdruck beklagten Verletzungen körperlicher und persönlicher Integrität als einen Hauptschwachpunkt der zeitgenössischen Gesellschaft, der so häufig in der post- oder neustrukturalistischen Gesellschaftstheorie, wie z. B. im Falle von Foucault[32], herausgestellt wurde. Das ist zum Teil die Absicht von Giroux. Folglich sagt er in dem kürzlich gemeinsam mit Stanley Aronowitz veröffentlichten Text ›Postmodern Education‹, daß »Postmodernisten für eine Vielzahl von Stimmen und Erzählungen

30 *Schooling for Democracy*, S. 40.
31 Ibid., S. 40.
32 Ich verdanke diese Beobachtung Habermas' Interpretation von Foucault in *Der philosophische Diskurs der Moderne*, Frankfurt: Suhrkamp, 1989.

argumentieren«.³³ Und er fährt fort: »Der postmoderne Diskurs versucht mit seiner Betonung des Spezifischen und Normativen, Verstand und Wissen *innerhalb* statt außerhalb spezieller Konfigurationen von Raum, Ort, Zeit und Macht zu plazieren«.³⁴
Und Aronowitz erklärt, daß Postmodernisten den Willen zur »Wissenschaftlichkeit, Wissenschaft als eine Sammlung von Annahmen und Behauptungen, welche aufgrund jeder durchgeführten kompetenten Untersuchung Gültigkeit beanspruchen, aufgeben (sic!). Was Postmodernisten leugnen, ist genau diese Kategorie unparteiischer Kompetenz. Denn Kompetenz wird als eine Reihe von Ausschließungen konstituiert – von Frauen, von Farbigen, von der Natur als einem historischen Agenten, vom Wahrheitswert der Kunst«.³⁵ Somit können wir folgern, daß kritische Pädagogen, die postmodern geworden sind, Erziehung und Pädagogik als eine Bemühung ansehen, diese Ausschließungen zu überwinden. Sie werden Parteilichkeit zugunsten der Opfer von Geschlecht, Rasse und Klassenunterdrückung (um ihre Bezeichnungen zu benutzen) beschwören und volkstümliche Kultur und kulturelle Kämpfe im allgemeinen als das Terrain hervorheben, auf dem die neuen Kämpfe um den Zugang zur Macht ausgetragen werden. Was sollen wir jedoch von diesem Parteigängertum halten? Wie läßt es sich mit Benjamins Betonung einer Geschichtsperspektive vergleichen, die tiefgehend durch die zurückerinnerte Erfahrung von Verletzung gebildet wurde? Haben Benjamins Argument und Vision nicht ein Parteigängertum für nur ein Prinzip zur Folge: das Prinzip, daß fundamentale Verletzungen der menschlichen Würde und persönlichen Integrität nicht auftreten dürfen? Und falls sie vorgekommen sein sollten, daß sie dann nicht vergessen werden dürfen. Denn das Vergessen würde jede auf dieser Basis geschaffene Situation nur als bereits begangene Verletzung und Ungerechtigkeit wiederherstellen. Sie würde Ungerechtigkeit und Brutalität akzeptabel machen, anstatt sie zurückzuweisen und zu überwinden. Es ist die unversöhnliche Verweigerung jeder Art von Verständigung, die Benjamins Position derart anziehend – und verzweifelnd – macht. Indem man jedoch den dadurch hervorgerufenen Konflikt durchmacht, er-

33 Vgl. Anm. 14, S. 69.
34 Ibid.
35 Ibid., S. 69.

wirbt man ein tiefes Verständnis für das Erfordernis radikaler Politik und einer korrespondierenden Form der Erziehung, der Entwicklung eines kritischen Bewußtseins, um mit den Worten von Paulo Freire zu sprechen. Dies kann ein Bewußtsein davon einschließen, was selbst in der Geschichte der Menschheit nicht möglich sein könnte – die Aufrechterhaltung der gesamten Ungerechtigkeit, die in der Geschichte der Menschheit stattgefunden hat. Eine »Versöhnung« dürfte unmöglich sein. Dieser Gedanke dürfte auch einem radikalen politischen Projekt sowie einer kritischen Pädagogik Grenzen setzen.

Die Übernahme des entschlossenen Widerstandes Benjamins gegen die Geschichte wie sie war – und weiterhin stattfindet – könnte eine klare Haltung gegen postmoderne Flirts mit der Politik der Differenz und gegen eine Erkenntnistheorie von Parteigängertum und Parteilichkeit erfordern. Denn Benjamin befürwortet Parteigängertum für die Unterdrückten und Leidtragenden als einen beherrschenden Grundsatz, dem alles andere nachfolgt. Somit pflichtet er einem universellen Grundsatz als gültig bei: Verletzungen der persönlichen und körperlichen Integrität von Menschen sind unter allen Umständen zu vermeiden. Von keiner Gesellschaft, die solche Verletzungen akzeptiert, kann man sagen, daß sie gut ist. In der Tat verdient nur die Gesellschaft human oder, man kann sagen, emanzipiert genannt zu werden, die das Leiden vergangener Generationen in ihrem eigenen Endzweck für die gegenwärtige Generation voll rechtfertigen kann. Die Erinnerung an die Vergangenheit muß in der Gegenwart erhalten bleiben. Das ist ebenso sehr eine religiöse wie auch eine säkulare eschatologische Position. Sie ist jeder Anpassung an die strategischen Spiele der Machtpolitik radikal entgegengesetzt, die selbst unter Minderheitengruppen und ihren Versuchen, ihren Stimmen in der Vielzahl von Stimmen in liberaldemokratischen Staaten Gehör zu verschaffen, so allgemein üblich sind. (Und Giroux, zum Beispiel, widersteht dieser Form der Anpassung unter dem Vorwand des Votums für die Einbeziehung anstatt der Ausschließung von Minderheitenstimmen nicht eindeutig.)

Wenn man also Benjamin folgen würde, müßte man für eine Parteilichkeit argumentieren, die auch ein universelles Prinzip einbezieht; ein Prinzip, das immer gilt, wenn Unterdrückung stattgefunden hat. Diese Unterdrückung muß ungeschehen gemacht werden, und indem man sie ungeschehen macht, muß man sich an

sie als das Unvergeßliche erinnern. Es muß klargestellt werden, daß eine kritische Pädagogik ein solches Prinzip befürwortet und ihre Rechtmäßigkeit daraus herleitet. Die postmodernistische Wende in der Pädagogik führt zu Verwirrungen und Ungewißheit, wenn sie diese Grundsätze nicht befürwortet, egal wie schwer faßbar sie auch sein mögen. Giroux und Aronowitz sind sich dessen zumindest teilweise bewußt. Sie arbeiten sich jedoch nicht ausreichend durch die relevanten Probleme hindurch. Daher muß ich zu einer letzten Reihe von Argumenten kommen, die das kritisch-pädagogische Bestreben ansprechen, das Beste sowohl vom Modernismus als auch vom Postmodernismus haben zu wollen, zwischen reaktionären und progressiven Möglichkeiten in beiden unterscheiden zu wollen.[36] Zunächst deutet die von den gerade erwähnten Autoren benutzte Terminologie bereits Verwirrung an: Welcher Diskurs würde es uns ermöglichen, zwischen reaktionären und progressiven Möglichkeiten in der postmodernen Kritik an Kultur zu unterscheiden? Und warum sollen wir uns auf Kultur verlegen, anstatt uns dem jetzt klassischen Thema der demokratischen Entwicklung, d. h. einer Politik der Demokratisierung zuzuwenden, einem Thema also, das ebenfalls politische Prozesse ziemlich direkt anspricht? Und warum sollten wir nicht zusammen mit Benjamin in den Begriffen einer kritischen Theorie der Erziehung denken, die eine radikal utopische Perspektive auf die fortdauernde Existenz und Wiederholung von Verletzungen der und von Verstößen gegen die Integrität und die Selbstachtung von Personen bewahrt? Und würde das nicht eine Auffassung vom Menschen und von gerechten sozialen Beziehungen zur Folge haben, die – zumindest im Prinzip – universelle Gültigkeit hat?
In der Einführung zu einer kürzlich erschienenen Anthologie[37] gibt Henry Giroux in charakteristisch grandioser Weise zu verstehen, daß »Modernismus, Postmodernismus und Feminismus drei der wichtigsten Diskurse für die Entwicklung einer Kulturpolitik und pädagogischen Praxis darstellen, die in der Lage sind, eine radikale Politik der Demokratie zu erweitern und theoretisch voranzutreiben« (S. 5). Wenn er auch generell bestätigt, daß diese ›drei Diskurse‹ »intern widersprüchlich, ideologisch vielfältig und

---

36 Ibid., S. 59.
37 Giroux (Hg.), *Postmodernism, Feminism, and Cultural Politics*, Anm. 14.

theoretisch unzulänglich«[38] sind, glaubt Giroux dennoch, daß sie Möglichkeiten bieten, das Verhältnis zwischen Bildung und Demokratie noch einmal zu überdenken, wenn »gegenseitige Verbindungen zwischen sowohl ihren Unterschieden als auch dem gemeinsamen Boden, den sie teilen, um sich gegenseitig zu korrigieren«[39], erforscht werden. Und als ob solche Ansprüche und ein solches Programm für erzieherischen Wandel, für Bildung als ein Mittel zur ›Selbst- und sozialen Bemächtigung‹[40] nicht groß genug wären, erfahren wir in demselben Essay, daß »eine radikale Pädagogik und eine auf Transformation abzielende Politik mit dem Aufbau einer Vision Hand in Hand gehen muß, in der die Betonung der individuellen Freiheit durch den Liberalismus, die Sorge des Postmodernismus um den Partikularismus und das Interesse des Feminismus an der Alltagspolitik an die historische Sorge des demokratischen Sozialismus um Solidarität und um das gute öffentliche Leben«[41] gekoppelt sind. Das ist eine Aufzählung, die sowohl Belustigung als auch Unwillen hervorruft: Belustigung wegen ihrer Naivität und Unwillen wegen ihrer Arroganz und des Mangels an Mäßigung und des Mangels an Respekt vor der Arbeit anderer. Wie kann jemand, wollen wir fragen, glauben, daß Sozialismus, die Betonung von Pluralität in Alternativprojekten für eine radikale Demokratie – wie z. B. Laclau und Mouffe – und Liberalismus sämtlich kompatibel sind? Man braucht lediglich hinzuzufügen, daß Giroux immer noch einer Kritik der technologischen Rationalität anhängt, daß Gerechtigkeit, Gleichheit, Freiheit bedeutsame Werte für ihn darstellen, und daß Eurozentrismus, Rassismus und Sexismus angeklagt und durch kritische Pädagogik überwunden werden müssen. Und all das soll in irgendeiner Weise zum Aufbau von Schulen führen, die den Zeiten angemessen sind.

Es ist klar, daß nur ein enormer Mangel an Subtilität und Sorgfalt beim Denken zu der Konstruktion eines solchen Monsters führen kann, das nicht nur jede vorstellbare gegenwärtige Politik in Nordamerika überlastet, die auf die Weiterentwicklung der Demokratie und auf ihre prinzipielle Verwirklichung auf diesem Kontinent ausgerichtet ist. Es ist jedoch auch unvorstellbar, daß

38 Ibid., S. 5.
39 Ibid., S. 5/6.
40 Ibid., S. 56.
41 Ibid., S. 56.

irgendein Lehrer, der laut Giroux als kritischer Intellektueller fungieren soll, daraus einen Sinn machen kann. Es wäre ausreichend für einen Erziehungstheoretiker und Forscher wie Giroux, geduldig Modelle und Praktiken auszuarbeiten, die zu einer demokratischeren, faireren und gerechteren Form des Unterrichts in den Schulen beitragen oder für die Einrichtung humanerer Schulen in Gegenden zu argumentieren, in denen die Schulen wie Gefängnisse geworden sind. Man könnte auch auf die von Minderheiten wie Schwarze, Spanier, Eingeborene oder Ostinder, Chinesen und Japaner entwickelten Vorstellungen eingehen, die vorschlagen, daß ihr kulturelles Erbe und ihre soziale Erfahrung Bestandteil eines revidierten Lehrplans werden. Wir wissen jedoch, daß selbst dort verschiedene Gruppen eine Vielfalt von Erwartungen hinsichtlich der Schulausbildung und des verwendeten Lehrplans haben. Sicherlich kann keines der sehr konkreten, sehr spezifischen Probleme, welche die Schulbildung hervorbringt und welche die kommunale Schulpolitik prägen, mit irgendeiner größeren Klarheit angesprochen werden, wenn man seine Argumente aus Kritiken von Metaerzählungen, vom »okzidentalen« Konzept der Vernunft oder von »männlich-orientierten, eurozentrischen« Theorien der Universalisierbarkeit und Vernunft herleitet. Doch soviel ist klar: Einige der Argumente, die sich auf Minderheitenrechte oder auf das Verhältnis von nationaler Kultur und Weltgesellschaft beziehen oder ähnliche Argumente müssen in Begriffen von Prinzipien vorgebracht werden. Prinzipien können jedoch nur dann herangezogen werden, wenn irgendwelche Prozeduren befolgt werden, die festlegen, daß ein Prinzip einem anderen überlegen oder vorzuziehen ist. Immer wenn wir in diesen Prozeß der Reflexion eintreten, wie es Staatsbürger in demokratischen Gesellschaften, die an Entscheidungsprozessen teilnehmen, effektiv tun (wann immer sie es tun), akzeptieren wir, daß jene Regeln oder Prinzipien als das beste Ergebnis des Reflexionsprozesses angesehen werden müssen, die wir für eine größere Zahl von Menschen und ihre Bedürfnisse als geeignet betrachten können. An einem solchen Punkt haben wir zumindest die Möglichkeit der Universalisierung oder Universalisierbarkeit einer Norm akzeptiert; es könnte z. B. gerade die Norm sein, daß jede Person oder jeder Mensch – zumindest im Prinzip – gleich behandelt wird, und daß daher jeder, egal welchen Ursprungs, welcher Konfession, welchen Geschlechts, welcher Rasse usw. ein

Recht darauf hat, keiner physischen und psychischen Mißhandlung ausgesetzt zu werden etc. Kurz gesagt: die UN-Menschenrechtserklärung oder die Internationalen Menschenrechtskonventionen hätten Geltung, und konkrete Praktiken in einer Gesellschaft könnten daran gemessen werden. Kann eine mittellose schwarze Frau in den Vereinigten Staaten z. B. ein faires Verfahren in einem Diebstahlfall erhalten oder sind ihre Chancen, freigesprochen zu werden, schlechter als diejenigen einer begüterten weißen Frau, die unter Zwang steht, Ladendiebstahl zu begehen? Wenn Erzieher oder Lehrer Fälle wie diese erwägen sollten, würden sie sich sehr schnell den politischen Grenzen gegenübergestellt sehen, die der effektiven pädagogischen Praxis auferlegt werden.

Es ist das weitreichende und zutiefst irritierende Versagen eines Erziehungstheoretikers wie Giroux, keinerlei Gefühl für das Bedürfnis praktischer und wirklicher politischer Unterstützung zu haben, das Lehrer mit guten Absichten in vielen Gebieten der USA und in Kanada so dringend benötigen.

Autoren, die in der Art der neuen, postmodernistischen, kritischen Pädagogik schreiben, schreiben mit großer Genußsucht und für eine Leserschaft ähnlich gesinnter Akademiker, tragen somit zu ihrer eigenen Ghettoisierung bei. Sie schreiben, als ob sie Gesellschaftstheoretiker oder Philosophen wären, setzen sich jedoch nicht der Kritik von Experten in diesen Gebieten aus. Sie schreiben über Pädagogik und als kritische Erzieher. Sie sind jedoch überaus verständnislos für die Bedürfnisse der täglichen Praxis an konkreten und realen Erziehungsschauplätzen. Sie entfremden somit sich selbst und die Lehrer, die sie ausbilden und beeinflussen können, sogar von einer kritischen Behandlung dieser Traditionen selbst – und geben damit denjenigen, die nicht über dieselbe Literaturkenntnis verfügen wie sie zu verstehen, daß wir jetzt in einem neuen, postmodernen Zeitalter leben, daß es wenig gibt, auf das man in den ererbten Traditionen der Kritik, Gelehrtensorgfalt und Skrupellosigkeit oder intellektueller und wissenschaftlicher Kommunikation vertrauen kann, auf das man zurückgreifen könnte, um die intellektuellen und kritischen Fähigkeiten von Lehrern sowie ihre soziale Sensibilität zu entwickeln. Kurz gesagt: sie verbreiten Verwirrung.

Was wird von einer kritischen Pädagogik verlangt? Diese Frage führt mich zu meinem Schlußkommentar. Meines Erachtens können die Aufgaben einer kritischen Pädagogik nur sichtbar werden, wenn man die modische Diskussion über Postmodernismus beiseite läßt und sich fragt, welches die Aufgabe von Erziehung sein könnte. Ich glaube, Erziehung soll dabei helfen, eine Position zu erreichen, in der die Menschen ihr Leben kenntnisreich, verantwortungsvoll und mit einer gewissen Chance, glücklich zu werden, führen können: ein Leben, in dem sie die Verbundenheit mit anderen genießen und gemeinsame Aufgaben kooperativ und in der Hoffnung angehen können, aufkommende Probleme zu lösen, ohne auf Gewalt und Kraft oder Täuschung und Manipulation zurückgreifen zu müssen.

Verfolgt man ein solches Projekt der Selbstaufklärung – wie ich es nennen möchte – um der Begründung einer friedlichen und gerechten Art der Existenz unter Menschen willen, wird man selbstverständlich auf eine Unzahl von Problemen stoßen. Nicht die geringsten dieser Probleme sind soziale Arrangements und menschliche Bedürfnisse, die gegen das Bild einer Gesellschaft sprechen, das ich stillschweigend in das pädagogische Projekt hineinprojiziert habe. Somit besteht ein Bedürfnis, sich in grandiosem sozialem Theoretisieren zu engagieren, um die kritische Pädagogik auf die richtige Bahn zu lenken. Es ist nicht nötig, über Metaerzählungen, Fundamentalismus oder postmodernistische kulturelle Analyse zu sprechen; zumindest nicht bis klar geworden ist, wie und warum Schwierigkeiten entstehen, die – in der Verfolgung des pädagogischen Projekts – die kooperative, friedliche, verantwortungsbewußte Verwirklichung eines Lebens mit gegenseitigem Verständnis und Unterstützung füreinander beeinträchtigen können.

Es bleibt im Rahmen meines praktisch ausgerichteten Ansatzes die Frage, weshalb eine humane und kooperative Gesellschaft bisher nicht zustande kommt. An dieser Stelle könnte die Kontroverse über die Grenzen des modernen Zeitalters, europäischer Rationalität und postmodernistischer Kritik wichtig werden. Pädagogik ist hier von Politik zu unterscheiden. Politik kann erzieherisch sein, braucht es jedoch nicht und kann es häufig auch nicht. Politisch zu handeln, bedeutet zu versuchen, Menschen auf bestimmte Weisen zu beeinflussen, um kollektiv verbindliche Entscheidungen zu erreichen. Politik bittet nicht immer um Einsicht und Verständnis, um dieses Ziel zu erreichen. Die erzieherische Bemühung jedoch muß es. Sie muß Einsicht entwickeln und um

Einsicht bitten. Daher müssen Erziehungstheoretiker und kritische Pädagogen die Verpflichtung akzeptieren, klar zu denken und zu sprechen sowie die Tatsache zu bedenken, daß nicht jeder in einem speziellen Theoriegebiet so sehr zu Hause ist, wie es ein spezieller Autor sein könnte. Sie müssen Kommunikation befördern, wie Dewey wußte, anstatt sie zu behindern. Erzieher sind keine Politiker. Erziehen könnte eine Tätigkeit mit einer politischen Dimension sein; jedoch ist dies nicht identisch mit dem Engagement in der Politik. Dieser Unterschied darf nicht verwischt werden. Denn eine völlig politisierte Erziehung wird einfach ihre eigenen Zwecke durchkreuzen und zur Indoktrination verkommen oder sie wird beiseite gedrängt, wenn sie den Versuch unternimmt, Themen in die Erziehung einzuführen, die ihr fremd sind. Dieses Problem wird durch den Gebrauch einer postmodernistischen Rhetorik nicht gelöst.

Siebren Miedema
Ethnizität, Pluralität und Weltbürgerschaft
Eine pädagogische Perspektive an der Nahtstelle zwischen Modernität, Postmodernität und Pragmatismus

1. Einleitung

Bei dem Versuch, die wichtigsten Themen und Errungenschaften des letzten Jahrzehnts in den Bereichen Erziehung und Kultur zu bewerten, wird uns sehr schnell bewußt, daß dies keine einfache Aufgabe ist.

Die gesellschaftliche Mobilisierung der sechziger Jahre, einer Zeit sozialer Unzufriedenheit und Proteste, brachte ernst zu nehmende neue Konzepte hervor, die zu mehr Demokratie in der Gesellschaft führen sollten. Die Konsequenz hieraus ist – pädagogisch betrachtet – die in den siebziger Jahren entstandene, säuberlich arrangierte Anordnung der verschiedenen Ansätze in der Pädagogik: empirisch-analytische, hermeneutische und kritisch-emanzipatorische. Jede Schule hat ihre eigenen, speziellen Auffassungen über Inhalt, Methoden und die Beziehung zwischen Theorie und Praxis. Die entscheidende Frage aber war: Welches Paradigma ist das stärkste und wird sich somit letztendlich durchsetzen?

In der ersten Hälfte der achtziger Jahre stellte sich heraus, daß keine dieser Schulen adäquate Lösungen für die dringenden praktischen pädagogischen Probleme bot, mit denen man in der Gesellschaft zu kämpfen hatte; beispielsweise die Neugestaltung der Lehrpläne, die Ausarbeitung praxisnaher Lehrpläne, die Probleme unmotivierter Schüler oder die alarmierend steigende Zahl derer, die die Schule vorzeitig verließen.

In einer kürzlich erschienenen Übersicht gab der deutsche Erziehungswissenschaftler E. König eine treffende Beschreibung der vier wichtigsten methodischen Ansätze, die zur Bewältigung dieser problematischen Situation geeignet erscheinen. Der erste Versuch geht dahin, die Zahl der Paradigmen zu erhöhen, in manchen Fällen sogar bis auf zehn. Dieser Ansatz ist nicht sehr umfassend, denn er konzentriert sich lediglich auf die interne wissenschaftliche Entwicklung der Theorie. Der zweite Ansatz befaßt sich mit der verstärkten Erforschung der Geschichte der Erziehung und der Wissenschaftsgeschichte der Pädagogik und kann deshalb als ein Ansatz interpretiert werden, mit dessen Hilfe versucht wird, Schlüsse aus der Vergangenheit zu ziehen. Der dritte Ansatz, diese problematische Situation zu bewältigen, besteht darin, den in der Praxis Tätigen praxisorientierte Hilfen anzubieten. Hierbei verschwindet die Unterscheidung zwischen gesundem Menschenverstand und (sozial)wissenschaftlichen Kenntnissen in dem Sinn, daß es keine wissenschaftlichen und institutionell eingebetteten Konzepte mehr gibt. Der letzte Ansatz schließlich basiert auf einer bestimmten Art der Interpretation der Postmoderne und verkündet das Ende der Pädagogik und aller erziehungswissenschaftlichen Theorien. Diese Beschreibung des Standes der Dinge läßt von unserer Position aus die Erkenntnislage als mehr oder weniger unbefriedigend erscheinen.

11. Hat das Projekt der Moderne noch Zukunft?

Eine der größten Bedrohungen für den Fortbestand des pädagogischen Projektes, das in der pädagogischen Eigeninterpretation bisher immer mit dem alles umfassenden Projekt der Moderne in Verbindung gebracht wurde, geht von bestimmten Entwicklungen in der Philosophie aus. Danach wird die Bastion der Aufklärung, derzeit verteidigt von Habermas, vor allem von Foucault und Lyotard belagert. Foucault spricht sich gegen das Habermassche Konzept einer Steigerung von Rationalität und eines historischen Fortschritts aus. Als Theorie ist dieses Konzept für ihn nicht akzeptabel. Laut Foucault gibt es einen nie endenden Widerstreit zwischen rationalen und irrationalen Kräften. Wörter und Zeichen beziehen sich nicht in erster Linie auf die tatsächliche Realität und dienen auch nicht dazu, diese möglichst adäquat wiederzugeben, sondern sie beschreiben primär ein Netzwerk von Machtpositionen. Dieses Netzwerk bildet de facto die Realität der gesprochenen und geschriebenen Wörter (sowohl des Diskurses als auch der Rede), resultiert aber auch aus dieser. Laut Foucault bilden die Diskurse keine Einheit, sie laufen nicht zusammen und haben weder Anfang noch Ende. Im Gegensatz zu der Vorstellung der Aufklärung gibt es hier keinen einigenden, permanenten, neutralen Diskurs, der die Vielfalt der Diskurse legitimieren könnte. Wissen und Macht bedingen sich gegenseitig. De Mul drückt das folgendermaßen aus: »There is no power relation without the fact that any field of knowing comes into being at the same time: there is no knowledge that does not presuppose and constitute power relations« (De Mul, 1987, S. 467).

Gänzlich untergraben wird die moderne Annahme vom autonomen Subjekt durch postmoderne und poststrukturalistische Konzepte, in denen die Auffassung vertreten wird, der Mensch sei niemals das natürliche Subjekt des Diskurses, da er – zusammen mit Anlaß und Ursprung – auch das Resultat des Diskurses darstellt. Wir müssen also in zweifacher Hinsicht über das konstruierte, das machbare Wesen des Subjektes reden. Es besteht eine Identität zwischen dem Subjektsein und Kontroll- oder Machtpositionen. Subjekte konstituieren sich gänzlich aus dem Funktionieren von Macht. Das Subjektwerden und die Unterwerfung bedingen einander. Foucault möchte eine neue Subjektivität entwickeln, indem er die Art von Individualität, die uns über Jahrhunderte hinweg auferlegt worden ist, zurückweist und sich auf Kants berühmten Aufsatz »Was ist Aufklärung?« (vgl. Foucault 1984) bezieht. Die drängendste Frage in diesem Zusammenhang ist, ob es jenseits disziplinierender und beschützender Macht noch Möglichkeiten für eine solche Entwicklung gibt.

Lyotard bewegt sich gedanklich in derselben Richtung wie Foucault, ist jedoch ein radikaler Befürworter des postmodernen Standpunktes. Er verwirft die Überzeugung vom vernunftbegabten Subjekt und von einer auf Rationalität basierenden Menschlichkeit. In der nachindustriellen, postmodernen Gesellschaft kann Wissen nur aus Zweifeln an den großen Erzählungen der Moderne bestehen. Laut Lyotard bleibt nur die Heterogenität der Sprachspiele übrig. Es gibt: »narrative, but also denotative, prescriptive, descriptive and other speech elements each with their own pragmatic valencies sui generis. Everyone is living at the intersections of many of these valencies« (Lyotard 1987a, S. 26). Seiner Meinung nach ist der freie Wille des Subjekts nicht existent. Ein Mensch beginnt nicht mit dem Sprechen, sondern mit dem Hören der verschiedenen Schilderungen. Das Ergebnis dieses Prozesses ist die Heteronomie anstelle der Autonomie.

III. Moderne, Postmoderne, Pädagogik, die Zukunft und Utopie

Die Tatsache, daß in der Pädagogik bisher selten Überlegungen angestellt wurden, die sich mit der Kontroverse Moderne-Postmoderne beschäftigen, zeigt, wie wenig Einfluß philosophische Fragen auf pädagogische Diskussionen und Vorträge haben. Adalbert Rang ist hier als einer derjenigen zu nennen, die den zwei Eckpfeilern des Moderne-Projektes auch im Zusammenhang mit der Pädagogik Beachtung geschenkt haben. Der erste Grundgedanke befaßt sich mit dem Konzept der menschlichen Autonomie. Obwohl die Hypothese von der Autonomie des menschlichen Wesens schon öfter widerlegt wurde, möchte Rang an diesem Konzept wegen seiner möglichen humanisierenden Auswirkungen festhalten. Im Gegensatz zu dem oben geschilderten postmodernen Ansatz betont Rang, daß »pedagogues, neither in theory nor in practice, can give up the concept of autonomy. The proposition that one could not and ought not lead children and youngsters to independency because independency and autonomy do not exist, is pedagogically speaking absurd. Those who want to defend this premise seriously would take away the whole foundation of the main idea of education« (1988, S. 16). Der zweite Grundgedanke befaßt sich mit dem Konzept der Rationalität. Rang weist das Plädoyer für eine weit verbreitete kommunikative Rationalität zurück. »The lines of dissent go right through those of rationality, because reason is not based only on reason« (ebd., S. 19). Laut Rang ist es unmöglich, die Schwierigkeiten, die durch den modernen Wertepluralismus entstanden sind, zu überwinden, indem man sich an normativ Inhaltlichem orientiert. »How can one ever conclude from ›is‹ an ›ought‹ to be?« (ebd., S. 20). Seiner Meinung nach können normative oder theoretisch orientierende Elemente nicht normativ-pädagogisch konstruiert, sondern nur historisch, sozial und wissenschaftlich rekonstruiert werden.

Im Vorwort zu seinem Buch »Umwege« weist auch Mollenhauer (1986) auf die immer noch wachsenden Zweifel an den Möglichkeiten hin, das moderne pädagogische Projekt fortzuführen. In diesem Zusammenhang seien auch Niess (1985) und Baacke et al. (1985) erwähnt, die nach der realistischen, der kritischen und der alltagsorientierten Pädagogik die nächste Phase angekündigt haben: die postmoderne Periode oder die Pädagogik als eine Post-Pädagogik. In Niess' radikaler Kritik am pädagogischen Projekt als einem Aufklärungsprojekt wird dieses als phantasmagorisch bezeichnet. Er schließt mit der Bemerkung, daß die Zeiten der emanzipatorischen Pädagogik endgültig vorüber seien. Sie seien eine Fata Morgana gewesen; heiliges Wasser in einer Oase, die nirgendwo zu finden ist; eine Donquichotterie der Moderne (Niess 1985, S. 13). Baacke gibt ein gutes Beispiel für die Müdigkeit und die Desillusionierung, die die politischen Veränderungen bei einigen Erziehern und Lehrern hervorgerufen haben und die zu postmodernen Rückzugsbewegungen geführt haben. Das Konzept der Emanzipation wird aufgegeben und die Annahme, es gäbe einen kontinuierlichen Fortschritt, wird reduziert auf ein Objekt, nach dem prestigesüchtige Wissenschaftler suchen. Baacke hält an der postmodernen »neuen Welle« in der Pädagogik fest, in der es nur für eine ironische Pädagogik Platz gibt. »In such a pedagogy there is room for irritation and that is more than merely speaking on different or conflicting ideas. Liberation from the pedagogical relation may soon be possible« (Baacke 1985, S. 212). Berücksichtigt man diese Kritiker des Projektes der Moderne, so scheint das Ende von Erziehung, Bildung und Pädagogik unvermeidbar.

Mollenhauer aber bleibt weiterhin bei der Legitimierung des Projektes der Moderne. Er sucht nach einem pädagogischen Konzept, das mit der erzieherischen Realität verbunden ist und in dem auch die Bildung eine Chance erhält. Nur dadurch könnten das moderne pädagogische Projekt und das demokratische Ideal überleben. Es ist die normative Wahl für die »systematische Bemühung, junge Generationen zugleich in eine gegebene Welt stufenweise einzuführen und dabei auf jeder Stufe die Humanität ›sub specie aeternitatis‹ nicht zu versäumen« (Mollenhauer 1986, S. 174, 175).

Die Pädagogik war schon immer ein praktisches, durch die Geschichte bestimmtes Unternehmen, was Mollenhauer anhand historischer Beispiele zeigt. Ziel der Pädagogik sollte eher Bildung sein als schulische Erziehung, die zu einer an engen Zielen orientierten, methodischen und systematischen Interaktion mit Kindern und Jugendlichen führt. Dann könnte sich der Focus in der Erziehung in Richtung auf die potentiellen Bildungsideale der Lebensformen verschieben, die Erwachsene ihren Kindern vorleben

und weitergeben. Eine wichtige Frage ist hier, ob die bloße Präsentation des eigenen Erwachsenenlebens und der gewählten Lebensweise ohne jeglichen Zwang derart realisiert werden kann, daß sie »– im Kontakt und in Auseinandersetzung mit dem, was die Thematik meiner Kultur ist – von mir vor der Zukunft meiner Kinder, sofern ich welche habe oder sie mir anvertraut sind, verantwortet werden kann« (Mollenhauer 1986, S. 10).
Wenn wir über die Zukunft von Kindern reden, müssen wir gleichzeitig auch auf die Entwicklungsmöglichkeiten im Bildungsprozeß der heranwachsenden Kinder hinweisen, mit deren Hilfe das Heute in eine bedeutungsvolle Zukunft, in der die Kinder selbst Erwachsene sein werden, umgewandelt werden kann. Erzieher sind nicht nur mit ihrer eigenen Zukunft beschäftigt, sondern auch – und vielleicht ganz besonders – mit der Zukunft ihrer Kinder. Wichtig ist in diesem Zusammenhang die Frage, ob die derzeitige postmoderne Sichtweise der Zukunft auch pädagogisches Handeln und pädagogische Beziehungen miteinschließen kann, die zum Guten der Kinder dienen.
In seinem Buch »Ministering Insight« hat sich A. J. Beekman (1973) mit diesem Thema befaßt und das Wesentliche herausgearbeitet. Es geht ihm um die Beziehung zwischen Bildung und Erziehung. Mündigkeit bedeutet für Beekmann Verantwortung und Unabhängigkeit. Der reife Erwachsene und das noch nicht reife Kind orientieren sich in Richtung Zukunft, in Richtung auf die spätere Mündigkeit des Kindes. Ohne diese potentielle Autonomie, Verantwortung und Solidarität mit dem Kind sind pädagogisches Nachdenken und die Pädagogik selbst unmöglich.
Die pädagogische Theorie ist mit der Praxis – laut Beekman – durch eine immanente und vorausschauende Form von Kritik verbunden. Durch die immanente Kritik werden normative Konflikte in realen Situationen aufgedeckt und verdeutlicht, und danach werden Wege gesucht, um diese Probleme zu lösen. Mit Hilfe der voraussschauenden Kritik sucht der Vertreter der theoretischen Pädagogik nach neuen Möglichkeiten der Form, nach neuen Strukturen, die die existierenden Blockaden zur Freiheit, die Hindernisse für Chancen der Selbständigkeit aus dem Weg räumen können. Die bestehenden Hindernisse, ans Licht gebracht durch die immanente Kritik, sollten in der Zukunft durch die prospektive Kritik gemieden werden. Um dies zu verwirklichen, muß man die Zukunft immer im Auge behalten; das Hier-und-

Jetzt-Wissen sollte mit utopischen Ideen kombiniert werden. In Beekmans Konzeption ist die Utopie »imagination, a plan for an ideal society with an ideal Bildung. In pedagogical theory utopia will be ›the kingdom of freedom‹ in which the independent development of persons will be something that goes without saying. It contains the old ideals of freedom, equality and fraternity. Without these ideals every criterion is relative« (Beekman 1973, S. 62, 63).

Die Annahme von mündigen Erwachsenen in der Zukunft ist für die Fortführung des modernen pädagogischen Projektes von essentieller Bedeutung. Das Konzept für eine normativ ideale Zukunft wird Utopie genannt. Die Utopie spielt im pädagogischen Denken eine äußerst wichtige Rolle. Sie benennt ein Stadium des »jetzt-noch-nicht«, den vorwärts gerichteten Blick der Menschheit auf dem Weg zu größerer Klarheit und mehr Reife, wie Ricoeur es nannte. Die Utopie sagt etwas über die Erwartungen der Menschen bezüglich der Zukunft aus.

In der postmodernen Philosophie und Pädagogik ist diese Annahme an ein regulierendes, normatives Ideal bis zu einem gewissen Grad verlorengegangen. Dieser Verlust könnte der Grund dafür sein, daß Philosophen und Pädagogen der Überzeugung sind, die Utopie sei ein Teil der großen Erzählung par excellence. In seiner Theorie des kommunikativen Handelns versteht Habermas dieses Ideal als grundlegende Annahme dafür, daß durch Sprache und Kommunikation die Möglichkeit für ein politisches Bewußtsein geschaffen wird. Autonomie und Solidarität können in der Gesellschaft realisiert werden.

Die Konzepte für die Zukunft können sehr verschieden sein, und die Wahl, die wir in dieser Hinsicht treffen, ist sehr bedeutsam. In einer nützlichen – also einer konkreten und nicht einer abstrakten – Utopie müssen Gegenwart, Vergangenheit und Zukunft in Beziehung zueinander gesetzt werden können. Eine Utopie sollte eine kritisch-konstruktive Kraft besitzen, d. h. neben einer Bewertung jener der Utopie entgegenstehenden Gegebenheiten sollten auch konstruktive Hinweise dafür gegeben werden, wie das »jetzt-noch-nicht« der Gegenwart aktiv verwirklicht werden könnte.

»When introducing children in an adult world«, so Dasberg, »we not only have to translate that world pedagogically; we also have to believe in this world« (Dasberg 1983, 125). Dasselbe gilt für den

Theoretiker in der Erziehungswissenschaft, der ja die Praxis (re)konstruiert. Die Annahme, von der Dasberg spricht, wurde auch als Hoffnung oder konkrete Utopie bezeichnet. Es handelt sich hierbei um ein regulierendes Ideal oder Prinzip, das die Realität kritisch überprüft. Basierend auf vorhandenem Wissen wurde versucht, diese Idealvorstellung in die Praxis umzusetzen, wobei man sich aber durchaus der Tatsache bewußt sein muß, daß eine Utopie nicht etwa auf direktem empirischen Weg realisiert werden kann. Die Utopie kann an konkrete pädagogische und praktisch-politische Erfahrungen angepaßt werden.

Sauer (1964) unterscheidet zwischen vier utopisch-pädagogischen Konzeptionen: der politischen, der rational-progressiven, der mythischen und der revolutionären Konzeption. Neben diesen Unterscheidungen gibt es den schon erwähnten wichtigen Unterschied zwischen abstrakten und konkreten Utopien (Bloch), der auch bei der obigen Auflistung von Bedeutung ist. In einer konkreten Utopie treffen Gegenwart und Zukunft aufeinander; es ist also sowohl eine Analyse der aktuellen Situation als auch des prospektiven Aspektes notwendig. Charakteristisch für die abstrakte Utopie ist das Fehlen eines kritisch-realistischen Bezugs zur gegenwärtigen Situation. Ich möchte hier nicht auf Details der vier Positionen eingehen, sondern lediglich abschließend bemerken, daß angesichts des Versagens dieser vier Utopien eine pädagogisch-utopische Perspektive geschaffen werden muß, die auch für die gegenwärtige Situation von Kindern relevant sein kann. Die reale Welt dieser Kinder muß in einer lebensnahen Weise zum Leben in der Gesellschaft in Bezug gesetzt werden, einer Gesellschaft mit ihrer Kultur, mit ihren sozialen, politischen und wirtschaftlichen Aspekten und Problemen und mit ihren Lebensphilosophien. Die Pädagogen sollten – stets unter Berücksichtigung der Zukunft – eine immanent kritische Haltung der Gegenwart gegenüber einnehmen, so daß dadurch das Individuum in vorausschauender Weise mit der Gegenwart und der Zukunft in Beziehung gesetzt werden kann, und zwar basierend auf den regulierenden – nicht als absolut zu betrachtenden – Prinzipien der Autonomie und der Solidarität. Der Pädagoge sollte Schritt für Schritt die Aufgaben und Probleme aufdecken, die bewältigt werden müssen und zu deren Bewältigung das zum Erwachsenen gewordene Kind beitragen kann. Pädagogen müssen mit Hilfe der ihnen zur Verfügung stehenden pädagogischen Institutionen in ihrem Denken und Handeln die Aufgaben und Möglichkeiten der Zukunft antizipieren. Nur wenn sich die Pädagogik auf Gegenwart, Vergangenheit und Zukunft konzentriert, können wir folgende Fragen beantworten: Welche Momente des Vergangenen beinhalten ein Potential, auf das man – basierend auf den regulativen Prinzipien der Autonomie und der Solidarität – in der Gegenwart und in der Zukunft aufbauen kann? »Nur das an Vergangenheit kann Bildungswert gewinnen, was vom Zögling als seine Vergangenheit – natürlich in einem mehr als biographischen Sinne verstanden – erfahren werden kann; und nur soweit hat das Vergangene Bildungswert, wie es dem jungen Menschen den Zugang zu seiner Gegenwart nicht verschließt und den Mut für seine Zukunft nicht raubt« (Klafki 1985, S. 462).

Gegen Ende des zwanzigsten Jahrhunderts brauchen Erzieher und Pädagogen sich nicht zurückzuziehen, nur weil die grundlegenden Annahmen des Moderne-Projektes in Frage gestellt werden. Es ist aber durchaus möglich, das konkret-utopische, normative Programm zu kritisieren. In der Geschichte der Philosophie geschah und geschieht dies in regelmäßigen Abständen. Aus dieser Kritik können auch die entsprechenden Anpassungen an die Leitgedanken der modernen Utopie resultieren (vgl. Habermas 1985b). Deshalb sollte man die Kritik der Postmodernen ernst nehmen.

Man kann natürlich nicht behaupten, die Welt, die Gesellschaft und die Menschheit könne in ihrer Gesamtheit durch Erziehungsprozesse geformt werden. Die pädagogischen Wissenschaften, die Philosophie, die Politik und das praktische Handeln sind auf die relative Unabhängigkeit, Autonomie und Solidarität ausgerichtet. Dieses Trio bietet auf der einen Seite die Möglichkeit zu kritischer Negativität, die darin besteht aufzuzeigen, was wirklich »jetzt-noch-nicht« ist. Auf der anderen Seite ist dieses Dreiergespann in Form einer kritischen Positivität das Regulativ, die ideale Zusammenstellung, um die Zukunft zu formen. Der utopische Aspekt in der Erziehungswissenschaft kann die im Erziehungs- und Bildungswesen Tätigen davor bewahren, den Status quo (vermutlich unbeabsichtigt) als das einzig Richtige anzusehen. Durch ihn können auch Wissenschaftler und Theoretiker vor einem empiristischen, isoliert beschreibenden, neutral begrifflich-analytischen und sogar vor einem kritischen, pädagogisch unfruchtbaren Aktualismus bewahrt werden. Durch die ungewisse Zukunft wird auf normativ-pädagogische und politische Weise an die Pädagogen und Erzieher appelliert, ihre eigenen Vorhaben in den Bereichen Theorie (Forschung) und Praxis auf die Zukunft auszurichten.

IV. Moderne, Postmoderne, Neopragmatismus und Pluralität

»Individuals, groups, and nations have drifted far apart in their backgrounds of biographical and social-cultural experience. This pluralization of diverging universes of discourse belongs to specifically modern experience; the shattering of naive consensus is the impetus for what Hegel calls ›the experience of reflection‹. We cannot now simply wish this experience away; we can only negate it. In the framework of our culture, invested as it is with reflection, the thrust of this experience had to be worked through not only politically but also philosophically« (Habermas 1985a, S. 192, 193).

»Democracy is the faith that the process of experience is more important than any special result attained, so that special results achieved are of ultimate value only as they are used to enrich and order the ongoing process. Since the process of experience is capable of being educative, faith in democracy is all one with faith in experience and education. All ends and values that are cut off from the ongoing process become arrests, fixations. They strive to fixate what has been gained instead of using it to open the road and point the way to new and better experiences« (Dewey 1940, S. 227).

In der Diskussion zwischen Vertretern der Moderne (Habermas), der Postmoderne (Lyotard, Derrida) und des Neopragmatismus (Rorty, Bernstein) scheint große Uneinigkeit im Hinblick auf die Pluralität zu herrschen. Die Postmodernisten sprechen sich für radikale Pluralität und Heterogenität aus und lehnen Einheit, Totalität und Universalität ab. Sie lassen die heterogenen Elemente nebeneinander stehen und versuchen nicht, sie in einer höheren Synthese miteinander zu verbinden (vgl. Kunneman 1988, S. 210). Ihr Standpunkt wurde schon in den Arbeiten von Dilthey, Weber, Jaspers und Kolakowski antizipiert, die dem wachsenden Pluralismus der Götter und Dämonen, der existentiellen Daseinsformen, Mythen, Wertvorstellungen und metaphysischen sowie religiösen

Weltanschauungen affirmativ gegenüberstanden (vgl. Habermas 1985a). Die Forderung der Theoretiker der Moderne nach Universalität wird zurückgewiesen, denn vom historischen Standpunkt aus gesehen wird Universalität sofort mit Ausschluß bzw. Diskriminierung in Verbindung gebracht. Aus diesem Grund wird auch der Legitimationsdiskurs der Moderne, der »grand recit« von der Befreiung und der Emanzipation des autonomen Subjekts, von Lyotard abgelehnt (Lyotard 1979). In seinem späteren Werk (Lyotard 1986) bringt er sogar den »grand recit« mit Unterdrückung und anderen Grausamkeiten in Verbindung, die im Namen der großen Erzählungen unseres Jahrhunderts begangen wurden. Auschwitz ist für ihn verbunden mit dem Verfall der ›großen Erzählung‹ der Hegelschen Dialektik. Der Arbeiteraufstand in den Warschauer Paktstaaten ist die Widerlegung der Metanarrationen des Kommunismus. Die großen Erzählungen der westlichen Demokratie werden durch die Ereignisse im Mai 1968 widerlegt, und die große Fabel des freien Marktes durch den Börsenkrach 1911 und den von 1929. Die Wirtschaftskrise zwischen 1974 und 1979 ist die Widerlegung der postkeynesianischen Anpassungsmaßnahmen, die ursprünglich dazu bestimmt waren, diese Krise zu bewältigen. »In short, the modern project has gone down due to the violence brought about by its own realization. It has been submerged by the refutation of its pretentions by historical development in its reality« (Kunneman 1988, S. 208).

Habermas ist der Meinung – wie in der oben zitierten Passage angedeutet wurde –, daß die Pluralisierung der voneinander abweichenden Inhalte des Diskurses die »unvermeidbare Erfahrung der Moderne« ist (Habermas 1985a, S. 193). Trotzdem zieht Habermas hieraus nicht die postmoderne Schlußfolgerung, sondern betrachtet die Geschichte weiterhin als einen Prozeß, der die notwendigen Voraussetzungen für die Humanisierung in sich trägt. Seiner Meinung nach wird das Projekt der Aufklärung nicht von einem anderen verdrängt, es kann höchstens als gefährdet angesehen werden. Geschichte stellt einen Prozeß dar, in dem es immer noch möglich ist, eine bessere Gesellschaft oder bessere Gesellschaftssysteme mit rationalen Mitteln zu schaffen. Kurz gesagt ist also die Entwicklung der Vernunft eine notwendige, aber selbstverständlich nicht hinreichende Bedingung für die Schaffung einer freien und gerechten Gesellschaft. Habermas versucht, die Grundlagen für theoretische und praktische sozialwissenschaftliche Untersuchungen zu erarbeiten, die den Problemlösungsprozeß demokratisch maximieren (Habermas 1984, 1987). Was die Politik betrifft, so spricht er sich weiterhin für das Konzept einer weiterentwickelten sozialen Demokratie aus, d. h. Meinungsfreiheit und Teilnahme aller am Entscheidungsprozeß (Mitbestimmung). In der Wissenschaft hält er weiterhin an der Vorrangstellung des Gültigkeitsanspruchs von Wahrheit fest.

»It is also a characteristic of modernity that we have grown accustomed to living with dissent in the realm of questions that admit of ›truth‹; we simply put controversial validity claims to one side »for the time being«. Nonetheless, we perceive this pluralism of contradictory convictions as an incentive for learning processes; we live in the expectation of future resolutions. As long as we take part and do not merely look over our own shoulders as historians and ethnographers, we maintain precisely the distinctions ... between valid and socially accepted views, between good arguments and those which are merely successful for a certain audience at a certain time« (Habermas 1985a, S. 194).

Habermas kritisiert unumwunden die Postmodernen und stellt fest, daß sie auf der gleichen Ebene wie die Neokonservativen argumentieren, wenn sie den Vertretern der Moderne vorwerfen, ihr Eintreten für Emanzipation und Fortschritt sei nichts als bloße Machtstrategie.

Habermas übersieht hierbei wahrscheinlich die radikale, demokratische Absicht, die hinter der Kritik von Lyotard steckt. Dessen radikales normatives Eintreten gegen Unterdrückung, Ungerechtigkeit und den Ausschluß von Individuen aus der Gemeinschaft wird jedoch nicht durch das Prinzip der alles umfassenden Universalität legitimiert, da Lyotard das Subjekt als solches ganz und gar eliminiert. Habermas hat vollkommen recht mit der Erkenntnis, es sei unmöglich, anhand von Lyotards Standpunkt aufzuzeigen, wer oder was das Opfer der Gewalt, der Ungerechtigkeit oder der Unterdrückung ist und aus welchen Gründen diese zu verwerfen sind.

Die Neopragmatiker Rorty und Bernstein nehmen eine Position zwischen Moderne und Postmoderne ein. Sie nehmen die postmoderne Kritik, daß es im besonderen keine absoluten oder universellen Kriterien für Erkenntnis gebe, sehr ernst. Rorty versucht in Anknüpfung an Dewey, jegliche normative Bestimmung von Kriterien abzuschaffen (Rorty 1987, S. 48) und einen nicht-transzendentalen philosophisch-hermeneutischen Standpunkt zu entwikkeln. Von diesem Standpunkt aus betrachtet ist die Philosophie ein Mittel, soziale Praktiken zu verstehen und zum Ideal einer sozialen Demokratie beizutragen, in dem man zwischen einer Gesellschaft, die auf Gewalt beruht und einer Gesellschaft, deren Grundlagen Argumentation und Diskurs sind, unterscheidet. Rorty kritisiert jeden universalistischen Gültigkeitsanspruch für die Bestimmung von Kriterien der Wahrheit und Angemessenheit und weist ihn zurück. Er versucht – wie Dewey – von den praktischen Bedürfnissen und Problemen, wie sie in Gesellschaften wahrgenommen und erfahren werden, verschiedenen Kulturen und von den praktischen Erfahrungen und den Reflexionsprozessen in diesen Gemeinschaften auszugehen.

Nimmt man jedoch gleichzeitig die Pluralität sehr ernst, so muß dies nicht zu einem allumfassenden Relativismus führen (vgl. Biesta 1990). Von einem stark historisierten und kontextualisierten Standpunkt aus betrachtet, lehnen die Neopragmatiker jeglichen Versuch ab, nach etwas zu suchen, »das jenseits von Geschichte und Institutionen steht« (Rorty 1989, S. 189). Das heißt, »that a belief can still regulate action, can still be thought worth dying for, among people who are quite aware that this belief is caused by nothing deeper then contingent historical circumstance« (ebd.). Kurz gesagt ist ihre Botschaft also folgende: wir befinden uns gar nicht in der mißlichen Situation, absolute oder universalistische Kriterien wählen zu müssen oder überhaupt keine Kriterien zu haben.

Rorty und Bernstein bezeichnen ihre Überzeugung dementsprechend als liberalistische Utopie oder als Weltanschauung. Wenn wir die Hoffnung aufgeben, metaphysischen Trost in der a priori Struktur jeder beliebigen Untersuchung von Sprache oder von Formen sozialen Lebens zu finden, dann könnten wir »gain a renewed sense of community. Our identification with our community – our society, our political tradition, our intellectual heritage – is heightened when we see this community as ours rather than nature's, shaped rather than found ... what matters is our loyalty to other human beings clinging together against the dark, not our hope of getting things right« (Rorty 1982, S. 166). In einer Gemeinschaft braucht man gemeinsame Beratung, Gespräch und Kommunikation, um ein klares Verständnis von den Kriterien und Überzeugungsinhalten zu erlangen, die hier und jetzt als legitim gelten. Diese Gemeinschaft ist nicht in einem abstrakten, generellen Sinn die Gemeinschaft aller Menschen, sondern die Gemeinschaft derer, »vor denen man seine Überzeugungsinhalte rechtfertigen muß ... die, die genug von der eigenen Überzeugung teilen, um eine fruchtbare Unterhaltung zu ermöglichen« (Rorty 1986, S. 13).

Bernstein ist sich sehr wohl der Tatsache bewußt, daß die Bedingungen für argumentatives und diskursives Abwägen in einer Gemeinschaft nicht immer erfüllt sind. Eine Orientierung an diskursiver Entscheidungsfindung kann nur in einer Gemeinschaft zu Ergebnissen führen, »in der es eine lebendige, gemeinsame Akzeptanz bestimmter ... Prinzipien gibt« (Bernstein 1983, S. 157). Nur unter diesen Umständen kann man sich einigermaßen sicher sein, daß die Ergebnisse der Beratungen nicht sofort in Frage gestellt werden. Wichtig ist die Antwort auf folgende Frage: »what material, social and political conditions need to be concretely realized in order to encourage the flourishing of phronesis in all citizens« (Bernstein 1983, S. 158). Eine unbedingte Voraussetzung für die diskursive Entscheidungsfindung ist ein gewisses Maß an Solidarität innerhalb einer Gemeinschaft. Durch diese Solidarität können zumindest die Gespräche weitergeführt werden. Die diskursive Entscheidungsfindung im Sinne Bernsteins benötigt aber nicht nur ein gewisses Maß an Solidarität in einer Gemeinschaft, sondern sie ist auch ein besonders gutes Mittel, um Solidarität zu erzeugen (vgl. Miedema und Biesta 1990). Bernstein ist sich durchaus der Tatsache bewußt, daß die Bedingungen, unter denen Diskussionen stattfinden können, und die gesellschaftlichen Faktoren, die sie verhindern können, bekannt sein müssen. Solidarität kann nicht von vornherein vorausgesetzt werden.

Genau hier liegt der Fehler in Rortys Argumentation. Er nimmt eine scharfe Trennung zwischen unserem privaten und unserem öffentlichen Leben vor. »Our responsibilities to others constitute only the public side of our lives, a side which competes with our private affections and our private attempts at self-creation, and which has no automatic priority over such private motives« (Rorty 1989, S. 194). In Rortys liberalistischer Utopie gibt es eine »rigid destinction between a rich, autonomous private sphere that will enable elite »ironists« like himself to create freely the self they wish – even if that be a cruel, antidemocratic self – and a lean, egalitarian, »democratic« public life confined to the task of preventing cruelty (including that of elite ironists)« (Westbrook 1991, S. 540). Die Solidarität, die nach Rortys Auffassung im öffentlichen Leben herrscht, ist eine extrem schwache Form von Solidarität, wenig mehr nur als eine gemeinsame Aversion gegen Demütigung und Schmerz. Was hier fehlt, ist Bernsteins (und Deweys) gemeinsame soziale und politische Vision, die aus gemeinsamen Erfahrungen, gemeinsamem Besitz und gemeinsamer Macht besteht. Rortys liberal-demokratische Politik »involve little more than making sure that individuals hurt one another as little as possible and interfere minimally in the private life of each« (Westbrook 1991, S. 541). Außerdem sollten wir – so Rortys ethnozentrische Auffassung von Solidarität – nach einem Maximum an intersubjektiver Übereinstimmung streben, indem wir im Verhältnis zu Anderen den Bezug auf uns verstärken. Das bedeutet, daß wir herausfinden müssen, ob Überzeugungen und Glaubensinhalte anderer Kulturen in den Rahmen unserer eigenen Überzeugungen hineinpassen würden.

Bernstein möchte »the types of dialogical communities in which phronesis, judgement, and practical discourse become concretely embodied in our everyday practices« (Bernstein 1983, S. 223) pflegen, um die Pluralität und die auf ihr basierenden, nicht reduzierbaren Konflikte bewältigen zu können. Er möchte folgendes anstreben: »to discover some common ground to reconcile differences through debate, conversation, and dialogue« (ebd.). Indem er Pitkin und Shumer zitiert, stellt er fest, daß in einer Demokratie – einer Staatsform, in der Menschen mit verschiedenen Interessen, Perspektiven und Meinungen zusammentreffen – Meinungen und Interessen von beiden Seiten neu überdacht werden, sowohl individuell als auch gemeinsam. Er ist auf der Suche nach einer »Gemeinschaft der Gemeinschaften«. Rortys ethnozentrischer Ansatz aber scheint sich unter dem Deckmantel der Solidarität und des Gesprächs zu verbergen und gleichzeitig im Verhältnis zu anderen Kulturen, Traditionen und Gemeinschaften deren Eigenschaften für sich nutzbar zu machen.

v. Pluralität und Erziehungswissenschaft: Die Situation in den Niederlanden

Ich bin in den Niederlanden geboren, dort aufgewachsen und wurde so Teil einer spezifischen Tradition und Kultur. Unser Land nimmt eine ganz spezielle Stellung in der Weltgeschichte ein, besonders wenn wir unsere koloniale Vergangenheit berücksichtigen. Holländer reisten im sechzehnten und siebzehnten Jahrhundert um die Welt, annektierten das Land der Indianer und nannten es Neu Amsterdam; das spätere New York. Sie kolonialisierten die Einwohner Indonesiens, einiger karibischer Inseln und Surinams.

Wie gingen und gehen wir aber nun – vom politischen und pädagogischen Standpunkt aus betrachtet – mit der Pluralität in unserer eigenen Gesellschaft um? Ein besonderes Charakteristikum der holländischen Gesellschaft aus der Zeit nach der Französischen Revolution (1815) bis heute ist die konfessionelle Trennung bzw. die Aufteilung verschiedener Elemente des öffentlichen Lebens nach verschiedenen Konfessionen. Durch diese Trennung zerbrachen fast alle gesellschaftlichen Institutionen und Gruppen entlang der konfessionellen Grenzen. Die Einteilung in konfessionelle Blöcke war seltsamerweise das Ergebnis von Emanzipationsbestrebungen der Katholiken und Protestanten, die sich anfangs nur auf die Schulen konzentrierten. Katholiken und Protestanten bezweifelten nämlich, daß die gemischten öffentlichen Schulen – die aus dem Schulgesetz von 1806 hervorgegangen waren (vgl. Noordam 1979) – ein geeignetes Instrument für die Weiterverbreitung ihrer eigenen Religionen sein würden. Diese Zweifel wurden durch die Position, die die Sozialdemokraten und die Liberalen in dieser Diskussion bezogen, noch verstärkt. Sie sprachen sich nämlich ganz entschieden gegen jegliche Form von pluralistischen öffentlichen Schulen aus (einer Schulform, die ursprünglich – nach staatlich-protestantischer Tradition – eingeführt werden sollte), in denen alle religiösen Konfessionen vertreten sein sollten. Sie votierten für eine neutrale Beziehung oder eine Trennung von Religion und Staat durch Selbstbeschränkung, wodurch die kulturelle Identität einer großen Zahl unterschiedlicher Konfessionen negiert wurde. Der Streit um die Konfessionsschulen und deren Finanzierung wurde durch die Schulgesetze von 1857, 1878, 1901 und letztendlich durch das Befriedungsgesetz von 1920 beendet. Alle Konfessionen hatten nun das Recht auf ihre eigenen Schulen und auf ihre eigenen finanziellen Mittel. Die Einteilung in konfessionelle Blöcke beschränkte sich nicht nur auf den schulischen Bereich. Das gesamte öffentliche, politische und gesellschaftliche Leben orientierte sich an den konfessionellen Grenzen: Universitäten, politische Parteien, Gewerkschaften, Wohlfahrtsarbeit, Krankenhäuser etc. Auch heute ist die Situation in den Niederlanden mehr oder weniger unverändert geblieben (vgl. Miedema und Biesta 1991).

Die vertikale Einteilung in konfessionelle Blöcke hat zu einer synchronen gesellschaftlichen Pluralität geführt, die den Austausch von Werten, das Teilen und das gemeinsame Schaffen von Werten blockiert. In den vergangenen Jahrhunderten galt die konfessionelle Teilung als die Methode, mit der man in den Niederlanden das Problem der gesellschaftlichen Pluralität bewältigte.

An anderer Stelle (Miedema und Biesta 1991) wurde gezeigt, daß in der Erziehungswissenschaft bei der Anwendung der Ideen von Bildungsreformern wie Montessori, Parkhurst, Petersen und Freinet nur die Unterrichtsmethoden, nicht aber ihre sozialen und politischen Aspekte berücksichtigt werden. Diese Konzepte wurden in erster Linie als »Unterrichtspsychologie« betrachtet, als wertfreie (wissenschaftliche) Theorien über Lehre und Didaktik, die zur Vermittlung jeder Lehrplaneinheit angewendet werden können. Nachdem man die Ideen der Reformer von ihren politischen Inhalten und ihren Wertvorstellungen befreit, sie also sozusagen entpolitisiert hatte, war es möglich, diese pädagogischen Konzepte in jedem konfessionellen Schulsystem anzuwenden, ohne daß sie eine Bedrohung oder eine Herausforderung für die jeweiligen konfessionellen Weltanschauungen darstellten. In diesem Zusammenhang waren Deweys pädagogische Ideen von Demokratie und Erziehung zunächst eine Bedrohung für fundamentalistische Auffassungen (vgl. Biesta und Miedema 1989). In einem noch viel stärkeren Maße war die Einteilung in konfessionelle Blöcke bedroht, die sich als ideales Mittel herausgestellt hatte, die gesellschaftliche Pluralität in den Griff zu bekommen.

Bis 1945 war auch die akademische Pädagogik durch diese Einteilung bestimmt. Als erster Universitätspädagoge versuchte Langeveld in seinem Buch »A Concise Theoretical Pedagogy« (1945) die normative konfessionelle Pädagogik ad acta zu legen. Dies bedeutet, genauer gesagt, daß Pädagogen mit Hilfe des phänomenologischen Ansatzes auf das erzieherische Phänomen selbst zurückkommen konnten. Laut Langeveld bildet dieses Phänomen die noch nicht konfessionell beeinflußte gemeinsame Grundlage für alle im Bereich Erziehung und Ausbildung Tätigen. Das schlichte faktische Resultat hiervon aber war eher positivistisch; es bestand nämlich aus einer Analyse der Lebenswelt so wie sie ist, getrennt von konfessionellen Weltbildern. Die Werte aber wurden weiterhin von Konfessionen bestimmt. Zusammen mit der im holländischen Calvinismus besonders betonten persönlichen Verantwortung verstärkt dies die Tendenz, die Pädagogik als ein Konzept zu sehen, in dem Kultur, Gesellschaft und Politik zweitrangig sind, und dies auch in der Praxis zu vermitteln. Wegen der fast ausschließlich calvinistischen und existentialistischen Betonung des selbstbewußten, verantwortlichen und moralischen Menschen konnte Langeveld die Gesellschaft nur über die Person als moralisch verantwortliches Individuum kritisieren. Pluralität wurde in der holländischen Gesellschaft nicht als »an experience of reflection to be worked through« (Habermas), »to enrich and order the ongoing process« (Dewey) oder »to discover some common ground and to reconcile differences through debate, conversation, and dialogue« (Bernstein) gebraucht. Was als emanzipatorischer Prozeß im neunzehnten Jahrhundert begann, endete mit der totalen Einteilung in konfessionelle Blöcke, die jeglichen offenen Dialog oder das gegenseitige Schaffen und Teilen von kulturellen Inhalten und Mustern fast gänzlich unmöglich machten.

Neben der oben erwähnten intrakulturellen Pluralität sehen wir uns in unserer Gesellschaft in den letzten zwei Jahrzehnten immer stärker mit einer interkulturellen Pluralität konfrontiert. Als Indikator hierfür können die Anzahl und Größe der unterschiedlichen ethnischen Gruppen an den innenstädtischen Schulen in den Ballungszentren Westhollands gelten. In den frühen siebziger Jahren waren 90% der Kinder an den Schulen in Den Haag gebürtige Niederländer oder sprachen Niederländisch, 10% der Kinder kamen aus anderen Ländern. Dieselben Schulen haben heute weniger als 10% niederländische Schüler oder gar keine niederländischsprachigen Schüler in den Klassen, sondern nur Kinder aus Surinam, Marokko, Spanien, Portugal, der Türkei und Jugoslawien. Ihre Eltern kamen in die Niederlande und wurden als Gastarbeiter bzw. ausländische Arbeitnehmer gerne aufgenommen.

Man hatte in den Niederlanden etwas Erfahrung mit interkulturel-

len Problemen durch die Molukken, einen Volksstamm einer indonesischen Inselgruppe, früher Teil der holländischen Kolonien. Die Molukken hatten von jeher die Absicht, wieder in ihr Heimatland zurückzukehren, und sie hatten sich zu diesem Zweck in Holland sogar militärisch organisiert. Sie stellten deshalb ein besonderes Problem für die niederländische Regierung dar.
In den siebziger Jahren wurde in den öffentlichen Institutionen und der Verwaltung eine Politik vertreten, die es jeder ethnischen Gruppe ermöglichen sollte, ihre eigenen kulturellen und sprachlichen Wurzeln zu erhalten. Im Bildungssektor bedeutete dies, daß in den Schulen spezielle Stunden eingerichtet wurden, in denen die Schüler zum einen ihre Muttersprache lernen und üben und zum anderen etwas über ihre eigene Kultur erfahren sollten. Diese Stunden wurden von Muttersprachlern abgehalten, die auch niederländisch sprachen und die mit der holländischen, also westeuropäischen Kultur und Geschichte bestens vertraut waren. Die Ideen hinter diesen bildungspolitischen Maßnahmen waren folgende: 1. Man glaubte, die Kinder könnten leichter Niederländisch lernen, wenn sie ihre eigene Sprache besser beherrschen. 2. Jede Kultur und jede Religion hat ihre Daseinsberechtigung (diese Idee wurde sogar von den Sozialdemokraten besonders stark verteidigt, obwohl ihnen der Anspruch auf religiöse Identität und Autonomie der katholischen und calvinistischen Schulen in Holland immer noch Probleme bereitete).
Als sich aber die Verteilung der ethnischen Gruppen an den Schulen drastisch veränderte, und eine Trennung in »schwarze« und »weiße« Schulen stattgefunden hatte (vgl. Teunissen 1989), war diese Ideologie, Kindern ethnischer »Minderheiten« das Recht zuzusprechen, ihre eigene Sprache und Kultur kennenzulernen, heftig umstritten, und sie wurde einige Zeit später aufgegeben. Die Konservativen beschwerten sich über die hohen Ausgaben, die die pluralistische Politik mit sich brachte, und sogar Politiker vom linken Flügel erklärten, daß die totale Adaptation, Akkulturation oder Anpassung die Chancen der Kinder ethnischer Minderheiten auf dem Arbeitsmarkt erhöhen könnte. Nicht die Kultivierung der eigenen ethnisch-kulturellen Traditionen, sondern die Anpassung an die holländische Kultur wurde nun als emanzipatorische Strategie vertreten. Auf einer Exkursion 1981 mit Studenten einer pädagogischen Hochschule besuchten wir eine Grundschule in der Innenstadt Den Haags. Der Schuldirek-

tor stand politisch links. Er erklärte, daß er – obwohl er weder Christ noch ein Anhänger der holländischen Monarchie sei – nur christliche und nationale Feiertage in seiner Schule begehen wolle, ungeachtet der Tatsache, daß 88% seiner Schüler anderen Kulturkreisen angehörten. Er wolle nicht sämtliche speziellen und religiösen Feiertage begehen, weil anderenfalls fast keine Zeit mehr für regulären Unterricht bleibe.

VI. Demokratische und internationale Staatsbürgerschaft oder: Demokratische Staatsbürgerschaft und Weltbürgertum

Der Standpunkt dieses Direktors spiegelt eine Art von »Homogenisierung in der Gesellschaft« wider, die Bernstein vermeiden möchte und die er kritisiert (Bernstein 1983, S. 227). Sie ist ein gutes Beispiel für eine schlechte Methode: eine kolonialisierende Haltung gegenüber verschiedenen Kulturen.

Ich stimme vollkommen mit Bernstein überein, aber die zentrale Frage ist, wie sollen wir mit dieser Situation vom politischen, kulturellen und auch pädagogischen Standpunkt aus umgehen? Diese Frage ist dann um so dringender, wenn wir den gigantischen Strom von Immigranten und Flüchtlingen berücksichtigen, den wir in den nächsten Jahren aus den ärmeren Ländern im Osten und Süden nach der deutschen Wiedervereinigung, der sowjetischen Perestrojka, den Nationalitätenkonflikten in Osteuropa und dem (wirtschaftlichen) Start der EG 1993 erwarten dürfen (vgl. Habermas 1991).

In diesem Zusammenhang ist es bemerkenswert, daß das Konzept der Staatsbürgerschaft, nachdem es für zwei Jahrzehnte nicht auf der politischen Tagesordnung stand, nun ein heißes Eisen für Politiker, Akademiker und Kommentatoren unterschiedlicher politischer Couleur geworden ist (vgl. Roche 1987; Hall 1991). Hall (1991) und Habermas (1992, S. 632 ff.) machen darauf aufmerksam, daß die Souveränität des jeweiligen Staates sowohl durch die oben beschriebenen Tendenzen als auch durch den Abbau des Wohlfahrtsstaates, die wachsende internationale Interdependenz und das fortschreitende Zusammenwachsen der Welt untergraben wird. Aber in dem Konzept der Staatsbürgerschaft schwingt als Konnotation immer noch der Staat mit.

Die wohlfahrtsstaatliche Interpretation sozialer Staatsbürgerschaft gerät in ihren konstitutiven Elementen wie etwa Zugehörigkeit zur Gemeinschaft, gegenseitige Rechte und Pflichten und wirkliche Partizipation an der Gemeinschaft zunehmend unter Druck. Hier garantiert der Staat die politischen Rechte seiner Bürger. Diese Rechte sind auf der anderen Seite eine Garantie dafür, daß der Staat nicht willkürlich Macht ausübt. In der Regierungszeit von Margaret Thatcher versuchte man z. B., diese konstitutiven Elemente durch Wohltätigkeit, Menschenfreundlichkeit und die Fähigkeit, unabhängig zu leben (Hall 1991), zu ersetzen und so die Mitgliedschaft und die Mitbestimmung in der Gemeinschaft zu begrenzen. Dieser Begriff von Staatsbürgerschaft ist einer von privater Staatsbürgerschaft. Im Zentrum dieses Konzeptes steht das Individuum, ein isoliertes Atom, angetrieben von Eigeninteresse – speziell von wirtschaftlichen Interessen – und ohne jede soziale Komponente (Roche 1987).
Nach Hall besteht die Herausforderung für die heutige Staatsbürgerschaftspolitik darin, ein neues Gleichgewicht zwischen der individuellen Dimension und den sozialen Dimensionen der politischen Rechte zu schaffen (Hall 1991, S. 160). Im Rahmen einer solchen Politik muß die Frage: »Wer gehört der Gemeinschaft an?« beantwortet werden, wenn sie von feministischen, schwarzen, ethnischen und ökologischen Bewegungen und von verletzbaren Minderheiten, z. B. Kindern, auf die Tagesordnung gebracht wird. Wie soll man mit der Pluralität der Bedürfnisse und den verschiedenen Standpunkten und Praktiken umgehen? Laut Hall ist es notwendig, die politischen (staatsbürgerlichen) Rechte, (wie z. B. das Wahlrecht und die Möglichkeit, sich zu informieren, das Recht auf Wissen und das Recht auf Schule und Information) nicht von den sozialen Rechten (in bezug auf Vermehrung, Gesundheitsfürsorge und Kinder) und den wirtschaftlichen Rechten (genügend wirtschaftliche und finanzielle Mittel zu haben, um eigenständig existieren zu können) zu trennen.
Wie kann eine moderne Gesellschaft mit einer politischen Kultur umgehen, die sich durch eine Vielfalt und Vielzahl an kulturellen und sozialen Identitäten auszeichnet? Habermas und Hall sind hier einstimmig der Meinung, daß »von neuen Staatsbürgern die Bereitschaft erwartet werden (kann), daß sie sich auf die politische Kultur ihrer Heimat einlassen, ohne deshalb die kulturelle Lebensform ihrer Herkunft aufgeben zu müssen. Die geforderte

politische Akkulturation erstreckt sich nicht auf das Ganze ihrer Sozialisation. Vielmehr können Einwanderer mit einer importierten neuen Lebensform jene Perspektiven erweitern oder vervielfältigen, aus denen die gemeinsame politische Verfassung allerdings interpretiert werden muß« (Habermas 1992, S. 659).

Laut Habermas ist die Identität einer politischen Gemeinschaft primär (strukturell) eingebettet in die Prinzipien einer politischen Kultur und nicht in die einer spezifischen ethnisch-kulturellen Lebensart. Deshalb lehnt er jede partikularistische Interpretation oder Bedeutung des Konzeptes Staatsbürgerschaft ab, z. B. was eine spezifische kulturelle Identität betrifft, und spricht sich für eine universalistische, also eine politische Interpretation von Staatsbürgerschaft aus. Kulturelle und politische Ansprüche aber sind nicht gänzlich voneinander zu trennen. Sie überschneiden und beeinflussen sich gegenseitig (Hall 1991, S. 168). Was die Einwanderer und Flüchtlinge betrifft, spricht sich Habermas für eine liberale Einwanderungspolitik aus.

»Das demokratische Recht auf Selbstbestimmung schließt gewiß das Recht auf Bewahrung einer eigenen politischen Kultur ein, die für die Staatsbürgerrechte einen konkreten Kontext bildet; es schließt aber nicht das Recht auf die Selbstbehauptung einer privilegierten kulturellen Lebensform ein. Im Rahmen der Verfassung eines demokratischen Rechtsstaates können vielfältige Lebensformen gleichberechtigt koexistieren. Diese müssen sich allerdings in einer gemeinsamen politischen Kultur überlappen, welche wiederum für Anstöße von seiten neuer Lebensformen offen ist« (Habermas 1992, S. 659).

Die universalistische Konzeption einer demokratischen Staatsbürgerschaft, die in den Theorien von Hall und Habermas enthalten ist, bietet die Möglichkeit und ebnet den Weg für einen Kosmopolitismus, ein Weltbürgertum. Habermas führt an dieser Stelle weltpolitische Ereignisse wie z. B. den Vietnamkrieg, die revolutionären Umwälzungen in Ost- und Mitteleuropa und den Golfkrieg an, die durch die fortschrittlichen elektronischen Massenmedien Teil der weltweiten »Öffentlichkeit« wurden. Deshalb müssen demokratische Staatsbürgerschaft und Kosmopolitismus ein Kontinuum bilden.

Im letzten Teil seines Textes »Citizenship, social theory, and social change« (Roche 1987) stellt Roche fest, daß die wissenschaftliche Beschäftigung mit dem Konzept der Staatsbürgerschaft realistische, aber auch phantasievolle Bemühungen erfordert, die Zukunft vorausehen zu können. Sie erfordert aber auch, »that we review and renew the commitment and interest of our work, the sense in which our late twentieth-century social science is not only about the life of citizens, but in fact is itself a version of good citizenship. However, to recognize this is also to recognize that social science, like modern democratic citizenship constitutes a political and moral project cast adrift in a world increasingly desposed to recast such projects in the more manageable moulds of ideological »doctrine« or technological nihilism. In such a world, the effort to study the live of the citizen need not and should be artificially disconnected from the struggle to defend that life« (Roche 1987, S. 394).

Wenn wir uns mit den Aufgaben der Erziehungswissenschaft im Hinblick auf das Konzept der demokratischen Staatsbürgerschaft beschäftigen, dürfen wir John Dewey nicht unberücksichtigt lassen. Wird die Frage der demokratischen Staatsbürgerschaft und des Weltbürgertums aufgegriffen, wie z. B. bei Habermas, so fühlt man sich unmittelbar an Deweys Ideen aus »The Public and Its Problems« (1927) erinnert. Hier plädiert Dewey dafür, aus der »Großen Gesellschaft« eine »Große Gemeinschaft« mit einer globalen Dimension zu machen.

Demokratie und Erziehung (Dewey 1916) haben eine immanente Beziehung zueinander. Sie können nicht voneinander getrennt betrachtet und isoliert behandelt werden, so wie Politiker und Analytiker, die sich mit Sozialpolitik und dem Wohlfahrtsstaat befassen, es gerne tun, denn »education ... tends to be seen as a cultural ... peripheral aspect of welfare« (Roche 1987, S. 365). Individuen und Gesellschaft werden auch als die beiden Seiten derselben kulturellen Münze betrachtet. Man kann nicht von Erziehung sprechen, ohne dabei den Sozialisationsprozeß in einer Kultur zu berücksichtigen und die Tatsache, daß man sie gemeinsam mit anderen teilt. Beides ist ein sehr wichtiger Bestandteil der pädagogischen Rahmenbedingungen. In der Erziehung laufen Übermittlungs- und Kommunikationsprozesse ab, durch die Gewohnheiten des Tuns, des Denkens und des Fühlens vermittelt werden. Eine Gesellschaft könnte ohne Erziehungsprozesse, in denen die jungen Miglieder die Reproduktions- und Erneuerungskraft des sozialen Lebens darstellen, nicht überleben.

»The things with which man varies are his genuine environment«

(Dewey 1916, S. 11). Die Erziehung als Wachstum ist ein Prozeß ständigen Neuorganisierens und Reproduzierens von Erfahrungen, »which adds to the meaning of experience, and which increases the ability to direct the course of subsequent experience« (Dewey, S. 76). Welche Art von gemeinschaftlichem Leben – in dem Veränderung, Wachstum, Verbesserung und Interaktion möglich sind – ist vom erziehungswissenschaftlichen und gesellschaftlichen Standpunkt aus die beste? Es ist mehr als »a form of government; it is primarily a mode of associated living, of conjoint communicated experience« (ebd., S. 87). Dewey hat die Kriterien für seine regulative Idee einer Gesellschaft in Form einer Frage formuliert, um den Grad an Demokratie, der in einer Gesellschaft herrscht, beurteilen zu können: »How numerous and varied are the interests which are consciously shared? How full and free is the interplay with other forms of association?«

Deweys normative Auffassung davon, was eine erwünschte Gesellschaft von einer unerwünschten unterscheidet, und über die Art von Erziehung, die dazu beitragen kann, demokratische Staatsbürger zu schaffen, kann in seiner eigenen kurzen Zusammenfassung in seinem Buch »Democracy and Education« nachgelesen werden:

»Since education is a social process, and there are many kinds of societies, a criterion for educational criticism and construction implies a particular social ideal. The two points selected by which to measure the worth of a form of social live are the extent in which the interests of a group are shared by all members, and the fullness and freedom with which it interacts with other groups. An undesirable society in other words, is one which internally and externally sets up barriers to free intercourse and communication of experience. A society which makes provision for participation in its goods of all its members on equal terms and which secures flexible readjustements of its institutions through interaction. Such a society must have a type of education which gives individuals a personal interest in social relationships and control, and the habits of mind which secure social changes without introducing disorder« (Dewey 1916, S. 115).

John Dewey, der »Philosoph der Freiheit« (Hook) und der »Philosoph des Alltagsmenschen« (Ratner), seine Ideen zur wechselseitigen Beziehung von Erziehung, Kultur, Politik und Demokratie bieten immer noch eine ergiebige Quelle hilfreicher Gedanken für die gegenwärtige Situation. Es wäre ein Fehler und wirklich sehr »un-Deweyanisch«, wie Westbrook meint, »to recommend an uncritical or wholesale recovery of Dewey's philosophy (and pedagogy, S. M.). But it merits another, closer look. If we are to enact the history that Whitman envisioned, we could do worse than to turn to John Dewey for a full measure of the wisdom we will need to work our way out of the wilderness of the present« (Westbrook 1991, S. 552).

Einige Wissenschaftler, wie z. B. Henry Giroux und Tomas Englund, haben, angeregt durch Deweys Pragmatismus und die Kritische Theorie, bereits begonnen, das Konzept der demokratischen Staatsbürgerschaft für die Erziehungswissenschaft auszuarbeiten (vgl. Englund 1986; Giroux 1989). In dieser vielversprechenden Richtung sollte man weiterarbeiten.

Literatur

Baacke, D. (1985), »Bewegungen beweglich machen. Oder Plädoyer für mehr Ironie«, in: D. Baacke et al., *Am Ende Post-modern? Next Wave in der Pädagogik*, Weinheim/München, S. 190-213.

Beekman, A. J. (1973), *Dienstbaar inzicht. Opvoedingswetenschap als sociale planwetenschap*, Groningen.

Bernstein, R. (1983), *Beyond Objectivism and Relativism: Science, Hermeneutics, and Praxis*, Oxford.

– (Hg.) (1985), *Habermas and Modernity*, Oxford.

– (1986), »Dewey, Democracy: The Task Ahead of Us«, in: J. Rajchman/C. West (Hg.), *Post-analytic Philosophy*, New York, S. 48-62.

Biesta, G. J. J. (1990), »Pluraliteit, pragmatisme en pedagogiek. Een neopragmatistische kijk op wetenschapstheoretische pluraliteit in de wetenschap«, *Comenius 10*, S. 7-30.

–/Miedema, S. (1989), *Assessing, Dewey's influence abroad*, Paper presented at the AERA Conference, San Francisco.

Bloch, E. (1963), »Über die Bedeutung der Utopie«, in: E. Bloch, *Tübinger Einleitung in die Philosophie 1*, Frankfurt, S. 124-132.

Dasberg, L. (1983), »Pedagogy in the year 2000«, *Phenomenology & Pedagogy*, 1, (2), S. 117-126.

De Mul, J. (1987), »De maakbaarheid van het subject. Foucault en de pedagogiek II«, *Comenius 7*, S. 453-481.

Dewey, J. (1916), *Democracy and Education*, New York.

– (1927), *The Public and Its Problems*, New York.

- (1940), »Creative Democracy – The Task Before Us«, in: S. Ratner (Hg.), *The Philosopher of the Common Man*, New York, S. 220-228.
Dreyfus, H. L./Rabinow, P. (Hg.) (1983), *Michel Foucault: Beyond Structuralism and Hermeneutics*, Chicago.
Englund, T. (1986), *Curriculum as a Political Problem. Changing Educational Conceptions, with Special Reference to Citizenship Education*, Uppsala/Lund.
Foucault, M. (1984), »What is Enlightment?«, in: P. Rabinow (Hg.), *The Foucault Reader*, New York, S. 32-50.
Giroux, H. (1989), *Schooling for Democracy. Critical Pedagogy in the Modern Age*, London.
Habermas J. (1984), *The Theory of Communicative Action*. Volume I, London.
- (1985), »Die Krise des Wohlfahrtsstaates und die Erschöpfung utopischer Energien«, in: ders., *Die Neue Unübersichtlichkeit*, Frankfurt, S. 141-163.
- (1987), *The Theory of Communicative Action, Volume II*, Cambridge.
- (1985a), »Questions and Counterquestions«, in: R. J. Bernstein (Hg.), *Habermas and Modernity*, Oxford, S. 192-216.
- (1985b), *Die Neue Unübersichtlichkeit*, Frankfurt/M.
- (1992), *Faktizität und Geltung. Beiträge zur Diskurstheorie des Rechts und des demokratischen Rechtsstaats*, Frankfurt/M.
Hall, S. (1991), *Het minimale zelf en andere opstellen*, Amsterdam.
Klafki, W. (1985), »Die Erziehung im Spannungsfeld von Vergangenheit, Gegenwart und Zukunft, *Die Sammlung 13*, S. 448-462.
Kunneman, H. (1988), »De betekenis en de beperkingen van het postmodernisme als politieke filosofie«, *Socialisme en Democratie 50, 7/8*, S. 201-213.
Lyotard, J. F. (1979), *La condition postmoderne*, Paris.
- (1986), *Le Postmoderne expliqué aux enfants*.
Miedema, S./Berding, J. W. A. (1991), »Democracy and Education: the Relevancy of Deweyan Political Pedagogics Today«, *Newsletter of the European Network Towards School Democratization 4 (7)*, S. 13-24.
–/Biesta, G. J. J. (1990a), »Balans voor de toekomst«, *Pedagogisch Tijdschrift 15*, S. 233-239.
–/– (1990), »Outlines of a Democratic and Community Based Critical Pragmatic Methodology: On the Way to Relevant Pedagogical Inquiry«, in: R. Evans/A. Winning/M. van Manen (Hg.), *Reflections on pedagogy and method*, Edmonton, S. 76-87.
–/– (1991), *The European Situation in Education and Pedagogical Science from a Critical Perspective: Needs, Tasks, and Responsibilities*, Paper presented in the Department of Educational Leadership, Oxford, Ohio.
Misgeld, D. (1986), »Modernity and Social Science, Habermas and Rorty«, *Philosophy and Social Criticism 11*, S. 355-372.

Mollenhauer, K. (1986), *Umwege. Über Bildung, Kunst und Interaktion*, Weinheim/München.
Niess, M. (1985), »Das postmoderne Begehren nach Unvernunft. Oder: Das Vergnügen, einen Jaguar zu fahren«, in: D. Baacke et al. (Hg.), *Am Ende Post-modern? Next Wave in der Pädagogik*, Weinheim/München, S. 12-22.
Noordam, N. F. (1979), *Historische pedagogiek van Nederland*, Nijkerk.
Rang, A. (1988), *Pedagogiek en moderniteit*, Nijmegen.
Roche, M. (1987), »Citizenship social theory, and social change«, in: *Theory and Society 16*, S. 363-399.
Rorty, R. (1982), *Consequences of Pragmatism*, Brighton.
– (1986), »Solidarity or Objectivity?«, in: J. Rajchman/C. West (Hg.), *Postanalytic Philosophy*, New York, S. 3-19.
– (1987), »Science as solidarity«, in: J. S. Nelson et al. (Hg.), *The Rhetoric of the Human Sciences: Language and Argument in Public Affairs*, Madison, S. 38-52.
– (1989), *Contingency, Irony, and Solidarity*, Cambridge.
Sauer, K. (1964), *Der utopische Zug in der Pädagogik*, Weinheim.
Teunissen, J. (1989), »›Witte‹ en ›zwarte‹ scholen in de grote steden«, in: W. Pols/S. Miedema/B. Levering (Hg.), *Opvoeding zoals het is*, Amersfoort/Leuven, S. 72-84.
Westbrook, R. B. (1991), *John Dewey and American Democracy*, Ithica/London.

Tomas Englund
Pädagogische Diskurse und die Konstitution von Öffentlichkeit

Einleitung

Als Sozialwissenschaftler kann man, wie Dewey es getan hat, die moralische Bedeutung der Sozialwissenschaft betonen: ihre Rolle beim Wecken oder Vertiefen unseres Verständnisses von Gesellschaft und der Möglichkeiten, die sich für diese Gesellschaft ergeben. Oder man kann, wie Michel Foucault es getan hat, betonen, daß Sozialwissenschaften als Instrument der Disziplinargesellschaft dienten, im Sinne einer Verbindung von Wissen und Macht anstelle von der zwischen Wissen und menschlicher Solidarität (Rorty 1983, 203 f.). Gleichwohl gibt es auch die Möglichkeit, diese Wege nicht als in verschiedene Richtungen auseinandergehende zu denken, sondern als ein Kreuz und Quer von unregelmäßigen und unerwarteten Entwicklungen. Diese schließen einander nicht gegenseitig aus. Darüber hinaus kann es sein, daß gerade eine Beachtung der Foucaultschen Warnung die Voraussetzung für den Erfolg von Deweys Projekt darstellt (Cherryholmes 1988, 179 f.).

Mit meinem Beitrag will ich zwei Forschungstraditionen der Bildungssoziologie, die traditionelle und die neue, auf einige Aspekte hin untersuchen: hinsichtlich ihrer Theorien und Konzeptionen von Staat und Gesellschaft sowie ihrer Haltung gegenüber Erziehung und Curriculum als Ausdruck von Bürgerrechten im Prozeß der Konstitution von Öffentlichkeit. Vor diesem Hintergrund geht es mir darum, das zu skizzieren, was ich »eine bürgerrechtliche Orientierung« in der Soziologie von Bildung und Curriculum nenne. In diesem Ansatz wird der Inhalt von Bildung als Element und Ausdruck von Bürgerrechten betrachtet – im Kontext liberaler Demokratien sind die zündenden Momente von Konflikten bestimmt durch den Kampf innerhalb der Gesellschaft und der Staatsapparate, zudem sind sie entscheidend abhängig von der öffentlichen Meinung. Betrachtet man den Inhalt von Bildung als ein Element, das auf den Kampf um Bürgerrechte bezogen ist, dann kann man die normative Basis der Interpretation, die die neue Bildungssoziologie von der traditionellen nicht übernommen hat, für die Bildungssoziologie (erneut) nutzen: als ein Kriterium zur Evaluierung des Charakters von Bildungsinhalten bei der Konstitution von Öffentlichkeit.

Traditionelle Bildungssoziologie

Die traditionelle Bildungssoziologie, so wie sie von amerikanischen, britischen und schwedischen Bildungssoziologen in den 1950ern und 1960ern gefaßt wurde, verdankte sich in einem tiefgreifenden Sinne dem strukturell-funktionalistischen Modell einer technologischen Gesellschaft und einer unproblematischen Sicht des Staates als einer evolutionären Macht. Die Expansion und die steigende Differenzierung der Erziehungssysteme wurden als unausweichliche Folgen technologisch bestimmter Änderungen in der Beschäftigungsstruktur, die immer kompliziertere Fertigkeiten nach sich ziehe, gesehen. Zur gleichen Zeit war das Drängen nach erzieherischer Effektivität kongruent mit der traditionellen sozialistischen Kritik an der Ungleichheit von Bildungsmöglichkeiten zwischen gesellschaftlichen Klassen. In britischen und schwedischen Forschungstraditionen war dementsprechend die Perspektive von Bildungsgleichheit in der Gestalt von gleichen Möglichkeiten ein fundamentaler Aspekt. Diese Traditionen wurden zudem beeinflußt durch Bezüge auf eine Version von Fabianismus bzw. Sozialdemokratie, die auf gesellschaftliche Gestaltung durch Bildung setzte. Wie die Politiker, denen sie sich verbunden fühlten, »kümmerten sich die Soziologen stärker um das Problem des verbesserten Zugangs zur schulischen Bildung als darum, die ›Natur‹ der Erziehung, die sie in höherem Maße zu verbreiten suchten, zu untersuchen (...). Man ging von der zuversichtlichen Annahme aus, Erziehung als ein ›Gut‹ in sich selbst zu betrachten und davon, daß es den Interessen von Individuen und der nationalen Ökonomie diene, mehr davon zu erhalten« (Whitty 1985, 9).

Bildung als ein individuelles Bürgerrecht

Eine theoretische Grundlage dieser Traditionen war »Marshalls Analyse zum Aufstieg des Wohlfahrtsstaates, in dem in steigen-

dem Maße das Prinzip des Bürgerrechts sich gegen die Gewalt der Stratifikation von Klassen durchsetzen sollte, was zugleich die Möglichkeit der Realisierung einer Wohlfahrtsgesellschaft, in der Gleichheit und Freiheit optimal ausbalanciert seien, unterstützte« (Karabel und Halsey 1977, 10). Diese Art des Zugriffs auf Bildung als einem individuellen Bürgerrecht begründet zugleich eine sozialdemokratische Bildungspolitik. Marshall hat das graduelle Auftauchen von drei verschiedenen Typen von Bürgerrechten herausgearbeitet: bürgerlich, politisch und sozial. Den Inhalt dieser Rechte hat er detailliert beschrieben. Das Recht auf Bildung betrachtete er als soziales Recht. Jedoch definierte er Sozialrechte im allgemeinen in ziemlich vagen Begriffen und ließ so viel Platz für Interpretationen. Gleichwohl entwickelte Marshall eine detaillierte Vorstellung von der Bedeutung von Bildung als einem sozialen Recht und dessen Beziehungen zu Bürgerschaft wie den anderen Rechten: »Die Erziehung von Kindern hat unmittelbare Folgen für Bürgerschaft; und wenn der Staat die Erziehung aller Kinder garantiert, ist es ihm um die Erfordernisse und den Charakter dieser Bürgerschaft zu tun (...). Grundsätzlich sollte das Recht auf Erziehung nicht als das Recht des Kindes, zur Schule zu gehen, betrachtet werden, sondern als das Recht des erwachsenen Bürgers, erzogen worden zu sein (...). Bildung ist eine notwendige Voraussetzung von bürgerlicher Freiheit« (Marshall 1964, 81 f.).
Marshall bestimmt also Bildung als eine Voraussetzung für den erwachsenen Bürger, um seine oder ihre Rechte auszuüben. Jedoch geht Marshall idealistisch und instrumentalistisch vor, wenn er den Staat als Garanten dieser Rechte ansieht.
Giddens, der die Bedeutung der Marshallschen Analyse heute stark betont, präsentiert in seiner kritischen Einschätzung der Theorie Marshalls eine Perspektive, die diese weiterentwickelt. Giddens argumentiert, daß Marshall »so tut als ob die Entwicklung der Bürgerrechte ähnlich einem evolutionären Naturprozeß vonstatten gehe, wenn nötig durch die wohltätige Hand des Staates unterstützt ... (Aber es mangelt Marshall daran) zu betonen, daß Bürgerrechte in entscheidendem Ausmaß allein durch Kampf errungen wurden« (Giddens 1982, 171).
Was Giddens zu Recht kritisiert, ist Marshalls unproblematische Betrachtung des Staates als einer evolutionären Macht. Giddens versucht auch zu bestimmen, wie der Kampf für Bürgerrechte sich auf den Staat bezieht. Er geht davon aus, daß »der Staat im Kapi-

talismus ein Staat in einer Klassengesellschaft ist, in der politische Macht durch Klassenherrschaft verzerrt wird. Aber sowohl die Existenz von Bürgerrechten wie auch der Kampf der Arbeiterbewegungen, diese zu aktualisieren oder auszudehnen, haben wesentliche gesellschaftliche Veränderungen mit sich gebracht (...). Es scheint, daß Bürgerrechte eine wesentliche Basis von Freiheit dafür bilden, daß diejenigen, die sich in untergeordneten Positionen befinden, in der Lage sind, sich zu erhalten; und weil wir weit davon entfernt sind, sie für garantiert zu halten, müssen wir betonen, daß sie im Kontext liberaler Demokratie ständig Objekte des Kampfes sind (...). Jede der drei Formen von Staatsbürgerschaft, die Marshall unterschied, ist zweischneidig« (Giddens 1982, 126 f., 174).

Giddens legt damit größeren Nachdruck als Marshall auf den ständigen Kampf für Bürgerrechte sowie auf die Frage, wie die Substanz dieser Rechte ständig wechseln kann. Weiterhin betont Giddens im Unterschied zu einer marxistischen Tradition, die dazu tendierte, verschiedene »bürgerliche Rechte« unterzubewerten, die Bedeutung dieses Kampfes – verfochten von den Arbeiterbewegungen verschiedener Länder gegen den formalen Status dieser Rechte mit Blick auf ihre Realisierung. Die handfesten Implikationen dieser verschiedenen Formen von Staatsbürgerschaft sind jedoch nicht selbstevident: Sie behaupten nur eine Bedeutung und sind in spezifischen historischen und gesellschaftlichen Kontexten realisierbar. Ihre konkrete Interpretation hängt in entscheidender Weise davon ab, wie gut sie in der öffentlichen Meinung verankert sind, welche Bedeutung sie für unterschiedliche Gruppen innerhalb der Gesellschaft haben und über welche aktuellen Möglichkeiten verschiedene Gruppen der Gesellschaft verfügen, um ihre Bürgerrechte zu verwirklichen.

Bildungspolitische Implikationen der traditionellen Bildungssoziologie

Diese Bildungspolitik betrachtet Erziehung als eine Quelle der sozialen Mobilität. Unkritisch ist sie in bezug auf Bildungsinhalte, weil sie glaubt, daß diese eine Simplifizierung von wissenschaftlichem Fortschritt und von Anpassung des Curriculums an wissenschaftlich erhobene Anforderungen gemäß der Bedürfnisse der technologischen Gesellschaft darstellen.[1] In Begriffen des Pragmatismus ist diese traditionelle Bildungssoziologie Teil eines vulgären Pragmatismus, der funktionale Effektivität hochschätzt und auf einer unreflektierten Akzeptanz expliziter oder impliziter Konventionen aufruht.

Diese Politikperspektive ist gleichfalls in dem Sinne unkritisch, daß sie die Reproduktion klassenmäßiger Beziehungen und Klassenstrukturen »durch Erziehung in deren Beziehung auf die Beschäftigungsstruktur« (Marshall 1964, 110) nicht sieht oder nicht sehen will. Marshalls Einschätzung führt zu der Frage, in welcher Weise das Bildungssystem in der Lage ist, die Ausübung oder die Qualifikation zur Ausübung von Bürgerrechten nicht nur als individuelle Rechte, sondern zugleich in einer kollektiven Perspektive, in der Konstitution einer kritischen Öffentlichkeit, zu begründen. Eine Weiterführung dieser Fragen zeigt, daß eine kritische Einschätzung der neuen Bildungssoziologie (trotz ihrer in vielen Hinsichten besseren Analyse im Vergleich mit der traditionellen Soziologie) und eine »neue bürgerrechtlich orientierte Soziologie der Bildung und des Curriculums« entwickelt werden können.

---

1 Diese Perspektive von Bildungspolitik und Curriculum kann als wissenschaftlich-rational bezeichnet werden (Englund 1986).
Lehrpläne werden Popkewitz zufolge aus einer Perspektive der »Disziplinenzentriertheit« verfaßt, sie ignorieren damit die gesellschaftliche Natur von Wissen und die Existenz differierender Ansätze in den Disziplinen; zudem reflektieren sie nicht die Konflikte innerhalb der tatsächlichen scientific community. Statt dessen präsentieren Lehrpläne und Lehrmaterialien einen einheitlichen Blick auf den sozialen Kontext, beschreiben sie Gesellschaft als ein geschlossenes System, dessen Teile harmonisch miteinander operieren (vgl. Popkewitz 1976, 1977 a, b).
In Forschungen zur Curriculumentwicklung (vgl. Goodson 1985, 1987; Popkewitz 1987) ist herausgestellt worden, in welcher Weise Lehrgegenstände legitimiert und durch ihre Verbindung zu wissenschaftlichen Disziplinen mythologisiert werden.

Die neue Bildungssoziologie

Im Unterschied zum Hauptinteresse der traditionellen Bildungssoziologie, der Frage der Effektivität von Erziehung, wurde von der sogenannten neuen Bildungssoziologie die Frage von »Macht und Ideologie in der Erziehung« herausgestellt (vgl. Karabel und Halsey 1977). Diese Bewegung, die in dem Term »neue Bildungssoziologie« gefaßt wird, ist weit davon entfernt, einheitlich zu sein. Im Anfangsstadium wie z. B. in dem Band »Knowledge and Control« (Young 1971) als auch in späteren Stadien lassen sich unterschiedliche Schwerpunktsetzungen ausmachen (vgl. Whitty 1985). Ein entscheidender Ausgangspunkt der neuen Bildungssoziologie, der auch im gegenwärtigen Kontext von größter Bedeutung ist, bezieht sich auf die Frage von Wissen, speziell von Schulwissen. Dieses ist historisch und gesellschaftlich geformt. Es ist Ausdruck bestimmter Machtrelationen, und es ist ein Element in dem Reproduktionsprozeß einer Gesellschaft. Die neue Bildungssoziologie bearbeitet »Schulwissen« nicht, indem sie primär nach der Effektivität von Wissensvermittlung fragt, sondern danach, wie das Wissen konstituiert wurde, welche Kräfte es unterstützen und was es zu reproduzieren hilft.

Während der 1970er Jahre war die vorherrschende Metapher für den gesellschaftlichen Ort von Erziehung dem marxistischen und durkheimschen Ansatz angepaßt, innerhalb deren das Bildungssystem exklusiv als eine Institution für die Reproduktion der herrschenden gesellschaftlichen Ordnung betrachtet wurde. In verschiedenen neomarxistischen Traditionen ging es wesentlich darum aufzudecken, in welcher Weise grundlegende gesellschaftliche Bedingungen durch Sozialisation legitimiert wurden (vor allem in der marxistischen Sozialisationsforschung); in welcher Weise die Anforderungen der Kapitalakkumulation Struktur und Inhalt des Bildungssystems vorherbestimmten (vor allem in der deutschen Bildungsökonomie); in welcher Weise die Struktur des Schulsystems mit den Anforderungen von ökonomischer Entwicklung und Arbeitsplätzen korrespondierte (vor allem in der amerikanischen neomarxistischen Forschung); in welcher Weise Ideologie die herrschenden Bedingungen reproduzierte (vor allem in der französischen Forschung). Viele der Werke innerhalb dieser Ansätze sind inzwischen zu Klassikern geworden (Althusser 1971; Altvater und Huisken 1971; Bourdieu und Passeron 1977;

Bowles und Gintis 1976; Carnoy und Levin 1976) und haben viele
Nachfolger. Das funktionalistisch orientierte Korrespondenz-
prinzip (Bowles und Gintis 1976; Carnoy und Levin 1976), die
Akkumulationsanforderungen der »Kapitallogik« (Altvater und
Huisken 1971) und die Reproduktions-Metapher (Althusser
1971; Bourdieu und Passeron 1977) überschatteten für eine lange
Zeit jedwedes Interesse an der Frage nach der Bedeutung von
strukturellem Wandel und von Inhalten als Änderungsfaktoren.

Eine bemerkenswerte Ausnahme, die nichtdestotrotz teilweise auf
den angesprochenen Traditionen ruht, ist die sog. »reconceptuali-
zation«-Bewegung, die als kritische Curriculumtheorie in den
USA der späten 1970er und der frühen 1980er entstand (Apple
1979). Wie im phänomenologischen Ansatz der neuen Bildungssoziologie, sehen die amerikanischen Rekonzeptualisten speziell
das Individuum, vor allem den Lehrer als Angelpunkt für Änderungen. Änderungen sind in diesem Sinne eine Frage der Transformationen des Bewußtseins von Akteuren im Klassenzimmer
(vgl. Giroux 1981, 1983).[2]

Ein Problem mit diesen Traditionen besteht jedoch in ihrer Ansicht, Änderungen seien eine Frage der Entwicklung individuellen
Bewußtseins – abgetrennt von einer Analyse des Staates und dessen Rolle als entscheidender Kraft der Grenzsetzung in den
erzieherischen Machtbeziehungen.

Staatstheorien

Innerhalb der neuen Bildungssoziologie wurden eine gesellschaftliche Perspektive von Erziehung als Reproduktion und eine Theorie des Staates stufenweise und ausgehend von einer interaktionistischen Wissenssoziologie entwickelt. Über einen langen Zeit-

---

2 Wexler kommentiert in einer Analyse der neuen Bildungssoziologie und
kritischen Curriculumtheorie, daß »interne Kritiken von Reproduktion, vor allem von Seiten erziehungswissenschaftlicher neuer Soziologen (Apple 1981; Giroux 1981), die grundlegende Logik der Analyse
zwar modifizieren, aber nicht verändern« (Wexler 1987; vgl. Englund
1986, Kap. 1).
Für Giroux ergibt sich daraus die Notwendigkeit, zwischen öffentlicher
Philosophie und der Krise der Erziehung zu vermitteln, Citizenship,
öffentliche Philosophie und den Kampf für Demokratie zu verbinden
(Giroux 1987, 1988).

raum wurde der Staat innerhalb einer voreingenommenen Perspektive analysiert und keiner der Forschungsansätze – ausgehend von der Kapitallogik, der Korrespondenztheorie oder der Reproduktionstheorie in der Art, die Althusser 1971 nebst anderen Reproduktionstheoretikern initiiert hatte (mit der Ausnahme von Poulantzas) –, problematisierte die offensichtlichen gesellschaftlichen Spannungen im Kampf um die Staatsgewalt (mit Blick auf den Staat als Verhältnis).

Erst sehr spät ergaben sich theoretische Entwicklungen innerhalb der neuen Bildungssoziologie, die einer differenzierteren Perspektive den Weg ebneten (vgl. Dale 1981); aber meistens wurden sie nicht genutzt und häufig reichten sie nicht weiter als bis zu selbstkritischen Beobachtungen des Typs, »daß der Hegemonie-Begriff nicht beliebig sei. Er ist in erster Linie an den Staat gebunden, d. h. Hegemonie ist kein abgeschlossenes gesellschaftliches Faktum, sondern ein Prozeß, in dem die herrschenden Gruppen und Klassen ›es schaffen, den aktiven Konsens derer zu gewinnen, über die sie herrschen‹« (Apple 1981, 38; mit Bezug auf Mouffe 1979, 10). In einem späteren Werk fragt sich Apple, einer der prominenten Autoren, die den Übergang von der neuen Bildungssoziologie zur kritischen Curriculumtheorie betrieben haben, ob »der Staat allein den Interessen des Kapitals dient oder ob er in einer komplexeren Weise funktioniert? Ist der Staat statt dessen eine Arena des Klassenkonflikts und ein Ort, an dem Hegemonie hergestellt werden muß und nicht einfach auferlegt werden kann?« (Apple 1982, 14).

Gebunden an die Staatsanalyse des »späten« Poulantzas (1975, 1978)[3] entwickelte sich eine Perspektive, die davon ausging, daß das Curriculum (wie andere Aspekte der Gesellschaft auch) nicht als direkt determiniert durch die Bedürfnisse des Kapitals verstanden werden könne, sondern ein umkämpftes Terrain und daher der Ort eines Kampfes zwischen rivalisierenden politischen und ideologischen Kräften sei (Carnoy/Levin 1985; Whitty 1987, 110).

Diese Perspektive konnte sich allerdings keines Erfolges innerhalb der neuen Bildungssoziologie/kritischen Curriculumtheorie er-

3 Zur Entwicklung der Staatstheorien von Poulantzas s. Jessop 1985; Carnoy 1985. Hinzuzufügen ist, daß bereits 1980 Shapiro in seinem Artikel »Education and the State in Capitalist Society. Aspects of the sociology of Nicos Poulantzas« die Bedeutung der Staatsanalyse von Poulantzas herausgestellt hat.

freuen. Selbst die von Whitty herangezogenen Autoren Carnoy und Levin benutzten diesen Ansatz kaum, um Curriculum-Fragen zu analysieren. Statt dessen folgten sie eher der traditionellen Bildungssoziologie mit einer Konfliktperspektive.[4, 5]

Die vergessene Staatsbürgerschaftsperspektive

Diese unvollkommene Staatstheorie war mitverantwortlich dafür, daß die Staatsbürgerschaftsperspektive der traditionellen Bildungssoziologie durch die neue Bildungssoziologie völlig vernachlässigt wurde. Die traditionelle Bildungssoziologie wurde zu Recht kritisiert, weil ihr Erziehungsverständnis durch die Frage des Zugangs zur Erziehung beschränkt war. Die neue Bildungssoziologie starrte statt dessen auf den Inhalt der Erziehung, ohne diesen in irgendeiner Weise auf moralische oder normative Kriterien zu beziehen. Weil die neue Bildungssoziologie sich auf die Frage der Reproduktion sowie auf Metaphern der sozialen Kontrolle – und später auf die Widerständigkeit – beschränkte, kam die Frage nach ›guten‹ Inhalten nie auf die Tagesordnung: Eine Frage, die sich hätte stellen lassen, wenn die Bürgerrechtsperspektive der traditionellen Bildungssoziologie mit der Inhaltsfrage verbunden worden wäre. Dies hätte für die neue Bildungssoziologie zugleich bedeutet, die Initiative an der Curriculum-Front zu übernehmen

4 Carnoy und Levin (1985, 14, 24) haben eine Analyse von Bildung vorgestellt, die als Gegenstand von Spannungen zwischen konfligierenden Dynamiken betrachtet werden kann, weil es um Einfluß auf Kontrolle, Zweck und Durchführung von Schule geht. Einerseits haben Schulen in traditioneller Weise die ungleichen und hierarchischen Beziehungen von Kleinfamilie und kapitalistischem Arbeitsplatz reproduziert, aber andererseits repräsentieren sie die Ausweitung ökonomischer Möglichkeiten für untergeordnete Gruppen und die Extension von Menschenrechten.

5 In diesem Kontext ist auf die Differenz der Organisation von Schulen als privat oder öffentlich hinzuweisen. Öffentlich finanzierte und kontrollierte Bildung für alle – öffentliche Erziehung als ein Bürgerrecht (vgl. Englund 1986) – schafft vollkommen verschiedene Voraussetzungen für Bildungsinhalte/Curricula – im Gegensatz zu einem System, das »durch eine individualistische Perspektive dominiert wird, in dem Eltern als diejenigen betrachtet werden, die ein primäres Recht daran haben, die Schule ihrer Kinder zu wählen« (Edwards/Fitz/Whitty, 1985, 359).

und so fähig zu sein, konservativen Forderungsgehalten mit Vorstellungen über ein Curriculum, das Bürgerrechte einbezöge, entgegenzutreten.
Über einen langen Zeitraum wurde jedoch die normative Basis durch die neuen Bildungssoziologen/kritischen Curriculum-Theoretiker nicht viel weiter ausgebaut als in der Erklärung von Apple, »daß all dies um eine Theorie sozialer Gerechtigkeit zu zentrieren sei« (Apple 1979, 11). Die allgemein akzeptierte Basis für die mehr oder weniger marxistisch inspirierte neue Bildungssoziologie/kritische Curriculumtheorie schien aus einer Mixtur von eher breiten Vorstellungen über soziale Gerechtigkeit und einer elementaren Konzeption von Freiheit zu bestehen (Liston 1988, 125). Überraschend an diesen Vorstellungen ist, welcher Nachdruck auf eine individualistische Menschenrechtsperspektive von Freiheit gegen den Staat als Ausdruck von Emanzipation gelegt wird und nicht auf eine kollektive, kommunitaristische Bürgerschaftsperspektive von Demokratie und bürgerlichem Leben, die auf die Rolle von Erziehung bezogen wird.

Wechselnde öffentliche Ideale – Metadiskurse der Bildung

Das öffentliche Bildungssystem in den meisten westlichen Demokratien hat die historisch vermittelte symbolische Funktion, eine Vorstellung von Gemeinschaft/Gesellschaft zu schaffen, eine Öffentlichkeit herzustellen (Boli/Ramirez/Meyer 1985). Dieser Ansatz jedoch produziert verschiedene Diskurse und Praktiken, die unterschiedliche Bedeutungen enthalten. Vor diesem Hintergrund lassen sich drei Bildungskonzeptionen unterscheiden (vgl. Englund 1986) – eine patriarchalische, eine wissenschaftlich-rationale und eine demokratische –, die als Metadiskurse zum Zweck der Formierung einer öffentlichen Identität angesehen werden können.
Historisch ist das öffentliche Bildungssystem in den westlichen Ländern durch eine patriarchalische Konzeption des Curriculums charakterisiert: Die Anlehnung an die Prinzipien von Demokratie ist primär formal und die Idee der Gleichheit spielt eine untergeordnete Rolle. Herrschaftsvorstellungen verbinden sich in dieser Konzeption mit einem Bild von Gesellschaft als Organismus, in dem unterschiedliche Strata als vorherbestimmt besetzt werden,

als grundsätzlich verschieden und als ausdrücklich hierarchisch geordnet. Das »nationale Interesse«, wie es durch die herrschenden sozialen Gruppen interpretiert wird, läßt nur wenig Manövriermasse für konfligierende Ideologien innerhalb einer Nation zu. Den entscheidenden Bezugspunkt für das Curriculum stellt die Erziehung der Elite der Nation dar. Noch im 20. Jahrhundert läßt sich zeigen, wie stark diese erziehungsphilosophische Tradition in den geisteswissenschaftlichen Fakultäten der Universitäten verankert ist (vgl. Englund 1986, Kap. 7); Blooms »The Closing of the American Mind« ist ein hervorstechendes gegenwärtiges Beispiel: »Bloom kann nicht verstehen, daß die Entwicklung einer Öffentlichkeit den Beginn eines kritischen Dialoges einschließt, in dem der Respekt für die Interpretationen anderer ein wesentlicher Teil rationaler Diskurse ist« (Feinberg 1989, 136).

Die wissenschaftlich-rationale Konzeption enthält einen funktionalistischen Bezug auf Demokratie. In einem derartigen System ist es »rational«, bestimmten Gruppen eine weitergehende Bildung zu gestatten, während dies im Falle anderer Gruppen als nicht nötig betrachtet wird. Gleichwohl erlaubt dieser Ansatz im Vergleich zum patriarchalischen Konzept der Demokratie die Entwicklung verschiedener Ideologien innerhalb des Rahmens einer demokratischen Superideologie. Gleichheit wird als Möglichkeit verstanden, deren Ziel darin gesehen wird, individuelle Gaben aller sozialen Gruppen für einen guten Gebrauch zu nutzen. Das Bild von Gesellschaft lebt von einer starken Betonung des Marktes. Die wesentlichen Aktivitäten der Gesellschaft sind marktbezogen und andere gesellschaftliche Institutionen – gesetzgebende Versammlungen, Regierung, Bildungssystem – werden nach den Anforderungen geformt, die durch den Markt an sie gestellt werden. Es handelt sich hier um eine Zweck-Mittel-Rationalität: Wissenschaft wird gefaßt als ein wertfreies Instrument der Sozialtechnologie. In Begriffen der Erziehungsphilosophie werden Konzeptionen von progressivistischen, psychologischen und essentialistischen disziplinären Forderungen ausbalanciert.

In den letzten Jahren gibt es eine Reihe von Beispielen in den USA für diese essentialistischen Visionen (vgl. Hirsch 1988; Bloom 1987), in denen es insbesondere um die Unterstützung von »educational excellence« geht; zudem wird anerkannt, daß Bildung eine moralische Aufgabe hat, die der Konstitution von Öffentlichkeit in einer demokratischen Gesellschaft.

Progressivistische Vorschläge hat es weniger gegeben (vgl. Cunningham 1988; Dale 1988; Hamilton 1988; Englund 1986, 243 ff.). Die Funktion öffentlicher Bildung wird auch in der progressivistischen Tradition darin gesehen, eine Öffentlichkeit zu schaffen, indem einer sonst unartikulierten, uninformierten Masse die Möglichkeit zur Artikulation gegeben wird.

Der patriarchale wie der wissenschaftlich-rationale Ansatz leben von der Vorstellung, es gebe einen vorgängigen Standard, der die Mitgliedschaft in der Öffentlichkeit bestimme. Dementsprechend ist es die Funktion von Bildung, dafür Sorge zu tragen, daß jedem die Möglichkeit gegeben wird zu lernen, wie man in Übereinstimmung mit einem spezifischen Ideal handelt.

Was ist nun die spezifische Differenz zwischen der wissenschaftlich-rationalen und der demokratischen Konzeption?

Ich möchte diese Problemstellung entwickeln, indem ich die drei Begriffe Öffentlichkeit, Text und Lehrer analysiere.

Auf dem Wege zu einer demokratischen Konzeption? Die Konstitution einer kritischen Öffentlichkeit: Eine neopragmatische Skizze

Die Idee einer kritischen Öffentlichkeit (teilweise durch Bildung geschaffen) geht, wie Dewey (1927) ausgeführt hat, von einem Sinn für gemeinsame Erfahrungen aus sowie von der Verpflichtung, die Bedeutung dieser Erfahrungen mit anderen zu teilen. Auch Reese erklärt, Demokratie sei eine Heuchelei, wenn sie nicht über ein System öffentlicher Bildung verfüge, das jeden mit einer Welt von Ideen, Werten und Wissen in Kontakt bringe und so allen Kindern dazu verhelfe, ihre eigenen engen und privaten Welten zu überwinden (Reese 1988, 440).

Englunds (1986) Analyse endet mit einer Darstellung der Debatte in den USA über staatsbürgerschaftliche Bildung: Mit Giarelli (1983) wird die notwendige Unterscheidung von Staat und Gesellschaft herausgestellt und in deren Folge die zwischen der Rolle des Lehrers als Staatsagent, als Übermittler der Ideologie des Staates und seiner oder ihrer Rolle als ein Diener oder Erzieher der Öffentlichkeit. Wenn wir diese zwei Rollen als prinzipiell miteinander vermittelt betrachten und den Staatsaspekt als den primären, vernachlässigen wir die Rolle des Lehrers als einer Ressource für die Öffentlichkeit bzw. Gesellschaft, d. h. für jeden Bürger, sagt Giarelli. Was dieser zu betonen sucht, ist, daß der Beruf des Lehrers weniger darin besteht, eine Staatsideologie von oben zu vermitteln als Bedingungen für eine öffentliche Diskussion zu schaffen und darauf zu sehen, »wie vernünftige Bürger öffentliche Zwecke diskutieren, eine neue Öffentlichkeit herstellen« (Giarelli 1983, 35).[6] Giarelli übernimmt seine allgemeinen Ausgangspunkte von Dewey (1927), und diese Punkte können, wie Habermas (1984, 1988) es tut, in einen spezifischen Referenzrahmen eingebaut werden, der den Blick auf die Rolle institutionalisierter Sozialisation lenkt.

	öffentlich	privat
System	öffentlich-administratives System Staatsmacht	Markt Geld
Lebenswelt	Gesellschaft öffentliche Sphäre Kommunikation	private Sphäre Intimität

Im Ansatz von Habermas besteht eine demokratische Staatsbürgerschaft in der Fähigkeit, sich eine unabhängige Meinung zu bilden und die Möglichkeit zu intellektueller Autonomie zu schaffen. Diese wird in der »Lebenswelt« durch die Primärsozialisation in der Familie und im Bildungssystem sowie durch andere Typen institutionalisierter Sozialisation, die zwischen Staat und Gesellschaft situiert sind, geformt, später dann durch Beteiligung an der Meinungsbildung in der Öffentlichkeit.

---

6 Zu programmatischen Argumentationen in diesem Kontext s. Giroux (1988) und Gutmann (1987, 287): »(...) ›politische Bildung‹ – die Kultivierung von Tugenden, Wissen und Fertigkeiten, die notwendig für eine politische Beteiligung sind – hat eine moralische Priorität gegenüber anderen Zwecken öffentlicher Bildung in einer demokratischen Gesellschaft. Politische Bildung bereitet die Bürger darauf vor, sich in bewußter Weise an der Reproduktion ihrer Gesellschaft zu beteiligen (...)«.

Der Lehrer und der Text

Was ist die Rolle eines Textes bei der Konstitution von Öffentlichkeit? Was ist die Beziehung zwischen Text und Curriculum? Folgt man erziehungspolitischen Dokumenten als historisch-gesellschaftlichen Produkten und nationalen Curricula (wenn sie existieren) als politischem Kompromiß (vgl. Englund 1986), dann kann der Lerntext als autoritative Interpretation dessen angesehen werden, was SchülerInnen lernen (McCutcheon 1982, 19; vgl. McLaren 1988; Cherryholmes 1988, 133).

Auf welche Art von Texten beziehen wir uns, wenn wir über Texte sprechen, die eine Öffentlichkeit schaffen? Das Schulbuch ist ein bestimmendes Medium, und das Schulbuch mit seiner spezifischen politischen Ökonomie (vgl. Apple 1986) verkörpert ein bestimmtes Genre und einen bestimmten Stil.

Das Genre von Schulbüchern »läßt sich fassen als eine Sammlung von Statements, die autoritative Wissensanforderungen enthalten. Sie enthalten Aussagen über Gegenstände, soziale Werte, darüber, was als Wissen zählt und welche Information mehr oder weniger bedeutsam ist. Sie behaupten mit Hilfe von Inklusion oder Exklusion, was zu lernen bedeutsam oder unbedeutend ist und präsentieren die Bedeutung von Worten als starr« (Cherryholmes 1988, 51).

Innerhalb der gegenwärtig vorherrschenden Erziehungskonzeption, der wissenschaftlich-rationalen, scheinen Schulbücher auf zwei Regeln, die die Bedeutungsfrage umfassen, aufzuruhen.

Erstens tendieren sie dazu, Bedeutung strukturell zu fassen, und zweitens fördern sie die Bedeutung, die das gegenwärtige »autoritative Wissen« repräsentiert (Cherryholmes 1988, 55).

Cherryholmes weist weiter darauf hin, daß »weder Lehrer noch Schüler danach fragen, wie Bedeutungen zu ihrem Status kommen, wenn nicht Schulbücher selber die Aufmerksamkeit darauf richten, daß Bedeutungen im Rahmen von gesellschaftlichen Konzeptionen und Kontextabhängigkeiten zu betrachten sind« (Cherryholmes 1988, 55).

Der Text ist ein entscheidendes Bindeglied im Strukturierungsprozeß von Metadiskursen, die spezifische Werte und Interessen bezogen auf spezifische Gesetze zum Ausdruck bringen. Diese wiederum reflektieren ideologische Beziehungen. Texte und Schulbücher sind Teile von Prozessen der Strukturation (vgl. Gid-

dens 1979), die wiederum hinsichtlich ihrer Bedeutung für die Kontinuität oder Transformation von Strukturen gefaßt werden. »Die Macht über den Text ist letztendlich die Macht, die Welt zu ändern« – ohne die Macht über den Text bleiben wir Unwissende, Gefangene von Texten und Diskursen der Vergangenheit.
Wenn ein Text als ein Vehikel für die Übermittlung ewiger Wahrheiten (religiös oder wissenschaftlich) betrachtet wird, besteht die Rolle des Lehrers darin, den Schüler zur korrekten Interpretation des Textes anzuleiten, so daß dessen Wahrheit enthüllt wird. Wenn aber der Text als fragmentarisch verstanden wird, sein Wahrheitswert als relativ bezüglich historischer Entwicklungen, reicht diese Art der Interpretationen nicht hin.
Wenn Weisheit, kreative reflexive Intelligenz (Dewey 1916, 1966) oder auch weniger grandiose Topoi – wie erhöhtes Bewußtsein – das Ziel unserer Anstrengungen darstellen, dann handelt es sich dabei nicht um Übertragungen vom Text auf den Schüler, sondern darum, etwas zu entwickeln, indem der Schüler den Text befragt. Eine Möglichkeit, die unterschiedlichen Diskurse und Praktiken des wissenschaftlich-rationalen Ansatzes von denen der demokratischen Konzeption zu unterscheiden, besteht darin, zwischen den Möglichkeiten, Teil der Öffentlichkeit zu werden, zu differenzieren. Der traditionelle Weg (patriarchalistisch oder wissenschaftlich-rational) bedeutet, die richtige Antwort auf den Text als einen Stimulus zu lernen, während der demokratische Ansatz darin besteht, den Text als einen Teil der Konversation über die Bedeutung historischer Ereignisse und damit verbundener Bedeutungen zu betrachten.
Lehrer haben ständig zu wählen, ob sie Wissensanforderungen, die als autoritativ präsentiert werden, verstärken oder ob sie deren Fragmentarität herausstellen. Die Wahlen sind pragmatisch. Wenn sie die herrschenden Strukturen verstärken, verkörpern sie einen unkritischen und vulgären Pragmatismus. Wenn sie strukturelle und positivistische Bedeutungen hinterfragen, verkörpern sie einen kritischen Pragmatismus. Unsere Gemeinschaften und unser gesellschaftliches Leben schaffen wir durch derartige Wahlen, seien sie vulgär oder kritisch, und »die Identifikation mit unserer Gemeinschaft – unserer Gesellschaft, unserer politischen Tradition, unserem intellektuellem Erbe – wird verstärkt, wenn wir diese Gemeinschaft als unsere erkennen, von uns geformt und nicht übernommen« (Rorty 1983, 166).

»Es wird immer wichtiger zu versuchen, die Formen eines kommunalen Lebens zu stützen, in denen Dialog, Konversation, Phronesis, praktische Diskurse und Urteile in einer konkreten Weise in unserer Alltagspraxis verkörpert sind« (Bernstein 1983, 229; vgl. Bernstein 1987). Im letzten Jahrzehnt ließ sich zugleich mit der konservativen Restauration von Lernen und der Bewegung eines autoritären Populismus das Wiederaufleben eines Interesses am Pragmatismus erkennen. Das Erbe von Dewey, revitalisiert durch Bernstein (1983, 1987), Rorty (1979, 1983) und Habermas (1984, 1988) hat Aufmerksamkeit hervorgerufen für das Bedürfnis eines Nichtfundamentalismus (d.h. die Unmöglichkeit einer philosophischen Rechtfertigung von Schulwissen) und für Kommunikation. Diese Autoren haben zugleich die Relevanz von Gemeinschaft, Demokratie und Solidarität hervorgehoben (vgl. Bowles/Gintis 1986; Beyer 1988; Wood 1988). Bernstein (1983) hat ein Konzept von Gemeinschaft (Community) erarbeitet, indem er sich auf das aristotelische Konzept von »Phronesis« bezieht. Bernstein zufolge ist die unaufgebbare Voraussetzung für Phronesis die Existenz eines bestimmten Grades von Solidarität in einer Gemeinschaft, einer Art von Solidarität, die Verständigungsprozesse aufrechterhält, auch wenn deren Ergebnis in einem »toleranten nicht einverstanden sein« besteht (Rorty 1987, 48; vgl. Miedema/Berding 1991).

Rorty (1987) versucht jede Form von »Kriteriologie« loszuwerden, indem er jede universalistische kriteriologische Forderung, die Philosophie als ein Mittel des Verstehens von gesellschaftlichen Praktiken betrachtet, kritisiert und verwirft. Zur gleichen Zeit trägt er bei zum Ideal einer sozialen Demokratie, wenn er zwischen jenen Gesellschaften unterscheidet, die auf Gewalt basieren und anderen, deren Basis durch Argumentation und Diskurs bestimmt ist. Wenn man einige Aspekte der neopragmatischen Tradition zusammenfaßt, so denke ich, daß diese (trotz Rortys antikriteriologischem Standpunkt) innerhalb einer Kriteriologie, die nicht universalistisch orientiert ist, arbeitet, die aber nichtsdestotrotz einen Bezugspunkt für Urteile in sich birgt.

In Zeiten eines autoritären Populismus stellt sich die Frage, ob es möglich und sinnvoll ist, sowohl für die Entwicklung einer demokratischen Konzeption einer kritischen Öffentlichkeit zu streiten als auch für eine Erziehung, die als öffentliches Gut verstanden wird. Die mögliche Wahl zwischen verschiedenen Interpretationen dessen, was Bildung als Bürgerrecht gegenwärtig bedeuten kann, zeigt den kontingenten und politischen Charakter von Bildung. Es ist klar, daß ein autoritärer Populismus die Linien der patriarchalistischen Konzeption von Bildung stärkt und so, zusammen mit der wissenschaftlich-rationalen Konzeption von Erziehung als individuelle Unternehmung, ein Verständnis von Bildung als Privatangelegenheit betreibt.

Literatur

Althusser, L. (1971), »Ideology and Ideological State Apparatuses. Notes Towards an Investigation«, in: ders., *Lenin and Philosophy and other Essays*, New York, S. 127-186.
Altvater, E./Huisken, F. (1971), *Materialien zur politischen Ökonomie des Ausbildungssektors*, Erlangen.
Apple, M. (1979), *Ideology and Curriculum*, London.
– (1981), »Reproduction, Contestation and Curriculum: An Essay in Self-Criticism«, *Interchange 12*, Nr. 3, S. 5-22.
– (1982), »Reproduction and Contradiction: An Introduction«, in: ders. (Hg.), *Cultural and Economic Reproduction in Education: Essays on Class, Ideology and the State*, London, S. 1-31.
– (1986), *Teachers and Texts*, London.
Bagley, A. (Hg.) (1983), *Civic Learning in Teacher Education*, College of Education, University of Minnesota, Society of Professors of Education (SPE) Monograph Series.
Bernstein, R. (1983), *Beyond Objectivism and Relativism*, Philadelphia.
– (1987), »The Varieties of Pluralism«, in: *American Journal of Education*, S. 509-525.
Beyer, L. (1988), »Schooling for the Culture of Democracy«, in: Beyer, L./Apple, M. (Hg.), *The Curriculum*, S. 219-238.
–/Apple, M. (Hg.) (1988), *The Curriculum. Problems, Politics and Possibilities*, New York.
Boli, J./Ramirez, F./Meyer, J. (1985), »Explaining the Origins and Expansion of Mass Education«, in: *Comparative Education Review 29*, S. 145-170.
Bloom, A. (1987), *The Closing of the American Mind*, New York.
Bourdieu, P./Passeron, J.-C. (1977), *Reproduction in Society, Education and Culture*, London.

Bowles, S./Gintis, H. (1976), *Schooling in Capitalist America*, New York.
–/– (1986), *Democracy and Capitalism. Property, Community, and the Contradictions of Modern Social Thought*, New York.
Carnoy, M. (1985), *The State and Political Theory*, Princeton.
–/Levin, H. (1976), *The Limits of Educational Reform*, New York.
–/– (1985), *Schooling and Work in the Democratic State*, Stanford.
Cherryholmes, C. (1988), *Power and Criticism*, New York/London.
Cunningham, P. (1988), *Curriculum Change in the Primary School since 1984: Dissemination of the Progessive Ideal*, New York/London.
Dale, R. (1981), »The State and Education: Some theoretical Approaches«, in: *Society, Education and the State Course Team: The State and the Politics of Education, Teil 2*, Lewes.
– (1988), »Implications for Progressivism of Recent Changes in the Control and Direction of Education Policy«, in: Green, A./Ball, S. (Hg.), *Progress and Inequality in Comprehensive Education*, S. 39-62.
Dewey, J. (1916), *Democracy and Education*, New York.
– (1927), *The Public and its Problems*, New York.
Edwards, T./Fitz, J./Whitty, G. (1955), »Private schools and public funding. A comparison of recent policies in England and Australia«, *Comparative Education Bd. 21*, Nr. 1, S. 29-45.
Englund, T. (1986), *Curriculum as a Political Problem. Changing Educational Conceptions, with Special Reference to Citizenship Education*, Uppsala.
Feinberg, W. (1989), »Foundationalism and Recent Critiques of Education«, in: *Educational Theory 39*, S. 133-213.
Giarelli, J. (1983), »The Public, the State and the Civic Education«, in: Bagley, A., *Civic Learning in Teacher Education*, S. 33-36.
Giddens, A. (1979), *Central Problems in Social Theory*, Stanford.
– (1982), *Profiles and Critiques in Social Theory*, London.
Giroux, H. (1981), *Ideology, Culture and the Process of Schooling*, Philadelphia.
– (1983), *Theory and Resistance in Education. A Pedagogy for the Opposition*, South Hadley.
– (1987), »Citizenship, Public Philosophy and the Struggle for Democracy«, *Educational Theory Bd. 37*, Nr. 2, S. 103-120.
– (1988), *Schooling and the Struggle for Public Life*, Minnesota.
Goodson, I. (Hg.) (1985), *Social Histories of the Secondary Curriculum*, New York/London.
– (1987), *School subjects and Curriculum Change*, New York/London.
Green, A./Ball, S. (1988), *Progress and Inequality in Comprehensive Education*, London.
Gutmann, A. (1987), *Democratic Education*, Princeton.
Habermas, J. (1984/1988), *The Theory of communicative Action, Bd. I, II*, Cambridge.

Hamilton, D. (1988), »Some Observations on Progressivism and Curriculum Practice«, in: Green, A./Ball, S. (Hg.), *Progress and Inequality in Comprehensive Education*, S. 23-38.

Hirsch, E. D. (1988), *Cultural Literacy: What Americans Need to Know*, Boston.

Jessop, B. (1985), *Nicos Poulantzas – Marxist Theory and Political Strategy*, London.

Karabel, J./Halsey, A. (1977), »Introduction. Educational Research: A Review and an Interpretation«, in: Karabel, J./Halsey, A. (Hg.), *Power and Ideology in Education*, Oxford.

Liston, D. (1988), *Capitalist Schools. Explanation and Ethics in Radical Studies of Schooling*, London.

Marshall, T. H. (1984), *Class, Citizenship and Social Development*.

McCutcheon, G. (1982), »What in the World is Curriculum Theory?«, in: *Theory into Praxis XXI*, S. 18-22.

McLaren, P. (1988), »Culture or Canon. Critical Pedagogy and the Politics of Literacy«, in: *Harvard Educational Review 58*, S. 213-254.

Miedema, S./Berding, J. (1991), »Democracy and Pedagogy: The Relevancy of Deweyan Political Pedagogy Today«, in: *Newsletter of the European Network Towards School Democratization 4*.

Mouffe, C. (1979), »Introduction. Gramsci Today, in: Mouffe, C. (Hg.), *Gramsci and Marxist Theory*, London, S. 1-18.

Popkewitz, T. (1976), »Myths of Social Science in Curriculum«, *Educational Forum 60*, S. 317-328.

– (1977a), »The latent Values of the Discipline-centered Curriculum«, *Theory and Research in Social Education*, Bd. 50, Nr. 1, S. 41 bis 60.

– (1977b), »Craft and Community as Metaphors for Social Inquiry Curriculum«, *Educational Theory Bd. 27*, S. 310-321.

– (Hg.) (1987), *The Formation of School Subjects. The Struggle for Creating the American Institution*, New York/London.

Poulantzas, N. (1975), *Classes in Contemporary Capitalism*, London.

– (1978), *State, Power, Socialism*.

Reese, W. (1988), »Public Schools and the Common Good«, *Educational Theory Bd. 38*, Nr. 4, S. 431-440.

Rorty, R. (1979), *Philosophy and the Mirror of Nature*, Princeton.

– (1983), *The Consequences of Pragmatism*, Minneapolis.

– (1987), »Science as Solidarity«, in: J. S. Nelson et al. (Hg.), *The Rhetoric of the Human Sciences*, Madison, S. 38-52.

Shapiro, S. (1980), »Education and the State in Capitalist Society. Aspects of the Sociology of Nicos Poulantzas«, *Harvard Educational Review Bd. 50*, Nr. 3, S. 321-331.

Wexler, P. (1987), *Social Analysis of Education. After the new Sociology*, New York/London.

Whitty, G. (1985), *Sociology and School Knowledge*, London.

- (1987), »Curriculum Research and Curricular Politics«, *British Journal of Sociology of Education* Bd. 8, Nr. 2, S. 109-117.
- Wood, G. (1988), »Democracy and Curriculum«, in: Beyer, L./Apple, M. (Hg.), *The Curriculum*, S. 166-187.
- Young, M. (Hg.) (1971), *Knowledge and Control. New Directions for the Sociology of Education*, London.

João Viegas Fernandes
Die Konzeption von subversiven Lehrplänen, Lernmaterialien und pädagogischer Praxis in der Grundbildung

1. Einleitung

Da der gegenwärtige Widerstand gegen die soziale und kulturelle Reproduktion durch das Bildungssystem maßgeblich außerhalb der Schulen entstand, ist es notwendig, daß Erzieher den staatlichen Handlungsraum, die Bildungspolitik und den Unterricht selbst nutzen, um subversive Lehrpläne, Unterrichtsmaterialien und pädagogische Praktiken herzustellen, zu verbreiten und zu bewerten. Ziel ist es dabei, den Widerstand gegen die Reproduktion der verschiedenen Formen sozialer Ungleichheit zu stärken, die durch das Schulsystem befördert werden. Die Inhaber symbolischer Kontrolle (Lehrer u. a. Funktionsinhaber), die subversive Lehrpläne sowie Unterrichtsmaterialien erstellen und herausgeben oder alternative pädagogische Modelle fordern, bilden vornehmlich die interne Quelle des Widerstandes.

Die gegenwärtig benutzten Lehrpläne, Unterrichtsmaterialien und -methoden disqualifizieren die Codes und verschiedenen Wissensformen der Arbeiterklasse, von Frauen und rassischen wie ethnischen Minoritäten. Darüber hinaus legitimieren sie hierarchisch strukturierte Wissensbestände, wodurch sie einen starken reproduktiven Einfluß auf die gesellschaftliche und zwischengeschlechtliche Arbeitsteilung ausüben. Der kleine Anteil von Studierenden aus Arbeiterkreisen, die den Zutritt zu den Universitäten schaffen, ist z. T. auf persönliche und familiäre Strategien zurückzuführen. Diese Strategien helfen ihnen dabei, wenn auch unter großen Mühen und Opfern, gegen die Strukturdeterminanten der Schulen anzugehen, die darauf hinwirken, sie vom Wissen und von der Macht eines Universitätsabschlusses auszuschließen.

Da die gesellschaftliche und kulturelle Reproduktion durch das Schulsystem auf zwei Ebenen stattfindet (Reproduktion der geschlechtlichen und sozialen Arbeitsteilung), ist Widerstand stets auf diesen beiden Ebenen zu analysieren. Globaler Widerstand bezieht sich demnach auf Widerstand gegen die soziale und kulturelle Reproduktion des Schulsystems, die gleichzeitig auf diesen beiden Ebenen stattfindet, und partieller Widerstand bezieht sich auf die Reproduktion auf nur einer Ebene. Während globaler Widerstand im eben genannten Sinne kaum vorkommt, übersetzt sich partieller Widerstand (gegen die sozialstrukturelle Arbeitsteilung oder gegen die Arbeitsteilung zwischen den Geschlechtern) in die Entwicklung von Strategien, die auf die Beseitigung jener Determinanten zielen, welche die Studierenden auf unterschiedlichen und stratifizierten Wegen in Bildungsabschlüsse, -niveaus und -zweige kanalisieren, die mit ihrer sozialen Herkunft und ihrem Geschlecht eng korrelieren.

Partieller Widerstand auf der Ebene der geschlechtlichen und sozialen Arbeitsteilung genießt beim Verfasser Priorität gegenüber dem partiellen Widerstand auf der Ebene ideologischer Dogmatisierung in der Schule. Wenn nämlich letzterer nicht von ersterem begleitet wird, führt er zu einem verfrühten Schulausschluß der Schüler aus den internen sozialen Gruppen, es sei denn, sie werden in ›minderwertige‹ Bildungsgänge gelenkt. Auf diese Weise ergeben sich kaum Chancen, gegen die vorherrschenden Herrschafts- und Ausbeutungsverhältnisse zu opponieren. Soweit der Abbau sozialer Ungleichheit betroffen ist, scheint das Egalisierungspotential des partiellen Widerstandes auf der Ebene geschlechtlicher und sozialer Arbeitsteilung größer zu sein.

Obwohl eine Reihe von empirischen und theoretischen Studien über die Problematik des Widerstandes im Bildungswesen veröffentlicht worden sind, steht die Entwicklung einer Widerstandstheorie erst am Anfang. Dieser Sachverhalt des Entwicklungsdefizits wird besonders evident durch die Unfähigkeit, subversive Lehrpläne und Lernmaterialien sowie Unterrichtspraktiken zu entwickeln, die gegen die Reproduktion der verschiedenen Formen sozialer Ungleichheit durch das Bildungssystem zielen. Insoweit ist Aronowitz und Giroux (1985) beizupflichten, wenn sie von kritischen Lehrern nicht nur eine »Sprache der Kritik« sondern auch eine »Sprache der Möglichkeiten« fordern.

2. Die Heterogenität der Schulbevölkerung

Schulen werden heutzutage von Schülern besucht, die unterschiedlichen Prozessen familialer und umweltlicher Sozialisation ausgesetzt sind. Schüler sind daher eine sehr heterogene Öffentlichkeit. Sie betreten die Schulen mit unterschiedlicher Ausstattung an ökonomischem, sozialem, kulturellem und symbolischem Kapital (Bourdieu/Passeron 1964, 1977; Bourdieu 1977a und b), mit unterschiedlichem Klassenhabitus (Bourdieu 1977a) und differenten sprachlichen Codes (Bernstein 1971, 1973, 1982).
Das Code-Konzept, das für die Theorie Bernsteins von zentraler Bedeutung ist, entwickelte sich von einem anfänglich soziolinguistischen Term hin zu einem Konzept, das dem Habitus-Konzept von Bourdieu sehr nahekommt. In seiner letzten Version verkörpert Code ein Regulationsprinzip, das unbewußt erworben wird und relevante Bedeutung selegiert sowie integriert (Bernstein 1980). Die wesentliche Differenz zwischen beiden Konzepten liegt darin, daß für Bourdieu so viele grundsätzlich verschiedene Habitus existieren wie gesellschaftliche Klassen und für Bernstein lediglich zwei unterschiedliche Codes: der restringierte und der elaborierte Code. Wie Bernstein gezeigt hat, korreliert der restringierte Code mit »ungünstigen« Sozialisationsbedingungen, während der elaborierte Code mit vorteilhaften Sozialisationsbedingungen einhergeht.

3. Das herrschende Curriculum – ein undifferenziertes »subjektzentriertes« Curriculum

Die Öffnung und Universalisierung basaler Pflichtschulzeit gelten als Beitrag zur Demokratisierung der Schule. Jene Demokratisierung war jedoch eher Schein als Realität, denn es war zwar der Schulzugang demokratisiert worden, nicht aber der Schulerfolg. Die kulturelle und soziale Reproduktion der verschiedenen Formen von Ungleichheit (zwischen Klassen, Rassen, Ethnien und Regionen) verweist auf die Ungleichheit der Schulerfolgschancen und Schulversagensrisiken zwischen herrschenden und beherrschten gesellschaftlichen Gruppen. Weil bildungssoziologischen Erkenntnissen zufolge die Schulen nach Habitus und Code den höheren Sozialschichten folgen, sind Schüler aus unteren

Strata der Gesellschaft a priori benachteiligt, da Kinder aus Arbeiterfamilien sowie rassischen und ethnischen Minderheiten jene Habitus und den elaborierten Code nicht beherrschen. Der hohe Anteil frühen Schulversagens und Schulabbruchs kann daher nicht verwundern. In armen Ländern wie Portugal bedeutet dies langfristig den Verzicht auf Entwicklung von Humanressourcen und auf wirtschaftliche Wachstumspotentiale: Obwohl die Schülerpopulation äußerst heterogen zusammengesetzt ist, d. h. unterschiedlichen soziokulturellen Hintergründen entstammt und unterschiedliche kognitive Kompetenzen sowie Entwicklungsniveaus aufweist (und das gilt für alle entwickelten wie unterentwickelten Länder), sind die Lehrpläne homogen, undifferenziert und gegründet im Wissen und in den Kompetenzen sowie Kompetenzanforderungen der städtischen Mittel- und Oberschicht. Sie übermitteln abstraktes Wissen, das in verschiedene Fächer zergliedert ist, das vom Leben der Schüler losgelöst ist und das die Kenntnisse, Fähigkeiten und Kompetenzen der beherrschten Kulturen ignoriert. Die herrschenden Lehrpläne können als subjektzentriert bezeichnet werden, sie werden dominiert durch Lehrbücher und »Lese-Pädagogik« (Ben-Peretz 1990, S. XIII und Apple 1988, S. 85), was bedeutet, daß vornehmlich ihre linke Hirnhälfte aktiviert, während die rechte Hälfte kaum beansprucht wird (Williams 1986, S. 7). Die herrschenden Lehrpläne der Grundbildung maximieren die Bedeutung von abstrakter, mathematisch-logischer Rationalität und von Sprachfähigkeiten. Gardner (1989, S. 289/290) hält dem entgegen: »Meine psychologischen Studien haben durchweg die offene, problemsuchende und -lösende Natur des Wissenserwerbs betont. Meine Theorie der multiplen Intelligenzen hebt die unterschiedlichen Fähigkeiten unter Kindern hervor und die Notwendigkeit, daß Heranwachsende Gelegenheiten haben, ihre Begabungen zu entdecken und zu fördern. Mein Plädoyer gegen Lehrpläne, die durch linguistisches und logisch-mathematisches Denken dominiert werden, indiziert den Bedarf an thematisch reichen Curricula, um eine Vielzahl von Intelligenzen zu wecken und zu fördern.«

Zusammenfassend kann behauptet werden, daß die herrschenden schulischen Lehrpläne folgende Eigenschaften aufweisen: auf der Ebene der Inhalte sind sie mittel- und oberschichtzentriert, männerzentriert, euro- und städtisch zentriert, zersplittert in verschiedene Fächer, und sie privilegieren die logisch-mathematische wie die Sprachintelligenz. Auf der Ebene der Form spielen die Schulbücher eine herausragende Rolle, und das Unterrichtsmodell entspricht einer »Vortrags-Pädagogik«. Der Lehrer ist der Spezialist für Wissenstransfer, während die Schüler an die Vermittlung bestehenden Wissens gewöhnt werden. P. Freire (1970) nannte dies die »Bankmethode der Erziehung«, welche die herrschenden Kräfte in der Gesellschaft stützt und die Schüler entmachtet.

4. Lösungsvorschläge – subjektzentrierte oder gruppenzentrierte Lehrpläne

Die Bildungssoziologie hat wichtige Beiträge geliefert, die den Widerstand gegen die soziale und kulturelle Reproduktion des Schulsystems in ihren vielfältigen Formen unterfüttern können. Insbesondere die »Neue Bildungssoziologie« hat sich auf das Studium der Inhalte der Lehrpläne konzentriert und das Geschehen in den Schulen beobachtet. Sie ist schließlich in eine Widerstandstheorie gemündet. Die Therapie für das anstehende Problem kann jedoch nicht in nur einer Wissenschaftsdisziplin gefunden und entwickelt werden. Vielmehr wird der Versuch unternommen, verschiedene Ansätze und Disziplinen zur Konstruktion einer theoretischen Matrix heranzuziehen, welche die Entwicklung subversiver Lehrpläne, Unterrichtsmaterialien und Lehrmethoden begründen kann. Das gesetzte Ziel ist es, zur Entwicklung eines theoretischen Rahmens beizutragen, der die Ableitung von diversifizierten und integrierten Lehrplänen (in Portugal) erlaubt, um damit die Schulleistungen aller Schüler zu verbessern und die kulturellen Wurzeln aller Schüler zu bewahren und wertzuschätzen, insbesondere aber der sozio-kulturell benachteiligten Schüler, um für sie in einem multikulturellen Schulsystem gleiche Bildungschancen zu gewährleisten.

Als Lösung für die Bildungsprobleme auf der Basis eines homogenen, undiversifizierten herrschenden Lehrplans ist u.a. der Bedarf an individualisierendem Unterricht vorgeschlagen worden. Gardner führte eine Unterrichtskonzeption ein, die er »individuumzentrierten Unterricht« bzw. »individuumzentrierten Lehrplan« nannte. Er betonte (1989, S. 294/295), daß »Schulper-

sonal die Lernstärken und -stile jedes einzelnen Kindes kennen sollte. Diese Information liegt den Empfehlungen an Schüler (und ihre Lehrer) hinsichtlich der besten Wege zugrunde, auf denen sie sich einem besonderen Fachinhalt nähern sollten. (...) Schüler sollten an Lehrpläne herangeführt werden, die ihrer je spezifischen Intelligenz angemessen erscheinen. Ein drittes Merkmal einer ›individuenzentrierten Schule‹ besteht in der Passung der Schüler an äußere Bildungsgelegenheiten.«
Gardner ist zuzustimmen, wenn er auf die Notwendigkeit der diagnostischen Einschätzung der Schüler hinweist – in psychologischer Sicht. Diese Beurteilung sollte aber vervollständigt werden durch die Diagnose ihres kulturellen Kapitals, ihres Habitus und ihres Codes, um daraus ein »Bildungsprofil« eines jeden Schülers zu entwickeln. Jedoch erscheint Gardners Lösung durch ein »individuumzentriertes Curriculum« aus drei Gründen als nicht akzeptabel. Erstens ist es aus ökonomischen Gründen unmöglich, diese Lösung auf alle Schüler auszudehnen, insbesondere weil sie verlangte, daß jeder Lehrer nicht mehr als 10 bis 15 Schüler pro Klasse hätte. Zweitens wäre es für Lehrer, selbst wenn sie nur 10 oder 15 Schüler in einer Klasse hätten, unmöglich, auf 10 oder 15 verschiedene Arten zu unterrichten (unterschiedliche Methoden, Unterrichtsmaterialien und Beispiele). Drittens, selbst wenn individualisierter Unterricht ökonomisch und pädagogisch möglich wäre, wäre er weder nötig noch geeignet, und zwar deshalb nicht, weil es trotz der Unterschiedlichkeit aller Schüler in einer Klasse möglich wäre, »Bildungsprofile« der Schüler zu definieren, d. h. Gruppen von Schülern, die den Lehr-Lern-Prozeß in ähnlicher Situation erleben – »Gruppenlerntypen«. Folglich besteht der Bedarf an Lehrplan- und Unterrichtsdifferenzierung lediglich im Hinblick auf jeden »Lerngruppentyp« in jeder Klasse. Mit »gruppenzentriertem Curriculum« ist daher ein schülerzentriertes Curriculum gemeint, das für die verschiedenen »Gruppenlerntypen« in jeder Klasse diversifiziert wird.
Lernen und kognitive Entwicklung finden statt mittels einer aktiven kognitiven Reorganisation, die durch einen kognitiven Konflikt angestoßen wird. Akkomodation und Herstellung des Gleichgewichts sind also innerhalb bestimmter Grenzen möglich. Daher ist Vygotskys Begriff der »Zone körpernaher Entwicklung« von Bedeutung (1978, S. 86), damit ist gemeint »die Distanz zwischen dem aktuellen Entwicklungsniveau, wie es durch unab-

hängiges Problemlösen bestimmt wird, und dem potentiellen Entwicklungsniveau, das durch Problemlösen unter Aufsicht von Erwachsenen oder in Zusammenarbeit mit begabteren Gleichaltrigen erreichbar wäre.«
Jeder Schüler, der zu einem »Gruppenlerntyp« gehört, befindet sich in derselben Zone der körpernahen Entwicklung und muß daher mit dem für seine Gruppe geschaffenen Lernmaterial, mit denselben Beispielen konfrontiert werden. Damit Schüler, die zu verschiedenen »Gruppenlerntypen« gehören, ihre Kompetenzen entwickeln können (in Gestalt von Abstraktionen, Generalisierungen und Beziehungen zwischen verschiedenen Kontexten), ist es unabdingbar, daß der Unterrichtsprozeß sie mit Denkübungen versorgt, die von Konkretem ausgehen (kulturell diversifiziert nach »Gruppenlerntypen«), das Universell-Abstrakte passieren (wissenschaftliche Konzepte) und dann zum Konkreten zurückkehren, welches sich allerdings vom Konkreten des Anfangs deutlich unterscheidet. Es umfaßt nun auch das durch Abstraktionen und Generalisierungen vermittelte Konkrete anderer Lerngruppen, ohne daß es selbst erfahren worden wäre. Da der Lehrer an der oberen Grenze der »körpernahen Entwicklungszone«, in »der Region der Aufnahmebereitschaft« bzw. in der »Zone tolerierbarer Problematisierung« (Elshout 1985) unterrichten soll, binden die kognitiven Schocks, die im Unterrichtsgeschehen zwischen Lehrern und Schülern und unter den Schülern einer Lerngruppe auftreten, die Kinder in einen aktiven Prozeß der Wissenskonstruktion und der Schaffung neuer kognitiver Strukturen ein.
Auf der anderen Seite sollten die Lehrer den Austausch von Wissen und Kompetenzen zwischen verschiedenen »Gruppenlerntypen« fördern, indem sie Schüler aus verschiedenen Gruppen zusammen Aufgaben und Experimente in Arbeitsgruppen ausführen lassen. Diese Zusammensetzung der Arbeitsgruppen zielt auf den Austausch von Wissen und Konzepten zwischen Gleichaltrigen, die sich in verschiedenen »körpernahen Entwicklungszonen« befinden. Ein »gruppenzentriertes Curriculum« scheint geeigneter als ein »individuumzentriertes«, weil die kognitiven Schocks, die sich während des Schuljahres entweder unter Schülern aus derselben Lerngruppe oder zwischen Schülern aus unterschiedlichen Lerngruppen ereignen, wenn sie mit neuen bzw. anderen Wissensbeständen und Konzepten konfrontiert werden,

ihr Hintergrundwissen erweitern und ihre kognitive Entwicklung fördern. Da jeder Schüler je nach disziplinärem Fach über unterschiedliches Entwicklungspotential verfügen könnte, würde die Zusammensetzung der Lerngruppentypen in jeder Klasse von Fach zu Fach wechseln. Das bedeutet: das Bildungsprofil jedes Schülers müßte in jedem Unterrichtsfach neu ermittelt werden.

5. Die Grundlagen »gruppenzentrierter Curricula«

5.1 Der Beitrag der Psychologie

Vor vielen hundert Jahren hatte schon Plato eingesehen, daß Kinder sich im Umgang mit Abstraktionen schwertun. Und trotzdem steht auch heute der Unterricht in der Tradition der Vermittlung von abstrakten Konzepten und Symbolen, ohne daß in Rechnung gestellt wird, daß kindliches Lernen beim spezifischen konkreten Wissen der Kinder ansetzen muß, damit Abstraktionen gelehrt werden können. Nicht einmal die theoretischen Vorannahmen, die in der am weitesten verbreiteten wissenschaftlichen Theorie der Lehrerausbildung (zumindest in Westeuropa) enthalten sind – Piagets Theorie kognitiver Entwicklung –, haben in der Planung und Implementation der »subjektzentrierten Curricula« Berücksichtigung gefunden. Piaget zufolge ist ein Heranwachsender (im Alter von etwa 12 Jahren) in der Lage, auf höchst abstrakte Weise zu denken, wenn er in die Phase der formalen Operationen eintritt. In allen Ländern weist jedoch der Unterricht in den Grundschulen und in den weiterführenden Schulen bis zum 12. Lebensjahr ein Abstraktionsniveau auf, dem Kinder in jener Altersspanne allgemein nicht gerecht werden. Wenn Schüler nicht in der Lage sein können, den Lehrdiskurs und die meisten der ihnen gebotenen Lernmaterialien zu verstehen, dann haben sie nur die Wahl, die seitens des Lehrers dargebotene unverständliche Information auswendig zu lernen – oder zu scheitern. Vor dem Hintergrund der Zielsetzung dieses Textes und meiner Forschungen in Portugal, die einen Beitrag zu einer wissenschaftlichen Fundierung eines schülerzentrierten Curriculums leisten wollen, möchte ich betonen, daß Abstraktionsbeschänkungen nicht auf Schüler unter 12 Jahren beschränkt sind, wie man fälschlicherweise aus Piagets kognitiver Entwicklungstheorie schließen könnte. Eine

Reihe von Autoren (Feldman 1980; Gardner 1985; Duckworth 1987; De Loache und Brown 1979; Rogoff 1982/1984; Rogoff und Gardner 1984) haben herausgearbeitet, daß kognitive Leistungserfolge in einer Reihe von Gebieten zu unterschiedlichen Zeiten auftreten, und daß einige dieser Gebiete universell sind, andere nur in bestimmten Kulturen auftreten. Piaget war sich bewußt, daß sich dieselbe Operation zu unterschiedlichen Zeiten anhand verschiedener Materialien entwickeln kann (vgl. auch Duckworth 1987, S. 14). Ohne Piagets große theoretische Leistungen schmälern zu wollen, ist zu akzeptieren, daß bestimmte Schwächen seiner Theorie über die letzten zwei Jahrzehnte hinweg immer deutlicher wurden. Gardner (1985) betont, daß »Piagets Schema das beste sein mag, das wir haben, aber die Schwächen treten zunehmend hervor« (S. 22). Und er fügt hinzu: »Der Streufaktor ist in der Tat die Regel in Studien über kognitive Entwicklung geworden. Anstatt daß eine ganze Gruppe von Fähigkeiten sich zu etwa demselben Zeitpunkt verschmilzt (wie Piaget postuliert hätte), zeigt es sich, daß theoretisch verwandte Fähigkeiten zu unterschiedlichen Zeitpunkten hervortreten« (S. 21).

Im Gegensatz zu Piagets Phasentheorie immanent gesteuerter kognitiver Entwicklung betont die behavioristische Lerntheorie die externen Determinanten des Lernens. Ihr zufolge kann Lernen und menschliche Entwicklung durch Verstärkungen erklärt werden, welche das Individuum während seiner Entwicklung aus seiner Umwelt empfängt. Obwohl ich die Rolle der sozialen Verstärkungen im Lehr-Lern-Prozeß nicht leugnen will, führt die Betonung externer Determinanten und die Unterschätzung der aktiven sowie unterschiedlichen Rolle der Lernenden in diesem Prozeß (insbesondere ihrer kognitiven und ihrer kulturellen Differenzen) in den traditionellen Behaviorismus, der die Universalität der Lernprinzipien behauptet. Daher werden Inhalt und Organisation der Curricula für alle universell normiert – ein undifferenzierter Lehrplan für alle.

Sollten die Lernaufgaben für alle Schüler zu schwierig sein, so müßten sie in kleinere Komponenten zerlegt werden; m. a. W.: die kognitive, kulturelle und sozialgenetische Heterogenität der Schülerschaft verlangt geradezu ein differenziertes und schülerzentriertes Curriculum, für das weder Piagets Theorie kognitiver Entwicklung noch die behavioristische Theorie eine Basis sein können (vgl. Bruner 1986, S. 25 und Barrow 1986, S. 134).

Zusammenfassend können wir unter Bezugnahme auf neuere psychologische Forschungen feststellen:
(1) Verschiedene Individuen erreichen unterschiedliche kognitive Entwicklungsstadien in unterschiedlichem Alter.
(2) Bei demselben Individuum können die kognitiven Leistungsmerkmale eines bestimmten Stadiums in einem Feld von Bereichen zu unterschiedlichen Zeiten auftreten, und zwar in Abhängigkeit davon, welche kognitiven Bereiche besonders trainiert und welche vernachlässigt werden.
(3) Einige kognitive Bereiche haben universelleren Charakter als andere, die auf bestimmte Kulturen beschränkt bleiben.
(4) Aus (2) und (3) folgt, daß man nicht sagen kann, bestimmte Individuen erreichten ein umfassenderes und höheres absolutes kognitives Entwicklungsniveau als andere. Wenn einige Individuen in bestimmten kognitiven Dimensionen eher reifen als andere, so ist ihre kognitive Entwicklung in anderen Dimensionen dafür rückständig. Die Behauptung eines höheren Niveaus kognitiver Entwicklung bestimmter Individuen in Relation zu anderen ist dann einer parzellierten Wahrnehmung geschuldet und nur für überprüfte Dimensionen gültig (dies sind z. B. gewöhnlich das logisch-mathematische Denken und Sprachkompetenz), sie gilt aber nicht notwendig für das Gesamt der kognitiven Entwicklung (siehe dazu Gardner 1985, S. 27).
(5) Die Existenz einer bestimmten Stadienfolge, die ein Individuum durchlaufen muß, bedeutet nicht notwendig, daß alle Individuen das Stadium formaler Operationen erreichen. Wahrscheinlich ist, daß nur wenige Individuen dieses Stadium in allen kognitiven Dimensionen erreichen.
(6) Die Tatsache, daß ein Individuum das Stadium formaler Operationen erreicht, bedeutet keineswegs, daß es bereits das Endstadium kognitiver Entwicklung erreicht hat. Auf der Ebene formalen Denkens gibt es nämlich kognitive Operationen von unterschiedlicher Komplexität und differierenden Schwierigkeitsgraden, weshalb verschiedene Autoren im Gegensatz zu Piaget auf eine nach-formale Phase verweisen, die Phase der »dialektischen Operationen« (Riegel 1973; Basseches 1978, 1980).

Folglich muß ein schülerzentriertes Curriculum drei fundamentale Anforderungen erfüllen:

* Erstens kann es angesichts kognitiver und soziokultureller Unterschiede zwischen den Schülern aus offensichtlichen Gründen nicht auf behavioristischen Voraussetzungen aufruhen.
* Zweitens kann ein schülerzentriertes Curriculum nicht auf vorausgesetzten oder vorgetäuschten Kompetenzen gründen, die in Abhängigkeit vom Alter erworben werden sollten, da die kognitiven Entwicklungsstadien nicht notwendigerweise mit Alter, Lehrplaninhalten, Unterrichtspraxis und Beurteilungsmethoden korrelieren. Rogoff und Gardner (1984, S. 95) betonen die Bedeutung des Kontextes für die kognitive Entwicklung und die Unmöglichkeit, eine lineare Beziehung zwischen Entwicklungsstadien in den verschiedenen kognitiven Dimensionen und dem Schüleralter herzustellen (vgl. auch De Loache und Brown 1979; Feldman 1980; Siegler 1981; Rogoff 1982). Barrow zufolge (1986, S. 116, 117) »kann man davon ausgehen, daß eines von vier Kindern im Alter von 11 bis 16 Jahren sich nicht in der Phase formaler Operationen befindet. Das bedeutet einmal mehr, daß der Lehrer, der sich durch die Kenntnis der Piagetschen Theorie vorbereitet fühlt, durch sie allein nicht sehr gut gewappnet ist, um mit dem einzelnen Kind in seiner Obhut umzugehen. Was er bzw. sie wissen muß ist, welches seiner Kinder mit Abstraktionen umgehen kann«.
* Das dritte psychologische Erfordernis, das es bei der Entwicklung und Implementation eines schülerzentrierten Curriculums zu berücksichtigen gilt (und zwar für jedes Stadium der kognitiven Entwicklung einschließlich der formalen und dialektischen Operationen und für jedes Alter), ist die Anerkennung der Tatsache, daß jede Person soviel besser lernt, wie das neu zu lernende Wissen durch den Lehrer kontextualisiert und mit anderen Formen des Wissens verknüpft wird, das früher seitens des Schülers erworben wurde (vgl. dazu Brown 1979; Barrow 1986; Gardner 1985, 1989; Duckworth 1987; Vygotsky 1978; Luria 1976; Bruner 1986; Rogoff und Gardner 1984; Lave et al. 1984; Wertsch 1985a; Leontiev 1981).

Diese Notwendigkeit, kognitive Brücken zwischen dem früher erworbenen und dem neu zu erwerbenden Wissen zu bauen, ist offensichtlich um so wichtiger, je geringer die Abstraktionsfähigkeit des Lernenden und je weniger der Schüler mit der Thematik des neu zu erwerbenden Wissens vertraut ist.

Piaget (1970) identifizierte vier Faktoren, die er als unabdingbar für eine Theorie der kognitiven Entwicklung hielt: Reifung, Erfahrung mit der physischen Umwelt, soziale Erfahrungen und Gleichgewicht oder Selbstregulierung. Er behauptete, Gleichgewicht sei der fundamentalste der vier Faktoren. Assimilation und Akkomodation sind die beiden untrennbaren Pole im Prozeß der Herstellung des kognitiven Gleichgewichts (Piaget 1975). Assimilation besteht in der Verinnerlichung eines äußeren Elements durch das konzeptuelle Schema des Individuums. Akkomodation steht für die Notwendigkeit jedes Assimilationsschemas (in Betrachtung der Eigenschaften der zu assimilierenden Elemente) nach Modifikation in Abhängigkeit der zu assimilierenden Elemente, ohne dabei das konzeptuelle Schema zu zerstören. »Das Individuum ist auf diese Weise zu bestimmten Akkomodationsleistungen in der Lage, aber nur innerhalb bestimmter Grenzen, die durch die Notwendigkeit auferlegt werden, die korrespondierenden Assimilationsstrukturen zu bewahren« (Vandenplas-Holper 1982, S. 22). Dies bedeutet, daß, wenn die kognitive Diskrepanz zwischen dem Hintergrundwissen des Lerners und dem neu zu lernenden Wissen sehr groß ist, es unmöglich wird, das neue Wissen dem konzeptuellen Schema des Individuums zu assimilieren. »Die Distanz zwischen dem bestehenden Wissen des Kindes und den neuen Informationen, die es aufnehmen soll, ist eine kritische Determinante des Lernerfolgs« (Brown 1979, S. 251).

Die Assimilation oder die Konstruktion der Bedeutung neuer Erfahrung oder neuer Informationen geschieht daher über Wiederholung und Versinnbildlichung. Menschen interpretieren neue Erfahrungen und Informationen, indem sie sie auf den gesamten Kontext beziehen, in den sie eingebettet sind (Brown und Ferrara 1985, S. 298). Die kognitive Entwicklung wird angestoßen durch einen Prozeß der aktiven Reorganisation des kognitiven Gleichgewichts, der seinerseits durch ein kognitives Konfliktungleichgewicht induziert wird. Jedoch sind die Akkomodationen und Gleichgewichtsprozesse nur möglich, wenn sie die korrespondierenden Assimilationsstrukturen nicht gefährden. »Es scheint, daß wir, wie Piaget, oft anzunehmen neigen, daß solche Operationen durch logische Strukturen gelenkt werden, die mehr oder weniger abstrakt und losgelöst vom soziokulturellen Kontext sind. Wir handeln intentional auf der Basis dieser Annahme, obwohl Wason und Johnson-Laird (1972) uns schon früh warnend darauf hingewiesen haben, daß die meisten Menschen sogar deduktive Probleme nicht durch Rückgriff auf logische Modelle zu lösen scheinen, sondern durch Bezugnahme auf konkrete Erfahrung ... Deutlich ist, daß die meisten Menschen viel mehr in konkreten, wiederkehrenden Episoden des Alltagsleben denken, als wir angesichts Piagets Theorie formaler Operationen erwarten würden« (Hundeide 1985, S. 307, 308).

Aus den vorstehenden Ausführungen folgt, daß es für Lehrer essentiell erforderlich wird, die Vermittlung des Schulwissens und der verschiedenen Fertigkeiten mit den unterschiedlichen Wissensbeständen und Fertigkeiten zu verknüpfen, mit denen die Lernenden aufgrund familialer und sozialkontextueller Sozialisationsprozesse vertraut sind. »In der Unterrichtssituation ist die Herstellung eines verständlichen Interaktionskontextes durch die Beteiligten grundlegend, da die Assimilation neuer Informationen durch den Lernenden von der Kompatibilität der Inhalte mit dem bereits erworbenen Wissen abhängt. Dem Unterricht ist die Konstituierung eines Kontextes inhärent, in welchem die neuen Informationen mit dem bestehenden Wissen des Lernenden kompatibel gemacht werden« (Rogoff und Gardner 1984, S. 97).

Ein schülerzentriertes Curriculum setzt die Notwendigkeit der Entwicklung und Implementation eines kulturell diversifizierten programmatischen Inhalts voraus, der auf die Anbindung des zu vermittelnden Schulwissens an das Hintergrundwissen der Schüler zielt.

5.2 Bildungssoziologie im Kontext weiterer wissenschaftlicher Ansätze

In seinen grundlegenden Annahmen orientiert sich das gruppenzentrierte Curriculum an der ›neuen Bildungssoziologie‹, an ›neopiagetschen‹ und ›neo-vygotskianschen‹ psychologischen Ansätzen sowie an der evolutionären Epistemologie.

Von zentraler Bedeutung ist die soziologische Analyse des Curriculums, wenn es darum geht zu erklären, weshalb Kinder aus der Arbeiterklasse gewöhnlich in der Schule scheitern. Das akademische Curriculum dient als Instrument der Differenzierung zwischen und des Ausschlusses von diesen Kindern – aber auch der Kinder von ethnischen Minoritäten – vom Schulerfolg. Indem die kulturellen Standards der Mittel- und Oberschicht willkürlich zu kulturellen Universalien erhoben werden, tragen sie zu einem sich selbst legitimierenden System der kulturellen und sozialen Reproduktion bei (vgl. etwa Apple 1982, 1985; Anyon 1981, 1983; Baudelot und Establet 1971; Horton/Freire 1990; Sharp 1984; Shor 1987; Viegas Fernandes 1988).

Young (1973) hat mit seiner Rede von den Curricula als gesellschaftlich organisiertem Wissen einen wesentlichen epistemologischen Gesichtspunkt bezüglich der Relativität von Erziehungswissen und der Validität verschiedener Typen von Alltagswissen, so wie es in unterschiedlichen Gesellschaften verfügbar ist, herausgestellt. Zu beziehen ist dies auf das Problem der kognitiven Entwicklung von Schülern: ihre Abstraktionsfähigkeit wird durch unterrichtliche Erfahrungen, d. h. dadurch, ob Lehrer den pädagogischen Diskurs um Abstraktes gruppieren, geformt (s. dazu Shor/Freire 1987; Wertsch 1985; Whitty 1985; Viegas Fernandes 1990). Die mentale Übung ›abstrakt-konkret-abstrakt‹ ist unaufgebbar, damit die Schüler ihre Kompetenzen auf dem Niveau von Abstraktion und Verallgemeinerung sowie dem Herstellen von Beziehungen zwischen unterschiedlichen Kontexten entwickeln. Es ist diese mentale Übung, die einen kontinuierlichen Anstieg der Abstraktionsfähigkeit erlaubt (vgl. Vygotsky 1978, S. 89 ff.).

Vor diesem Hintergrund muß man gegen eine besondere Schule oder ein Curriculum für die Arbeiterklasse argumentieren, weil dies nur den Ausschluß der Mitglieder der Arbeiterklasse von gesellschaftlichen Belangen und Kultur verstärken würde. Gesellschaftsklassen stellen keine abstrakten Kategorien dar, sondern verkörpern Gruppierungen des wirklichen Lebens in der Folge sozialer und kultureller Konstruktionen. Die Curricula sollten daher in aktiver Weise das akademische Wissen mit unterschiedlichem kulturellen Kapital, den Habitus differenter sozialer Klassen und ethnischer Gruppen, die in Schule oder Klassenzimmer präsent sind, verbinden, um höhere Wissensformen sowie die Förderung von abstraktem, reflexivem, dialektischem, kritischem und kreativem Denken zu ermöglichen.

Ist alles Lernen auf die verschiedenen Gestalten des Hintergrundwissens der Lernenden zu beziehen, so bleibt doch das Ziel, wie

Vertreter der Piaget-Schule betonen, die allgemeine kognitive Entwicklung jedes Schülers. Es ist die Kultur selbst, der vieles an relevanter Information für die individuelle Entwicklung inhärent ist. »Wenn ein Mensch Wissen zur Verfügung hat, kann er versuchen, neue Erfahrungen zu verstehen und Beziehungen zwischen alt und neu herzustellen ... Je größer das kindliche Repertoire an Handlungen und Gedanken – in der Sprache Piagets ›Schemata‹ – ist, um so mehr kann er oder sie üben, Dinge in Gedanken zusammenzupacken ... Intelligenz kann sich nicht entwickeln, wenn es keinen Anlaß zum Nachdenken gibt. Verbindungen herzustellen hängt ab vom Wissen darum, daß man andere Dinge tun, andere Fragen stellen kann ... In Bereichen, die man gut kennt, kann man sich viele Möglichkeiten vorstellen; dies durchzuarbeiten, verlangt formale Operationen. Wenn es aber keinen Bereich gibt, den man gut genug kennt, um ihn durchzuarbeiten, dann gibt es auch keine Gelegenheit, formale Operationen zu entwickeln« (Duckworth 1987, S. 13 f.).

Duckworth betont die entscheidende Bedeutung vom Hintergrundwissen des Lernenden und seines Lernkontextes bei der Einarbeitung neuer Informationen und Erfahrungen. Ihre theoretischen Formulierungen kommen denen des sozio-kulturellen psychologischen Ansatzes nahe.

Bruner gehört zu den Vertretern dieses Ansatzes: »Ich stimme Vygotsky zu«, so schreibt er, »daß es eine tiefgehende Parallele zwischen allen Formen der Wissensaneignung gibt – es handelt sich um die entscheidende Vermittlung zwischen einem Unterstützungssystem in der sozialen Umwelt und dem Aneignungsprozeß im Lernenden. Ich nehme an, daß es diese Vermittlung ist, die eine Übertragung von Kultur ermöglicht« (Bruner 1986, S. 28 f.).

K. Popper hat auf einem epistemologischen Level die Notwendigkeit eines Unterstützungssystems im sozialen Kontext, geschaffen durch das Hintergrundwissen des Lernenden, für die Assimilation und das Verstehen neuer Informationen herausgestellt. Für ihn beruhen vorwissenschaftliches und wissenschaftliches Wissen beide wesentlich auf Handlungen und Gedanken, die auf Problemlösung ausgerichtet sind. Das Hintergrundwissen, über das wir verfügen, spielt demzufolge eine bedeutende Rolle, wenn es darum geht, unsere Erfahrungen zu interpretieren. Experimente haben gezeigt, daß Teile dieses Hintergrundwissens kulturell an-

geeignet werden. Popper zufolge gibt es eine Beziehung zwischen Welt 1 (physische Objekte), Welt 2 (mentale Zustände) und Welt 3 (Produkte des menschlichen Geistes). Der Lernprozeß ist nicht natürlich, sondern wird kulturell geprägt und bezieht sich wesentlich auf Welt 3 (vgl. Popper 1987a und 1987b).
Die evolutionäre Epistemologie, die kognitive entwicklungspsychologische und sozio-kulturelle psychologische Ansätze übergreift, verhilft uns zu einem Rahmen des Verständnisses der menschlichen kognitiven Entwicklung und von den Prozessen der Wissensaneignung.

6. Schlußfolgerungen

Die Entwicklung und Implementierung eines gruppenzentrierten Lernmodells, das darauf abzielt, Lernen zu ermöglichen und die kognitive Entwicklung aller Schüler (vor allem derjenigen, die aus den Traditionen der Landarbeit, des Fischfangs, der Fabrikarbeit kommen als auch ›rassischen‹, ethnischen oder geographischen Minoritäten entstammen) zu befördern, schließt folgende Überlegungen und Aufgaben ein:
a) Der Lehrer ist der entscheidende Träger der Curriculumentwicklung;
b) das ›Bildungsprofil‹ eines jeden Schülers ist anhand biographischer Daten zu erheben;
c) Konstruktion eines kohärenten und angemessenen Programms für verschiedene Typen des Gruppen-Lernens;
d) das gruppenzentrierte Curriculum ist ein multikulturelles;
e) Elternbeteiligung in der Schule – Verbindungen zwischen formalen Erziehungsprozessen in der Schule und informellen in Familie und Gemeinde;
f) Diversifikation der Strategien und Methoden der Lehrer – Zur Kontextualisierung pädagogischer Praxis.
Diese Überlegungen verweisen auf die Notwendigkeit, zwischen ›abstrakter Theorie‹ und dem ›praktischen Wissen‹ von Lehrern zu vermitteln, um die soziale und kulturelle Reproduktion der herrschenden Verhältnisse durch die Schule erfolgreich zu bekämpfen. Eine Allianz zwischen kritischen Theoretikern und Lehrern tut not.

Literatur

Anyon, J. (1981), »Elementary schooling and distinctions of social class«, in: *Interchange 12*.
- (1983), »Intersections of gender and class: accomodation and resistance by working-class and affluent females to contradictory sex-role ideologies«, in: S. Walker/L. Barton (eds.), *Gender, Class and Education*, Lewes.

Apple, M. W. (ed. (1982), *Cultural and economic reproduction in education*, London.
- (1985), *Education and Power*, Boston.
- (1988), *Teachers and Texts: A Political Economy of Class and Gender Relations in Education*, New York.

Aronowitz, S./Giroux, H. (1985), *Education under Siege*, South Hadley.

Barrow, R. (1986), *Giving Teaching Back to Teachers: A Critical Introduction to Curriculum Theory*, Sussex.

Basseches, M. (1978), *Dialectical operations*, Ph. D. dissertation, Harvard University.
- (1980), »Dialectical schemata: a framework for the empirical study of the development of dialectical thinking«, in: *Human Development 23*.

Baudelot, C./Establet, R. (1971), *L'Ecole Capitaliste en France*, Paris.

Ben-Peretz, M. (1990), *The Teacher-Curriculum Encounter*, New York.

Bernstein, B. (1971), *Class, Codes and Control. Vol. 1*, London.
- (1973), *Class, Codes and Control. Vol. 2*, London.
- (1980), *Class, Codes and Control. Vol. 3*, London.
- (1982), »Codes, modalities and the process of cultural reproduction: a model«, in: M. Apple (ed.), a.a.O.

Bourdieu, P. (1977a), *Outline of Theory and Praxis*, Cambridge.
- (1977b), »Cultural reproduction and social reproduction«, in: J. Karabel/A. Halsey (ed.), *Power and Ideology in Education*, New York.
-/Passeron, J. (1964), *Les Heritiers, les etudiants et la culture*, Paris.
-/- (1977), *Reproduction in Education, Society and Culture*, London.

Brown, A. (1979), »Theories of memory and the problems of development: activity, growth, and knowledge«, in: L. S. Cermak/F. I. M. Craik (eds.), *Levels of processing and human memory*, Hillsdale.
-/Ferrara, R. (1985), »Diagnosing zones of proximal development«, in: J. V. Wertsch, a.a.O.

Bruner, J. S. (1986), *Actual Minds, Possible Worlds*, Cambridge.

De Loache, J./Brown, A. (1979), »Looking for Big Bird: studies of memory in very young children«, in: *The Quart. Newsletter of the Laboratory of Comp. Human Cognition 1*.

Duckworth E. (1987), *The having of wonderfull ideas & other essays on teaching & learning*, New York.

Elshout, J. J. (1985), *Problem solving and education*. Paper presented at the First Conference of the European Association for Research on Learning and Instruction, Leuven.

Feldman, D. (1980), *Beyond Universals in Cognitive Development*, Norwood.

Freire, P. (1970), *Educacao como pratica da liberdade*, Lisboa.

Gardner, H. (1985), *Frames of Mind: the theory of multiple intelligences*, New York.

– (1989), *To Open Minds: Chinese Clues to the Dilema of Contemporary Education*, New York.

Horton, M./Freire, P. (1990), *We make the Road by Walking*, Philadelphia.

Hundeide, K. (1985), »The tacit background of children's judgements«, in: Wertsch, a.a.O.

Lave, J. et al. (1984), »The Dialectic of Arithmetic in Grocery Shopping«, in: B. Rogoff/J. Lave (eds.), *Everyday Cognition: Its Development in Social Context*, Cambridge.

Leontiev, A. N. (1981), »The problem of activity in psychology«, in: J. V. Wertsch (ed.), *The concept of activity in Soviet psychology*, Armonk.

Luria, A. R. (1976), *Cognitive Development: Its Cultural and Social Foundations*, Cambridge.

Piaget, J. (1970), *La formation du symbole chez l'enfant*, Neuchatel.

– (1975), *L'equilibration des structures cognitives*, Paris.

Popper, K. (1987a), »Campbell on the Evolutionary theory of Knowledge«, in: G. Radnitzky/W. W. Bartley (eds.), *Evolutionary Epistemology, Rationality, and the Sociology of Knowledge*, La Salle.

– (1987b), »Natural Selection and the Emergence of Mind«, in: a.a.O.

Riegel, K. F. (1973), »Dialectic Operations: the final period of cognitive development«, in: *Human Development 16*.

Rogoff, B. (1982), »Integrating context and cognitive development«, in: M. E. Lamb/A. L. Brown (eds.), *Advances in development psychology*, Vol. 2, Hillsdale.

– (1984), »Introduction: Thinking and Learning in Social Context«, in: ders./J. Lave (eds.), *Everyday Cognition: Its Development in Social Context*, Cambridge.

–/Gardner, W. (1984), »Adult Guidance of Cognitive Development«, in: a.a.O.

Sharp, R. (1984), »Urban education and the current crisis«, in: G. Grace (ed.), *Education and the City*, London.

Shor, I. (1987), *Critical Teaching and Everyday Life*, Chicago.

–/Freire, P. (1987), *A pedagogy for liberation: dialogues on transforming education*, Massachusetts.

Siegler, R. S. (1981), *Developmental Sequences within and between concepts*, Chicago.

Vandenplas-Holper, C. (1982), *Educacao e Desenvolvimento Social da Crianca*, Coimbra.

Viegas Fernandes, J. (1988), From the Theories of Social and Cultural Reproduction to the Theorie of Resistance, in: *British Jour. of Sociology of Education* 9.
– (1990), *A Sociologia da Educacao na Formacao des Professores(as): Contributos para o sucesso escolar/educativo*, Faro.
Vygotsky, L. S. (1978), *Mind in Society: The Development of Higher Psychological Process*, Cambridge.
Wertsch, J. V. (ed.) (1985), *Culture, Communication and Cognition: Vygotskian perspectives*, Cambridge.
– (1985a), *Vygotsky and the Social Formation of Mind*, Cambridge.
Whitty, G. (1985), *Sociology and School Knowledge: curriculum theory, research and politics*, London.
Williams, V. L. (1986), *Teaching for the Two-Sided Mind*, New York.
Young, M. (1973), »Curricula and the Social Organization of Knowledge«, in: R. Brown (ed.), *Knowledge, Education and Cultural Change*, London.

Ilana Felsenthal, Chaim Adler
Bildungsreformen – Wandel oder Reproduktion: Der Fall Israel

Obwohl Soziologen und insbesondere Bildungssoziologen sich der enormen Macht bewußt sind, die Worten und ideologischen Bedeutungen beigemessen wird, die sich nur zu oft hinter den »wertfreien« Darstellungen verstecken, sind auch wir in dieser Hinsicht nicht ohne Schuld. Einige der von Bildungssoziologen mit besonderer Vorliebe benutzten Terminologien, insbesondere während der letzten beiden Jahrzehnte, haben eine nahezu mythologische Dimension erlangt. Ein gutes Beispiel für einen derartigen Diskursmißbrauch bietet das Konzept der »Reproduktion«. Ähnlich wie die Herzkönigin »runter mit ihren Köpfen« ruft, ruft jeder, der sich selbst für den wahren Verfechter der egalitären Bildung hält, »weg mit der Reproduktion!« Folge davon ist, daß jedes für die Reproduktion verantwortlich gemachte Bildungssystem – und offensichtlich ist keines von dieser »Erbsünde« völlig frei – angegriffen wird. Wir stimmen nicht mit Giroux' (1988, S. 113) Sichtweise überein, der zufolge die »Reproduktionstheorie der Schulbildung« sowohl den radikalen als auch den konservativen Bildungskritikern zugeschrieben wird. Diese sehr verallgemeinerte Interpretation verbindet begrifflich jene, die davon überzeugt sind, daß die Schulen die Aufgabe der Reproduktion übernehmen sollten, mit denjenigen, die der gegenteiligen Ansicht sind. Diesen Ansatz halten wir im vorliegenden Kontext nicht für sinnvoll. Darüber hinaus scheuen sich die Konservativen, die den Schulen vorwerfen, unzureichend auf die wirtschaftliche und technologische Entwicklung zu reagieren, die »Rhetorik« der Reproduktion zu benutzen, und sie tendieren statt dessen dazu, von Effizenz und Ineffizienz zu sprechen.

Wir werden im folgenden versuchen, das Reproduktionskonzept aus dem ideologischen Netz, welches die hinter der Rhetorik existierende Realität zu verdecken droht, herauszulösen. Wir werden zunächst das Konzept analysieren und es dann auf die Bildungsreform im allgemeinen und die Schulreform in Israel im besonderen anwenden. Unsere erste Aufgabe liegt also darin, das Reproduktionskonzept in seine Bestandteile zu zerlegen. Wir behaupten, daß jede reproduktive Theorie der Schulbildung, sei sie nun ökonomisch, kulturell oder auch beides, auf zwei konzeptionell zu trennende Arten von Fragen trifft: erstens auf Fragen nach Verteilung und Zugang sowie zweitens auf solche nach Herrschaft und Legitimation. Natürlich muß man berücksichtigen, daß beide Fragen – obwohl hier voneinander getrennt formuliert – in der Realität niemals völlig unabhängig voneinander sind. Wir werden später noch erörtern, daß die Anstrengungen, einen Wandel oder eine Reform in der Bildung durchzusetzen, meistens um eine dieser Fragen kreisen oder um eine Kombination aus beiden.

Wir wenden uns zunächst dem Verteilungsproblem zu: Was verteilen Bildungssysteme und welche Art der Verteilung sollte als »reproduktiv« definiert werden? Zunächst einmal verteilen öffentliche Bildungssysteme Bildung per se. Die relevanten Daten, die uns vor allem bei der Beantwortung der ersten Frage helfen könnten, beziehen sich auf die Anzahl der Jahre gebührenfreier Schulpflicht, den Umfang der Anmeldungen und Anwesenheit im Unterricht etc., d. h. Informationen darüber, wieviele Schüler wie lange die Schule besuchen. In der gegenwärtigen soziologischen Reproduktionsliteratur scheinen diese alltäglichen Daten keine besondere Aufmerksamkeit zu erregen. Eine Erklärung für dieses Desinteresse könnte vielleicht darin liegen, daß die meisten Soziologen, die über die reproduktive Theorie der Schulbildung forschen und schreiben, größtenteils in den Ländern tätig sind, in denen bereits vor Jahren ein hohes Maß an Bildungsexpansion erreicht worden ist, so daß heutzutage ein derartiges Niveau als selbstverständlich vorausgesetzt werden kann und nicht mehr zum Thema wird. Wir behaupten, daß es eine Reihe von Ländern gibt – von denen einige nach wie vor zu den Entwicklungsländern gehören –, in denen erst vor kurzem ein entsprechend hoher Stand der Bildungspartizipation erreicht worden ist, vor allem im Hinblick auf den Schulbesuch an höheren Schulen. Dieses beschleunigte Wachstum innerhalb eines kurzen Zeitraums hat bedeutenden Einfluß auf Bildungsprioritäten und auf die Art und Weise, in der andere Verteilungsprobleme, die angeblich nicht so dringend sind, betroffen sind. Kommen wir nun zum Beispiel Israel.

Die Werte in Tabelle 1 zeigen den beschleunigten Anstieg des Schulbesuchs an höheren Schulen von 1975 bis 1986. Kein anderes in dieser Tabelle aufgeführtes Land hat eine vergleichbare Expan-

Tabelle 1: Relativer Schulbereich im Vergleich ausgewählter Länder

Land	Jahr	Schulbereichsquoten Sekundarschulen	postsekundäre Bildung und Universitäten*	Standardalter für die Sekundarschulen
Israel	1975	65,7	25,2	
	1980	72,0	26,0	
	1986	82,0	28,0	12-17
	1987	84,0	27,0	
	1988	83,0	27,0	
USA	1975	92,0	57,3	
	1980	90,0	56,0	12-17
	1986	100,0	59,3	
Kanada	1975	91,0	39,3	
	1980	92,0	41,9	12-17
	1986	103,0	54,6	
Japan	1975	92,0	24,6	
	1980	93,0	30,5	12-17
	1986	96,0	28,8	
Holland	1975	88,0	25,2	
	1980	92,0	30,0	12-17
	1985	104,0	32,0	
Dänemark	1975	80,0	29,4	
	1980	105,0	28,6	13-18
	1985	105,0	29,3	
Frankreich	1975	82,0	24,5	
	1980	85,0	25,5	11-17
	1986	95,0	30,2	
Großbritannien	1975	83,0	18,9	
	1980	84,0	20,2	11-17
	1985	85,0	22,4	

Quelle: UNESCO Statistical Yearbook, 1988, Tabelle 3.2; zitiert nach Ruth Klinov (1991), Tabelle 1, S. 29.

* Das Standardalter ist für alle Länder die Altersgruppe der 20- bis 24-jährigen

sion erfahren; die meisten Länder konnten schon 1976 die Schulbesuchsraten verzeichnen, die Israel erst ein Jahrzehnt später erreicht hat.
Unter dem Distributionsgesichtspunkt muß der rapide Anstieg des Bildungsniveaus definitionsgemäß bedeuten, daß ein konstant ansteigender Prozentsatz der »schwächeren« Glieder in Israels Schulalterspopulation in das Bildungssystem miteinbezogen wurde und daß der Zeitraum ihres Schulbesuchs innerhalb dieses Systems signifikant wuchs. Das auffälligste und deutlichste Merkmal eines reproduktiven Bildungssystems, d. h. die Ausgrenzung bestimmter entmachteter Gruppen aus den öffentlichen Schulen, konnte relativ schnell beseitigt werden.
Wir möchten auf diesen Aspekt näher eingehen. An welche Gruppen denkt man, wenn auf die »schwachen« und »verletzlichen« Glieder der israelischen Gesellschaft hingewiesen wird? Zur ersten großen Gruppe gehören Frauen, die sowohl in Israel als auch in anderen Ländern am ehesten die Opfer reproduktiver Tendenzen sind. Inwieweit betrifft die beschleunigte Wachstumsrate im israelischen Bildungssystem diese Gruppe? Mehrere Studien weisen darauf hin, daß Frauen aus dem Prozeß der Bildungsexpansion den größten Gewinn ziehen konnten. Es soll hier eine Umfrage über die sozio-ökonomischen Indikatoren in Israel im Vergleich zu OECD-Angaben zitiert werden, die das Iraelische Zentrum für politische Studien veröffentlicht hat: »Genauso wie die allgemeinen Bildungsstandards mit der Zeit zunehmen, überschreitet das Bildungsniveau der Männer sowohl in allen an dieser Studie beteiligten OECD-Ländern als auch in Israel das Bildungsniveau der Frauen. Es ist jedoch offensichtlich, daß eine Verminderung der Disparität zwischen den Geschlechtern Teil dieses Prozesses ist. In den sechziger Jahren verfügten die israelischen Männer durchschnittlich über 15% mehr Schulausbildung als Frauen, ein Verhältnis von 8,5 zu 7,4 Jahren. Heute hat sich diese Kluft auf die Relation von 11,4 zu 10,9 Jahre verringert, ein nur noch sechsmonatiger Vorteil für die Männer« (Kop 1988, S. 42). Diese Tendenz ist in Abbildung 1 zu sehen.
Zu ähnlichen Ergebnissen hinsichtlich der Partizipationsraten im Bildungssystem gelangen Kfir, Ayalon und Shapira (1990). Sie stellen fest, daß »die in Israel aufgewachsenen Mädchen und Frauen den Männern hinsichtlich der Quantität ihrer Bildung gleichgestellt sind: Mehr Frauen als Männer schließen höhere

Abb. 1: Durchschnittliche Bildungsjahre nach Geschlecht 1961, 1972, 1983

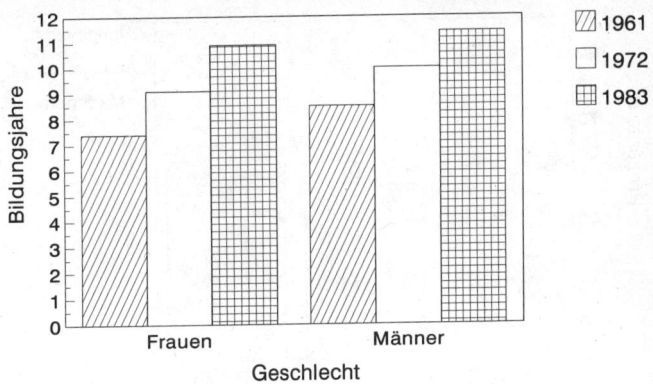

(Quelle: Zentrales Amt für Statistik in Israel)

Schulen mit einer akademischen Laufbahn ab, und mehr Frauen setzen eine weiterführende Ausbildung fort« (S. 59). Wir werden später auf das Problem der Geschlechterungleichheit im Bildungserwerb und der Ausbildung zurückkommen. Zunächst wenden wir uns der Situation anderer »verletzlicher« Gruppen und ihrer Partizipation an den Bildungsressourcen zu.

Neben den Frauen fallen in jedem Land auch rassische, nationale und ethnische Minderheiten der Reproduktion durch das Bildungssystem zum Opfer. Israel hat zwar kein eindeutig definierbares Rassenproblem, aber mit den arabischen Staatsbürgern lebt hier eine bedeutende nationale Minderheit, die ein Sechstel am Anteil der Bevölkerung beträgt. Paradoxerweise macht jedoch heute tatsächlich eine andere, bisher immer als im Bildungswesen unterprivilegiert geltende Gruppe die Mehrheit der Bevölkerung aus. Wir beziehen uns auf die größere und häufig als »orientalische Juden« bezeichnete Gruppe. Dazu gehören z. B. Juden, die in Afrika oder Asien geboren oder deren Nachkommen sind. Da die größte Immigrationswelle aus diesen Ländern Israel Anfang der 50er Jahre erreichte, bildet der überwiegende Teil der »orientalischen« Kinder heute durchaus schon in der zweiten Generation Israelis; entweder wurden sie in Israel geboren und aufgezogen oder kamen mit ihren Eltern in sehr jungem Alter dorthin.

Abb. 2: 14- bis 17jährige in arabischen Bildungsgängen

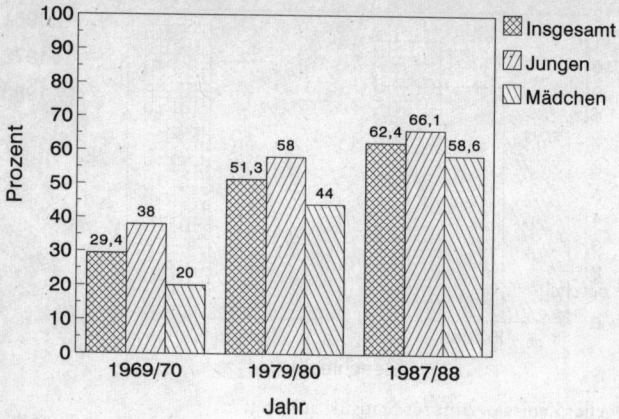

(Quelle: Zentrales Amt für Statistik in Israel)

Wir wollen nun weiter verfolgen, wie es den arabischen Staatsbürgern und »orientalischen« Juden im Rahmen der Bildungsexpansion erging. Die arabische Minderheit bildete zur Zeit der Gründung Israels die am wenigsten gebildete Bevölkerungsgruppe, zum Teil aufgrund der Überrepräsentation der besser ausgebildeten Schichten unter denen, die während des 1948er Krieges aus dem Land flohen oder vertrieben wurden. Die 1947 gemeldete Schulbesuchsquote der Araber betrug 33% (Mar'i 1978), und die meisten Schüler blieben nicht länger als fünf Jahre in dem Bildungssystem. Im Jahr 1970, also 23 Jahre später, lag die Beschulungsquote arabischer Kinder im Alter zwischen 6 und 13 Jahren bei 87,1%, und 1985 erreichte ihr Anteil 94,7%. Der Prozentsatz der arabischen Schüler im Sekundarschulwesen liegt nicht so nahe am nationalen Durchschnitt wie im Grundschulbereich, jedoch wächst die Rate, wenn auch schwankend (vgl. Abb. 2).

Die letzten uns zur Verfügung stehenden offiziellen Daten sind ungefähr fünf Jahre alt. Eine persönliche Anmerkung, die mit unseren jüngsten Erfahrungen zusammenhängt, könnte hier dienlich sein: Während der letzten sechs Jahre haben wir eng mit mehreren arabischen Highschools zusammengearbeitet. Wir waren von der

Tatkräftigkeit und Motivation der Direktoren, Lehrer und Schüler außerordentlich beeindruckt und von ihrer Entschlossenheit, neue Methoden und Curricula zu erproben, aber auch von ihrem ein wenig naiven Glauben, Bildung als den Schlüssel sozialer Mobilität zu sehen. Es ist zu hoffen, daß die zunehmende Macht, die die fundamentalistische Bewegung in den arabischen Gebieten kürzlich erreicht hat, das Bildungswachstum nicht zum Stillstand bringt, insbesondere im Hinblick auf die arabischen Frauen, deren zunehmende Beteiligung an Bildungsprozessen zwar bemerkenswert ist, jedoch jener der Männer nicht gleichkommt. Man muß hier jedoch warnen: Wenn wir allgemein über den arabischen Sektor sprechen, vermischt man mehrere zu unterscheidende nicht-jüdische Gruppen, die einer gesonderten Diskussion bedürfen: Moslems, Christen unterschiedlicher Konfessionen und die Drusen.

Welchen Vorteil erlangten die »orientalischen« Juden durch die hohen Wachstumsraten im israelischen Bildungssystem? Daß sie Vorteile erzielten, ist offensichtlich: Sie machen mehr als die Hälfte der Bevölkerung im schulfähigen Alter aus. Innerhalb eines Systems, das beinahe 100% der relevanten Altersgruppen im Primarbereich und mehr als 85% im Sekundarbereich beschult, konnte gar nicht vermieden werden, daß diese große Gruppe am »Bildungsboom« teilhatte. Wenn wir uns tatsächlich nur auf die Daten über den Schulbesuch beschränken, sind die Bildungschancen dieser Gruppen im allgemeinen und die der Frauen im besonderen sehr beeindruckend. Unsere Daten sind ein wenig überholt, da die Zunahme von Eheschließungen zwischen »orientalen« und »Ashkenazim«-Juden Definitionsprobleme mit sich bringt. Nach Angaben des Bildungsministeriums aus dem Jahre 1987 betrug der Anteil der in Asien und Afrika geborenen 17jährigen 1962 15,8% und 1982 62%. Während des letzten Jahrzehnts hat sich dieser Trend sicherlich nicht umgekehrt und er ist – jüngsten Erhebungen zufolge – vorwiegend in der zweiten und dritten Generation verbreitet (vgl. Tabelle 2).

Der Leser wird sich vielleicht fragen, ob wir bewußt die Klassenunterschiede ausgegrenzt haben, einen äußerst zentralen Aspekt innerhalb der Reproduktionstheorien der Schulausbildung.

Es gibt zwei Gründe, warum wir die Klassenunterschiede nicht berücksichtigt haben: Zum einen ist Israel ein relativ »junges« soziales System, so daß die Herausbildung einer Klassenstruktur

Tabelle 2: Bildungsniveau der jüdischen Bevölkerung im Alter von 14 Jahren und darüber nach Geburtsland und Schuljahren (in Prozent)

	Jahr	Insgesamt	Schuljahre 0-4	5-8	9-12	13-15	16+
Insgesamt	1975	100,0	11,9	25,5	44,9	10,7	7,0
	1985	100,0	8,1	17,3	50,2	14,2	10,2
In Israel geboren	1975	100,0	1,4	15,6	61,5	14,0	7,5
	1985	100,0	0,9	8,7	63,3	16,7	10,4
In Asien oder	1975	100,0	28,2	33,3	31,5	4,9	2,1
Afrika geboren	1985	100,0	23,2	27,5	38,1	7,3	3,9
In Europa oder	1975	100,0	8,5	28,6	40,0	12,2	10,7
Amerika geboren	1985	100,7*	7,0	22,6	39,3	15,9	15,9
In Israel geboren;	1975	100,0	2,3	15,3	61,6	14,1	6,7
Vater in Israel geboren	1985	99,4*	0,8	7,9	63,5	17,1	10,1
In Israel geboren;	1975	100,0	1,9	25,6	65,2	6,0	1,3
Vater in Asien oder Afrika geboren	1985	100,0	1,1	12,8	72,4	10,4	3,3
In Israel geboren;	1975	100,0	0,6	6,6	58,1	21,3	13,4
Vater in Europa oder Amerika geboren	1985	100,0	0,6	3,4	50,2	24,9	20,9

Quelle: State of Israel, Ministry of Education (1987), Tabelle F-4, S. 55

* Die Prozentwerte addieren sich infolge von Fehlern im Quellentext nicht zu 100 %

noch unscharf ist. Da die letzte Immigrationswelle aus Osteuropa dazu beiträgt, hinsichtlich der ohnehin schon instabilen Klassen- und Statusdefinitionen neue Unsicherheiten zu erzeugen, sollten diese Konzepte eher vorsichtig gehandhabt werden. Israel ist zwar keine klassenlose Gesellschaft, nur ist sein System der Schichten- bildung noch unzulänglich definiert. Zum anderen haben wir die Klassenunterschiede nicht berücksichtigt, da in den relevanten Statistiken – wahrscheinlich aus den gleichen bereits erwähnten Gründen – keine schichtabhängigen Kategorien vorkommen.

Trotzdem führt das Maß an Überschneidungen zwischen Unterschichtzugehörigkeit und ethnischer Herkunft im Falle ethnischer Diskussion zu einer Analyse der Schichtenbildung. Historisch gesehen bildeten in den ersten zwei Jahrzehnten nach der Unabhängigkeit die Immigranten aus Asien und Afrika – sie waren weniger gebildet, eher kulturell traditionell und hatten größere Familien – Israels Unterschicht. Nach zwei Jahrzehnten sozialer Aufstiegsmöglichkeiten können sie als Angehörige der Mittelschicht bezeichnet werden. Trotzdem gibt es in Israel auch heute noch einige Armutsgebiete, Langzeitarbeitslosigkeit, Drogen und Kriminalität: Es sind immer noch die Juden »orientalischer« Herkunft, die in diesen betroffenen Wohngebieten und Gemeinden leben. Indem wir über ethnische Gruppen diskutieren, gehen wir mittelbar das Problem der Bildung und der Schichtenbildung an, da »orientalische« Juden in den unteren Einkommensschichten stets überrepräsentiert sind.

Bildungssysteme verteilen Schulbildung. Expandiert das System schnell und überholt es das Bevölkerungswachstum, so verteilt es mehr Schulbildung an mehr Menschen, auch an einige derjenigen, die früher aus den formalen Bildungssystemen ausgeschlossen waren. Je weiter sich dieser Prozeß ausdehnt, desto weniger reproduktiv wird das System.

Bildungssysteme verteilen aber auch andere und sozial wünschenswerte Güter: Hohen Wissensstandard, begehrte Zeugnisse, die nur in geringem Umfang vorhandenen Zugänge zu prestigereichen Bildungsinstitutionen; sie alle sind da, um verteilt zu werden. Die Art, in der mit diesen »Gütern« umgegangen wird und wie die Frage nach der Reproduktion davon betroffen ist, ist Gegenstand der folgenden Ausführungen. Unsere Diskussion ist auf die Makroebene ausgerichtet, auf größere politische Strategien.

Seit den späten 60er Jahren waren zwei Strategien in Israels Bildungssystem wirksam. Diese Strategien mögen zwar widersprüchlich erscheinen, aber tatsächlich ergänzten sie sich. Die erste und markanteste Strategie, zumindest aus Sicht der Öffentlichkeit, war die Schulreform von 1968, die vom Kultusministerium ins Leben gerufen und vom israelischen Parlament angenommen worden war. Die erlassene Reform konstituierte sich aus drei Aspekten. Der erste Aspekt betraf ein Problem, welches bereits erörtert worden ist: das Problem der Bildungsexpansion; es wurde entschieden, der allgemeinen Schulpflicht ein Extrajahr

Abb. 3a: Zahl der Pflichtschuljahre in Israel und anderen Ländern

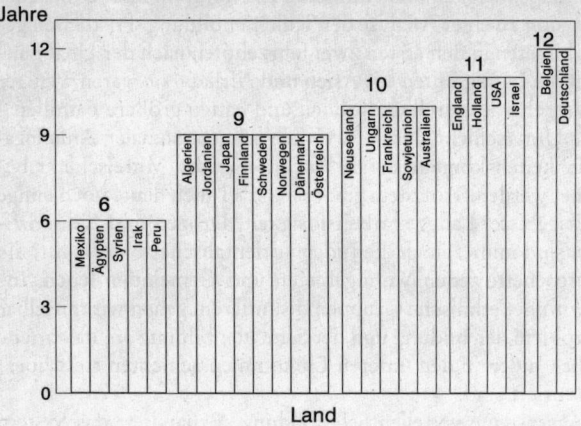

(Quelle: UNESCO, 1988)

Abb. 3b: Verteilung der Länder nach Pflichtschuljahren

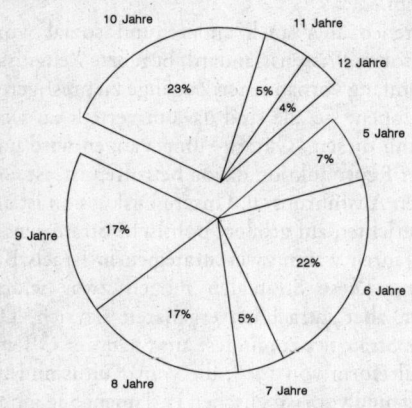

Etwa ein Drittel der Länder kennt 10 oder mehr Pflichtschuljahre (wobei die Spanne zwischen 10 und 12 Jahren liegt). Israel hat 11 Pflichtschuljahre.

(Quelle: UNESCO, 1988)

hinzuzufügen, um damit die Anzahl der Pflichtjahre des Schulwesens in Israel auf 11 zu erhöhen. Abbildung 3 zeigt diese Maßnahme in einer vergleichenden Perspektive.
Der zweite Aspekt des Reformvorschlags befaßte sich mit der Reorganisation der Schulstruktur. Bis dahin bestand das pädagogische System in Israel aus acht Jahren Grundschule und vier Jahren höherer Schule. Die Reform führte eine dreijährige Mittelstufe für fortgeschrittene Anfänger (Mittel-/Oberschule) ein; womit ein 6-3-3 System geschaffen wurde. Diese strukturelle Änderung diente mehreren Zielen, das wichtigste unter ihnen war die Steigerung des pädagogischen Niveaus der Lehrer in der Mittelstufe.
Der dritte und breit sowie kontrovers diskutierte Aspekt der Reform von 1968 kam unter dem Motto der »Schulintegration« und bestand in der Gründung von sozial heterogenen Schulen. Die Bezeichnung »sozial heterogen« meint das Zusammenbringen jüdischer Kinder mit unterschiedlichen ethnischen Abstammungen, d. h. »Orientalische« und »Ashkenazim« (die letztere Bezeichnung deutet auf europäische oder amerikanische Herkunft) in derselben Schule. Unter Verwendung unseres eigenen Referenzrahmens, was nicht unbedingt auf Kosten anderer Ziele wie z. B. Solidarität und »gemeinsame Kultur« zu gehen hat, muß die Schulintegrationspolitik eindeutig als eine anti-reproduktive Strategie definiert werden. Die schlechteste Art der pädagogischen Reproduktion tritt auf, wenn die Kinder »verletzlicher« Bevölkerungsschichten in ihren eigenen abgesonderten Schulen isoliert werden. Unter den herrschenden Voraussetzungen von knappen öffentlichen Mitteln für Bildung drohen diese Kinder die Opfer der schlechtesten Art von Verteilung zu werden: »Schlechte Schulen für die Armen«. Die Schulintegration, wenn und wo möglich, könnte eine der besten Lösungen für dieses Verteilungsproblem sein; die Alternative wäre eine unverhältnismäßig massive Investition in gesonderte Schulen für die sozial benachteiligten Bevölkerungsschichten. Diese Alternative ist sowohl unrealistisch – das gegensätzliche Interesse der stärkeren Gruppen vorausgesetzt – als auch sozial unangenehm, da sie an die infame Lösung »getrennt, aber gleich« erinnert.
Wir beabsichtigen nicht, auf die komplizierte Frage einzugehen, ob die Schulreform von 1968 Erfolg hatte oder nicht. Einige ihrer schärfsten Gegner behaupten, daß sie gänzlich mißlungen sei; andere weisen auf einige partielle Erfolge hin; noch andere begrüßen

sie als durchschlagenden Erfolg. Katz (1988) erklärte, daß, »wenn man alles erwägt, die Integration (...) eindrucksvoll gelang. Soziale Integrationsversuche konzentrierten sich auf die Mittelschulen (12- bis 14jährige), die gegenwärtig ungefähr 50% der Schüler dieser Altersgruppe umfassen. Als anderes Zeichen für den außerordentlichen Erfolg der Integration gilt die Aussage führender Pädagogen, die eine sich schwächende Korrelation zwischen sozialen Indikatoren wie Herkunftsland der Eltern (...) und schulischer Leistung wahrnehmen.« Empirische Studien sind ebensowenig überzeugend; meistens offenbaren sie leichte statistisch bedeutsame Gewinne bei schulischen Leistungen für Durchschnittsschüler und etwas unter dem Durchschnitt liegende Schüler. Sie gleichen damit die kleinen Einbußen aus, die von den überdurchschnittlichen Schülern in Kauf genommen werden mußten.

Einige Hinweise zum Thema von Prestigewissen und Schulintegration scheinen unvermeidlich. Integrierte Einheitsschulen sollen zu allen Arten des Wissens den gleichen Zugang ermöglichen; dies schließt die Fächer mit hohem Status bzw. Prestige mit ein. Es gibt viele Anzeichen dafür, daß die Gleichheit des Zugangs durch bestimmte Praktiken eingeschränkt worden ist, die in vielen Einheitsschulen eingeführt wurden, vermutlich um die Unterrichtsprobleme in Klassen mit heterogenen Begabungen zu lösen. Einige dieser Praktiken wie z. B. die Bildung homogener Klassen und die Gruppierungen nach Begabung in Englisch und Mathematik – beides an israelischen Schulen durchaus üblich – schlossen Kinder aus ungünstigen sozialen Verhältnissen tatsächlich vom Prestigewissen aus oder gaben ihnen nur auf einem sehr niedrigen Niveau Zugang zu diesem Wissen. Homogene Klassen, für die nur ein Lehrer zuständig ist, widersprachen den empfohlenen Politikstrategien des Kultusministeriums; Gruppierung nach Begabung in einigen Schlüsselfächern war die empfohlene Politikstrategie.

Ungefähr zur gleichen Zeit, als die Schulintegration heftig diskutiert wurde und während die Reform selbst in einem viel langsameren Tempo als ursprünglich beabsichtigt durchgeführt wurde, setzte ein anderer Prozeß ein, der wichtige Verästelungen des Verteilungsproblems erzeugte. Das Phänomen, auf das wir hinweisen, ist die schleichende und konstante Differenzierung der israelischen Oberschule durch das stetige Wachstum in der Be-

Abb. 4: Verteilung der Schüler/innen in höheren Sekundarschulen auf Bildungszweige

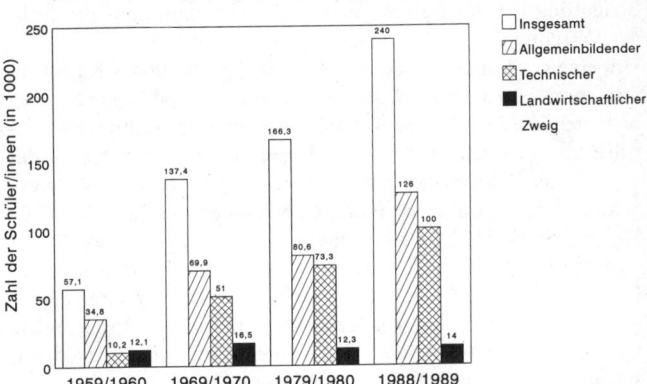

(Quelle: Zentrales Amt für Statistik in Israel)

rufsbildung. Dieser Trend wurde in Bewegung gesetzt, als in den 60er Jahren die Verwaltung großer Teile des beruflichen Bildungssystems vom Arbeitsministerium transferiert und in »Technologische Bildung« umbenannt wurde. Vermutlich hatte diese Umstrukturierung der Verwaltung einige außerordentlich wichtige Veränderungen der Sekundarbildung in Israel zur Folge; zuallererst das beschleunigte Wachstum des »technologischen« Bildungsweges im Vergleich zur »allgemeinen« oder akademischen Bildung (vgl. Abbildung 4).

Die berufliche Bildung in Israel ist in drei Ausbildungswege unterteilt und beginnt mit der oberen, prestigeträchtigsten Laufbahn, die technologische Studien in Fächern wie Informatik und moderner Elektronik mit niveauvollen akademischen Fächern verbindet, und geht hinunter über die mittleren zu den niedrigeren Ausbildungswegen, in denen Fächer wie Automobiltechnik, Drucken, Modedesign und Haarpflege unterrichtet werden. Auf dem Höhepunkt des Expansionsprozesses im Jahre 1975 besuchte die Mehrheit der Schüler der 12. Klasse der beruflichen Bildung (63,6%) die mittleren und niedrigeren Ausbildungsgänge (bezeichnet als »regulär« bzw. »praktisch«). Seitdem hat sich das Bild

wesentlich geändert: so besuchten 1985 55,3% der Schüler der
12. Klasse den oberen Bildungsweg.
Wer sind die Schüler in den Berufsschulen in Israel, und welche
Bedeutung hat der Besuch dieses Bildungssektors aus der Sicht
der Verteilung?
Um eine vor kurzem erschienene Veröffentlichung des Kultusministeriums zu zitieren: »Während der letzten 20 Jahre gab es einen bedeutenden Anstieg der Anzahl der Schüler im technischen Berufsbildungssystem. 1987 und 1988 studierten dort fast 42% der Schüler der höheren Sekundarstufe (10. bis 12. Klasse). Viele der Schüler kamen aus benachteiligten Schichten der Bevölkerung.«
Welche »benachteiligten Gruppen« sind in der beruflichen Bildung stark vertreten? Lassen Sie uns die drei oben erwähnten Gruppen, Frauen, Araber und »orientalische« Juden untersuchen, und sehen wir uns an, wie sie in diesem Kontext abschneiden. Gemäß den Daten von 1986 sind Frauen stärker in den akademischen Zweigen vertreten – 57% der Schülerinnen in dieser Altersgruppe wählen akademische Schulen –, während 57% der Schüler derselben Altersgruppe in den verschiedenen beruflichen Bildungsgängen studieren. Man sollte sich daran erinnern, daß Frauen im Sekundarschulwesen insgesamt überrepräsentiert sind, eine Tatsache, die die o. a. Zahlen in besonderem Maße unterstreichen. 1982 waren im Sekundarschulwesen mehr als die Hälfte der Schülerinnen mit »orientalischer« Abstammung in akademischen Bildungsgängen eingeschrieben, von ihren männlichen Mitschülern dagegen nur ein Drittel.
Innerhalb des beruflichen Bildungssektors fällt das Bild für Schülerinnen weniger günstig aus: Sie sind größtenteils in den unteren beruflichen Bildungsgängen anzutreffen und absolvieren ihre Ausbildung vorwiegend in »Sackgassen-Fächern« wie Haarpflege oder Hauswirtschaftslehre. Die berufliche Bildung hat die arabische Bevölkerung sehr langsam erreicht und nur ein geringfügiger Prozentsatz der arabischen Bevölkerung hat sich in diesen Ausbildungszweigen eingeschrieben. Diese Tatsache ist sicherlich nicht auf etwaige Einwände dieser Gruppe gegen den Besuch solcher Schulen zurückzuführen, statt dessen aber auf die Kürzung der Mittel, die für die Entwicklung dieser Art von Bildung in arabischen Städten und Dörfern notwendig sind. Arabische Politiker und Pädagogen kämpfen beständig für diese Mittel, wobei sie sich der »Sackgassen-Natur« zumindest der unteren Berufsbildungs-

gänge dieses Systems nicht bewußt sind. In gewisser Hinsicht könnten die arabischen Führer recht haben: Die Drop-out-Rate, d.h. der Prozentsatz der Schüler der 9. bis 11. Klasse, die den Schulbesuch abbrechen, lag 1987/88 bei 15,3% in den arabischen Schulen (gefallen von 25,3% im Jahre 1970/71), während zur gleichen Zeit nur 5,4% ihrer jüdischen Mitbürger von der Schule abgegangen sind. Dieser Unterschied ist, zumindest teilweise, auf das Fehlen beruflicher Alternativen zurückzuführen. Es sieht immer noch so aus, als ob der arabische Sektor gut beraten wäre, wenn er seine Versuche auf die Erweiterung der regulären akademischen Schulen konzentrieren würde, um die Einführung eines beruflichen »Trojanischen Pferdes« in seiner Mitte zu vermeiden.

Während die arabische Bevölkerung nur in einem beschränkten Ausmaß an der beruflichen Bildung teilhat, meiden jüdische Frauen diesen Typ von Ausbildung eher. Mit ihnen ist offensichtlich die »benachteiligte Bevölkerung« gemeint, auf die in der oben zitierten offiziellen Publikation hingewiesen wird. Was ist nun problematisch an der beruflichen Bildung? Es ist sicher teurer, einen Schüler in einer Berufsschule zu halten als in einem akademischen Bildungsgang (vgl. Klinov 1991). Wenn die Investition ein Indikator für Qualität ist, wäre es besser, die Berufsschule zu wählen. In Wirklichkeit aber tendiert die berufliche Ausbildung, besonders in den unteren Ausbildungswegen dazu, entweder prestigearmes Wissen in den Fächern, die nicht in die Hochschuleingangsprüfungen einbezogen sind, zu verteilen oder prestigehaltiges Wissen auf einem niedrigen Niveau zu lehren, worin ebenfalls ein begrenzter Wert für diese Prüfungen liegt (vgl. die entsprechenden Statistiken in Abbildung 5).

Da das Zertifikat der Hochschuleingangsprüfungen eine notwendige Voraussetzung für die Zulassung an den meisten Institutionen höherer Bildung und Universitäten ist, lassen diese Zahlen nichts Gutes für etwa die Hälfte der Absolventen der beruflichen Bildungswege vermuten. Mancher mag argumentieren, ein wachsender Sektor der beruflichen oder, gemäß der offiziellen Bezeichnung, der »technologischen Bildung« sei ein Teil und ein Stück des Prozesses der Expansion des modernen Bildungssystems. Wir möchten dieses Argument näher untersuchen, indem wir noch einen Blick auf einige vergleichende Daten werfen.

Abb. 5: Verteilung der schriftlichen Immatrikulations- oder Abschlußexamen der Schüler/innen nach Bildungszweigen 1988/89 (jüdische und arabische Schulen)

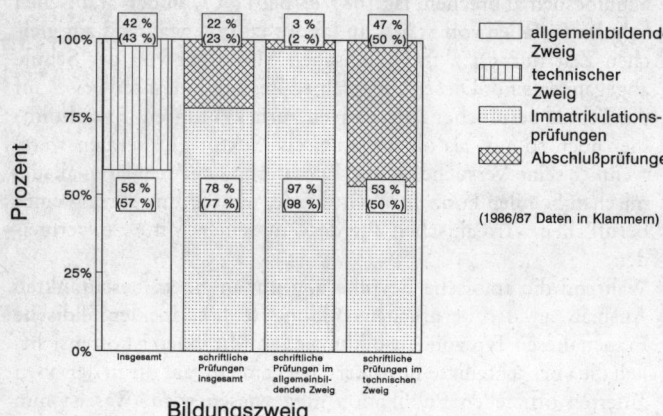

(Quelle: Das israelische Ministerium für Bildung und Kultur)

Tabelle 3: Ausgewählte internationale Vergleiche der Verteilung von Sekundarschülern auf akademische und berufliche bzw. andere nichtakademische Bildungsgänge (in Prozent)

Land	Jahre	Akademischer Zweig	Berufsbildende u. a. Zweige
Israel	1975	56,8	43,2
	1980	58,8	41,2
	1986	61,5	38,5
Kanada	1975	100,0	0,0
	1980	100,0	0,0
	1986	100,0	0,0
Japan	1975	83,0	17,0
	1980	85,2	14,8
	1986	87,4	12,6
Westdeutschland	1975	86,2	13,8
	1980	85,8	14,2
	1985	87,8	12,2

	1975	79,0	21,0
Frankreich	1980	78,0	22,0
	1986	74,0	26,0
	1975	59,7	40,3
Holland	1980	59,2	40,8
	1985	55,8	44,2
	1975	96,0	4,0
England	1980	95,2	4,8
	1985	91,7	8,3
	1975	89,6	10,4
Dänemark	1980	74,7	25,3
	1985	69,1	30,9

Quelle: UNESCO Statistical Yearbook: 1988, Tabelle 3.5; zitiert nach Ruth Klinov (1991), Tabelle 3, S. 32.

1986 rühmte sich Israel, zusammen mit den Niederlanden, der höchsten Prozentsätze von Schülern in beruflichen Bildungsgängen, aber in den meisten Ländern ist dieser Prozentsatz seit 1975 gestiegen, während er in Israel in dem Maße gesunken ist, wie sich die akademischen Bildungswege ausgebreitet haben. Trotz des langsamen Rückgangs ist Israel in dieser Hinsicht noch weit entfernt von der Schließung der Lücke zwischen sich und anderen entwickelten Ländern.

Wir haben auf einige Verteilungsprobleme aufmerksam gemacht, die durch das disproportionale Wachstum der beruflichen Bildung in Israel erzeugt wurden. Wir haben sie dabei tatsächlich verdächtigt, reproduktive Prozesse hinsichtlich »verletzlicher« Gruppen zu verstärken. Eine weitere Kritik, die gegen diesen Bildungssektor hervorgebracht wird, entstammt einigen vor kurzem erschienenen Kosten-Nutzen-Studien, die zeigen, daß trotz höherer Kosten – ein Schüler in einem akademischen Bildungsgang kostet 80% der Kosten eines Schülers in einem beruflichen Bildungsweg – keine wesentlichen Unterschiede in der Erwerbsfähigkeit Graduierter auftreten (Klinov 1991). Ruth Klinov zieht auch die Ersetzung formaler, schulischer Berufsbildung durch bestimmte Alternativen wie »Schule und Arbeit« oder »Lernen am Arbeitsplatz«, die in mehreren Ländern, Deutschland eingeschlossen, existieren, in Betracht. Sie lehnt die Möglichkeit aus mehreren Gründen ab, nicht zuletzt aus Verteilungserwägungen und der

Furcht davor, ethnische Lücken im Bildungserwerb zu vergrößern.

Nach der recht ausführlichen Diskussion bestimmter Aspekte der israelischen Sekundarschulbildung aus der Verteilungsperspektive werden wir uns nun einigen Problemen der nachschulischen Bildung zuwenden. Wir haben in Tabelle 1 gesehen, daß die Besuchsraten im tertiären Bildungssektor in Israel im großen und ganzen mit jenen der höchstentwickelten Länder Europas vergleichbar sind. Es wird ebenfalls anhand dieser Tabelle deutlich, daß erstens Israel noch längst nicht an die Teilnahmeraten im tertiären Bildungssektor herankommt, wie sie für die USA und Kanada charakteristisch sind, und daß zweitens, während die Teilnahmeraten in mehreren europäischen Ländern immer noch ansteigen, die gleichen Raten in Israel seit 1980 mehr oder weniger zu stagnieren scheinen. Demnach gibt es keinen Grund, sich über ein »übertriebenes« Wachstum des tertiären Bildungssektors in Israel zu beklagen, wie es einige Leute tun. Eine offene Frage ist, wie der Zustrom hochgebildeter russischer Immigranten das Hochschulsystem beeinflussen wird.

Welches Schicksal erfahren die drei Gruppen, die wir oben besprochen haben, im tertiären Bildungssektor in Israel? Frauen sind zur Zeit ganz gut repräsentiert, soweit es die Gesamteinschreibungsraten betrifft. An den Universitäten stieg ihre Anzahl seit 1965 rapide an, als sie nur 36,1% der Studentenschaft bildeten, gegenüber 1985, als 47,7% der Studenten Frauen waren. Darüber hinaus sind Frauen auch in anderen nachschulischen Bildungsinstitutionen stark vertreten, wie z. B. in Lehrerausbildungs-Colleges und in akademischen Programmen zur Ausbildung von Krankenschwestern, aber ihr Anteil mit weniger als 20% an technisch orientierten Kursen aller Art ist gering.

Bei detailliertem Blick findet man die Mehrheit der Studentinnen in den Geisteswissenschaften, aber sie sind auch in zunehmendem Maße in der Verhaltensforschung, in der Medizin und der Rechtswissenschaft, und auch in der Mathematik und den Naturwissenschaften immatrikuliert, während ihr Anteil im Ingenieurwesen und in der Architektur äußerst gering ist. In dieser Hinsicht könnte man wohl behaupten, daß einige reproduktive Einflüsse noch sehr offensichtlich wirksam sind, eine Situation, die noch verstärkt wird durch die unterproportionale Repräsentation von Frauen in postgraduierten Studien bzw. Karrieren.

Es überrascht nicht, daß die arabische Bevölkerung insgesamt und arabische Frauen im besonderen im tertiären Bildungssektor, einschließlich der Universitäten, nur wenig vertreten sind. Trotz des ansteigenden Besuchs der Primar- und Sekundarstufe finden wir 1985 nur 39% der relevanten Altersgruppe in der arabischen Bevölkerung, die die 12. Klasse besuchen, und 24% derselben Altersgruppe, die an Hochschuleingangsprüfungen teilnimmt. Obwohl ein ziemlich großer Teil derer, die eines der begehrten Immatrikulationszertifikate erlangt haben, in den Hochschulsektor übergeht, ist es nicht erstaunlich, daß ihre Anzahl weiterhin sehr gering ist. Arabische Studenten haben gewisse Sprachschwierigkeiten in Fächern mit hebräischer Unterrichtssprache, weil Schulen im arabischen Sektor Arabisch als Hauptunterrichtssprache pflegen, während Hebräisch als zweite Sprache gelehrt wird. Erstaunlicher ist und mehr öffentliche Aufmerksamkeit erregt die Tatsache, daß »orientalische« Juden in ihrem Bildungsniveau und insbesondere was den Übergang in den nachschulischen Bildungssektor und vor allem die Hochschulbildung betrifft, hinter den anderen ethnischen Gruppen zurückliegen. Der Prozentsatz der Akademiker unter ihnen lag 1984 bei 14,6% aller Akademiker in der israelischen Bevölkerung. Wenn man bedenkt, daß der Prozentsatz 1961 und 1974 nur 6,6% bzw. 8,3% betrug, kann darin sicher von einem gewissen Fortschritt hinsichtlich dieses prestigereichen Wissens gesprochen werden, aber die Frage, ob dies ausreichen würde, beunruhigt viele Israelis. Diese Situation könnte dadurch verschärft werden, daß es seit Beginn der 80er Jahre regelmäßige Kürzungen bei den Regierungsausgaben für das Bildungssystem gab. Dieser Trend könnte möglicherweise die Effizienz des Systems verbessern, aber er könnte auch die bereits wirksamen reproduktiven Kräfte unterstützen.

Am Anfang unserer Arbeit behaupteten wir, daß Reproduktion durch eine doppelte Facette gekennzeichnet ist. Der erste Aspekt bezieht sich auf Fragen der Verteilung und der andere auf Probleme der Legitimation und der Dominanz. Im folgenden wenden wir uns dieser zweiten Komponente der Reproduktionstheorie der Bildung zu. Sowohl die versteckten wie die offenen Prozesse der Verteilung, die dem Bildungssystem zur Verfügung stehen, finden nicht in einem kulturellen oder politischen Vakuum statt. Verteilungsstrategien entwickeln sich durch fortlaufende Kämpfe innerhalb und außerhalb der Bildungsarena. Wir werden versu-

chen, die komplizierten Prozesse von Herrschaft und Kampf, Legitimation und Delegitimation zu verfolgen, indem wir die Rhetorik und die Praxis der Bildungsreform in Israel nachvollziehen.
Das israelische Bildungssystem erlebte seit den 60er Jahren mehrere »Reformen«, einige zogen die öffentliche Aufmerksamkeit auf sich, andere blieben fast unbemerkt. Die erste und am heftigsten debattierte Reform kommt üblicherweise unter dem Titel »Die Reform« mit einem großen »R« heraus. Sie wurde oben ausführlich diskutiert. Obwohl diese Reform mehrere Ziele verfolgte, unter ihnen die Ausweitung der allgemeinen Schulpflicht, war und ist immer noch derjenige Punkt ihres Programmes, der die größte öffentliche Aufmerksamkeit gewann und der das meiste Feuer entfachte, das Problem der Schulintegration. Wir behaupten, daß die heftige Debatte über die Schulintegration nicht nur Ausdruck kollidierender Bildungsinteressen zwischen Eltern und Pädagogen ist, wie es allgemein angenommen wird, sondern eine symbolische Repräsentation des ständigen Konflikts über einige der grundlegendsten strukturellen und kulturellen Probleme in der israelischen Gesellschaft. Israels flatterhaftes Schichtungssystem wurde als eine Kombination von horizontaler Integration und vertikaler Differenzierung unter seinen jüdischen Ethnien dargestellt (Peres 1985). Horizontale Unterschiede zwischen zwei Gruppen werden von Peres definiert als »das Aggregat aller kulturellen Unterschiede (...), die durch Sozialisation transferiert werden (...)«; die vertikale Distanz bezeichnet »die Distanz zwischen den Positionen der Gruppen in dem Schichtensystem der Gesellschaft« (S. 39). Folglich sind integrierende und differenzierende Kräfte in jeder Lebenssphäre in Israel ständig am Werk, selbstverständlich auch in der Bildungsarena, in der kulturelle Integration annahmegemäß geschmiedet wird. Unglücklicherweise ist das Bildungssystem in Israel, wie auch in anderen Ländern, zugleich die Brutstätte für vertikale Differenzierungen aufgrund seiner Verknüpfungen mit differenzierten sozialen Positionen. Daher verwundert es nicht, daß die Schulintegration symbolische Dimensionen erreicht hat und ein heftiger Kampf um und über sie stattfand und stattfindet.
Ungefähr zur gleichen Zeit, als das Problem der Schulintegration der Ort für akademische Diskurse wurde, schlichen sich andere, weniger geläufigere Anforderungen in das Bildungssystem ein:

Das oben dargestellte rapide Wachstum der beruflichen Bildung und eine Strukturreform der Hochschuleingangsprüfungen, die die Kontrolle des Kultusministeriums über diese bedeutende rituelle Klassifizierung vergrößerte (Meyer/Rowan 1978). Es ist interessant zu beobachten, daß beide relativ herausragenden Reformen Differenzierungsprozesse durch die Verengung der schon existierenden »Engpässe« forcieren, indem der Zugang zu einem Wissen von hohem Prestige noch schwieriger und selektiver gestaltet wird. Tatsache ist, daß diese Art von Reform, die den Interessen dominanter Gruppen dient, nie zentrales Problem des öffentlichen und politischen Kampfes wurde, während die Politik der Integration von Eltern, Lehrern und Medien heftig angegriffen wurde. Man kann sicherlich annehmen, daß die Gruppen, die in Wirklichkeit den Preis für schärfere Kontrollen, die Standardisierung von Tests und selektiven Auswahlverfahren zahlen, genau diejenigen sind, die wenig informiert, wenig einbezogen und wenig einflußreich sind. Darüber hinaus wird der Prozeß nicht in Begriffen von Knappheit an Mitteln und Verteilungsproblemen beschrieben, wodurch er unbeabsichtigt die Illusion der Möglichkeit erzeugt, »den Kuchen zu essen« und »ihn gleichzeitig zu erhalten«. Wenn benachteiligte Schüler allein dadurch erfolgreicher sein könnten, daß sie dasselbe Klassenzimmer, denselben Lehrer und denselben Lehrplan mit ihren glücklicheren Altersgenossen teilen könnten, warum sollte die Regierung dann mehr in die Bildung investieren? Während des letzten Jahrzehnts wurden die Investitionen in das Bildungssystem stetig gekürzt, während gleichzeitig die Eltern schrittweise veranlaßt wurden, einen Teil der wachsenden Bildungskosten für ihre Kinder zu tragen. In letzter Zeit scheint die Diskussion über die Integration langsam durch Bestrebungen ersetzt zu werden, die einerseits die Entscheidungsfreiheit der Eltern und andererseits die Schulautonomie hervorheben. Diese Strömungen können, so vermuten wir, sofern Pädagogen, Wissenschaftler und Politiker ihnen nicht entgegentreten, die empfindliche Balance zwischen egalitären und nicht egalitären Kräften in Israels Bildungssystem in Richtung auf einen stärker reproduktiven Trend umstoßen.

Literatur

Giroux, H. A. (1988), *Schooling and the Struggle for Public Life*, Minneapolis.

Kfir, D./Ayalon, H./Shapira, R. (1990), *Women's and Girl's Education in Israel – Trends, Achievements and their Social Significance*, Forschungsbericht 2.90, Universität Tel Aviv, The Unit for Sociology of Education and the Community (hebräisch).

Klinov-Malul, R. (1991), *The Allocation of Public Resources of Education: Priorities*, Jerusalem: The Center for Social Policy Studies.

Kop, Y. (1988), *Socio-Economic Indicators*, Jerusalem: The Center for Social Policy Studies.

Mar'i, S. K. (1978), *Arab Education in Israel*, Syracuse, N. Y.

Meyer, J. W./Rowan, B. (1978), »The Structure of Educational Organizations«, in: J. W. Meyer et al. (Hg.), *Environments and Organizations*, San Francisco.

Peres, Y. (1985), »Horizontal Integration and Vertical Differentiation Among Jewish Ethnicities in Israel«, in: Weingrod, A. (Hg.), *Studies in Israeli Ethnicity*, London.

State of Israel, Ministry of Education (1987), *The Educational System. Reflected in Numbers – 1987* (hebräisch), Jerusalem.

Philip Wexler
Schichtspezifisches Selbst
und soziale Interaktion in der Schule

In den vorliegenden Untersuchungen zur Highschool kommen zwei Motive zum Ausdruck: einerseits die Suche nach einer weniger »mechanistischen«, sondern eher symbolisch vermittelten Sicht auf soziale Beziehungen; zum anderen der Versuch, eine dynamischere Vorstellung von Gesellschaft zu entwickeln, die sich stärker an Veränderungsprozessen orientiert als an reproduktionstheoretischen Prämissen. Geplant, durchgeführt und beschrieben habe ich diese Analyse gleichzeitig innerhalb des Forschungsansatzes und in Abgrenzung zu ihm. Den unmittelbaren Hintergrund für die Konzeption und Realisierung durchgeführter und weiterhin geplanter Feldstudien bilden die Theoriediskussion der neueren Soziologie einerseits und der Korporatismus (»corporatism«)[1] in der pädagogischen Praxis andererseits.

Das Denken und Schreiben der Bildungsforschung als Sozialforschung ist inzwischen durchzogen von miteinander verknüpften Strängen analytischer Begrifflichkeiten und Bedeutungen. ›Archäologie‹ ist deshalb eine durchaus passende Bezeichnung für die geschichteten Formationen intellektueller Arbeit heute. ›Postmoderne‹ ist nicht eine esoterische Beschreibung von Architektur, Tanz oder Literatur, weit entfernt von der Sphäre der Sozialforschung. ›Mehrstimmigkeit‹ ist nicht nur ein theoretischer Ansatz für literaturwissenschaftliche Analysen – es ist die historische Bedingung unserer Arbeit.

Ich habe diese Untersuchungen mit einer Neigung zum Strukturalismus begonnen, aber auch mit der Empfindung, daß geschichtliche Entwicklungen – und nicht nur theoretische Debatten und Entdeckungen – es unmöglich gemacht haben, sich soziale Strukturen bzw. kulturelle Formen als festgefügte, statische Einheiten vorzustellen. Meine These ist, daß es klassenspezi-

---

1 (Anmerkung der Hg.: Der Verf. verwendet diesen Begriff, um eine gesamtgesellschaftlich dominierende Struktur von Staat, Wirtschaftsvereinigungen, Gewerkschaften und Parteien zu erfassen, vgl. dazu und zu der pädagogischen Wendung Wexler 1992, 3 ff.)

fische Unterschiede sind, die den vorrangig bestimmenden Code im sozialen Leben darstellen, der verschiedene Schulen voneinander unterscheidet. Obwohl sie einer scheinbar von allen geteilten Jugendkultur angehören, macht es für verschiedene Schüler einen großen Unterschied, wofür sie kämpfen, wenn sie »jemand werden«, und wie sie dieses gemeinsame Lebensprojekt während der Highschool-Zeit – der »besten Jahre« ihres Lebens – gestalten; und zwar unterscheidet sich dies für die Schüler danach, an welchem Ort ihre Schule im größeren sozialen Umfeld der organisierten Unterschiede und der Ungleichheit lokalisiert ist.
In der weißen Arbeiterschicht sehen das erstrebte Idealbild und der Weg dahin, »jemand zu werden«, ganz anders aus als in einer Vorort-Highschool der gehobenen Mittelschicht. Für Jugendliche der innerstädtischen Unterschicht ist wiederum beides anders. Dabei geht es nicht einfach um die Frage nach Defiziten, Vorteilen oder Benachteiligungen, sondern um unterschiedliche Lebenswelten, um dynamische Ökonomien der Organisation und um soziale Praktiken, die voneinander unterscheidbare Interpretationsmuster und Lebensziele generieren und aufrechterhalten.
Nach meiner Auffassung zeigen die Fallstudien[2], daß an allen untersuchten Schulen (in allen sozialen Schichten) ein allgemeiner Prozeß der Entleerung des Sozialen im Gange ist: in ihrem sozialen Kern klafft eine Lücke bzw. ein Mangel. Dabei sind es die sozialen Beziehungen selbst, die ausgehöhlt werden, und Prozesse der Identitätsbildung sind der jeweils schichtspezifische Versuch, diesen zentralen Mangel auszugleichen.

Analyse: Interaktion, Identität und Gesellschaft

Die Postmoderne bedeutete neben vielem anderen (Turner 1990; Wexler 1990) das Ende der Meta-Erzählung (Lyotard 1984) und damit auch der Geschichte von Gesellschaft und ›des Sozialen‹ überhaupt. Diese epochale Umwälzung ist allerdings bisher nur in abstrakten Begriffen der sozialen und kulturellen Makro-Ebene beschrieben worden. Was sich in den Fallstudien der einzelnen Schulen zeigt, sind bestimmte Muster des sozialen Rückzugs, die jeweils elementare, konstitutive Elemente der sozialen Beziehungen bzw. ›des Sozialen‹ überhaupt in Frage stellen. Anstelle einer

2 Vgl. Wexler 1992.

hoch angesetzten theoretischen Kritik an Begriffen der Gesellschaft, des Sozialen oder sozialer Beziehungen habe ich spezifische *institutionelle Prozesse* beschrieben, die die konstruktive, ›sozialisierende‹ (Touraine 1989) Einrichtung der Gesellschaft umkehren: statt dessen entsteht Desozialisation, die Verkehrung von Sozialität.
Die historische Moderne, und mit der Soziologie eine ihrer Sprachen, hat den Raum ausgefüllt, der im sozialen Bereich früher durch den Feudalismus besetzt war, im kulturellen Bereich durch die Deutungen einer theologisierenden Sprache.
Aber trotz aller Debatten über den Niedergang und das Verschwinden der industriellen Gesellschaft und ihrer Kultur ist bisher relativ unerforscht geblieben, was dies für den einzelnen gesellschaftlichen Sektor jeweils bedeutet.
Allerdings beginnen wir zu begreifen, was es in den Schulen bedeuten könnte. Wenn wir über die Fallstudien und auch über den Schulsektor hinaus extrapolieren wollen, zeigt sich, daß wir hier konkrete Beispiele für das finden, was Vertreter der Kritischen Theorie allgemein als »Verfall der öffentlichen Sphäre« bezeichnen. Auf einer noch allgemeineren Ebene beobachten wir die Art und Weise, wie sich Identitäten unter diesen Bedingungen konstituieren; eine Andeutung einer neuen Dynamik, die Teil des Übergangs ist von der sozialen Infrastruktur des »Stahlzeitalters« zu den neuen, gleichwohl keineswegs fortschrittlicheren oder humaneren postmodernen Formen des sozialen Umgangs. In jedem der untersuchten Fälle steht etwas anderes in Frage, geht es um die Negation jeweils anderer Aspekte sozialer Beziehungen. Diese konkreten Prozesse der Negation des Sozialen bedeuten eine Zerstörung grundlegender Elemente des sozialen Zusammenhangs, die zusammengenommen auf eine Aushöhlung von Gesellschaft oder gar ein »Ende des Sozialen« insgesamt hindeuten. Was wir hier beobachten, sind nicht die epochemachenden Veränderungen im Sinne von Medien contra Gesellschaft, Konsum versus Produktion oder der Informationstechnologie, die die klassische Industrie ersetzt; vielmehr geht es um eine Reihe spezifischer sozialer Verhaltensweisen in Institutionen, die sich als praktische Dekonstruktion des sozialen Zusammenhangs erweisen.
In jeder der Schulen (bzw. Schichten) wird ein elementarer Teilaspekt sozialer Beziehungen zerstört. In der Arbeiterschicht ist es die Interaktion. In der gehobenen Mittelschicht gilt nicht mehr,

wie Horkheimer und Adorno (1972) schrieben, daß der Einzelne vom Gesamt der gesellschaftlichen Totalität vereinnahmt würde. Erdrückend wirkt hier jetzt das *Fehlen* des gesellschaftlichen Ganzen – gerade *Gesellschaft* ist im Kern der sozialen Beziehungen dieser Schule bzw. Schicht abwesend. Bei den meist afroamerikanisch- und spanisch-stämmigen Jugendlichen der städtischen »Unterschicht« dagegen bewirkt bereits die vor Schuleintritt erfahrene Stigmatisierung und moralische Abwertung, daß für sie der konstituierende Gegenpol zu Gesellschaft, das *Selbst*, geschwächt wird – zwar nicht völlig fehlt, aber sicherlich gefährdet ist und immer gegen drohenden Verlust verteidigt werden muß. *Interaktion*, *Gesellschaft* und *Selbst* sind Basiselemente sozialer Beziehungen, die in jeder der Schulen (d.h. Schichten) unterschiedlichen Ausdruck finden – allerdings nicht durch ihre Verwirklichung oder vollständige Realisierung. Im Gegenteil beobachten wir gerade die Aushöhlung, das zunehmende Fehlen dieser Verhaltensweisen und ihrer Symbolisierungen, die dasjenige ausmachen, was wir immer noch soziales Zusammenleben nennen mögen.

Meiner Ansicht nach ist die sogenannte »Bildungskrise« in der Tat nur ein Aspekt einer wesentlich umfassenderen Krise des öffentlichen Lebens und der Institutionen. Aus dieser Perspektive betrachtet bieten die vorliegenden Untersuchungen eine Mikroanalyse eines allgemeineren historischen Prozesses des Verfalls und der Zerstörung des Sozialen.

Interaktion

Das Verschwinden von Interaktion ist ironischerweise die Folge davon, daß ihre Gratifikationen für den Einzelnen so dringend gebraucht werden. In Momenten aller Offenheit kann man zugeben, daß nicht nur ein Bedürfnis nach sozialem Kontakt, sondern nach ungefährdetem Vertrauen und nach Liebe besteht. Wer jedoch diesem Bedürfnis in der Arbeiterklasse Ausdruck verleiht, wird von einer anderen Stimme, die selbst diesem sozialen Stratum angehört, unverhohlen zurückgewiesen. Der Wunsch nach Unterordnung unter Autoritäten wird noch verstärkt durch das respektlose Chaos eines uneingeschränkten Liberalismus.

Das Disziplinarsystem als bürokratischer Ersatz für patriarchale

Autorität bewirkt jetzt mehr als das Aufrechterhalten der Ordnung seine früher so erfolgreich bewältigte Aufgabe: es brandmarkt, bestraft und verstößt all diejenigen, die nicht adrett, sauber und in ihrem Verhalten ordentlich genug sind. Diese Verletzung, d. h. die Befürchtung, von der patriarchalen Autorität selbst in ihrer bürokratischen Gestalt zurückgewiesen zu werden, ist der Beweggrund dafür, Gegenidentitäten herauszubilden, die einen eindeutig defensiven Charakter tragen. Identität, die in der Schule wenn nicht gebildet, so jedenfalls gefestigt wird, dient also der Selbstverteidigung: ein Ich der Notwehr.

Die zurückweisende bürokratische Autorität hat heimliche Helfer. Die Lehrer, von denen viele gerade erst einen Schritt über ihre Herkunft aus der Arbeiterklasse hinaus gemacht haben, erfahren tägliche Frustrationen nicht nur von ihren Schülern, sondern auch durch den notorischen Mangel an Anerkennung und durch das Ignorieren ihres Bemühens, sich besonders zu engagieren und die Gefahren des »burnout« mit professioneller Autonomie zu bekämpfen; sie sind die internen Agenten der Schicht, die ihre eigenen Ängste davor bekämpfen müssen, auf den Einsatz schichtspezifischer Stereotype von grobem, unakzeptablem Verhalten und Äußeren zurückzufallen.

Zurückweisung im Namen der Kontrolle sorgt dafür, daß das Bedürfnis nach Liebe, Geborgenheit, Empathie und Gehörtwerden an den meisten Lehrern abprallt. Die Bürokratisierung der Zurückweisung bewirkt, daß Gefühle über ein breites Spektrum von Symbolen vermittelt werden, deren Zuteilung anteilnehmende Zuwendung und vertrauensvolle Interaktion ersetzen soll. Die Zeichen des Apparates werden zum Ersatz für wirkliche Interaktion, von der wir ja annehmen, daß sie im Verlauf der Geschichte die Grundlage sozialer Bindung war. An ihre Stelle tritt das »Image«, denn die schichtspezifische Gefühlsdynamik der Schule verhindert Interaktion. Überraschend ist, wie häufig die Beteiligten den von ihnen empfundenen Mangel an direkter Interaktion doch noch bewußt formulieren. Die Sinnbilder, die diese Schule zutreffend charakterisieren, ihr Logo, sind nicht die Sportmannschaft, die Theateraufführungen oder die noch sichtbaren Nachfahren einer vage in Erinnerung gebliebenen Generation von »Radikalen«. Sie sind vielmehr repräsentiert durch den Satz, der hier so vielen auf der Zunge liegt: »es interessiert ja keinen«.

Das »Ende der Interaktion« findet vor aller Augen statt. Mit dem

Motto »wie du mir, so ich dir« formuliert das Subjekt seine Beschreibung einer Dynamik der zwischenmenschlichen Entfremdung und des sozialen Rückzugs. So bewegt sich der Prozeß in einer Spirale, der Apparat beginnt natürlicher zu erscheinen, und der Rückzug der schwächeren Schüler wird als individuelles Problem interpretiert, als Mangel an Motivation oder womöglich an Begabung, was in der modernen soziologisierenden Denkweise familiärem Versagen zugeschrieben werden kann. Die Dynamik, durch die soziale Beziehungen authentischer Interaktion beraubt werden, wird durch solche soziologisierenden und individualisierenden Zuschreibungen überdeckt – durch die Verwendung falscher Gegensätze wie die Polarisierung zwischen Liebe und Disziplin, die Teil des Zerstörungsprozesses sozialer Beziehungen sind. Zurückweisung und Lieblosigkeit bilden die Umgebung, den gleichgültigen, interaktionsfeindlichen Raum, in dem Schüler der Arbeiterklasse ihre Identität entwickeln.

Gesellschaft

In der Schule der gehobenen Mittelschicht werden Aktivitäten nicht deshalb organisiert, damit eine Mannschaft zusammen spielt, sondern weil das Gewinnen so wichtig ist. Natürlich gibt es regelmäßige Highschool-Rituale, z. B. in Form von internen fachspezifischen Wettbewerben. Aber was ins Auge fällt, ist das besondere Niveau, der beinahe professionelle Standard der Schülerleistungen. Vom sozialen Engagement bis zu den Hypothekenzinsen machen sich die Jugendlichen Sorgen darüber, weder so gut sein zu können, wie es ihre Eltern von ihnen erwarten, noch das erreichen zu können, was die Eltern erreicht haben. Selbst gute Schüler drücken mit defensiver Beiläufigkeit, die häufig mit Ironie unterstrichen wird, die Befürchtung aus, nicht so gut zu sein wie irgend jemand anders. Trotz ihrer sonst beeindruckenden sprachlichen Ausdrucksmöglichkeiten wird doch nur selten eingeräumt, ein Leistungstief zu haben, sich überlastet zu fühlen oder gar ernsthafte Sorgen zu haben, sich deprimiert zu fühlen. Statt dessen herrscht ein allgemeiner Ton der Lässigkeit, ein salopppes Überspielen, das als permanente Bedrückung wirkt.
Es ist die »Idee« der Schule, die Vorstellung eines nicht-instrumentellen, statusunabhängigen Ziels, die im Leben der Schüler

keine Bedeutung mehr, in ihrem Alltag keine Verankerung mehr hat. »School spirit is nothing« ist eine Kurzformel dafür, daß die Schule als Ganzes, als Teil einer greifbaren gesellschaftlichen Totalität, daran gescheitert ist, Energien zu binden, die, wo sie noch nicht vollständig in individuellem Leistungsstreben und damit verknüpften Sorgen untergegangen sind, zunehmend unwichtig, wenn nicht verhaßt werden, während man sich auf die goldenen Zeiten einer Aufnahme ins College und eine zukünftige Eliteposition in der Gesellschaft zubewegt.
Als Quelle des (Leistungs-)Drucks wird die Gesellschaft wahrgenommen, und die Weigerung, sich mit deren Gesamt zu identifizieren, geht nicht nur auf Egoismus oder Überforderung zurück. Das Verweigern der Identifikation mit dem gesellschaftlichen Ganzen der Schule – wobei dieses Ganze ja den Hintergrund bildet für die Forderungen von Eltern, deren Freunden, älteren Geschwistern, eigenen Freunden, des eigenen, selbstbestrafenden Feindes und des eigenen Ichs (schlechte Leistungen sind »die schlimmste Sünde«) – ist nur ein weiterer kluger Schachzug, beim Selbstverteidigungsspiel immer auf Nummer Sicher zu gehen.
Es sind Leistungsziele, die für die Schüler das größere Ganze der Gesellschaft am unmittelbarsten repräsentieren. Angesichts einer marktförmigen Leistungskonkurrenz üben sie sich darin, gelassen, möglichst ungerührt zu bleiben, um sich gegen die Verletzungen eines Leistungswettlaufs zu schützen, der nie aufzuhören scheint. Gelernt werden dabei Strategien, mit grenzenlosen Anforderungen umzugehen und nebenbei eine Identität herauszubilden, die als Balanceinstrument für die Anforderungen der Umwelt funktioniert.
Identifikation mit der Gesellschaft als ganzer erfordert ein Engagement über rational kalkulierbare Gegenleistungen hinaus. Was die Hegemonie der Leistungskonkurrenz eigentlich lehrt, ist nicht eine extrem individualisierte, nur noch auf Privates gerichtete Ich- bzw. Selbstbezogenheit, sondern eine Art und Weise, Beziehungen einzugehen, die ihre Investitionen sorgfältig abwägt, um sich nicht durch ein zu hohes Anspruchsniveau Verletzungen auszusetzen. Identifikation mit gesellschaftlicher Totalität ist zeitlich nicht begrenzbar; sie kann nicht so schnell an- und abgeschaltet werden, wie es für das Gleichgewicht der Gefühle und der Selbstachtung nötig wäre.
Während sich die Arbeiterkasse durch vielfältige interne Spaltung

selbst lähmt, verringert und untergräbt die gehobene Mittelschicht – trotz der wohlartikulierten, virtuellen Macht ihres Bewußtseins – die Fähigkeit, sich mit der Gesellschaft als ganzer zu identifizieren; von der Fähigkeit, eine Führungsrolle zu übernehmen, gar nicht zu reden.

Der »Professionalismus« der Lehrer (analog zum internalisierten Leistungsdruck bei den Schülern) wirkt durch Fachspezialisierung eher trennend als gemeinschaftsstiftend. Wie für die Schüler, so verdeckt und ersetzt auch bei den Lehrern das Alltagsgespräch – von ihnen professioneller als Kommunikation bezeichnet – tiefergehende und direktere Beziehungen untereinander, die entweder in der gemeinsamen Berufstätigkeit und Professionalität oder ihrer Zugehörigkeit zur selben Schule wurzeln könnten.

Leistungskonkurrenz, beruflicher Perfektionismus und immer stärkere Spezialisierung sind gleich bei der Hand, wenn es darum geht, Gründe dafür zu nennen, daß die Schule ihres »Schulgeistes« beraubt ist, ihres sozialen Urgrundes, ihres Engagements für das soziale Ganze. Bei näherem Hinsehen aber entsteht das »Nichts«, welches das soziale Ganze ersetzt, eher aus einer Art Versagensangst.

Sie führt dazu, daß man immer auf Nummer Sicher zu gehen versucht, möglichst auf die Autorität seines professionellen Wissens und auf verwissenschaftliche Formen der Kommunikation vertraut, anstatt sich auf ein Engagement einzulassen, das eben nicht so leicht gegen eine weniger kontrollierbare Identifikation mit der gesellschaftlichen Totalität abzusichern ist. Mit »cooler« Kommunikation wird überspielt, daß die Gesellschaft ihre Antriebsmaschinerie des Leistungswettbewerbs bereits überhitzt und überindividualisiert hat.

Der Abbau von Sozialität erscheint als Rücknahme eines Erfolgsüberhangs bei der Internalisierung oder sozialisatorischen Vermittlung des Leistungsprinzips in der Gesellschaft. Die Befürchtungen der gehobenen Mittelschicht, daß geleistete Investitionen nicht abgesichert, daß Abgrenzungen nicht aufrechterhalten werden können, hat bei der Arbeiterklasse ihre Entsprechung in der Angst vor dem Chaos. Hier ist es nicht ein unberechenbarer Anderer, der in die eigene Sphäre eindringt, sondern es ist die Beziehung zwischen Selbst und Umwelt, die aus dem Lot zu geraten droht. Daß die Gesellschaft an Sozialität verliert, ist damit auch eine Schutzmaßnahme gegen die Erfolge, die sie erreicht hat

– eine gefährlich überproportionierte Kompensation, durch die gerade die am stärksten auf das Gesamte orientierte Schicht ihren sozialen Zusammenhang aushöhlt.

Selbst

Das Bemühen um Kontrolle ist in der Schule der städtischen Unterschicht kollektiv und kategorisch. Systematisch werden große Teile der Schüler in kognitiver oder emotionaler Hinsicht oder in bezug auf ihr Verhalten als beeinträchtigt oder unfähig kategorisiert. Ein hochentwickelter pädagogisch-therapeutischer Apparat ordnet die Schüler verschiedenen Typen von Sondererziehung zu. Anwesenheitspflichten und »Strafen« richten sich hier systematischer und unerbittlicher gegen diejenigen Schüler, die ein von der Schuldisziplin abweichendes Verhalten zeigen. Diese Schule ist Teil der staatlichen Kontrolle der Bevölkerung.
Dabei ist es die »ganze Haltung« der Schüler, die zur Debatte steht, nicht eine vorübergehende Phase ihrer Entwicklung. Der Konflikt zwischen der Schulverwaltung und den meisten Lehrern und den Schülern ist weder idiosynkratisch noch partiell, sondern kategorisch und systematisch; er bezieht den gesamten Lebenslauf des Schülers mit ein – seine ethnische und soziale Herkunft, seine Leistungen nach der formalen Klassifikation im Schulsystem und seine in Zukunft wahrscheinliche soziale Stellung.
Die Schüler wissen, daß ihre ethnische Zugehörigkeit zählt; sie wissen auch, daß Gegenstand des Konflikts mit der Schule als Institution nicht nur fachspezifische Leistungen oder einzelne Disziplinverstöße sind: es geht um Werte, Moral, um »gut und böse«. Einerseits werden moralischer Wert oder moralische Abwertung nicht explizit mit ethnischer Abstammung in Verbindung gebracht – obwohl die Schüler klar sehen, daß sie eine Minderheitenschule besuchen, in der die meisten Lehrer und die Verwaltung der (weißen) Mehrheit angehören. Andererseits ist die Intensität der jeweiligen Anerkennung oder Ablehnung nicht mißzuverstehen. Es ist das Selbst der Schüler, das auf dem Spiel steht, und dies wird durch all die Maßnahmen in Frage gestellt, die aus der Sicht der Schule teils engagierte Hilfestellung zum sozialen Aufstieg, teils Überwachung und Kontrolle der Bevölkerung darstellen.
Die Schüler decken auf, daß ihre moralische Abwertung eine ras-

senbezogene Zuschreibung ist und wie tief sie zum Kern ihres Selbst vordringt. Das erklärt, warum sie »über etwas hinwegkommen« müssen und warum sie über ihre Leistungen, sei es im akademischen Bereich, bei der Arbeit, in ihrer Kleidung, beim Tanzen, beim Sport oder auch nur beim alltäglichen »drilling« – rhetorischen Kampfspielen für Angriff und Selbstverteidigung – beweisen wollen, daß sie »gut sind, nicht schlecht«, und daß man sie »bloß in Ruhe lassen« soll. Was sie jedem erzählen wollen ist nicht, daß sie »in der Firma Kohle machen« oder »bei Princeton angenommen worden sind«, sondern, daß sie gut *sind*, nicht schlecht. Der gesellschaftliche Erziehungsprozeß, von seinem strukturellen Ausgangspunkt der Rassenbeziehungen über die »familiären Defizite« bis zu den Verfahren, Bewertungen und Angriffen der Schule, ist ein Prozeß, der über das eigene Sein belehrt. Dabei wird um ein Selbst gekämpft, das erst sozial erfüllt werden soll, nicht kalkulierend entleert oder gedämpft. Drogen dienen hier nicht dazu, im harten Wettbewerb der Individuen Dampf abzulassen; sie löschen im Bewußtsein den grundlegenden Angriff auf das Selbst, um die eigene Identität an einem sicheren, inneren Ort suchen zu können. Die Schüler kämpfen gegeneinander und mit dem System, um diese organisierten Angriffe auf das Selbst zurückzuweisen. Kämpfen aber, obwohl allgemein und zunächst zur Selbstverteidigung eingesetzt, wirkt gleichzeitig auch selbstzerstörend, indem es natürlich dem System einen weiteren Anlaß für methodisch gewaltsame, strafrechtlich sanktionierende oder therapeutische Maßnahmen gibt.

Neben dem Kämpfen schützt sich das erniedrigte und entwertete Selbst durch intensivierte Formen der Gruppenzugehörigkeit und durch eine besondere Stilisierung der Selbstdarstellung. Modische Kleidung ist sehr wichtig bei dem Versuch, den Ruf der Anständigkeit zu erwerben. Strategien der Statusbehauptung sind von so großem Gewicht, weil der Status so verletzbar ist, sowohl vor und nach als auch während der Schulzeit. Wenn man dort von den falschen Leuten »angemacht« wird, kann es ein mutiger Schritt der Selbstbehauptung sein, in die Schule zu gehen. Die Schüler im WAETT-Förderprogramm[3] lernen in den oberen Klassenstufen der Schule über Rollenspiele von Unternehmensmodellen, wie

---

3 »Washingtonians achieve excellence today and tomorrow«, vgl. Wexler 1992, 108.

man Tests besteht und die richtige Einstellung zum Erfolg findet. Möglicherweise kämpfen sie weniger als andere Schüler, tanzen weniger oder verwenden weniger Energie auf topmodische Kleidung; aber auch hier ist das gleiche intensive Ringen um eine gefestigte Identität, um ein verläßliches Selbstkonzept im Gang – es beruht auf der Devise »Schule ist mein Leben, meine Zukunft«.

In dieser kompensierenden Verteidigung wird zwar für das Selbst gekämpft, seine Grenzen werden aber gleichzeitig auch verwischt. Intensivierte Gruppenzugehörigkeit, das Cliquenwesen wirklich enger Freunde und der Ruf, den man mit Strategien des Statusgewinns wie »drilling« oder »nicht angemacht werden« erwerben muß, macht das tägliche Sich-behaupten abhängig von sorgfältig geknüpften Zusammenschlüssen. So aktiviert das Ringen um das Selbst mächtige und ausdrucksstarke Netzwerke zwischen den Peers, die das Selbst dezentrieren und damit die beste Form der Selbstverteidigung sind – allerdings fällt es sich ironischerweise selbst in den Rücken.

Interpretation: soziale Herkunft und Selbst

Der Blick auf die soziale Dynamik gerade der Mikroebene hat deutlich werden lassen, wie sehr die Frage der Identität oder des Selbst den Kern der sozialen Beziehungen berührt – auch wenn dieser Kern inzwischen ausgehöhlt ist. Unsere Untersuchungen zeigen, in welch hohem Maß das Leben der Schüler in ihrer Schulzeit Tag für Tag darauf konzentriert ist, eine soziale Identität zu konstituieren.

Während die »neue«, radikal kritische Bildungssoziologie den dynamischen Prozessen der Konstituierung des Selbst deshalb kaum Aufmerksamkeit schenkt, weil es ideologisch und theoretisch risikoreich wäre, hat die traditionelle Weisheit der Tiefenpsychologie eher die frühe Kindheit und Familienerfahrungen als prägend für die Identitätsbildung angesehen, nicht so sehr das soziale Leben in Institutionen. In der Folge haben sich empirische Studien über die Psychodynamik institutionellen Lebens kaum entwickelt. (Eine wichtige Ausnahme ist hier Labiers Studie (1989) über Arbeitsleben und sozialen Konflikt.) In der Kritischen Theorie geht man zwar davon aus, daß soziale Prozesse in Institutionen auf die

Konstitution des Selbst Einfluß haben, nur selten werden allerdings solche Prozesse und ihre vielschichtigen Zusammenhänge mit der Dynamik der Identitätsbildung untersucht und beschrieben (Wexler 1983).

Den Prozeß der Konstitution des Selbst als Kompensation für einen Mangel an sozialen Beziehungen, als Verteidigung gegen die Konsequenzen der Abwesenheit sozialer Strukturierung im Kern schulischen Lebens zu beschreiben, verschafft natürlich nur eine Teilansicht davon, wie individuelle Identität gesellschaftlich produziert wird. Wir betrachten damit aber den Ausschnitt, für den die Highschool relevant ist, wenn die Schüler dort darum kämpfen, »jemand zu werden«. Was wir beobachten, ist, welch große Anteile der Identität dadurch geprägt sind, daß die Schüler Defizite in den sozialen Beziehungen der modernen Gesellschaft ausgleichen müssen, wie diese defensiven Kompensationsprozesse formend in die Konstitution des Selbst eingreifen, und wir beobachten Anzeichen dafür, daß die postmoderne Version der modernen sozialen Beziehungen bereits jetzt die Bedingungen dafür verändert, durch die Gesellschaft auf das Ich einwirkt.

Eine umfassende Sicht würde diese Unterschiede zwischen den schichtspezifisch geprägten Schulen als Arbeitsteilung in der Identitätskonstitution fassen: zusammengenommen ergäbe sich wieder das Bild einer Identität des Fin de siècle, oder präziser, das Bild des institutionellen Prologs zur vielgepriesenen postmodernen Transformation des Selbst. Getrennt betrachtet, sind die Identitätsbildungsprozesse unterschiedlich für jede der einzelnen Schulen oder Schichten – die Perspektive einer Psychologie der sozialen Herkunft. Als Ganzes betrachtet, entwickelt sich auf einem intern differenzierten Feld eine historisch neue, postmoderne oder anders zu bezeichnende Identität – die Perspektive der historischen Psychologie. Jede der Schulen oder sozialen Schichten repräsentiert ebenso einen Aspekt des Selbst, der historisch gewachsenen Subjektivität, wie jeder einzelne Mangel – an Interaktion, Gemeinschaft oder Selbst – ein Aspekt sozialer Beziehungen überhaupt ist.

Die Aushöhlung sozialer Beziehungen setzt eine Reihe von Verteidigungsprozessen des Selbst in Gang, die den Mangel ausgleichen sollen. So bewirkt das Fehlen reziproker Interaktion in der Schule der Arbeiterklasse Spaltungen oder Brüche, die gegen eine Verletzbarkeit schützen, die durch fehlende Anteilnahme in der

Kommunikation und durch nicht abgeschlossene Identifikationsleistungen mit der Erwachsenen-Autorität hervorgerufen ist.
»Radikale« und »Sportler«, Musterschüler und Verlierer, disziplinierende und therapeutische Eingriffe, Übersteigerung des Männlichen und Weiblichen – das sind einige der Aufteilungen und Spaltungen, wenn eine beständige positive Identifikation mit einem anteilnehmenden und doch starken Erwachsenen fehlt.
Durch die organisatorische Trennung zwischen bürokratischer Disziplinierung und therapeutischem Verstehen bildet diese Schule die Geschlechtsrollen-Stereotype der patriarchalischen Kernfamilie nach. Der Apparat versagt aber eine positive Auseinandersetzung mit den Schülern (während die Familie diese noch nicht erfolgreich abgeschlossen hat). Eigene berufliche Unsicherheiten und Karrierepläne der Lehrer, Forderungen der Gesellschaft nach Wiederherstellung von Ordnung und Kontrolle, Mittelkürzungen im öffentlichen Bereich und neue Differenzen zwischen Schülern und Lehrern, die durch die Ausbreitung einer Massenkultur und drängender gewordener ökonomischer Not gefördert werden – all dies verdichtet sich zur Auflösung des Vertrauens, das eine anteilnehmende Identifikation als Voraussetzung gleichberechtigter Interaktion schaffen könnte.
Dieses Versagen ruft eine Suche nach alternativen Möglichkeiten der Selbstbestätigung hervor. An der Oberfläche äußert sich dies in einer »harten Schale« gegen die Verletzlichkeit, die der Mangel an Vertrauen und Bestätigung durch Erwachsene zurückläßt; Lederkleidung und Nagelschuhe sind dafür Symbole. Darüber hinaus führt es dazu, daß selbst negative Identitätsangebote der Institution angenommen werden – wenn die Institution eben nichts anderes zu bieten hat. Worum man sich im Ergebnis bemüht, ist das *Image*; eine institutionelle Verstärkung kultureller Stereotype wirkt als primärer Bezugspunkt anstelle der Identifikation mit einer anderen, erwachsenen, anteilnehmenden Person. Spaltung bildet die erste Verteidigungslinie, verstärkt und gesichert durch die Überspitzung von Gegensätzen. Am Ende siegt eine entfremdete Identitätsbildung, aus der nicht ein Selbst, sondern nur das Bild eines Selbst hervorgeht. Der Spiegel ersetzt das Subjekt.
Distanz zum Selbst bedarf aber keines elaborierten institutionellen Apparats. Für die Schüler der gehobenen Mittelschicht ist Entfremdung oder Selbstdistanzierung Teil ihrer Identität. Nicht

der Apparat wird hier als machtlos und von vornherein irrelevant angesehen (während Schüler aus der Arbeiterklasse lange die Hoffnung aufrechterhalten, die Schule werde sich für sie interessieren, obwohl ihnen immer wieder das Gegenteil bewiesen wird), etwa als Instanz der Zurückweisung. Statt dessen werden unbegrenzten Leistungsanforderungen mit einer Mischung aus Ironie und Depression dadurch Zügel angelegt, daß man das Engagement für ihre Erfüllung zurücknimmt. Leistung ist gleichzeitig Medium und Ziel der Selbstbestätigung. Leistung ist aber auch ein bedrohlicher Feind des Selbst, indem sie abqualifiziert und zurückweist, wenn ihren Maßstäben nicht Genüge getan wurde. Auf den nie endenden Charakter dieser Anforderungen – nach der Highschool wartet das College, nach dem College die Karriere, soziales Engagement und Status neben der Karriere – wird mit Strategien des Sich-Zurücknehmens und der Distanzierung sowie mit Depressionen reagiert.

»Schulgeist« kann genauso wie Leistungsdruck Erwartungen nach unbegrenztem Engagement auslösen. Die Schüler können im Club der Vereinten Nationen, in der Mathematik-Arbeitsgruppe oder in einer Band Mitglied werden: das sind eingegrenzte Verpflichtungen, die einen festen Termin haben, die aber nicht nur in Bezug auf die Zeit, sondern auch auf die Dimension der Selbst-Verpflichtung kontrollierbar bleiben. Die Schule als Ganzes aber, die Gesellschaft, ist zum »Nichts« geworden.

Mit dem Begriff »Apathie« beschreiben die Schüler ihre kompensatorischen Schutzmechanismen gegen unbegrenzte Anforderungen, die sowohl durch das Leistungsprinzip als auch durch die Gesellschaft repräsentiert werden. Während Leistung individualisiert und durch Depression reguliert werden kann, ist die Gesellschaft zersplittert (bei den Lehrern in Fächer), deshalb meidet und verleugnet man sie. Negation der Gesellschaft ist Teil der kompensierenden Verteidigung gegen grenzlose Anforderungen und gegen die Drohung eines entgrenzten Selbst, wie sie Leistung darstellt. Zur gleichen Zeit besteht aber ein Bedürfnis nach der abwesenden Gesellschaft: die Schüler drängen sich im »Public«[4], einem kleinen Raum, frei von instrumenteller Rationalität. Sie setzen sich dafür ein, daß das »Public« länger geöffnet bleibt.

Die Lehrer versuchen sehr stark, den Mangel an sozialer Vollstän-

---

4 So der Name einer Art Schülercafé in einer der untersuchten Schulen.

digkeit auszugleichen. Sie sind überzeugt, daß das drängendste Problem der Schule in fehlender »Kommunikation« liegt. Neben vielen Treffen und der täglich erneuerten Absicht, um Probleme zu lösen, müsse man »miteinander reden«, setzen sie eine gewisse Hoffnung auf den zukünftigen Einsatz von Experten für Kommunikation oder Gruppendynamik oder auf den sogenannten japanischen Führungsstil kommunikativ erreichter Konsensbildung. Depression ist hier ein Weg der Selbstverteidigung, und rationalisierte Kommunikation soll der Fragmentierung und Aushöhlung des Kerns von Gesellschaft abhelfen.
Selbst noch durch ihre Mängel formen gesellschaftliche Institutionen das Selbst. Allerdings besteht ein wichtiger Unterschied zwischen dem Defizit auf der Ebene der Interaktion der Gesellschaft in den Schulen der Arbeiterklasse bzw. der gehobenen Mittelschicht und dem elementareren Mangel an Selbstbestätigung in den Schulen der städtischen armen Minderheitsbevölkerung oder der sogenannten »Unterschicht«. Der Aufbau eines Selbst muß zunächst mehrmals geleistet werden, bevor irgendeine Beeinflussung oder Formung stattfinden kann. Der Kompensationsprozeß wirkt also direkter. Wo ein Mangel an Selbstbestätigung das wesentliche soziale Defizit darstellt, betrifft die gesellschaftlich strukturierte defensive Identitätsbildung die vorderste, elementarste Verteidigungslinie: die Existenz des Selbst. Wenn die Schule betont, daß eine emotionale Bindung noch nicht besteht – was eine auf Gegenseitigkeit beruhende Interaktion hemmt und gleichzeitig wünschenswert macht – wenn sie das laute Schweigen des Engagements für ein Gemeinschaftsleben jenseits instrumenteller Interessen noch verstärkt, wie stark wird dann ein einzelnes Symbol, selbst nicht weniger als ein sozial signifikantes Zeichen, die Fragilität des Selbst in einer Schule der Unterschicht zum Ausdruck bringen? Eine verdichtete visuelle Darstellung davon gibt ein riesiges Spruchband, das quer durch eines der Klassenzimmer gespannt ist. Darauf steht: »ich *bin jemand*«. Das »bin« ist unterstrichen.
Vom ersten »hello«, mit dem sie sagen »wir sind nicht die, für die du uns hältst«, bis zum letzten »goodbye«, das dazu auffordert, die Welt daran zu erinnern, daß »wir als menschliche Wesen was wert sind« arbeiten die Schüler daran, ein sichtbares, differenziertes und »anständiges« soziales Selbst aufzubauen. Über die moralische Redeweise von »gut und böse« wird das Soziale in die Entmarginalisierung des Selbst eingebracht. Von den ersten Tref-

fen der Schulverwaltung am frühen Morgen bis zum Schluß des Schultages werden die Schüler verwaltet; im schlimmsten Fall als potentiell gefährliche Klientel, im besten Fall als defizitäre Individuen, die man klassifizieren, antreiben oder fördern muß.
Wie ich gezeigt habe, sind die Angriffe auf das Selbst Teil dessen, wie das Leben in der Schule organisiert ist: angefangen von der unausgesprochenen Annahme der Minderwertigkeit der Schüler über die Gleichgültigkeit, die aus der Bürokratisierung des Lehrerberufs entspringt, bis zu den konkreten Angriffen der Sicherheitskräfte im Schulgebäude oder der Ungeduld des Lehrers, die als Beleidigung wahrgenommen wird. Von allen Defiziten erscheint die Unfähigkeit oder die mangelnde Bereitschaft, das Selbst der Schüler anzunehmen, als das einschneidenste. Möglicherweise gehen die Wirkungen der Defizite in Bezug auf Interaktion und Gesellschaft nicht weniger tief als dieses Infragestellen der Identität, aber sie dringen nicht so leicht an die Oberfläche.
Dagegen ist das »drilling« eine Form sozialen Umgangs, die hier von herausragender Bedeutung ist: das Spiel, in der Interaktion mit boshaftem Sprachwitz zu kämpfen und sich abzugrenzen, ist fast immer Selbstverteidigung gegen zugeschriebene moralische Minderwertigkeit.
Das Fehlen eines *selbstverständlichen*, als wertvoll anerkannten Selbst als entscheidendes Defizit auf sozial-organistorischer Ebene ruft expressive Demonstrationen der Selbstbehauptung hervor, als zugänglichste und unmittelbarste Kompensation für die Verstärkung gesellschaftlich ererbter Stigmata durch die sozialen Beziehungen in der Schule. Mit vehementer, unvermittelter Selbstdarstellung wird der innere Zweifel am Selbstwert verdrängt. Ein Schüler erklärte, daß öffentlich sichtbarer Erfolg bei Tanzveranstaltungen der Szene als Zeichen für weitere Potentiale der Selbstverwirklichung genommen wird und deshalb eine allgemeine Steigerung des Selbstwertgefühls bewirkt.
Die »Politik« der Schule, die auf Selbstbestätigung gegen den sowohl außer- als auch innerschulischen Mangel an Selbstwertgefühl setzt, wirkt darüber, daß erfolgreich untereinander verknüpfte Freundesgruppen ins Leben gerufen werden. Wenn man den für selbstverständlich gehaltenen Wert des Selbst und der Identität in der Institution Schule nicht gelten läßt, führt das dazu, daß als vorausschauende Abwehrmaßnahme gegen drohende Verleugnung des Selbst Netzwerke aufgebaut werden.

Zusammenfassung und Schluß

Diese Abwehrprozesse des Selbst, die sich innerhalb von Institutionen bilden, in deren sozialer Praxis Kernelemente sozialer Beziehungen verschwunden sind, zeigen zusammengenommen meiner Ansicht nach besser, was eine postmoderne Gesellschaft praktisch bedeutet, als der theoretisch fragwürdige Diskurs über ein ›dezentriertes‹ postmodernes Selbst. Zwar erfaßt unsere Beschreibung nur einen Teilausschnitt des Ganzen, aber sie verbindet Identitätsdynamik mit organisierter sozialer Praxis im konkreten Alltagsleben der Institution. Die analytische Re-Komposition dessen, was ich als nach sozialer Herkunft (auf)geteiltes Selbst dargestellt habe, das sich in der Kompensation schichtspezifischer Defizite der sozialen Beziehungen herstellt, läßt im Gegensatz zur verbreiteten Sicht der Postmoderne einen Widerstand dagegen erkennen, die Auflösung des Selbst als Vorboten einer neuen ahistorischen Epoche zu akzeptieren: Identitätsbildung ist geprägt von der *Verteidigung* gegen soziale Defizite, nicht davon, daß diese freudig begrüßt würden.

Ein möglicherweise postmodernes Selbst würde aus dem Wieder-Zusammenfügen der Elemente entstehen, die ich schichtspezifische Vorwegnahmen von *Image, Kommunikation* und *Netzwerk* genannt habe.[5] Dieses neue Selbst erwächst auch aus der gesellschaftlich interaktiven Arbeit daran, die Identität gegen soziale Konstitutionsdefizite zu schützen; es entsteht jenseits der Frontlinie der in unmittelbarer Weise kompensierenden Schritte zur Konstitution des Selbst. Trotz ihrer offensichtlichen Gemeinsamkeiten sind diese Schritte schichtspezifische Strategien, die gleichzeitig der Verteidigung und der Konstituierung des Selbst dienen. Obwohl theoretisch und mit Blick auf die individuelle Biographie unvollständig, bieten diese primären Kompensationen Anhaltspunkte, Dimensionen der Verschiedenheit des Selbst je nach sozialer Herkunft auszumachen: es kann gespalten, entfremdet oder zur Schau gestellt sein.

Allerdings können diese Unterschiede zwischen den kompensatorischen, defensiven Identitäten auch in einem einzigen historischen Selbst vereint gedacht werden: es gibt eine Koexistenz der Verteidigungsstrategien. Spaltung, Verleugnung und Zersplitterung können gemeinsam mit Depression und hoher Kontrolliert-

---

5 (Anmerkung der Hg.: vgl. dazu auch Wexler 1992, 147.)

heit auftreten, und sogar das ausgestellte Ich eines entwerteten Egos könnte möglicherweise in ein solches historisches Muster passen.

Diese widersprüchliche Verbindung ist das »moderne Selbst«. Es ist alles zur gleichen Zeit: voller Sehnsucht nach emotionaler Vertrautheit, verzweifelt auf der Suche nach dem Anderen, der Anteil nimmt und reagiert; besessen aber auch von grenzenlosen Forderungen nach individueller Leistung; es vermißt Verantwortungsgefühl für etwas Größeres, ist aber nicht bereit, die daraus möglicherweise erwachsenden, nicht absehbaren Verpflichtungen zu übernehmen; in schwächeren Phasen braucht und sucht es Bestätigung durch gesteigerte Selbstdarstellung und kultiviert die verbalen und visuellen Kunstformen, mit denen man sich (aggressiv) von anderen absetzt.

Es geht darum, Prozesse der Identitätsbildung viel enger mit der spezifischen sozialen Praxis der Institutionen in Beziehung zu setzen; vor allem herauszuarbeiten, wie verschieden und distinktiv Defizite in den sozialen Beziehungen über die schichtspezifischen Institutionen hinweg sind. In dieser Perspektive formt sich das moderne Selbst während einer Zeit der inneren Aushöhlung der Institutionen oder sogar – vom Blickwinkel eines modernen Verständnisses sozialer Beziehungen – des Scheiterns der Institutionen. Es ist ein defensives Selbst, dessen Schwerpunkte sich je nach sozialer Herkunft anders verteilen, und das in seiner Gesamtheit betrachtet eine ganze Palette von Strategien abdeckt, alle zum Schutz der emotionalen, Kompetenzen realisierenden und moralischen Bedürfnisse und Interessen einer Identität, die, so fragil, unterdrückt oder gespalten sie auch sein mag, von einem gemeinsamen Zentrum auszugehen scheint.

Auch die »zweite Verteidigungslinie«, die sekundären Reaktionen auf dieselben sozialen Mängel, die ich Vorboten genannt habe, können, statt nur mit Bezug auf ihre schichtspezifische Differenz, mehr unter dem Blickwinkel des Ganzen gesehen werden. »Image« in der Arbeiterklasse, »Kommunikation« in der gehobenen Mittelschicht und das »Netzwerk« in der städtischen Schule der sog. Unterschicht sind alle aus der interaktiven Selbstverteidigungsarbeit der Schüler hervorgegangen. Spaltung, Depression und Selbstdarstellung sind die primären Schutzmechanismen. Ob sich diese spezifischen sekundären Verteidigungsmaßnahmen entwickeln, ob sie eher den Charakter einer Initiation statt eines defensiven Charakters annehmen und sich zu einem solchen postmodernen Selbst verbinden werden, kann m. E. eher durch weitere empirische Analysen gesellschaftlicher Institutionen beantwortet werden als durch Allegorien textueller Dekonstruktion und Dezentrierung im sozialen und individuellen Körper.

Bezeichnenderweise werden im aktuellen Diskurs über den epochalen Wandel des Selbst kaum Aussagen über etwa weiterbestehende soziale Unterschiede gemacht. Das Sprechen über eine postmoderne Identität gehört eher in den Kontext bestimmter historischer Veränderungen der makrosozialen Organisation und der mikrosozialen Alltagspraxis der Institutionen, als daß es eine ästhetisierende Extrapolation postmoderner Textualität darstellen kann.

Da m. E. die sogenannte Bildungskrise Symptom einer weiterreichenden Krise der Gesellschaft ist, sollten diese Untersuchungen zum Selbst in sozial unterschiedlichen Schulen durch weitere Forschung zu anderen institutionellen Bereichen ergänzt werden. Vielleicht aber werden dann – ohne Interaktion, Gesellschaft und Selbst – solche empirischen Analysen irrelevant erscheinen – als ein Diskurs des »eisernen« Industriezeitalters, seiner Kultur und seiner Theorien, die dann alle verschwunden sein werden.

Literatur

Horkheimer, M./Adorno, Th. W. (1972), *Dialectic of Enlightenment*, New York.
Labier, D. (1989), *Modern Madness: The Hidden Link between Work and Emotional Conflict*, New York.
Lyotard, J.-F. (1984), *The Postmodern Condition*, Minnesota.
Touraine, A. (1988), *Return of the Actor*, Minnesota.
Turner, B. (Hg.) (1990), *Theories of Modernity and Postmodernity*, London.
Wexler, Ph. (1983), *Critical Social Psychology*, New York.
– (1990), »Citizenship in the ›semiotic society‹, in: Turner, B. a.a.O.
– (1990a), *Social Analysis of Education. After the New Sociology*, New York/London.
– (1992), *Becoming Somebody. Toward a Social Psychology of School*, London.

Len Barton
Die Schuld liegt beim Opfer:
Die Unterdrückung behinderter Menschen

Bei dem Versuch, einige der Kernpunkte dieses Themas herauszustellen, werde ich an die scharfsinnigen Wertungen von Raymond Williams in seinem Buch *Towards 2000* erinnert. Er behauptet, daß es innerhalb einer Gesellschaft, die so viele Ablenkungsmöglichkeiten für Verstand und Gefühl zur Verfügung stellt, sehr schwierig ist, ernsthaft über die zentralen Probleme menschlicher Existenz nachzudenken. Das Ausmaß dieser Schwierigkeit wird sehr deutlich in einem Bild ausgedrückt, das er zur Veranschaulichung seines Standpunktes anbietet. Das Bild zeigt »einen vollgestopften Raum, in dem jemand versucht zu denken, während in einer Ecke ein Fächertanz stattfindet und in der anderen eine Militärkapelle dröhnt« (1983, S. 18).
Die folgenden Ausführungen werden die Behauptung stützen, daß für das Problem der Körperbehinderung die *Zerstreuungsmöglichkeiten* eine machtvolle Rolle spielen. Bis vor kurzem ist dieses Thema in der Bildungssoziologie gänzlich außer acht gelassen worden. In anderen Untersuchungsfeldern waren professionelle Werte und Zielsetzungen wichtig. Diese haben Bedürfnisse, Grundsätze und Praktiken im Hinblick auf behinderte Menschen definiert. Das Gesamtergebnis dieser Konstellation bestand letztlich darin, daß die Marginalisierung der Lage und der Perspektiven behinderter Menschen legitimiert wurde. Folglich versagen Diskussionen über Ungleichheit und gesellschaftliche Reproduktion darin, diesem schwierigen und wichtigen Aspekt sozialer Differenzierung und Diskriminierung eine adäquate oder überhaupt nur irgendeine Aufmerksamkeit zukommen zu lassen.

Bildungssoziologie

Die soziologische Analyse der Bildung war durch die Anwendung verschiedener Perspektiven auf eine Reihe von Themen charakterisiert. Diese umfaßten sowohl Struktur- als auch Interaktionsmerkmale des Bildungssystems (Barton & Meighan 1978; Barton & Walker 1978; Karabel & Halsey 1977; Robinson 1981; Reid 1978).

Der Forschungsstrang, der wesentlich vom strukturellen Funktionalismus beeinflußt war, hatte auf die anfängliche Entwicklung der Bildungssoziologie besonders großen Einfluß (Floud et al. 1956; Glass 1954; Banks 1955). Diese Forschungsarbeiten waren auf einige spezifische Fragen und insbesondere auf die Probleme von Leistung und gesellschaftlicher Mobilität beschränkt. Untersuchungen prüften die Input-Output-Relationen, und die Ergebnisse stützten die Ansicht, daß eine ernsthafte Vergeudung des Begabungspotentials der Arbeiterklasse stattfinde (Jackson & Marsden 1962; Jackson 1964; Douglas 1964).

Das Interesse an den gesellschaftlichen Bestimmungsgrößen der Bildungsfähigkeit führte zur Entdeckung eines deprimierenden Bildes über das Ausmaß und die Ausprägung von Ungleichheiten. Diese lagern in Zugang, Dauer und Ergebnissen der Bildungsgelegenheiten und -erfahrungen. Diese Ungleichheiten wurden sowohl als ungerecht wie auch als Ausdruck eines ineffizienten Versorgungssystems herausgestellt.

Neuere Arbeiten, die vielen Voraussetzungen und Erklärungen früherer Analysen kritisch gegenüberstehen, gleichzeitig aber die Zentralität von Ungleichheit als ein sozial entzweiendes Problem bestätigen, zeigten z. B. die komplexen Wege auf, durch die sich Rassen- und Geschlechtsmerkmale einerseits und gesellschaftsstrukturelle Stratifizierungen andererseits vermischen (Arnot 1981; Davies 1984; Weiner 1986; Carrington 1986). Diese Form der Analysen förderte ein wachsendes Interesse an der Politik der sozialen Reproduktion und Chancengleichheit. Anti-Sexismus und Anti-Rassismus gelangten in den Mittelpunkt der Aufmerksamkeit. Neue Forschungsbereiche, Fragen und Erklärungen begannen sich zu etablieren (Williams 1986; David 1986; Gillborn 1988; Demaine 1989).

Auffallend aus der Sicht des in dieser Arbeit übernommenen Standpunktes ist das Faktum, daß es innerhalb dieser und anderer

Debatten in der Bildungssoziologie an irgendeiner Art von Aufmerksamkeit gegenüber den Problemen behinderter Menschen oder spezieller Bildungsbedürfnisse von Grund auf mangelt. Durch die Konzentration auf die Aufgabe, die Art und das Ausmaß der Ungleichheiten als Folge der Selektion nach Kriterien wie »Intelligenz« und »Begabung« zu demonstrieren, haben Bildungssoziologen dem Zusammenhang zwischen Regelschul- und Sonderschulsystem wenig Beachtung geschenkt. Das gilt besonders hinsichtlich des Wechsels von Schülern von einem System zum anderen auf der Grundlage der »besonderen Bedürfnisse« (Tomlinson, 1982). Kinder in Sonderschuleinrichtungen wurden als politisch unbedeutend eingeschätzt und folglich spielten sie keine Rolle in den Bemühungen, das allgemeinste Interesse an umfassenden Änderungen zu steigern, welche die Soziologen befürworteten. Historisch gesehen haben daher die Art und die Funktionen des speziellen Bildungssystems für Behinderte im Grunde genommen die Rolle eines unsichtbaren Wesens gespielt, soweit es die soziologische Analyse betrifft.
Sowohl die Gründe als auch die Schwierigkeiten, eine soziologische Analyse vorzustellen, können daher folgendermaßen zusammengefaßt werden: *Erstens* wurde die Sonderpädagogik von einer Form des Reduktionismus dominiert, die individualistischen Erklärungen einen privilegierten Status einräumt. Kindimmanente Faktoren werden betont, was dazu verführt, die »besonderen Bedürfnisse« als persönliche Umstände und nicht als öffentliches Problem anzusehen (Mills 1970). Dies führte zu einer Entpolitisierung der davon betroffenen Sachverhalte. *Zweitens* werden angesichts dieser restriktiven Sichtweise Versuche, komplexe Fragen über Klasse, Geschlecht und Rasse in die Analyse einzuführen, als unnötig und nicht hilfreich abgetan. Das wird besonders dann der Fall sein, wenn die »besondere« Qualität einer Maßnahme mit der Begründung gerechtfertigt wird, daß alle Kinder gleich behandelt werden. Schließlich macht es die lange Tradition, der zufolge die mit »besonders Bedürftigen« arbeitenden Professionellen fürsorglich, geduldig und liebevoll sind, schwierig, Fragen z. B. über niedrige Erwartungen, bevormundende und übermäßig beschützende Praktiken sowie stigmatisierende Zuschreibungen zu stellen. Soziologen befassen sich jedoch mit den Methoden, mit denen die Gesellschaft anstößige Gruppen oder Individuen behandelt. Wo auch immer Diskriminierung und Un-

terdrückung existieren, wird das Interesse z. B. darauf gerichtet sein, in welcher Form und unter welchen Bedingungen beides auftritt (Carrier 1990).

Interesse entwickeln

Die soziologische Analyse der Sonderpädagogik ist daher in Großbritannien eine relativ neue Entwicklung. Eine wichtige Grundlage für eine solche Arbeit ist nun, daß das Verstehen der Notlage von Randgruppen uns einige kritische Einblicke in den Charakter der Gesellschaft erlaubt. Zum Teil ist das wachsende soziologische Interesse auf die Identifizierung und Kritik der individualisierenden Sichtweise sowie der Defizitthese von Behinderung zurückzuführen (Barton & Tomlinson 1981 und 1984; Barton 1986). Hierin ist die Untersuchung der Methoden, mit denen Gesetzgebung, Politik und gesellschaftliche Praxis zur Legitimation von Kernannahmen und -kategorien beigetragen haben, miteinbezogen. Die Analyse hat sich auf die zentrale Bedeutung von Macht, Kontrolle und gut begründete Anrechte mit der Absicht konzentriert, die genannten komplexen Probleme angemessen zu verstehen und zu erklären (Barton & Smith 1989; Tomlinson 1982, 1985 und 1988).

Neue Fragen und Themen für Untersuchungen sind aufgeworfen worden einschließlich z. B. der Fragen nach der sozialen Konstruktion von Kategorien; nach der Art und Weise, in der Definitionen durch wirtschaftliche und politische Faktoren geformt werden; nach der Rolle der Berufsgruppen in der Entwicklung und Legitimation von Praktiken für Behinderte; nach der Beziehung zwischen Regel- und Sonderschulbildung; nach der Rolle der Ideologie und der Methoden, mit denen behinderte Menschen ihrer Welt einen Sinn geben. Historisches und vergleichendes Material war ebenfalls ein wichtiger Baustein der Anwendung soziologischer Vorstellungskraft auf dieses Untersuchungsfeld (Scull 1982; Ford et al. 1982; Fulcher 1989; Barton 1989).

Eine Frage der Definition

Das Problem der Behinderung bietet Anlaß, um ernste Fragen nach der Qualität der existierenden Gesellschaft und der Art der Gesellschaft zu stellen, die wir wünschen. Weiterhin bietet es uns ein konkretes Beispiel der komplexen und umstrittenen Methode von Diskurs und Praxis. Ein solcher Diskurs ist Gegenstand heftiger Auseinandersetzungen dadurch, daß die Teilnehmer oft an konkurrierenden Zielsetzungen festhalten und aus der Mitte ungleicher Machtverhältnisse heraus operieren (Fulcher 1989). Ein Teil der Auseinandersetzungen beinhaltet Dispute über die Bedeutung von »Behinderung«. In welcher Weise wir uns dem Definitionsproblem auch nähern, unsere Interpretationen werden stets von den Werten, denen wir verpflichtet sind, beeinflußt sein. Indem er die Existenz vielfacher Diskurse und die oft antagonistische Beziehung zwischen ihnen anerkennt, hält Ball (1990) daran fest, daß »es bei Diskursen darum geht, was gesagt und gedacht werden kann, aber auch darum, wer, wann, wo und mit welcher Befugnis sprechen kann«. Und er fährt fort: »Worte und Behauptungen werden ihre Bedeutung je nach Gebrauch und Position derer, die sie benutzen bzw. gebrauchen, ändern« (S. 17).

Diese Ideen haben ihre Vorgänger in dem Werk von Foucault (1977) und sind Teil eines breiten Interesses an der Beziehung zwischen Wissen und Macht. In bezug auf die Frage der Behinderung verschafft uns diese Perspektive die Möglichkeit, die Art und Intensität der Auseinandersetzungen zu erhellen, über die Definitionen, effektive Politik und Praxis stattfinden. Sie bietet auch eine Möglichkeit, diese Beziehungen zwischen den Akteuren an verschiedenen Schauplätzen und auf verschiedenen Ebenen des Systems zu erforschen.

Eine sorgfältige Analyse von offiziellen und akademischen Diskursen zum Problem »Behinderung« enthüllt einen entscheidenden Mangel: Das Fehlen der Stimmen behinderter Menschen selbst. Hierin liegt tatsächlich einer der immer wiederkehrenden Kritikpunkte, die in vielen Berichten von Behinderten auftauchen. Indem sie eine Reihe zentraler Probleme aufführt, die sich auf Schulen beziehen, hebt Micheline Mason (1990, S. 363), eine behinderte Schriftstellerin, kurz die Tatsachen dieser Position prägnant hervor: »Wo sind die Studien, die behinderte Menschen befragen, was sie bis jetzt von ihrer Bildung halten? Wo ist das

Beratungsangebot, das die Leistungen gemäß der Bedürfnisse und Ansprüche seiner Verbraucher verbessern soll? Man wird sie nicht finden. Warum nicht? Weil behinderte Menschen noch immer die Opfer eines tief anhaltenden Vorurteils sind, das im wesentlichen sagt, daß wir unfähig seien zu entscheiden, was das Beste für uns ist.«

Das Fehlen der Stimmen und Sorgen behinderter Menschen ist nicht damit zu begründen, daß sie nichts – mittels der verfügbaren Medien – zu sagen haben, sondern damit, daß sie eindeutig vom Sprechen abgehalten werden. Dies bezieht sich einerseits auf die Art und Weise, wie Behinderung definiert ist, und andererseits auf die Erwartungen und Praktiken, die mit derartigen Definitionen verbunden sind. Es geht grundsätzlich um ungleiche soziale Beziehungen sowie um die Art und Weise, mit der Macht in unserer Gesellschaft ausgeübt wird. Beides formt und legitimiert die Marginalisierung und den Ausschluß behinderter Menschen. Wessen Definition bedeutsam ist, warum und mit welchen Auswirkungen, sind in diesem Kontext Fragen von grundsätzlicher Bedeutung.

Behinderung
als eine Form der Unterdrückung

Behinderung ist ein komplexes Problem. Definitionen sind insofern entscheidend, als die Voraussetzungen, die sie erfüllen, die Basis für Stereotypisierung und Stigmatisierung sein können. Von entscheidendem Einfluß für Politik und Praxis war das medizinische Modell. Es legt den Betrachtungsschwerpunkt auf die Unfähigkeiten und Schwächen des Individuums. Körpertüchtigkeit wird als akzeptables Kriterium für »Normalität« angesehen. Ein medizinisches Modell laut Hahn (1985, S. 89) »drängt behinderten Menschen die Vermutung biologischer und physiologischer Minderwertigkeit auf«. Ausdrücke wie »Krüppel« oder »Spastiker« verstärken diese individualisierende medizinische Definition, bei der funktionale Einschränkungen im Vordergrund stehen. Mit einer nachhaltigen Kritik des medizinischen Modells beschreibt Brisenden (1986, S. 3), der selbst behindert war, seine Gefühle sehr anschaulich: »Wir werden als abnorm angesehen, weil wir anders sind; wir sind Problemmenschen, denen die Ausstattung für soziale Integration fehlt. Aber die Wahrheit ist, daß wir, wie jeder andere Mensch auch, über eine Spannweite von Dingen verfügen, die wir *tun können* und *nicht tun können*; eine Reihe sowohl geistiger als auch physischer Fähigkeiten, die einmalig für uns als Individuen sind. Der einzige Unterschied zwischen uns und anderen Menschen ist der, daß wir durch eine Brille betrachtet werden, die sich nur auf unsere Unfähigkeiten richtet und die hinsichtlich unserer Fähigkeiten an einer automatischen Blindheit leidet – eine Art von medizinisch verfremdetem sozialem Reflex.«

Eine Folge dieser Sichtweise besteht darin, daß eine Vielzahl von individualisierten Antworten auf behinderte Menschen zur Verfügung gestellt wird. Sie werden z. B. oftmals mit heroischen Bildern bedacht, als mutige und tapfere Menschen. Ihre Lage wird fortwährend mit einem unterstellten Begriff von »Normalität« verglichen. Es ist tatsächlich dieses Streben nach Normalität, »das zur Neurose führt und der Grund für viel Schuld und Leiden« (Brisenden, S. 173) auf ihrer Seite ist.

Eine der entscheidenden Schwächen dieser Sichtweise liegt darin, daß sie die soziopolitische Dimension des Problems völlig außer acht läßt. Dieser sozial-politische Ansatz verschafft ein grundlegend anderes Verständnis von Behinderung und der damit verbundenen Probleme. Aus ihm ergeben sich vom bisherigen Verständnis abweichende Annahmen, Prioritäten und Erklärungen. So behauptet Hahn (1986, S. 128): »Behinderung entstammt eher dem Versäumnis einer strukturierten sozialen Umgebung, sich an die Bedürfnisse und Ansprüche von behinderten Bürgern anzupassen, als der Unfähigkeit eines behinderten Individuums, sich den Forderungen der Gesellschaft anzupassen.«

Es ist die nicht anpassungsfähige, nicht hilfreiche und unfreundliche Umwelt, die untersucht und verändert werden muß. Das Interesse zu wissen, wie behinderte Menschen leiden, erfordert eine Untersuchung jener materiellen Bedingungen und sozialen Beziehungen, die zu ihrer Enthumanisierung und Isolierung beitragen. Die Betonung der gesellschaftlichen Ursachen dieser Unterdrückung beinhaltet, daß behinderte Menschen im Hinblick auf andere Menschen als minderwertig angesehen werden, weil sie behindert sind. Abberley (1987, S. 7) weist ebenfalls darauf hin: »Es läßt sich also behaupten, daß diese Benachteiligungen dialektisch mit einer Ideologie oder einer Gruppe von Ideologien ver-

woben sind, die diese Situation rechtfertigen und fortbestehen lassen. Darüber hinaus ist darauf zu beharren, daß solche Benachteiligungen und die sie abstützenden Ideologien weder natürlich noch unvermeidlich sind. Diese Sicht verweist schließlich auf die Identifikation einiger Nutznießer dieser Sicht der Dinge.«
Das Erkennen der Bedeutung und die Erforschung der Ursprünge der Unterschiede im Leben behinderter Menschen im Vergleich zum Rest der Gemeinschaft bilden folglich grundlegende Elemente einer sozialen Theorie der Behinderung. Der Kapitalismus nimmt in diesem Prozeß eine wichtige Rolle ein, zum einen wegen des hohen Stellenwertes, den er der Arbeit zumißt, und zum anderen aufgrund der Unterscheidung, die er zwischen produktiven und nichtproduktiven Menschen betont. Dies legitimiert eine Form sozialer Verhältnisse, in denen behinderte Menschen nach dem betrachtet werden, was sie nicht können. Das Problem ist damit individualisiert. Die Teilnahme an gesellschaftlichen Ereignissen ist nicht nur von den individuellen Beschränkungen behinderter Menschen abhängig, sondern vielmehr von den physischen und sozialen Restriktionen einer im wesentlichen feindlichen Umwelt. In seiner Analyse der Behindertenpolitik faßt Oliver (1990, S. xiv) die wesentlichen Punkte einer solchen alternativen Position zusammen: »Alle behinderten Menschen erfahren Behinderung als gesellschaftliche Beschränkung, sei es, daß diese Einschränkungen nun als Konsequenz der unerreichbar konstruierten Umwelt vorkommen, sei es als fragliche Begriffe von Intelligenz und sozialer Kompetenz, sei es als Unfähigkeit der Öffentlichkeit, Zeichensprache zu gebrauchen, sei es als Mangel an Lesematerial in Blindenschrift oder als feindliche öffentliche Einstellungen gegenüber Menschen mit nicht sichtbaren Behinderungen.«
Er betont, daß behinderte Menschen in einen schwierigen Kampf verwickelt sind, in dem sie ihre Anstrengungen als politische Einflußgruppe verstärken müssen. Behinderung ist folglich eine soziale und politische Kategorie, die politisch-praktische Regularien und den Einsatz für Wahloptionen, für Machtgewinn und Gelegenheiten verlangt (Oliver 1989). Für einige Analytiker ist es unzureichend, die Behinderung lediglich als soziale Beschränkung zu definieren. Das Problem liegt nicht darin, daß die Gesellschaft behinderte Menschen ignoriert, sondern *wie sie sie berücksichtigt*. Das verlangt eine Untersuchung der Gründe, warum die Gesell-

schaft diese soziale Gruppe in besonderen historischen Momenten für eine unterschiedliche Behandlung ausgrenzt (Findlay 1991). Es ist mehr als nur ein bloßes Zugangsproblem, das hier auf der Tagesordnung steht. Sowohl ideologische als auch materielle Ressourcen müssen bei der Auseinandersetzung um die Identifizierung und Herausforderung dieser diskriminierenden Politik und Praxis auf den verschiedenen Ebenen des sozialen Systems eingesetzt werden.

In einer Gesellschaft, die grundsätzlich von und für nichtbehinderte Menschen organisiert und verwaltet wird, gebührt der Lebenssituation behinderter Menschen im Hinblick auf Bildung, Arbeit, Wohnung und Wohlfahrtsleistungen größte Aufmerksamkeit (Abberley 1987; Oliver 1991). In vielerlei Hinsicht ist der Umgang mit Behinderten tatsächlich ein *Skandal* und Ausdruck ihrer Marginalität, ihres niedrigen Status und ihrer Verletzlichkeit ebenso wie ein Anzeichen des Machtkampfes, in den sie verwickelt sind und den sie auch weiterführen müssen. Die Beziehungen zu verschiedenen Behörden sind oft schwierig, und behinderte Menschen haben heftig für eine Reihe von Veränderungen gestritten. Das schließt eine größere Auswahl der Art und des Umfangs der zur Verfügung gestellten Dienstleistungen, mehr Kontrolle über die Verteilung der Ressourcen, besonders im Hinblick auf ein unabhängiges Leben, und neue Formen der Verantwortlichkeit der Fürsorger gegenüber behinderten Menschen ein, einschließlich klarer Mechanismen im Umgang mit Unstimmigkeiten (Brisenden 1986; Oliver & Hasler 1987; Oliver 1988). In einer Analyse der Sozialpolitik im letzten Jahrzehnt diskutiert Glendinning (1991) diese und andere Probleme, und er versucht zu zeigen, daß die Umstände jetzt schlechter geworden sind und daß »die Wirtschafts- und Sozialpolitik des letzten Jahrzehnts wenig zur Steigerung und viel zum Schaden der Lebensqualität behinderter Menschen beigetragen hat. Trotz der schönen Reden über den »Schutz« der meisten, »die ihn verdienen«, der »Verwundbaren« oder »Bedürftigen«, war viel von diesem Schutz illusorisch« (S. 16). Derartige Ereignisse endeten mit einer erheblichen Reduktion des Spielraums an Autonomie und Wahlmöglichkeiten behinderter Menschen, aber sie brachten einen Anstieg und eine Verstärkung der »Aufsicht und Kontrolle von Fachleuten und anderen« (S. 16). Diese Formen der benachteiligenden Bedingungen und Verhältnisse fördern die Passivität und Abhängigkeit auf seiten der behin-

derten Menschen (Bishop 1987). Sie sind Teil des Prozesses der gelernten Hilflosigkeit, bei dem Probleme eher als persönliche Schwierigkeiten denn als öffentliche Probleme erscheinen (Mills 1970).
Behinderung muß als eine Form von Unterdrückung verstanden werden. Behindert zu sein heißt, sowohl soziale und wirtschaftliche Härten als auch Angriffe auf die Selbstidentität und das gefühlsmäßige Wohlbefinden ertragen zu müssen. Es wäre aber falsch und irreführend, den Eindruck hervorzurufen, behinderte Menschen seien eine homogene Gruppe. Ausdrücke wie »die Behinderten« sind ein Behälter für alles mögliche und sie vermitteln einen Eindruck desselben. Aber die Schwierigkeiten des und die Antworten auf das Behindertsein werden von Klassen-, Rassen-, Geschlechts- und Altersfaktoren beeinflußt. Diese können die Erfahrung von Diskriminierung und Unterdrückung dämpfen und vermischen. In einer Studie über behinderte Frauen, die Fürsorge empfangen, behauptet Begum (1990, S. 79) z. B., daß »Frauen mit Behinderungen immer Außenseiterinnen sind; ihre Unterdrückung und ihr Ausschluß macht sie zu einer der schwächsten Gruppen in der Gesellschaft. Die persönliche Fürsorgesituation enthält so unterschiedliche Dynamiken, daß diese Situation für viele behinderte Frauen dazu führt, daß ihre Unterdrückung deutlich verstärkt und herausgestellt wird«.
Diese Ansicht wird auch von Morris (1989) bestätigt, indem sie in der Beschreibung des Lebens einer Gruppe behinderter Frauen – sie selbst mit eingeschlossen – ausführt, daß Angelegenheiten des Privatlebens, der Körperlichkeit und der Sexualität zu Spannungen und Schwierigkeiten in der Fürsorgesituation führen. Sie hebt auch die Nachteile hervor, die behinderte Mütter erfahren, die die Verantwortung übernommen haben, Kinder großzuziehen, den gesamten Haushalt zu versorgen und erwerbstätig zu sein. Der Grad, bis zu dem Individuen unter diesen Umständen überleben können, ist größtenteils von ihrer sozio-ökonomischen Lebenssituation abhängig. Je mehr sie sich leisten können, desto größer sind die Chancen, damit fertig zu werden. Unglücklicherweise sind wenige behinderte Menschen in einer solchen Lage, und daher ist die Gesamtsituation recht trostlos. Viele behinderte Menschen sind daher, wie Borsay (1986, S. 184) behauptet, »eingestuft auf der untersten Schwelle der Einkommensleiter oder ohne Arbeit und abhängig von sozialen Hilfsleistungen«.

Angesichts dessen, daß der politische Diskurs jetzt wesentlich in einer Rhetorik des Marktes aufgeht und daß jegliche Politik dahin tendiert, »sich in Ad-hoc-Aktionen zu verlieren, ohne daß ein kohärenter Handlungsentwurf die Politikentwicklung leitet« (Borsay 1986, S. 183), haben sich die Ungleichheiten der Versorgungsmaßnahmen und der Lebenschancen verstärkt. Fragen der sozialen Gerechtigkeit und Gleichheit sind in diesem sozio-ökonomischen Klima marginalisiert worden. Im Kampf um den Zugang zur Macht müssen sich behinderte Menschen und ihre nichtbehinderten Kollegen bemühen, das vorrangige Interesse von *Bedürfnisfragen* auf *Rechtsfragen* zu verlagern (Hudson 1988): Kritische Beachtung kann folglich jenen strukturellen und institutionellen Faktoren geschenkt werden, die die Interessen der Mächtigeren erzwingen und ihnen dienen (Oliver 1989). Unterdrückung ist mehr als die Verweigerung des Zugangs zu Lebenschancen, sie handelt von dem Schicksal, in einer fremden Gesellschaft macht- und wertlos zu sein. Das ist es, was die Fähigkeit behinderter Menschen beeinträchtigt, Stolz und Würde zu lernen (Findlay 1991). Unterdrückung nimmt zudem viele Formen an und wird durch unterschiedliche Behandlung erfahren.
Behindert sein bedeutet nicht, daß andere behinderte Menschen »automatisch« verstanden und akzeptiert werden. Dies ist ein Teil eines Lernprozesses, der zu kollektiver Identität führt. Nicht alle behinderten Menschen verhalten sich so politisch wie die in dieser Arbeit erwähnten behinderten Autoren. Einige haben sich darauf vorbereitet, innerhalb des Systems zu arbeiten, und versuchen, ein Minimum an Veränderungen zu bewirken. Es ist in der Tat notwendig, die Komplexität der Faktoren zu erkennen, die in Unterordnungsverhältnissen wirken: Das schließt das Komplizentum behinderter Menschen in Gestalt ihrer gelernten Hilflosigkeit ein. Folglich muß noch viel Arbeit geleistet werden, damit der Kampf auf der Basis eines kritischen Bewußtseins und gemeinsamer Werte und Programme geführt werden kann.

Gleiche Möglichkeiten

Politische Aktivität ist erforderlich, sofern behinderte Menschen die Kontrolle über ihr eigenes Leben reklamieren und ihre eigenen Ansprüche auf die volle Teilnahme am gesellschaftlichen Leben formulieren wollen. Das ist sowohl eine ernsthafte als auch dringende Aufgabe. In seinen Ausführungen über die Frage der Umsetzung lokaler Chancengleichheitspolitik faßt Leach (1989, S. 75) diese Empfindungen in folgender Behauptung zusammen: »Die Probleme behinderter Menschen werden noch immer quer durch das große politische Spektrum hindurch als im wesentlichen unpolitisch angesehen. Bevormundung und der Ausschluß behinderter Menschen von der Teilnahme an Entscheidungen ist noch immer größtenteils die Norm.«

Aus der Art der Definition von Behinderung, die in diesem Beitrag nur in einem kurzen Abriß zugrunde gelegt wurde, folgt ganz wesentlich, daß Behinderung als *integraler* Bestandteil der Chancengleichheitsproblematik gesehen wird. Das geschieht aus mehreren Gründen. Erstens, weil die Erfahrung von Behinderung nur Teil des weitgefaßten und fundamentalen Problems der Vorurteile und wirtschaftlicher Ungleichheit ist, bei der Ideologien eine sozial trennende Rolle spielen. Ein solcher Denkansatz wird ein Anreiz sein für die schwierige Aufgabe, Verbindungen zwischen anderen diskriminierten Gruppen zu knüpfen, um zumindest partiell gemeinsam kämpfen zu können. Zweitens wird er eine Grundlage für die Identifikation jener Merkmale der bestehenden Gesellschaft, Politik und Praxis bieten, die unakzeptabel sowie beleidigend sind und die hinterfragt und geändert werden müssen. Drittens wird er eine Basis sein, von der aus Individualisierungs- und Defizitmodelle und deren Interpretationen kritisiert werden können. Das führt den Schwerpunkt der Betrachtung von Behinderung als ein persönliches oder öffentliches Problem auf die Deutung als öffentliches Problem zurück. Schließlich wird er die nicht behindertengerechte Politik herausfordern, indem das Ausmaß, in dem Behinderung von ihr ausgeschlossen worden ist oder lediglich eine »angeschraubte« Scheingeste darstellt, beseitigt wird (Leach 1989 und Reaser & Mason 1990).

Bei der Darlegung dieser Perspektive ist es wichtig, sich darüber bewußt zu sein, in welcher Weise »Chancengleichheit« verschiedene Inhalte für verschiedene Menschen bedeuten kann. Es kann nicht darum gehen, auf der Basis des Gleichheitspostulats in Konkurrenz zu nichtbehinderten Menschen gleichen Zugang zu gesellschaftlichen Chancen zu erlangen oder befähigt zu sein, mit nichtbehinderten Menschen überhaupt zu konkurrieren. Die Ziele liegen viel höher. Was nötig ist, ist eine direkte Herausforderung des Status quo. Der Kampf um Chancengleichheit zielt auf die Befähigung behinderter Menschen ab, ihre eigenen Ansprüche und Programme zu formulieren, ihre Bedürfnisse zu definieren sowie über reale Wahlmöglichkeiten und Rechte zu verfügen. So argumentiert auch Findlay (1991): »Gleiche Chancen zu haben bedeutet daher einen Kampf von behinderten Menschen mit dem Ziel, ein politisches und soziales Programm durchzusetzen. Wir müssen fordern, daß die Idee der ›Behinderung‹ als ein ›Fürsorgeproblem‹ ausrangiert wird. Die Machtstrukturen wie auch die materiellen Strukturen, die uns benachteiligen und marginalisieren, müssen beide zur Diskussion gestellt werden. Es ist nicht nur das Problem, mehr Wahlalternativen bei dem zu haben, was uns zur Verfügung gestellt wird, sondern es geht ebenfalls darum, die Chance zu haben, auch Aspekte der Dienstleistung selbst zu kontrollieren.«

Der Zusammenbruch der Strukturen und ihrer ideologischen Stützen, die behinderte Menschen ausschließen, schwächen und kontrollieren, muß Teil des Prozesses sein, der nach endgültiger Befreiung und Machtergreifung strebt. Verschiedene Analytiker haben auch die begrenzte Reichweite einiger Interpretationen von Chancengleichheit hinterfragt. Dies gilt insbesondere im Hinblick auf die Unfähigkeit des Konzepts, alternative Überzeugungen und Konzepte sozialistischer Erziehung zur Verfügung zu stellen (Lauder 1988). Andere haben die Methoden kritisiert, mit denen einige Reformen im Namen von Chancengleichheit dem Staat als Mittel dienten, radikalere und revolutionäre Veränderungen zu verhindern (Hall 1988). Feministinnen haben die Schwächen der theoretischen Grundlagen des Chancengleichheitsansatzes herausgestellt. Das schließt simplifizierende Ideen des Lernens, der Formung der Geschlechtsidentität und der Stereotypisierung ein. Zu oft war das Ergebnis eher eine Betonung der Veränderung der Schüler als der Strukturen, die sie unterdrückten. Diese Sichtweise rechtfertigte das Handeln innerhalb existierender Strukturen anstelle des Versuchs ihrer Beseitigung (Arnot 1991). Diese Einschränkungen vorausgesetzt, muß die Argumentation, Behinderung sei eine integrale Komponente der Chancengleichheitsidee, jeglichen kruden Reformismus, jede unwissenschaftliche Komplizenschaft oder jedes Nachlassen der Bemühungen erkennen und auch bekämpfen – Bemühungen, die erforderlich sein werden, wenn die Machtergreifung behinderter Menschen Wirklichkeit werden und wirkungsvoll sein soll. Vor diesem Hintergrund ist die Forderung nach Chancengleichheit lediglich als Übergangsforderung anzusehen (Branson & Miller 1989).

Normalisierung – ein unzulängliches Postulat

Für einige Autoren besteht der beste Lösungsweg darin, das Beharren auf einem Prozeß der Normalisierung zu ermutigen. Der Normalisierungsansatz nimmt in der Literatur eine Vielzahl von Formen an; einige der notwendigen Voraussetzungen enthalten jedoch stark strukturierte Definitionen von der und Debatten für die Lebensqualität von Menschen, die Lernschwierigkeiten haben. Beeinflußt von Ideen und Praktiken, die von Skandinavien und den Vereinigten Staaten ausgehen, haben die Vertreter des Normalisierungsansatzes intensiv an dem Versuch gearbeitet, Politiker und Praktiker von dem Nutzen dieses Ansatzes zu überzeugen (Ayer & Alaszewski 1984; Alaszewski & Ong 1990). Die Motivation für solche Bemühungen wurde durch die antiinstitutionellen Debatten der sechziger Jahre und die nachfolgenden Prozesse der Deinstitutionalisierung und der Gemeinschaftspflege verstärkt.

Die Betonung dieses Ansatzes liegt darauf, Dienstleistungen und Unterstützungen bereitzustellen, die es Menschen mit Lernschwierigkeiten ermöglichen werden, »ein Leben zu führen, das den geregelten Lebensformen und -bedingungen in der Gesellschaft möglichst nahe kommt« (Nirje 1980, S. 33). Infolgedessen besteht eines der Hauptziele der Normalisierungsstrategie darin, »sozial anerkannte Rollen für Menschen in ihrer Gesellschaft zu entwickeln oder zu unterstützen« (Wolfenberger & Thomas 1983, S. 23).

Die Normalisierungstheorie stellt im wesentlichen auf die Versorgung mit effektiveren Dienstleistungen ab und setzt einen Konsens zwischen Fürsorgeanbietern und -empfängern voraus. Jegliche Machtunterschiede zwischen Fürsorgenden und Versorgten

(s. o.) können verbessert werden, wenn letztere das Normalisierungsprinzip durch»spielen«. Das Anliegen dieses Ansatzes besteht insgesamt darin, die Stigmatisierung abzubauen, indem qualitativ hochwertige Dienstleistungen zur Verfügung gestellt werden. Die Bedeutung von Werten und Einstellungen wird in diesem Verbesserungsprozeß stark betont. Personaltraining schließt auch die Identifikation der nicht akzeptablen, unzulänglichen Einstellung und ihre Ersetzung durch akzeptable ein.

Es können verschiedene Ansätze der Kritik an der Normalisierungstheorie unterschieden werden. In einem Aufsatz, in dem die Autoren eine feministische Kritik vortragen und versuchen, Analogien zwischen der Frauenbewegung und der Marginalisierung und Verletzbarkeit behinderter Menschen zu ziehen, behaupten sie, daß Normalisierung sowohl unpolitisch als auch höchst individualistisch sei: sie machen geltend, daß »das allgemeine Thema, das sich durch diese Analogien zieht, die Existenz einer mächtigeren Gruppe ist, die festsetzt, daß sie die Norm vorgibt, an der andere gemessen werden. Leistungsempfänger sind in einem Teufelskreis gefangen, wobei ihre Abweichung von dieser aufgesetzten Norm sie ihrer persönlichen Macht und Authentizität beraubt, welche sie bräuchten, um berechtigterweise die Gültigkeit des ganzen Prozesses in Frage zu stellen.

So wie die Erfahrungen der Frauen von Männern sanktioniert und neu definiert werden, so werden die Erfahrungen der Wohlfahrtsempfänger ständig von Professionellen übersetzt und interpretiert« (Brown & Smith 1989, S. 109). Die Bereitstellung der Dienste legitimiert im wesentlichen die Fachautorität. Indem die Bedeutung der Rolle der Professionellen hervorgehoben wird, wird eine Abhängigkeitsstruktur und -kultur unterstützt.

In einem Aufsatz »Auf dem Weg zu einer soziologischen Kritik des Normalisierungsprinzips« kritisiert der Autor Normalisierung wegen ihres funktionalistischen Unterbaus, wegen ihres Versäumnisses, die wirklichen materiellen Zwänge im Leben von Menschen mit Lernschwierigkeiten ernsthaft in Rechnung zu stellen, und aufgrund ihres Idealismus, der aus den interaktionistischen Interessen an abweichendem Verhalten und der Betonung von Einstellungen und Überzeugungen resultiert. Zum letzteren stellt Chapell (1992) heraus: »Insbesondere bemängele ich, daß dieses Konzept Einstellungen und Werte ihrem materiellen Kontext entzieht. Sie werden freischwebend und unabhängig konsti-

tuiert und nicht als von materiellen Bedingungen geprägt verstanden (...). Menschen mit Lernschwierigkeiten sind nicht allein wegen einer ›schlechten‹ Einstellung, die andere ihnen gegenüber haben, benachteiligt. Sie sind vielmehr benachteiligt durch ihre Entmachtung, ihre Marginalisierung, ihre Armut (...).«
Solche Kritiken stimmen darin überein, daß eine grundlegende Schwäche der Normalisierungstheorie in ihrem Versäumnis liegt, das Problem der Machtstrukturen und -beziehungen je ernsthaft zu hinterfragen. Materielle Bedingungen dieser Art können nicht einfach weggedacht werden. Die Betonung des Einstellungswandels ist eine unzureichende Basis für die grundlegenden Veränderungen, die unabdingbar sind, wenn wir eine offenere, demokratischere und gerechtere Gesellschaft realisieren wollen. Dazu bedarf es der Entwicklung einer gesellschaftspolitischen Theorie der Behinderung als eines wesentlichen Bestandteils der Auseinandersetzungen.

Fazit

Die eben skizzierte Position mag als extrem und überwiegend negativ gedeutet werden, von dem entwickelten Standpunkt aus bietet sie aber eine Reihe von Vorteilen.
Erstens bekräftigt sie, daß Diskussionen über die Erfahrungen und das Wohlbefinden behinderter Menschen Gegenstand der sozioökonomischen und historischen Analyse sein *müssen*. Darin eingeschlossen sind Probleme, die sich aus der gesellschaftlichen Arbeitsteilung und ihrer dynamischen Wechselwirkung auf sozialen Status und Chancengleichheit ergeben. Zweitens – und damit zusammenhängend – ist Behinderung ein politisches Problem. Es erfordert nicht nur eine ernsthafte Überprüfung von Verbraucherrechten, sondern provoziert auch die Frage, wessen Interesse spezifische Leistungsangebote dienen und wer von ihnen profitiert. Drittens hat diese Position den Vorteil, daß die gegenwärtigen Ideologien und Praktiken weder von Natur aus gegeben noch angemessen sind, daß sie eine gesellschaftliche Schöpfung sind und demzufolge geändert werden können. Viertens sieht sie voraus, daß der Kampf für Veränderungen hart und lang sein wird und behinderte Menschen und ihre Verbündeten zwingen wird, sich in wachsendem Maße politisch zu engagieren und ihre For-

derungen laut zu vertreten. Schließlich erfährt die Haltung der Regierung besondere Aufmerksamkeit, insbesondere der politische Wille, der bei der Entwicklung und Durchsetzung der geeigneten Gesetzgebung und Politik involviert ist. Diese Faktoren insgesamt bestärken eine Sichtweise, die Individualisierung, Mythologisierung und Defizitthese von Behinderten in Frage stellt, sie räumen dem Verstehen und der Veränderung einer feindlichen materiellen und sozialen Welt Vorrang ein. Die Alternative ist eine Form von Reduktionismus, die letztlich das Opfer verantwortlich macht und folglich die betreffenden Probleme sowohl individualisiert als auch homogenisiert (Ryan 1976).

Es gibt keinen Anlaß zur Selbstzufriedenheit. Gegenwärtig haben wir Gesetze, die die Diskriminierung nach Rasse, Geschlecht und Hautfarbe verbieten, es gibt aber keine Antidiskriminierungsgesetzgebung, welche die Rechte behinderter Menschen schützt. Mehrere Behindertengruppen protestieren gegenwärtig gegen den Regierungsbeschluß, entscheidende Abschnitte der Verordnung für Behinderte von 1986 zu streichen. Das Versäumnis, diese Abschnitte zu erhalten und umzusetzen, wird unvermeidlich schwerwiegende Auswirkungen sowohl auf die Fürsprache als auch auf die Rechtsansprüche haben (*Disability Now* 1991).

Viele behinderte Menschen werden in zunehmendem Maße politisch aktiv und lauter in ihren Forderungen nach grundlegenden Änderungen. Im Kampf um Veränderungen wird der Entwicklung einer Behindertenbewegung größere Unterstützung gewährt. Dies enthält sowohl praktische als auch politische Aspekte. Die zukünftigen Entwicklungen werden nicht ohne Schwierigkeiten vonstatten gehen, wie Oliver (1990, S. 128) in einer Diskussion über die Bewegung und ihre Beziehung zum Staat bemerkt: »Die Behindertenbewegung muß selbst entscheiden, wie sie eine derartige Beziehung zu entwickeln wünscht. Soll sie sich für die Einbeziehung in die Staatsaktivitäten mit der Aussicht auf kleine Erfolge in Sozialpolitik und Gesetzgebung entscheiden mit dem Risiko, daß ihre Vorschläge, die sie politischen Institutionen macht, ignoriert oder manipuliert werden? Oder soll sie selbständig und vom Staat unabhängig bleiben und sich auf bewußtseinsfördernde Aktivitäten konzentrieren, die längerfristig zu einer Änderung in Politik und Praxis und zu einem Machtgewinn Behinderter führen können, allerdings mit dem damit verbundenen Risiko, daß die Bewegung marginalisiert oder isoliert wird?«

(S. 128). Die Risiken sind groß, die Probleme ernst. Die Situation fordert große Aufmerksamkeit. Damit behinderte Menschen an der Erarbeitung von Programmen teilhaben und über ihr Leben selbst entscheiden, wird der Kampf um Veränderung Recht, Macht und Kontrolle nach sich ziehen, die für jeden Emanzipationsprozeß typisch sind.

Diese Arbeit hat in aller Kürze versucht, Fragen über das Wesen der Behinderung anzuschneiden. Entscheidend bleibt dabei die Frage, wie »Unterschied« definiert wird, von wem, in welchem Kontext und mit welchem Ergebnis. In einer kürzlich durchgeführten Analyse der Rolle der Schulen beim Streben nach sozialer Gerechtigkeit und Gleichheit behauptet Weis (1991, S. 2), daß die Partikularisierung der Problemsicht den Versuch, einen geeigneten Rahmen für nachhaltige Veränderungen zur Verfügung zu stellen, unterlaufen habe. Es sei von wesentlicher Bedeutung, daß »wir unterdrückte Gruppen in Zusammenhängen sehen, nicht als einzelne Beispiele von Unterdrückung, sondern auch im Verhältnis zueinander wie auch im Verhältnis zur herrschenden Gruppe«.

Obwohl die Ernsthaftigkeit eines solchen Appells nicht anzuzweifeln ist, ist es doch bedenklich, daß Behinderung in jener Arbeit keinerlei Erwähnung findet. Aufgrund der Beschränkung der Perspektive auf Klasse, Rasse und Geschlecht wäre es unberechtigt und geradezu beleidigend zu behaupten oder auch nur anzunehmen, daß ein solches Thema durch diese Ausführungen abgedeckt sein könnte.

Im ersten Abschnitt dieser Arbeit erwähnte ich, daß diese Thematik in der Bildungssoziologie unsichtbar bleibt. Ich beende meinen Beitrag mit zwei Fragen: In welchem Ausmaß spielt das Problem der Behinderung in unseren Analysen eine Rolle, wenn wir mit Fragen der Ungleichheit, der sozialen Gerechtigkeit und der Demokratie konfrontiert werden? Wenn es aber keine Rolle spielt, was ist der Grund dafür?

Literatur

Abberley, P. (1987), »The Concept Oppression and The Social Theory of Disability«, in: *Disability, Handicap and Society*, Bd. 2, Nr. 1, 5-19.

Alszewski, A./Ong, B. (Hg.) (1990), *Normalization in Practice: Residential Care for Children with a Profound Mental Handicap*, London.

Arnot, M. (1991), »Democracy, Equality and Social Justice: A Decade of Struggle over Education«, in: *British Journal of Sociology of Education*, Bd. 13, Nr. 4, Special Issue on Democracy.

Arnot, S./Alaszewski, A. (1984), *Community Care and the Mentally Handicapped: Services for Mothers and their Mentally Handicapped Children*, London.

Ball, S. (1990), *Politics and Policy Making in Education and Explorations in Political Sociology*, London.

Banks, O. (1955), *Parity and Prestige in English Secondary Education*, London.

Barton, L./Meighan, R. (Hg.) (1978), *Sociological Interpretations of Schooling and Classrooms: A Reappraisal*, Driffield.

– Walker, S. (1987), »Sociology of Education at the Crossroads«, in: *Educational Review*, Bd. 30, Nr. 3, S. 269-284.

– Tomlinson, S. (Hg.) (1981), *Special Education: Policy, Practices and Social Issues*, London.

– (Hg.) (1984), *Special Education and Social Interests*, Beckenham.

– (Hg.) (1986), *The Politics of Special Educational Needs*, Lewes.

– (Hg.) (1989), *Integration: Myth or Reality?*, Lewes.

– Smith, M. (1989), »Equality, Rights and Primary Education«, in: Roaf, C./Bines, H. (Hg.), *Needs, Rights and Opportunities*, Lewes.

Bishop M. (1987), »Disabling the Able?« in: *British Journal of Special Education*, Bd. 14, Nr. 3, S. 98.

Borsay, A. (1986), »Personal Trouble or Public Issue? Towards a model of policy for people with physical and mental disabilities«, in: *Disability, Handicap and Society*, Bd. 1, Nr. 2, S. 179-186.

Branson, J./Miller, D. (1989), »Beyond Integration Policy – The Deconstruction of Disability«, in: Barton, L. (Hg.), *Integration. Myth or Reality?*, Lewes.

Brisenden, S. (1986), Independent Living and the Medical Model of Disability«, in: *Disability, Handicap and Society*, Bd. 1, Nr. 2, S. 173 bis 178.

Brown, H./Smith, H. (1989), »Whose ›Ordinary Life‹ is it Anyway?«, in: *Disability, Handicap and Society*, Bd. 4, Nr. 2, S. 105-119.

Carrier, J. (1990), »Special Education and the Explanation of Pupil Performance«, in: *Disability, Handicap and Society*, Bd. 5, Nr. 3, S. 211-226.

Floud, J./Halsey, A. H./Martin, F. M. (1956), *Social Class and Educational Opportunity*, London.

Ford, J./Mongon, D./Whelan, M. (1982), *Special Education and Social Control: Invisible Disasters*, London.

Foucault, M. (1977), *The Archeology of Knowledge*, London.

Fulcher, G. (1989), *Disabling Policies? A Comparative Approach to Education Policy and Disability*, Lewes.

Gillborn, D. (1988), »Ethnicity and Educational Opportunity: Case Studies of West Indian Male – White Teacher Relationships«, in: *British Journal of Sociology of Education*, Bd. 9, Nr. 4, S. 371-386.

Glass, D. V. (1954), *Social Mobility in Britain*, London.

Glendinning, C. (1991), »Losing Ground: Social Policy and Disabled People in Great Britain, 1980-90«, in: *Disability, Handicap and Society*, Bd. 6, Nr. 1, S. 3-20.

Carrington, B. (1986), »Social Mobility, Ethnicity and Sport«, in: *British Journal of Sociology of Education*, Bd. 7, Nr. 1, S. 3-18.

Chappell, A. (1992), »Towards a Sociological Critique of the Normalization Principle«, in: *Disability, Handicap and Society*, Bd. 7, Nr. 1 (in Vorbereitung).

David, M. (1986): »Teaching Family Matters«, in: *British Journal of Sociology of Education*, Bd. 7, Nr. 1, S. 35-58.

Davies, L. (1984), *Pupil Power: Deviance and Gender in School*, Lewes.

Demaine, J. (1989), »Race, Categorisation and Educational Achievement«, in: *British Journal of Sociology of Education*, Bd. 10, Nr. 2, S. 195-214.

Disability Now (1991), »National Protest over Loss of Advocacy Rights«, in: *Disability Now*, Juni, S. 1 und 3.

Douglas, J. W. B. (1964), *The Home and The School*, London.

Findlay, B. (1991), *Disability, Empowerment and Equal Opportunities* (unveröffentlichtes Manuskript).

Hahn, H. (1985), »Towards a Politics of Disability«, in: *Social Science Journal*, Bd. 22, Teil 4, S. 87-105.

– (1986), »Public Support for Rehabilitation in Programs: the analysis of U.S. disability policy«, in: *Disability, Handicap and Society*, Bd. 1, Nr. 2, S. 121-138.

Hall, S. (1988), *The Road Renewal*, London.

Hudson, B. (1988), »Do people with a mental handicap have rights?«, in: *Disability, Handicap and Society*, Bd. 3, Nr. 3, S. 227-238.

Jackson, B./Mardsen, D. (1962), *Education and the Working Class*, Harmondsworth.

Karabel, J./Halsey, A. H. (Hg.) (1977), *Power and Ideology in Education*, Oxford.

Lauder, H. (1988), »Traditions of Socialism and Educational Policy«, in: Lauder, H./Brown, P. (Hg.), *Education in Search of a Future*, Lewes.

Leach, B. (1989), »Disabled People and the Implementation of Local

Authorities. Equal Opportunities Policies«, in: *Public Administration*, Bd. 67, Nr. 1, S. 65-77.
Mason, M. (1990), »Disability Equality in the Classroom – A Human Rights Issue«, in: *Gender and Education*, Bd. 2, Nr. 3, S. 363-366.
Mills, C. W. (1970), *The Sociological Imagination*, Harmondsworth.
Morris, J. (Hg.) (1989), *Able Lives: Women's Experience of Paralysis*, London.
Nirje, B. (1980), »The Normalization Principle«, in: Flynn, R. J./Nitsch, K. E. (Hg.), *Normalization, Social Integration and Community Services*, Baltimore.
Oliver, M./Haseler, F. (1987), »Disability and Self Help: A Case Study of the Spinal Injuries Association«, in: *Disability, Handicap and Society*, Bd. 2, Nr. 2, S. 113-125.
– (1988), »The Political Context of Educational Decision Making: The Case of Special Needs«, in: Barton, L. (Hg.), *The Politics of Special Educational Needs*, Lewes.
– (1989), »Disability and Dependency: A creation of industrial societies«, in: Barton L. (Hg.), *Disability and Dependency*, Lewes.
– (1990), »Speaking Out: Disabled People and State Welfare«, in: Dalley, G. (Hg.), *Disability and Social Policy*, London: Policy Studies Institute.
Reid, I. (1978), *Sociological Perspectives on School and Education*, London.
Robinson, P. (1981), *Perspectives on the Sociology of Education*, London.
Ryan, W. (1976), *Blaming the Victim*, New York (revidierte Ausgabe).
Scull, A. T. (1982), *Museums of Madness: The Social Organisation of Insanity in Nineteenth Century England*, Harmondsworth.
Tomlinson, S. (1982), *A Sociology of Special Education*, London.
– (1985), »The Experience of Special Education«, in: *Oxford Review of Education*, Bd. 11, Nr. 2, S. 157-165.
– (1988), »Why Johnny Can't Read: Critical Theory and Special Education«, in: *European Journal of Special Needs Education*, Bd. 3, Nr. 1, S. 45-58.
Weiner, G. (1986): »Feminist Education and Equal Opportunities: Unity or Discord?«, in: *British Journal of Sociology of Education*, Bd. 7, Nr. 2, S. 135-154.
Whis, L. (1991), »Issues of Disproportionality and Social Justice in Tomorrow's Schools«, in: *Education Action*, Bd. 1, Nr. 2, S. 1-13.
Williams, J. (1986), »Education and Race: the racialisation of class inequalities?«, in: *British Journal of Sociology of Education*, Bd. 7, Nr. 2, S. 135-154.
– (1986), *Towards 2000*, London.
Wolfensberger, W./Thomas, S. (1983^2), *Program Analysis of Service Systems' Implementation of Normalisation Goals: Normalisation and Ratings Manual*, Toronto.

Gerald Prein
Subjekt, Alltag und Staat
Zur Reproduktionstheorie Henri Lefebvres

1. Das Ende der materialistischen Reproduktionstheorie?

Unter dem Eindruck der radikalen Wandlungsprozesse im Osten Europas werden heute vielerorts der Sozialismus als tot, der Marxismus als obsolete Sozialtheorie des neunzehnten Jahrhunderts abgetan. Waren schon seit längerer Zeit »linke« Theoretiker nicht mehr sonderlich geschätzt, trifft deren Ansätze seit der Aufdeckung der totalitaristischen Greuel der »realsozialistischen« Gesellschaften jetzt auch noch der Vorwurf, theoretische Rechtfertigungen für inhumane, antidemokratische Regimes geliefert zu haben.

Eine solche Kritik ist in vielen Fällen durchaus berechtigt. Besonders die orthodox ökonomistischen Varianten »marxistischer« Theorie, die von einem starren Basis-Überbau-Modell der Gesellschaft ausgingen, mußten Rechtfertigungen für die Gesellschaften Osteuropas hervorbringen, deren veränderte Form ökonomischer Organisation ausgehend von diesen Theorien ja quasi naturwüchsig auch eine andere, menschlichere, demokratischere Lebensweise – von den Institutionen der Politik, des Rechts, über die Kunst, Kultur und Wissenschaft bis hin zu den Formen des Alltagslebens – hätte hervorbringen müssen. Spiegelbildlich dazu hatten die kapitalistischen Gesellschaften ebenso zwangsläufig den von Marx beschriebenen katastrophischen Entwicklungsprozessen zu folgen. Dies war nicht nur ein Desaster für die Entwicklung einer differenzierten sozialen Theorie, es führte auch dazu, daß sich viele Theoretiker, die früher auf der Grundlage des Marxismus gearbeitet hatten, bereits vor dem Fall der Regimes in Osteuropa gänzlich von jeglicher materialistisch orientierten Sozialtheorie abwandten und in Theoriekonstrukten der »neuen Unübersichtlichkeit« und »Differentialität« verfingen.

Was diese Kritiker des Marxismus allerdings häufig gern vergessen, ist die Tatsache, daß der orthodox-mechanistischen Tradition der östlichen Staatsphilosophien schon früh die Praxisphilosophie

des westlichen Marxismus entgegengetreten war, zu deren bedeutendsten Vertreter Henri Lefebvre gehörte (vgl. Schmied-Kowarzik 1989; Sünker 1989). Henri Lefebvre hat Zeit seines Lebens gegen dogmatische Verfestigungen der materialistischen Theorie gekämpft und bis zu seinem Tode versucht, den Marxismus auf der Grundlage der Marxschen Methode dialektisch weiterzuentwickeln. Hierbei kam er nicht umhin, Kritikpunkte »postmoderner« Theoretiker in seine eigene Theorie zu integrieren – wobei er jedoch im Gegensatz zu diesen immer bemüht war, solche neuen Fragestellungen zu Ausgangspunkten für eine kritische Reformulierung einer Gesellschaftstheorie werden zu lassen.
Eine der wesentlichsten Entwicklungen in diesem Kontext ist das Konzept der »staatlichen Produktionsweise« (mode de production étatique), das für die Diskussionen um eine Reformulierung der Reproduktionstheorie zentrale Bedeutung hat.

2. Zur Theorie der »staatlichen Produktionsweise«

Lefebvres Theorien sind in Deutschland vor allem bis zur Mitte der siebziger Jahre durch eine Vielzahl von Übersetzungen bekannt geworden. Die damaligen Überlegungen Lefebvres bewegten sich noch weitgehend innerhalb des Kontextes marxistischer Kapitalismustheorie. Im Rahmen dieser Überlegungen zur Kritik des Alltagslebens in der Moderne definiert Lefebvre die damalige kapitalistische Gesellschaftsform in Frankreich als »bürokratische Gesellschaft des gelenkten Konsums« (vgl. Lefebvre 1972).
Seit dem Ende der siebziger Jahre hat Lefebvre – in Deutschland weitgehend unbemerkt – seine Theorie der Gesellschaft konzeptionell weiterentwickelt und den neuen sozialen Entwicklungen angepaßt. Im Zentrum dieser neuen Überlegungen steht die Frage nach der veränderten Rolle des Staates im Prozeß der Produktion und Reproduktion der Gesellschaft.
So verfaßte Lefebvre in den Jahren 1976 bis 1978 sein vierbändiges Werk »De l'Etat«, das in der Theorie der »mode de production étatique«, der staatlichen Produktionsweise, mündet. In seiner letzten Buchpublikation in Frankreich, »Du contrat de citoyenneté«, die er in Zusammenarbeit mit der »Groupe de Navarrenx« im Jahre 1990 herausgebracht hat, stellt er die Frage nach einem neuen Verhältnis von Bürgerrechten und Staat.

In seinen Arbeiten zur staatlichen Produktionsweise beschreibt Lefebvre den Prozeß der Generalisierung und Mondialisierung des Staates und die Entstehung einer neuen Gesellschaftsform, die in den Arbeiten von Marx und Engels nicht vorgesehen, nicht vorhergesehen war: der staatlichen Produktionsweise. Durch die Politik des »New Deal« sowie die faschistische und stalinistische Ökonomie angekündigt, realisierte sich diese in unterschiedlichen Graden der Entwicklung zu Beginn der sechziger Jahre mit den sogenannten »Wirtschaftswundern« (z. B. in Japan und Westdeutschland) oder den »stillen Revolutionen« (z. B. in Kanada) (vgl. Lefebvre 1978a, 22 f.). Die Entwicklungen in den Gesellschaften Osteuropas sowie die sich verändernde Rolle der internationalen Staatengemeinschaft und die Veränderungen im Hegemonialgefüge der Staaten zeigen heute, daß sich der von Lefebvre beschriebene Prozeß ständig weiterentwickelt hat und auf ein neues, über die Theorie Lefebvres hinausgreifendes Stadium hinstrebt.

In Prozeß der Entstehung der staatlichen Produktionsweise hat sich der Staat weltübergreifend verbreitet, mondialisiert. Zwar hat jeder einzelne Staat noch seine eigene Geschichte, gleichzeitig ist er heute aber (nur noch) ein Glied in der Kette der Staaten, z. B. als Mitglied der Vereinten Nationen (vgl. Lefebvre 1978a, 23; 1980, 172 ff.).

Dieser Prozeß der Mondialisierung des Staates bedeutet für Henri Lefebvre jedoch nicht, daß ein uniformer Weltstaat oder eine homogene Weltgesellschaft entsteht: Der Staat generalisiert sich als Gesellschaftskonzept, als konkrete Abstraktion des Sozialen. Er tut dies allerdings in der Form des Nationalstaates. Jeder einzelne dieser Nationalstaaten hat neben seiner Geschichte eine für ihn spezifische Form der ökonomischen und politischen Organisation. Der Staatssozialismus im Osten und Staatskapitalismus im Westen bilden – bzw. bildeten zur Zeit der Entwicklung der Lefebvreschen Theorie – zwei typische Grundfiguren der politischen und ökonomischen Organisation der Gesellschaft, sind aber für ihn nur noch als partikulare Ausprägungen einer gleichartigen Gesellschaftsformation zu verstehen.

Den unterschiedlichen Ausprägungen ist der Funktionswandel in bezug auf die Formen, Strukturen und Funktionen des Staates gemeinsam: Veränderungen und Modernisierungsprozesse in den Bereichen »Regierung« und »Verwaltung«, vor allem aber Verstär-

kung und Ausweitung der staatlich-bürokratischen Kontrolle und Unterwerfung von Betrieben und gesellschaftlichen Räumen unter eine Strategie der Produktion und Konsumption.
Dieser Prozeß muß also nicht notwendigerweise eine direkte Verstaatlichung der Produktionssphäre beinhalten. Er führt vielmehr zu einer neuen Form der Institutionalisierung und Bürokratisierung der verschiedensten Bereiche der Gesellschaft, die unterschiedlichste Formen annehmen kann: Koordination, Konzertation, Regulierung, Planifizierung ... (Lefebvre 1978a, 21) als »weiche Formen« der staatlichen Herrschaft; in Krisensituationen die Intervention mit Gewalt.
Das Gesellschaftsprojekt, das der staatlichen Produktionsweise zugrunde liegt, ist die Homogenisierung und »Rationalisierung« aller Bereiche des Sozialen: die Verwaltung und Domination der zivilen Gesellschaft, der Interessen und des Alltagslebens der Menschen in einem Raum, der von den gesellschaftlichen Kräften und Interessen permanent moduliert wird, dessen Veränderungen und Machtverschiebungen zu immer komplexeren Problemen führen. Dieser staatliche Raum umgreift die sich widerstrebenden Kräfte und Interessenslinien, ohne sie jedoch gänzlich neutralisieren oder absorbieren zu können (vgl. Lefebvre 1978a, 395).
Die wachsende Kontrolle des Staates beschränkt sich somit auch nicht auf den Bereich der Ökonomie, sondern greift über auf »Kultur« und Wissenschaft, dringt bis ins Alltagsleben hinein – wie Lefebvre bereits früher in seinen Arbeiten zur Kolonisierung des Alltagslebens im bürokratisierten Kapitalismus in Rückgriff auf die Theorien des Situationisten Guy Debord (vgl. Hess 1988, 309) formuliert hatte. Neu oder anders ist das Bemühen um die Herstellung gesellschaftlicher Homogenität.
So ist laut Lefebvre die aktuelle Produktionsweise dadurch charakterisiert, daß der Raum zum privilegierten Medium staatlicher Kontrolle wird, dabei jedoch gleichzeitig Raum des Tausches bleibt. Über seine Kontrolle strebt der Staat an, die räumliche Homogenität zu schaffen, wobei der gesellschaftliche Raum jedoch zugleich durch den Tausch fragmentiert wird (vgl. Lefebvre 1978a, 292).
Die politischen Entwicklungen des Jahres 1991 scheinen aufzuzeigen, daß heute die Prozesse um die Kontrolle gesellschaftlicher Räume in Richtung auf ein neues, weitergehendes Stadium hinstreben, das in Lefebvres Theorien zwar noch nicht beschrieben

ist, deren Entwicklung jedoch schon angelegt scheint: die Realisierung einer überstaatlichen Kontrolle des mondialen Raumes, des Raumes auf internationaler Ebene. So verweist m. E. die veränderte Rolle der UNO während des Golfkriegs, in dem sie als Garantin der staatlich-räumlichen Integrität einzelner Staaten auftrat, auf einen Prozeß der Entstehung einer weltumgreifenden Staats-Polizei.

3. Gesellschaftlicher Raum und staatliche Kontrolle

Bereits in seinen früheren Schriften hatte Lefebvre die wesentliche Bedeutung der gesellschaftlichen Zeit und insbesondere des gesellschaftlichen Raumes unterstrichen. Im Kontext der staatlichen Produktionsweise wird dieser zum privilegierten Instrument der staatlichen Kontrollstrategien zur Sicherstellung der Reproduktion der Gesellschaft. Für Lefebvre liegt »das Geheimnis des Staates« (Lefebvre 1978a, 278) in der staatlichen Kontrolle des gesellschaftlichen Raumes. Über diese Kontrolle des sozialen Raumes greift der Staat in das private und gesellschaftliche Leben ein:

Staatliches Handeln ist nicht reduziert auf die administrative oder institutionelle Kontrolle der sozialen und »privaten« Existenz seiner Staatsbürger oder Untertanen. Kontroll- und Disziplinierungsprozesse bedienen sich heute in steigendem Maße eines Instruments, das auf indirekterem, aber keinesfalls ineffektiverem Wege wirksam ist: des Raumes. (vgl. Lefebvre 1978a, 303).

Der Staat gibt vor, einen natürlich gegebenen Raum zu verwalten oder zu organisieren. Praktisch gesehen schafft er jedoch einen neuen Raum, der diesen ersetzt und damit eine neue Ordnung der Dinge schafft. Lefebvre weiter hierzu:

»Der Moment, in dem der Raum vorherrschend wird, d. h. in dem sich ein dominanter (politischer) Raum konstituiert, ist gleichzeitig der Moment, in dem die Produktion aufhört, spontan und blind die Reproduktion der sozialen Verhältnisse sicherzustellen. (...) Den Zusammenbruch des Bauwerks zu verhindern, das sich von den Arbeitskräften bis hin zur Politikerkaste erstreckt – ein hierarchisiertes Ensemble von Orten, von Funktionen, von Institutionen aufrechtzuerhalten –, dies ist die vorrangige Rolle des modernen Staates. Funktional autonomisiert sich der Reproduk-

tionsprozeß nicht; er realisiert sich in einem Raum, der die Bedingung für die generalisierte Reproduktion darstellt.« (Lefebvre 1978a, 307)
In der Folge einer bestimmten Entwicklungsphase stellt also der Staat über die Kontrolle des Raumes die Bedingungen für die Reproduktion der Herrschaftsbeziehungen sicher, indem er versucht, Widersprüche und Oppositionen durch räumliche Teilung und Ghettoisierung zu zerschlagen, eine Hierarchie der Orte nach dem Modell der herrschenden Machtbeziehungen aufzubauen sowie dieses räumliche Ensemble zu kontrollieren.
Den so entstehenden staatlichen Raum charakterisiert Lefebvre gleichzeitig als homogen (d. h. austauschbar, äquivalent), zerrissen und hierarchisiert (vgl. Lefebvre 1978a, 308; 1980, 151 ff.). Der Staat setzt nun alles ans Werk, um diesem Ensemble eine von ihm beherrschbare Rationalität zu verschaffen, ihm seine Logik aufzuzwingen.

4. Alltag und Staat

Nach dem bisher Gesagten könnte der Eindruck entstehen, Lefebvre habe sich in einen statischen Systemtheoretiker, einen resignativen Kulturkritiker oder einen pessimistischen Anarchisten verwandelt. Wenn Lefebvre über die Rolle des Staates im Prozeß der gesellschaftlichen Produktion und Reproduktion spricht, vergißt er dabei nicht, nach der »materiellen Basis«, auf die sich der Staat stützt und begründet, zu fragen:
So bilden der Staat und die von ihm kontrollierten gesellschaftlichen Institutionen nur scheinbar den »Schlußstein der Gesellschaft«, haben nur scheinbar die gesamte Kontrolle der sozialen Prozesse in ihren Händen. Für Lefebvre ist diese Vorstellung eindeutig eine Mystifikation. Sie verbirgt die Tatsache, daß sich der Staat heute auf den Alltag stützt, daß er dessen Alltäglichkeit zur Basis hat. (vgl. Lefebvre 1981, 122).
Bereits in seinen Bänden zur Kritik des Alltagslebens hatte Lefebvre den Alltag als den gesellschaftlichen Ort bestimmt, »in dem und ausgehend von dem die wirklichen Kreationen vollbracht werden, jene, die das Menschliche und im Laufe ihrer Vermenschlichung die Menschen produzieren: Die Taten und Werke. Die ›höheren‹ Tätigkeiten entstehen aus Keimen, die in der Alltagspra-

xis enthalten sind. ... Was in höheren Sphären der gesellschaftlichen Praxis entsteht oder errichtet wird, muß im Alltag seine Wahrheit beweisen (...) Authentisch werden sie alle nur auf dieser Ebene« (Lefebvre 1987, 298 f.).
Nur ausgehend vom Alltagsleben ist somit eine kritische Erkenntnis der modernen Welt möglich. Die Kritik des Alltagslebens geht über die traditionelle politische Ökonomie hinaus, schließt sie in sich ein (vgl. Lefebvre 1989, 604). Traf dies bereits für die Kritik des Alltagslebens im bürokratisierten Kapitalismus zu, so gilt dies um so mehr, seit der Staat weltweit seine gesellschaftliche Lenkungsfunktion erweitert hat:
So betrachtet der orthodoxe Marxismus den Staat und seine »ideologischen Apparate« nur als Überbau, der die Strukturen und Veränderungen der aus Produktionsverhältnissen und Produktivkräften konstituierten gesellschaftlichen Basis reflektiert. Diese These ist heute – spätestens seit der Staat die sozialen Lenkungsfunktionen übernimmt und überwacht anstatt diese Aufgabe den »blinden Kräften« des Marktes zu überlassen – unzureichend und reduzierend. Heute dominieren die Herrschaftsverhältnisse und deren Reproduktion, ebenso wie das Alltägliche sie auf eigene Art und Weise impliziert und beinhaltet (vgl. Lefebvre 1981, 122 f.).
Wo findet Lefebvre die Konzepte, die es ermöglichen, empirisch die materialistische Staatstheorie und die Kritik des Alltagslebens zu einer Theorie der erweiterten Reproduktion zu integrieren?

5. Das Projekt der »Rhythmoanalyse«

Ein zentraler Ausgangspunkt ist für ihn die Theorie der gesellschaftlichen Zeit bzw. der sozialen Rhythmen, die aus der Interaktion von sozialem Raum und Zeit entstehen. Lefebvres Ansätze zeigen eine interessante Nähe zu Anthony Giddens' Theorie der sozialen Strukturierung (vgl. Giddens 1988), in der die Kategorien Raum und Zeit den Schlüssel für die Analyse der gesellschaftlichen Strukturbildungs- und Reproduktionsprozesse bilden.
Im Gegensatz zu Giddens geht es Lefebvre allerdings nicht nur darum, die Bedeutung gesellschaftlicher Raum-Zeit-Konstellationen in den Sozialwissenschaften herauszuarbeiten. Er strebt weitergehend über die Verbindung von Räumlichkeit und Zeitlichkeit

ein transversales Theoriekonzept des Rhythmus an, das geeignet sein könnte, eine der zentralen Kategorien seiner Kritik des Alltagslebens mit philosophischen, natur- und humanwissenschaftlichen Ansätzen transdisziplinär zu verbinden.
Lefebvre hatte die Bedeutung der unterschiedlichen Zeitlichkeiten – der zyklischen und linearen Zeit – schon in früheren Werken betont (vgl. z. B. Lefebvre 1987, 303). Im Kontext der staatlichen Produktionsweise geraten diese Themen in das Zentrum der politischen Debatten:
So gibt es laut Lefebvre einen immer heftigeren Kampf um die Verfügungsgewalt über gesellschaftliche Zeit und gesellschaftliche Räume, um die Möglichkeit der Produktion differenter Zeit- und Räumlichkeit. Für Lefebvre stellt die Entwicklung der Dominanz linear-kumulativer Prozesse im Rahmen der sozialen Reproduktion und deren Loslösung von Zeitstrukturen, die auf natürlichen Rhythmen basieren, ein wesentliches Charakteristikum moderner Gesellschaften dar. So interferieren im Alltag die unterschiedlichen Rhythmen: Zyklen natürlichen Ursprungs werden dabei fortwährend von den gesellschaftlich produzierten linearen und repetitiven Handlungsabfolgen modifiziert und überlagert. Die Untersuchung der daraus resultierenden komplexen Prozesse ist für Lefebvre der Gegenstand der »Rhythmoanalyse« (vgl. Lefebvre 1982, x).
Das Projekt der Rhythmoanalyse stellt – im Gegensatz zur Theorie des staatlichen Raumes – das Element in den Vordergrund, das im Prozeß der Reproduktion der Gesellschaft die Diskontinuitäten und Virtualitäten betont: die Zeit. Auf deren Bedeutung hatte Lefebvre bereits in seiner Metaphilosophie (1975) im Zusammenhang mit der Kritik des Strukturalismus hingewiesen:
»Jedes System hinterläßt ein Residuum, das ihm widersteht und an dem ein effektiver (praktischer) Widerstand ansetzen kann. Besonders die semantische Reduktion, die ein System – den Strukturalismus – zu begründen sucht, kehrt sich um; sie stellt ein überaus wichtiges residuales Element heraus, nämlich nichts geringeres als die Zeit« (Lefebvre 1975, 332).
Durch die Konfrontation der unterschiedlichen gesellschaftlichen Rhythmen und Zeitlichkeiten im sozialen Alltag manifestieren sich die Brüche, an denen sich der Widerstand gegen die Kolonisierung des Alltags festmachen kann und damit die Virtualitäten einer Überwindung der Alltäglichkeit sichtbar werden.

6. Perspektiven

Im Lichte der Praxisphilosophie Lefebvres und wider die Systemtheorien darf gesellschaftliche Reproduktion also nicht als eine reine Repetition von Strukturen mißverstanden werden, sondern als aktiver Re-Produktionsprozeß. Es reicht damit nicht aus, die Gesetze und Strukturen aufzuzeigen, nach denen sich das Soziale wiederholt. Dies führte letztlich nur dazu, die gesellschaftliche Reproduktion als Wirkung eines geschlossenen Systems mißzuverstehen, das von oben herab auf die Individuen hineinbräche. Einer solchen Sichtweise widerspricht Lefebvre:
»Wer an ein System glaubt, befindet sich im Irrtum, denn es gibt keine vollständige, vollendete Totalität. Dennoch gibt es sehr wohl ein Ganzes, das seine historischen Bedingungen absorbiert, seine Elemente aufgesogen und einige Widersprüche bewältigt hat, ohne jedoch die angestrebte Kohäsion und Homogenität zu erlangen« (Lefebvre 1974, 11).
Dies betrifft – trotz aller Bestrebungen seiner Kolonisierung – insbesondere den Bereich des gesellschaftlichen Alltags. Trotz der wachsenden Ausbreitung der Alltäglichkeit bildet auch diese kein durchgängiges »System«, das alle Bereiche des Alltags umfaßt oder erklärt. Aufgabe der Kritik des Alltagslebens ist laut Lefebvre unter anderem der Aufweis, »daß es kein System der Alltäglichkeit gibt, trotz der Bemühungen, es zu bilden und zu schließen« (Lefebvre 1972, 123).
Reproduktion impliziert immer auch ein aktives Element: die sozialen Akteure, die gesellschaftlichen Subjekte und ihre Praxis. Die (Rhythmó-)Analyse und Kritik des Alltagslebens zeigen deutlich den Doppelcharakter, die Ambiguität sozialen Alltags: seine Misere und seine Größe, seine Leere und potentielle, virtuelle Erfülltheit. Einerseits werden im Alltag Prozesse der gesellschaftlichen Kolonisierung sichtbar, Strategien der Unterwerfung gesellschaftlicher Räume unter ein Zentrum, der subjektiven Zeit unter das Diktat kumulativer, linearer Zeitlichkeit: Prozesse der Konditionierung des Individuums, die zur Negation von Subjektivität führen. Gleichzeitig werden jedoch die Brüche deutlich, zeigt sich, wo Widersprüche des gesellschaftlichen Alltags Virtualitäten gesellschaftlicher Veränderung eröffnen. Damit kommt die Frage des gesellschaftlichen Subjekts und seiner Konstitutionsbedingungen, die Frage der Bedingungen für die Herstellbarkeit

gesellschaftlicher Bewußtheit in das Zentrum der Diskussion um die Theorie der gesellschaftlichen Reproduktion. Damit geht es vorrangig um die Frage der Formulierung von konkreten Alternativen zu dominanten Prozessen der Kolonisierung.

Reproduktion ist in diesem Kontext nur begreifbar als widersprüchliche Einheit von Repetition (Mimesis) und Kreation (Poiesis). In ihr manifestieren sich somit nicht nur die Wiederholung der Macht- und Herrschaftsbeziehungen, sondern auch die Virtualitäten sozialer Veränderung (vgl. Lefebvre 1972, 31), die aufzuzeigen das Projekt seiner theoretischen Bemühungen ist: »Es gibt keine absolute, identische Wiederholung. Identität ist nur eine Fiktion der Logik. Daher die Beziehung zwischen Wiederholung und Differenz: Neues, Unvorhergesehenes fügt sich in das Repetitive ein« (Lefebvre in: Prein/Sünker 1991, 103).

Henri Lefebvres Theorie der Reproduktion ist somit – trotz des Aufweises der Gefahren gesellschaftlicher Sklerose – immer auch eine Theorie des sozialen Wandels, der Produktion von Gesellschaft – selbst wenn Lefebvre in steigendem Maße zu der Überzeugung gekommen war, daß die »Revolution auch nicht mehr (ist), was sie einmal war«.

Literatur:

Giddens, A. (1988), *Die Konstitution der Gesellschaft. Grundzüge einer Theorie der Strukturierung*, Frankfurt/M.
Hess, R. (1988), *Henri Lefebvre et l'aventure du siècle*, Paris.
Lefebvre, H. (1972), *Das Alltagsleben in der modernen Welt*, Frankfurt/M.
– (1974), *Die Zukunft des Kapitalismus. Die Reproduktion der Produktionsverhältnisse*, München.
– (1975), *Metaphilosophie. Prolegomena*, Frankfurt/M.
– (1976a), *De l'Etat, Bd. I: L'Etat dans le monde moderne*, Paris.
– (1976b), *De l'Etat, Bd. II: De Hegel à Marx par Stalin (la théorie marxiste de l'Etat)*, Paris.
– (1977), *De l'Etat, Bd. III: Le mode de production étatique*, Paris.
– (1978a), *De l'Etat, Bd. IV: Les contradictions de l'Etat moderne*, Paris.
– (1978b), *Einführung in die Modernität. Zwölf Präludien*, Frankfurt/M.
– (1980), *Une pensée devenue monde... Faut-il abandonner Marx?*, Paris.
– (1981), *Critique de la vie quotidienne III. De la modernité au modernisme (Pour une métaphilosophie du quotidien)*, Paris.
– (1982), »Interview«, in: *Le Monde Dimanche* vom 19.12.82. S. x.

- (1987), *Kritik des Alltagslebens. Grundrisse einer Soziologie der Alltäglichkeit.* Mit einem Nachwort zu dieser Ausgabe von B. Dewe/ W. Ferchhoff/H. Sünker, Frankfurt/M.
- (1989), *La somme et le reste*, Paris.
-/ Le groupe de Navarrenx (1990), *Du contrat de citoyenneté*, Paris.
Prein, G./Sünker, H. (1991), »Henri Lefebvre zum 90. Geburtstag, in: *Neue Praxis* 21 (H. 2), S. 95-105.
Schmied-Kowarzik, W. (1989), »Kritische Philosophie der gesellschaftlichen Praxis. Die Marxsche Theorie und ihre Weiterentwicklung bis in die Gegenwart, in: Stachowiak, H. (Hg.), *Pragmatik. Handbuch pragmatischen Denkens, Bd. III*, Hamburg.
Sünker, H. (1989), *Bildung, Alltag, Subjektivität*, Weinheim.

# Russell F. Farnen
Politik, Bildung und Paradigmenwechsel: jüngste Trends in der Kritischen Pädagogik, in den politischen Wissenschaften, der politischen Sozialisation und in der politischen Bildung in den Vereinigten Staaten

Im Kontext des US-amerikanischen Bildungssystems antwortet dieser Beitrag auf drei Fragen, und zwar: 1) was sind einige der neuesten und wichtigsten Richtungen der kritischen Sozialwissenschaft und der radikalen Pädagogik in ihrer Analyse der Sozialstruktur, von Kultur und von Individual- und Gruppenverhalten? 2) Decken sich in den Vereinigten Staaten diese Trends (wie z. B. die ethnographische Forschung und Alltagspolitik) mit aktuellen Entwicklungen in den Bereichen von politischer Wissenschaft, politischer Sozialisation und Bildung? 3) Besteht irgendeine Chance, daß kritische Bildungsstudien einen nachhaltigen Einfluß auf die Lehrpläne, auf die Forschung oder auf die Theoriebildung der amerikanischen politischen Wissenschaften, Sozialisation oder Bildung haben werden? Der Beitrag wird schließlich mit einer allgemeinen Diskussion solcher Trends und von Schlußfolgerungen enden, die sich aus ihnen ableiten lassen. »Kritische« Bildungstheorie meint im hier dargestellten Kontext verschiedene Gruppen von radikal-demokratischen, neuen linken, neomarxistischen und rekonzeptualistischen Kritikern sowohl des klassischen und sozialliberalen als auch des neokonservativen Entwurfs von Erziehung und Bildung, d. h. von Kritikern, die in Opposition zu jenen stehen, die Partei nehmen für Positionen, die Tomas Englund an anderer Stelle in diesem Band als ihre »patriarchalischen« und »wissenschaftlich-rationalen« Diskurse über Erziehung nennt.

A. Das US-amerikanische Bildungsklima: der gegenwärtige Kontext

Wie konservativ gibt sich gerade die amerikanische politische Kultur und wie stark beeinflußt die private Wirtschaft die amerikanischen Schulen? Gegenwärtig befinden sich die Vereinigten Staaten inmitten einer neuen Bildungsrevolution, die sich um die Entwicklung eines nationalen Curriculums dreht (Smith et al. 1990). Jene Bemühungen werden begleitet und verstärkt werden von bzw. durch solche weitreichenden Maßnahmen wie nationale Tests und Leistungsberichtskarten (was urspünglich viele der damals beteiligten Experten befürchteten, als das Programm der nationalen Beurteilung der Lernfortschritte Mitte der 60er Jahre begann, siehe Anderson et al. 1990). Dieses Programm ist jedoch angesichts bescheidener Bundesmittel für Bildungsprojekte lange verzögert worden. Die Vereinigten Staaten genießen nun die Wohltaten eines Präsidenten, der sich selbst der »Bildungspräsident« nennt[1]. Sein erklärtes Ziel ist es, die Vereinigten Staaten zur führenden Nation im Hinblick auf die Schulleistungen in den Naturwissenschaften, in Mathematik und in anderen wirtschaftsorientierten Qualifikationen wie Lesen und Schreiben zu machen. Zum Glück für Politiklehrer hat er Ziel und Zeitpunkt der radikalen Reform des Curriculums für das Fach Staatsbürgerkunde noch nicht festgelegt (im Gegensatz zu einigen Mitarbeitern in der Verwaltung). Die Verwaltung zieht es vor, die Revisionen auf die Fächer Erdkunde und Geschichte zu konzentrieren, wahrscheinlich weil sie im Vergleich zu Sozialwissenschaften und Staatsbürgerkunde als die »soliden« Fächer gelten – ein Trend, der den konservativen Regierungen in Großbritannien, Finnland, Kanada und in einigen US-Staaten wie Kalifornien gemeinsam ist. Das konservative Klima in den USA spiegelt sich wider in weit verbreiteten, auch in der Regierung vorfindlichen Auffassungen über Bildung und Erziehung, Leistungstests und über die Rolle der Wirtschaftsunternehmen in den Schulen. Es kommt auch in der gegenwärtigen Euphorie über den Geschichtsunterricht und in einheitlichen Vorstellungen über die bürgerliche Gemeinschaft (civitas), die amerikanische Verfassung, zum Ausdruck, und das Klima verlangt nach Aufklärung über und Erziehung zur Demo-

---

[1] (Anmerkung der Hg.: gemeint ist G. Bush).

kratie, allerdings über die Geschichte der Demokratie und nicht in ihrer gegenwärtigen Verfassung. Zum Beispiel zielt Präsident Bushs Bildungsreformvorschlag »Amerika 2000« auf die staatliche wie örtliche Umsetzung konservativer Programme ab (wie z. B. »Kernkompetenzen«, »Belesenheit«, »Bildungswahlfreiheit«, »Flexibilität«, »Verantwortlichkeit« und »einheitliches« bundesweites Testen der Leistungen). Bush schlägt vor, 535 »neue amerikanische Schulen« für die Reform auszuwählen (das entspricht genau der Zahl der Kongreßabgeordneten und weniger als 1% der 110000 Schulen in den USA). Der Präsident möchte ferner, daß die Wirtschaftsunternehmen »die amerikanische Schule neu erfinden«. Auf diese Weise möchte er den »amerikanischen Genius entfesseln«, um die Schulen umzustrukturieren. Ebenso empfiehlt er den Bildungserneuerern, alle traditionellen Annahmen über Schulbildung und all die Restriktionen, unter denen herkömmliche Schulen arbeiten, zu ignorieren. Jedoch darf dies alles nicht mehr Geld (der Bundesregierung) kosten. In seiner von Optimismus triefenden Rhetorik verkündet er schließlich das Ziel, daß »bis zum Jahr 2000 alle Kinder in Amerika die Schule beginnen werden mit der Bereitschaft zu lernen« (Tirozzi 1991).
Innerhalb der nationalen Bildungsziele legt die derzeitige Elite besonderen Nachdruck auf das Leistungsniveau in den Naturwissenschaften und in Mathematik. Andere Kompetenzen in anspruchsvolleren Fachinhalten schließen Englisch, Geschichte und Geographieunterricht ein, in denen Fähigkeiten wie »logisches Denken, Probleme lösen, Wissen anwenden, Schreiben und effektive Kommunikation« ebenfalls angestrebt werden. Das nationale Zentrum zur Beurteilung des Lernfortschritts (National Assessment of Educational Progresss, NAEP) veröffentlicht bereits Rahmeninhalte und Leistungsstandards für diese Fächer. Ein nationales Curriculum und Testprogramm würde die NAEP Standards zugrunde legen, und für jeden Staat würden Berichte über die Leistungsprofile angelegt. Die Debatte über die Schaffung eines nationalen Bildungsmodells (in Anlehnung an ähnliche Modelle in Japan, Frankreich oder in Staaten wie Kalifornien) heizt sich gegenwärtig auf. Sogar die Führer der amerikanischen Lehrergewerkschaft unterstützen ein nationales Curriculum, das auf Kompetenzen aufbaut und Vertrauen zu schaffen verspricht. Wichtige Fragen (wie z. B.: wessen Ziele, wessen Curriculummaterialien, verantwortlich gegenüber wem, mit welcher Flexibilität,

mit welchen Implikationen für wen, unter wessen Kontrolle) werden erst jetzt diskutiert.
Zur Debatte steht die Fortdauer der pluralistischen (öffentlichen wie privaten) und demokratischen (staatlichen wie kommunalen) Kontrolle der Bildungsentscheidungsprozesse in der Gesellschaft. Die Notwendigkeit, bestimmte Bildungsbürokratien in ihrer derzeit in Bundesstaaten und Gemeinden bestehenden Form zu demontieren, wird gerade diskutiert. Neue öffentliche Agenturen wären zu schaffen, deren Aufgabe es wäre, neue Rahmenbedingungen zu entwerfen, Standards zu entwickeln, zu revidieren, zu überwachen und zu koordinieren, Modelle zu entwickeln und die Ergebnisse zu begleiten und vorzustellen. Ebenso wird die Tatsache debattiert, daß landesweite Standards und Tests dazu führen werden, sich im Unterricht an ihnen zu orientieren oder sich rigide an einen entsprechenden Lehrplan zu halten. Solche Lehrvorgaben verpflichten in der Regel über die beschriebenen Lerninhalte hinaus auf bestimmte pädagogische Werte und Erziehungsmaßstäbe. So ignoriert z. B. der Rahmenlehrplan des Staates Kalifornien für Geschichte und Sozialwissenschaft die sozialwissenschaftliche Perspektive zugunsten des historischen Ansatzes. Dies korrespondiert mit bundesweiten Trends. Die Rolle der Prüfungen ist in jedem neuen System virulent. Papier und Bleistift, Aufsatz und multiple-choice-Prüfungen sind nicht die einzigen verfügbaren Optionen. Erfahrungen mit authentischeren Testbögen (in Großbritannien, den Niederlanden und einigen US-Staaten) haben neue Evaluationsformen hervorgebracht, die mehr als bloße Faktenwiedergabe messen. Offene Fragen evaluieren Problemlösen, Datenanalyse, analytisches Schreiben, Kreativität, Experimentierfähigkeit und Sprachvermögen. Allerdings bleiben die alten Probleme: wie solche Tests konstruiert, wie die Ergebnisse dargestellt und wie Schüler, Lehrer und Systeme auf der Basis ihrer Resultate (und ihrer inhärenten Anti-Minoritätsverzerrungen) in eine Rangfolge gebracht werden, um nur einige Beispiele der dazugehörigen, aber selten diskutierten langfristigen Testrätsel zu nennen.

1. Die Debatte zwischen Rechts/Links versus Mitte

Aronowitz und Giroux (1985) zufolge haben die rechten Kritiker Amerikas Krankheiten falsch diagnostiziert, die falschen Lösungen angeboten und fälschlicherweise Bildung und Erziehung für das gegenwärtige gesellschaftliche Elend verantwortlich gemacht. Die Schulen seien nicht verantwortlich für hohe Arbeitslosigkeit, stagnierende Produktivität, ausländische Konkurrenz, Budgetdefizit und wachsende Kluft zwischen reich und arm. Sogar die propagierten Lösungen seien irrelevant, da die derart polarisierte, dienstleistungsorientierte und ungebildete Gesellschaft des aufstrebenden Amerika nichts mit den konservativen Erziehungsvorstellungen gemein habe. Die Bildungskrise der Gegenwart sei ebenso sehr eine Ursache für die Verarmung von Gemeinden und Staat und für schrumpfende Ressourcen wie sie ein Resultat philosophischer und organisatorischer Verwirrung sei. Wirtschaftliche Kontrolle von Bildung und Erziehung als Heilmittel der Neuen Rechten übe Verrat an der ethischen und öffentlichen Bestimmung der Schule als Ort des Lernens über Bürgerbeteiligung, Demokratie und moralische Zwecke. Durch die Hervorhebung ökonomischer Ziele vertuschten die Konservativen den Charakter der Schulen als Schauplatz des Klassenkonflikts, als Ort des Versagens der unteren Sozialschichten und als Zeuge des Scheiterns einer konsensorientierten Politik. Auf diese Weise zerstöre die Neue Rechte die moralische und politische Grundlage für öffentliche Schulen. Ohne einen Demokratisierungsauftrag sei die öffentliche Unterstützung und Finanzierung staatlicher Schulen außerordentlich gefährdet. Eine neue öffentliche Erziehungsphilosophie (die auf einer Theorie demokratischer Staatsbürgerschaftserziehung zu individueller und gruppenbezogener Ermächtigung basieren müsse) sei nötig, um das erforderliche Gegengift gegen die konservative Vergiftung der amerikanischen Bildungsbrunnen bereitzustellen (ibid., S. 201-206).

2. Die Politische Ökonomie der Bildung:
der Ansatz von Carnoy und Levin

Carnoy und Levin (1986) haben ebenfalls die neueren Entwicklungen im amerikanischen Bildungs- und Erziehungssystem im Zusammenhang mit der Bevölkerungsentwicklung und den produktiven Kapazitäten analysiert. Sie behaupten den Fortbestand der scharfen Konflikte zwischen den kapitalistisch-reproduktiven und den demokratisch-egalitären Triebkräften in der amerikanischen Gesellschaft. Ein Beispiel für eine tickende soziale Zeitbombe in dieser Gesellschaft sehen sie in der Tatsache, daß die stärker wachsenden Minderheiten in einigen Staaten (wie z. B. Kalifornien) bereits fast die Hälfte der Schulbevölkerung stellen. Darüber hinaus gelte mindestens ein Drittel – und dies mit wachsendem Trend – der Schulbevölkerung aus Gründen der Rassenzugehörigkeit, kürzlicher Einwanderung oder der Klassenherkunft als sozial benachteiligt. Solche Daten wiesen auf die Existenz einer neuen Unterschicht hin, die auf die Anforderungen des Arbeitslebens schlecht vorbereitet sei, und auf eine soziale Gruppe, die weder der Staat noch Wirtschaftsinteressen für längere Zeit ignorieren könnten, wenn es um die Bereitstellung von einem Mehr an sozialer Gerechtigkeit und Gleichheit oder an gleichen Zugangschancen zu Bildung gehe (ibid., S. 44 f.). Carnoy und Levin ordnen darüber hinaus die Rekonstruktionsanalytiker des Bildungswesens (reconceptual analysts of schooling) einerseits in die Autonomie – und Funktionalismusvarianten ein, die jeweils annehmen, daß Schulen abgetrennt von Wirtschaft und Gesellschaft operieren (z. B. Dewey, Bourdieu, Apple und Giroux), und andererseits in jene Theoretiker, die Bildung als einen Prozeß der Produktion von »Humankapital« auffassen, der quasi als Nebenprodukt die Klassenverhältnisse in Übereinstimmung mit den ökonomischen und sozialen Erfordernissen der Gesellschaft reproduziert (siehe Carnoy und Levin 1986, Bowles und Gintis 1976). Die kritischen Autonomieanalytiker finden ebenfalls die Arbeitsplatzkultur im Curriculum und in der Ideologie der Schule wieder abgebildet; sie insistieren jedoch darauf, daß Schule unabhängig von ökonomischer Produktion stattfindet und deshalb Werte erzeugt, die außerhalb der übrigen Gesellschaft angesiedelt sind. Die kritischen Funktionalisten betonen Korrespondenz und Reproduktion. Allerdings unterscheiden sie sich durch unterschiedliche Begriffsinhalte und dahinterstehende Ideenkonzepte wie etwa von Natur und vom historischen Zweck der Gattung Mensch, der Gesellschaft und der Regierung sowie vom Fortschrittsbegriff. Gleichzeitig tun sie beobachtete Unterschiede zwischen Schule und Gesellschaft kurzerhand als trivial ab. Carnoy und Levin bestehen auf der Idee, daß insofern eine paradoxe Beziehung zwischen Schule und Arbeit besteht, als sie beides sind, nämlich gleich und verschieden. Schule sei etwas von Arbeit Verschiedenes, weil »formale Bildung nicht nur die grundlegende Quelle von Werten und Normen unter Jugendlichen sei, sondern auch von Fertigkeiten und Fertigungspraktiken«. Dennoch, »weder die Praktiken noch die Ergebnisse von Schule korrespondierten unmittelbar mit den Arbeitsstrukturen und -praktiken« (ibid., S. 37).

Die Dynamik sozialer Konflikte veranlasse demokratische Strömungen, die über den Staat operierten, die Geschwindigkeit sozialen Wandels, Arbeitsplatzgleichheit, wirtschaftliche Sicherheit und Partizipation in Entscheidungsprozessen zu erhöhen. Dieselben Kräfte seien sich aber in den Schulen, in denen die Macht konkurrierender Gruppen entscheide, in welche Richtung das Pendel schwinge (kapitalistisch oder demokratisch), uneins. Der Einfluß der kapitalistischen Produktionsweise und Klassenkonflikte komme im hegemonischen bürgerlichen Staat zum Ausdruck. Doch spiele der moderne Staat auch eine tragende interventionistische Rolle im Produktionsprozeß, gleich der in den Schulen. Bildung und Erziehung werde als »verantwortlich gesehen für Gerechtigkeit und Gleichheit und einem im innersten ungerechten und ungleichen Produktionssystem«. Die Rolle des Bildungswesens sei es, Ungleichheit zu reproduzieren während es versuche, Gleichheit herzustellen, wodurch es ideologische Konflikte über Status, Eigentum und Macht provoziere. Da solche institutionellen Konflikte systemweit bestehen, könne das Bildungswesen andere gesellschaftliche Institutionen, die unter dem Zwang der Kapitalakkumulation agieren, beeinflussen, aber auch durch sie beeinflußt werden.

Obwohl demokratische Schulen Arbeitnehmer und Bürger auf ihre Lebensrolle vorbereiten müßten, stehe die Aufklärung der Schüler über Chancengleichheit, Menschenrechte, bürgerliche Freiheiten, Partizipation und Rechtsprechung in direktem Gegensatz zu arbeitsbezogenen »Fähigkeiten und Persönlichkeitsmerkmalen, die sie in die Lage versetzen, in einem autoritären Arbeitsregime zu funktionieren. Dies verlangt die Vereinigung gerade der politischen Rechte, die gute Bürger auszeichnen« (ibid., S. 41). Wenn soziale Bewegungen stark seien, könnten sie den Trend zu gleichen Rechten und Chancen fördern; seien sie schwach, so würden die Wirtschaftsinteressen dominieren und die Reproduktionsaufgaben sowie Ungleichheiten in den Vordergrund rücken. Perioden wirtschaftlicher Expansion und relativer Prosperität erlaubten es sozialen Gruppen, stärkeren Einfluß auszuüben als es in Phasen von Schrumpfung und Kürzungen möglich sei. Während der 80er Jahre hätten Bildungsreformen mehr Wettbewerb, Strenge, Leistungsentlohnung, hohe Standards und grundlegende Fertigkeiten sowie verbesserte Lehrerbildung, längere Schulzeiten, Tests, Hausaufgaben, Effizienz und Produktivität propagiert. Der zuvor übliche Nachdruck auf »Gleichheit, Gerechtigkeit und offenen Zugang« sowie auf kompensatorische Erziehung für benachteiligte, lernbeeinträchtigte, zweisprachige oder Minderheiten angehörende Schüler sei vergangen. Bildungsgutscheine, Steuerstundungen, Marktkonkurrenz, Unterstützung privater Schulen, Steuervergünstigungen und die Betonung einer an den Neuen Technologien und Computerfertigkeiten orientierten Ausbildung seien propagiert worden, um den vorangegangenen demokratischen Reformen ein Ende zu setzen. Effizienz, Wettbewerb, Disziplin, Fertigkeiten, Leistungsstandards und besseres Bildungsmanagement wurden die neuen Parolen in den durch Reagan und Bush geprägten Jahren der Kürzungen im und der hegemonialen Kontrolle über das Bildungswesen (ibidem, S. 41-45).

3. Die Notwendigkeit einer Theorie des Staates: Macpherson

Die kontinuierliche Betonung der Schlüsselrolle des Staates im Produktions- und im Bildungssektor durch kritische Sozialwissenschaftler führte Politikwissenschaftler wie Macpherson (1977) zu der Frage, ob es nicht erforderlich sei, über die geläufigen Erklärungen politischer Prozesse hinauszugehen und eine revidierte Staatstheorie entlang der überragenden klassischen Traditionen großer Theoretiker wie Bodin, Hobbes oder Hegel zu entwickeln. Während Macpherson zufolge die damalige (1970er) Mixtur von liberalen Demokraten und empirischen sowie normativen Theoretikern einen solchen Theoriebedarf verneinte, wurde er von Sozialdemokraten und Marxisten bejaht. Seine früheren Ausführungen über »zeitgenössische marxistische Lehren für die liberaldemokratische Theorie« sind immer noch aufschlußreich. Er argumentierte, daß »es eine Menge von ihnen [den marxistischen Lehren, d. Hrsg.] zu lernen gebe. Sie sehen nämlich viel klarer als andere Theorien, daß es die Beziehung zwischen Staat und bürgerlicher Gesellschaft ist, die untersucht werden muß, und sie untersuchen sie [die Beziehung, d. Hrsg.] gründlich«. Dies unterscheidet sich wesentlich von liberaler Theorie, die beide, den bürgerlichen Staat und die bürgerliche Gesellschaft, unkritisch als eine Einheit akzeptiert (ibid., S. 61-67). Die ähnlich argumentierenden Arbeiten von Offe und Ronge (1975), Carnoy (1984 und 1985) und Fischer (1990) werden als Ausdruck dieses Trends weiter unten ausführlicher diskutiert.

B. Einige grundlegende und gegensätzliche Sichtweisen innerhalb des amerikanischen Paradigmenstreits (reconceptualism): Anyon, Apple und Giroux

1. Eine neue Staatsbürgerkunde und der heimliche Lehrplan

In ihrem kontrastierenden Vergleich der radikalen Schul- und Gesellschaftsanalysen in Großbritannien und den Vereinigten Staaten arbeiten Arnot und Whitty (1982, S. 93-103) drei Eigenheiten des amerikanischen Ansatzes heraus. Diese sind a) die Kombination von Schulkritik und pädagogischen Interventionen zugunsten sozialen Wandels, b) ein Bekenntnis zu »intellektuellem und methodologischem Pluralismus« und c) ein interaktives Verhältnis zwischen Theorie und empirischer Forschung. Diese theoretischen Konstrukte sind nicht nur einem europäischen theoretischen Unterbau verbunden, sie sind vielmehr von ihm abhängig. Sowohl Apple als auch Giroux kritisieren die »monolithischen« Auffassungen der strengen Korrespondenztheorie. Die vermittelnde Rolle der Schulen und der Widerstreit gegen Herrschaft, die dort praktiziert werden, verdeutlichen den aktiven Streit, den Kampf und die Widersprüche, die sowohl im Bildungssystem wie

am Arbeitsplatz aufbrechen. Die Rolle von Schule, gesellschaftstranszendierend zu wirken, öffnet die Möglichkeit des Wandels und der emanzipatorischen Rekonstruktion von Schule und Gesellschaft.
Die Arbeiten von Anyon, Apple und anderen Autoren zeigten, daß Schulbücher Konfliktfreiheit vorgaukelten, die Gesellschaftsordnung legitimierten und Stabilität sowie soziale Harmonie statt »schäbiger« Realität betonten. Die Verzerrungen, »Unterlassungen« und falschen Wahrnehmungen wie Darstellungen in Schulbüchern sind durch die Realitäten des gesellschaftlichen Lebens geformt, in dem die machtlosen Gesellschaftsmitglieder keine wichtige Rolle spielen; dies wiederum verstärkt ihre Machtlosigkeit. Schulbücher verbreiten eine Ideologie, die geschaffen wurde, um Meinungen zu beeinflussen, und die selbst entziffert werden muß. Der Prozeß, der die Textbuchproduktion zu reiner Warenproduktion verkommen läßt, schließt Verleger, Textbuchautoren, Leser und andere wichtige Interaktionen ein, die mehr sind als das, was die reine Reproduktionstheorie wahrhaben will (ibid., S. 96 f.; Anyon 1979, 1980).
In ähnlicher Weise illustriert der geheime Lehrplan als ein sozialisierender Einfluß die implizite und verdeckte Übertragung von Werten, Glaubenssätzen, Einstellungen, Normen und Verhaltensweisen durch Lehrplanstrukturen und durch die gesellschaftlichen Verhältnisse in den Schulen. Um es noch einmal zu sagen: das einfache ökonomische Korrespondenzmodell von Bowles und Gintis erklärte nicht die Konflikte, Widersprüche und Diskontinuitäten sowohl innerhalb des Schulsystems als auch zwischen Schulsystem und Wirtschaft, die annahmegemäß durch das Bildungssystem vertrauensvoll reproduziert wurde. Gemeinsam mit Willis erkannten Apple, Giroux und andere, daß die starken Spannungen und Widersprüche im Schulsystem nahelegten, die Schulen als potentiellen Ort für Innovation, Wandel und Transformation anzusehen. Wie Arnot und Whitty feststellen, erlaubte diese Sichtweise die Entwicklung einer komplexeren Theorie durch Anyon et al., einer Theorie »der Reproduktion von Konflikten statt der bloßen Aufrechterhaltung von Herrschaft«. So zeigt z. B. Anyon in seiner Studie von Schulklassen in fünf Grundschulen an der Ostküste auf, inwieweit Widerstand und Kampf gegen die traditionelle Schule unter Schülern unterschiedlicher sozialer Herkunft sowohl gleich wie auch unterschiedlich

sind (Anyon 1983). Da eine kritische Pädagogik, die solche Widersprüche lösen oder verwandeln könnte, immer noch fehlt, hat Giroux vorgeschlagen, über den Reproduktionsansatz und seine Kritik hinauszugehen und den Schwerpunkt auf systemüberwindendes, befreiendes und emanzipatorisches Handeln zu legen. In dieser Hinsicht schließt sich ihm Apple an, der es ebenfalls für möglich hält, mittels des Schulsystems gegen den Aufwand an technischen Kontrollen zu intervenieren, die Lehrer einengen und die geschaffen wurden, um willfährige Konsumenten für die Waren des ökonomischen Systems heranzuziehen. Anyons Schuluntersuchungen haben ebenfalls die Transformationspotentiale von Durchsetzungs- und Widerstandsstrategien sowie von Gegenherrschaft offenbart. Wie Apple gesteht auch Anyon jedoch zu, daß diese Möglichkeiten begrenzt sein dürften auf bestimmte Schulklassen, Lehrer, Schulen und Standorte, da Lehrpläne, Schulklassen und soziale Erwartungen mit dem Curriculum variieren, das gerade in Gebrauch ist. Darüber hinaus kommen die Dimensionen von Geschlecht und Rasse genauso ins Spiel wie die der sozialen Schicht, wenn solche Transformationsmöglichkeiten in Betracht gezogen werden. Dies ist durch ethnographisch angelegte Bildungsforschung hinreichend offengelegt worden (ibid., S. 98-102).
Giroux' Arbeit (1981a) versucht, über die strukturfunktionalistische und reproduktive Theorie hinauszugehen »zu einer radikalen Pädagogik, die kritische Erziehungswissenschaft mit der Notwendigkeit sozialer Aktion im Interesse von individueller Freiheit und gesellschaftlicher Rekonstruktion verbindet« (ibid., S. 7f.). Die reproduktive Rationalität sei nützlich aber defizitär, und zwar wegen ihres »einseitigen Determinismus, ihrer vereinfachenden Auffassung der Mechanismen der sozialen und kulturellen Reproduktion in den Schulen, ihrer ahistorischen Interpretation menschlichen Handelns und schließlich wegen ihrer grundlegend anti-utopistischen Haltung gegenüber radikalem gesellschaftlichem Wandel« (ibid., S. 14). Das simple Korrespondenz- oder »black box«-Modell von Schule vereinfache zu sehr eine Sichtweise, daß Lehrer und Schüler/innen Wissen produzieren und bewahren. Widerstand, die dialektische menschliche Handlung, Widersprüche, Vermittlungen und Opposition sind Teil des Prozesses der Neuerschaffung und Veränderung der gesellschaftlichen Ordnung und nicht nur dessen Spiegelung. Ideologische

Vorherrschaft kann mit schulischer Kultur und Widerständigkeit verbunden werden, um Herrschaftspraktiken zu entlarven, Transformationsmöglichkeiten zu erkunden, strukturelle Grenzen bloßzulegen, um Widersprüche im täglichen Leben der Lehrer und Schüler offenzulegen und eine radikale Pädagogik zu entwickeln, die den Schülern erlauben wird, die Quellen und Grenzen eines sinnstiftenden Diskurses zu entdecken. Giroux ist der Ansicht, moderne Pädagogik sei »atheoretisch, ahistorisch und unproblematisch«, so daß ihre positivistischen Ergebnisse technologisch gesehen solide, aber undemokratisch und nicht emanzipatorisch seien. Ein neues Curriculum müsse von den Alltagserfahrungen der Schüler sowie von historischer und gesellschaftlicher Dialektik ausgehen. Es müsse zudem reflexiv, kritisch und rekonstruktiv sein sowie demystifizieren und transzendieren (ibid., S. 37, 107, 123, 130-132, 143; Wood 1982, S. 63-71; Popkewitz 1983).

Wie Wood (1982) ausführt, besteht ein Teil des Problems mit Apple, Giroux, Anyon und anderen radikalen Kritikern im Problem der Kommunikation und Übersetzbarkeit der Theorie in eine Sprache der Erziehungspraxis und in praktisches Handeln. Als Antwort darauf führt z. B. Apple die These ein, Lehrer könnten ihr Arbeitsleben selber verändern. Sie könnten dann Kontrolle und Autonomie über ihren Unterricht zurückgewinnen und sich in direkter politischer Aktion gegen solche Vorschläge wie Steuerkredite oder Bildungsgutscheine zur Einführung von individueller Wahlfreiheit in das Bildungssystem engagieren. Indem Revisionen des Geschichtscurriculums, Arbeitsdemokratie und feministische Programme unterstützt und dem »Besitzindividualismus« durch Verweis auf gelebte studentische Kultur begegnet wird, werden weitere Reformmöglichkeiten eröffnet, die das »Gleichgewicht der Kräfte in dieser spezifischen Arena« herausfordern werden (Apple 1982a, S. 88-90, 130-134).

Apple billigt ferner die Wiederentdeckung der heuristischen Kraft der Geschichte, so wie er auch die gegenwärtigen Formen der gesellschaftlichen Verhältnisse in einen historischen Zusammenhang stellt. In seiner Reaktion auf klassische, elitäre und konservative Schulkritik fördert er die ernstgemeinte Berücksichtigung »kritischer Belesenheit«, d. h. das Verständnis unterschiedlicher Traditionen und Erzählungen (die normalerweise vom Schulunterricht ausgeschlossen sind), und er unterstützt »ein demokratisches Curriculum«. Dies schließt die Fähigkeit ein, Wissen und Kenntnisse in eigenem Interesse zu nutzen und gleichzeitig in der Lage zu sein, »gut informiert persönliche und politische Entscheidungen zu treffen und für das Gemeinwohl tätig zu sein«. Mit Blick auf die Schulverwaltung empfiehlt er demokratische Reformen, um das Management der Einzelschule, ein Mehr an lokaler Initiative und Kontrolle, mehr Freiheit und Flexibilität, dezentralisierte Prüfungen sowie Schulbuchwahl und weniger Bildungsbürokratie abzusichern. Andere Strategien, die er vorschlägt, sind: mehr kollektive und kooperative Teamarbeit unter Lehrern, Freisemester und Weiterbildungsphasen und Lehrerkontrolle über Lehr- und Lerninnovationen. Erhöhung der Gehälter, Bewertung durch Mitschüler und intensivere Kontakte zwischen Schulen und Universitäten in Verbindung mit neuen Beurteilungs- und Bewertungsmaßstäben sowie die Herausforderung der Schüler durch anregende Lernumgebungen gehören zu seinen weiteren Vorschlägen für die Entwicklung eines demokratischeren Ambiente im Bildungswesen. Machtzuwachs seitens der Schüler, Gegenherrschaft und die Entschleierung beschreiben weitere Züge dieses Curriculums sozialer Bewußtheit (ibid., S. 11, 189-195).

C. Andere Trends in kritischer Sozialwissenschaft und Bildungstheorie

1. Einige allgemeine Beobachtungen

Kritische Bildungstheorie, radikale Konzepterneuerer und neomarxistische Schultheorie in den USA, Schweden, Großbritannien, Frankreich und Deutschland stellen den ernsthaften und nützlichen Versuch dar, das, was Schulen in modernen und nachindustriellen Gesellschaften tun, intellektuell zu entschlüsseln. Wenn auch zwischen diesen Theoretikern keine universelle Übereinstimmung über Details des ökonomisch-politisch-kulturell-bildungssystemischen Konnexes besteht, so gibt es doch bestimmte Basiskonzepte, die in ihren Schriften mit bemerkenswerter Häufigkeit und mit Nachdruck erscheinen und wiedererscheinen. Diese umschließen Begriffe, Prozesse und Konzepte wie z. B. gesellschaftliche Reproduktion, qualitative und ethnographische Methoden, Korrespondenzthese, den heimlichen Lehrplan, Diskurse, Widersprüche, Widerstand, institutionelle Schauplätze, menschliches Handeln, Penetration, Grenzen, ideologische Hegemonie, soziales und kulturelles Kapital, Dequalifizierung, Kritik des Modernismus, postindustrielle Gesellschaft, Positivismus, Strukturalismus und Funktionalismus, Ungleichheit und Unterdrückung, die Nützlichkeit dialektischer Spannungen, Aufklärung, Befreiung und Umgestaltungspraxis; sie schließen auch die kritische Bedeutung von Gemeinschaft, sozialer Klasse, Geschlecht und Rasse als Kriterien ein, die der Identifikation gesellschaftlicher Unterdrückung an verschiedenen kulturellen Orten und in unterschiedlichen gesellschaftlichen Praxen dienen. Drei bedeutende Denkschulen sind dem ökonomisch-reproduktiven Modell, dem kulturell-reproduktiven Modell und dem Reproduktionsmodell staatlicher Hegemonie verpflichtet. Das politökonomische Modell (Bowles und Gintis 1976, 1986 und 1988) ist das dominante theoretische Modell für den »geheimen Lehrplan«, für die Bildungspolitik und für ethnographische Forschungen. Bowles und Gintis nutzen die Korrespondenztheorie, um die Praktiken in den Schulräumen mit den Erfordernissen und Bedürfnissen des Arbeitsplatzes gleichzusetzen. Die gesellschaftliche Arbeitsteilung und die Klassenstruktur werden in den Schulen abgebildet. Der »geheime Lehrplan« in den Schulen legitimiere die Autorität, die Regeln, Werte, Rationalität und Machtbeziehungen des Arbeitsplatzes. Intellektuelle, hierarchische und die Konkurrenz fördernde Aufgaben werden höher bewertet als manuelle, demokratische oder Gruppenprozesse. Schüler lernen lesen, schreiben und addieren zum Zwecke produktiver Arbeit, um sich anständig zu benehmen, die Arbeitserwartungen zu erfüllen und um die von der kapitalistischen Ordnung auferlegten Regeln und Hierarchien zu respektieren. Dieser Analyse fügt Althusser (1971) eine ideologische Dimension hinzu. Die Alltags»kultur« der Schule ist ein Aspekt dieser Ideologie. Deren Dimension von »Unbewußtheit« ist in den »Bedeutungen, Repräsentationen und Werten« zu finden, die schulischen Praxen, gemeinsamen Bildnissen, Strukturen und Konzepten zugrunde liegen. Baudelot und Establet (zitiert in Giroux 1983) interpretieren Schulen als Ort des ideologischen Konflikts, der Quellen entstammt, die außerhalb der Schulen sprudeln. Klassenkultur wird als die allererste Quelle solchen Widerstandes gesehen. Ideologie beinhaltet jedoch beides: die herrschenden und die oppositionellen

Anstrengungen. Diese Widersprüche könnten beides verhindern: die Selbstbefreiung und die kollektive Befreiung. Bourdieus (1977, 1984 und mit Passeron 1977 und 1979) kulturell-reproduktives Modell verortet die herrschende Kultur der regierenden Klasse als die heimliche Basis für den Erhalt der Klasseninteressen, -hierarchie und -herrschaft. Da Schulen relativ autonom sind, werden sie wahrgenommen, als seien sie »neutral« im Prozeß der Weitergabe kulturellen Kapitals und in der Ablehnung mindergeschätzter Kultur niederer Schichten. Curriculum, Sprache und positive Verhaltensweisen der Schule sind in Wirklichkeit jene der dominanten Kultur (d. h. der herrschenden Klasse). Die historischen Bedingungen (»habitat«) und die bewußt gepflegten dauerhaften individuellen Dispositionen (»habitus«) von Personen prägen Schulen, die in der Lage sind, das »Unbewußte« junger Arbeiter derart umfassend zu dominieren, daß sie bereitwillig ihr vorgegebenes Schicksal in der Gesellschaft akzeptieren. Strukturelle Konflikte sind in Bourdieus Theorie möglich, aber sie sind ziemlich mechanistisch gezeichnet; so wie auch seine Ansichten über Klassen über Gebühr homogen ausfallen. Der Umstand, daß er Konflikte, Auseinandersetzungen und Widerstand innerhalb verschiedener Klassen zurückweise, und daß er sowohl die aktive Konstruktion von Ideologien wie auch den Widerstand gegen ihre Zumutungen durch Gegenideologien ignoriere, steht Aronowitz und Giroux zufolge (1985, S. 85/86) für weitere Schwächen seiner Analysen. Ähnlich kurzsichtig sei seine Ignoranz gegenüber den bedrückenden Lasten der materiellen Bedingungen und anderer ökonomischer Beschränkungen, die die Zunahme von Studierenden aus Arbeiterkreisen verhinderten und gleichzeitig deren Möglichkeiten zu kritischem Denken und Emanzipation begrenzten (Shirley 1986).
Während die Verbindung zwischen Staat und Kapitalismus in A. Gramscis Schriften ausgeleuchtet worden war, ist die Beziehung zwischen Staat und Schule durch Apple (1979, 1980, 1982b, 1983, 1985, Apple/Kring 1983, Apple/Weiss 1983) analysiert worden. Beide Theoretiker benutzen das Modell staatlicher Hegemonie, um den Prozeß der Klassenherrschaft über das politische und über das Bildungssystem wie auch über die Wirtschaft und ihrer kulturellen Superstruktur zu erklären. Gramsci interpretierte Hegemonie vorrangig als Ausdruck der Weltsicht der herrschenden Klasse und ihrer Verbündeten und erst dann als den machtvollen Oktroy einer herrschenden Ideologie über das Bewußtsein, das

Alltagsleben, das Wissen und die Kultur untergeordneter Gruppen. Der Staat selbst bestehe aus einer »politischen Gesellschaft« (bzw. herrschenden Agenturen) und einer bürgerlichen Gesellschaft, die beide die »offizielle« Ideologie als einen Hinweis auf Elimination oppositioneller Sichtweisen nutzen. Ideologische Hegemonie müsse kontinuierlich aufrechterhalten werden, sei es mit Gewalt, Konsens oder Herrschaft. Dies gelte auch dann, wenn sie auf den Widerstand derjenigen stoße, die sich gegen eine Vereinnahmung wehren oder es ablehnen, den Herrschenden »aktive Zustimmung« zu bezeugen. Verschiedene Fraktionen der herrschenden Klasse mögen über spezifische öffentliche Politiken streiten, sie streiten jedoch nicht über die Grundlagen ihrer Macht und ihrer ökonomischen Beziehungen. Die kapitalistische Ordnung wird fraglos gestützt. Staatsdiener verteidigen die Moral- und Wirtschaftsordnung, und sie steuern die Zustimmung der Regierten durch falsche Versprechen von Chancen, Demokratie und Glück (Aronowitz/Giroux 1985, S. 87-92).
Schule wird funktionalisiert, um die herrschende Ideologie, Kultur und ökonomische Praxis der Gesellschaft zu verstärken. Das Schulsystem bewertet positivistisches Denken, Naturwissenschaften, Mathematik, Grundlagenforschung, Zertifikate, Berufsausbildung, nationale Geschichte und andere produktionsnahe Outputs sehr hoch, d. h. Bildungsgüter, die ökonomische Effizienz und Kapitalakkumulation fördern. Planung, Bürokratie und Rationalität werden eingesetzt, um Kinder in den Schulen und von den Straßen fern zu halten und um die Abweichler (Opfer) für ihr eigenes Versagen verantwortlich zu stempeln. Dies ist die Alternative zu dem Vorschlag, die sozialen und ökonomischen Ursachen von Versagen aufzudecken oder den Massen zu erlauben, an politischen Entscheidungen teilzuhaben. Der kapitalistische Staat sorgt dafür, daß eine liberale demokratische Ethik der individuellen Rechte und Verantwortlichkeiten in den Schulen zu spüren ist, wodurch er den Eindruck erzeugt, er sei neutral und für jedermann zu gewinnen. Konflikte werden auf die individuelle Ebene geschoben (statt auf die Klassenebene) und dadurch entschärft. Das Recht und die Gesetze liefern einen entsprechenden affirmativen Beitrag. Freilich bleibt in dieser Analyse offen, welche Rolle der Widerstand gegen Herrschaft via gegenhegemoniale Praxis spielen kann (Aronowitz/Giroux 1985, S. 92-98; Giroux 1981a, S. 91-109).

Aronowitz und Giroux (1991) haben Elemente postmoderner Kritik in ihre Erklärungen von Klasse, Rasse und Geschlecht aufgenommen. So sieht z. B. Giroux (1991, S. 1-59 und 217-256) eine große Synthese von Liberalität, postmodernem Partikularismus, feministischer Alltagspolitik sowie demokratisch-sozialistischer Solidarität und Gemeinschaft zu einer neuen »Einheit in Vielfalt« voraus. Diese »Differenz in der Einheit« gehe über radikale Kritik, intellektuelle Neudefinitionen und demokratische Pädagogik hinaus und münde in eine neue Form demokratischer »Kulturpolitiken« frei von jeder »Meistererzählung« oder großem Diskurs, und sie stelle Widerstand und demokratischen Kampf in den Mittelpunkt, um »Gerechtigkeit, Freiheit und Gleichheit« zu erreichen (ibid., S. 56-59).
Eine »Grenzpädagogik« des Antirassismus sei nötig, um Studierende in die Lage zu versetzen, Wissen und Machtbeziehungen innerhalb unterschiedlicher kultureller Milieus mit Hilfe historischer und kultureller Analyse, gelebter Erfahrungen, demokratischer Autorität, Gerechtigkeit und Machtinterdependenzen decodieren sowie Konstrukte wie »das Andere« und »Andersartigkeit« umdefinieren zu können, und dies alles innerhalb wie außerhalb des Bildungswesens (ibid., S. 247-256). In diesem Gefüge wird Schule eine Form »kultureller Politiken«, ist sie gebunden an demokratisches öffentliches Leben. Lehrer werden »engagierte Intellektuelle und Grenzgänger«, die »Formen der Pädagogik entwickeln, die Differenz, Vielfalt und Alltagssprache als zentrale Ingredienzien der Produktion und Legitimation von Lernen enthalten« (Aronowitz/Giroux 1991, S. 187). Diese postmodernistische Sichtweise des radikalen Reformprojekts gerät jedoch in die scharfe Kritik von Misgeld (in diesem Band) wegen ihrer modischen Vermengung verschiedener populärer Diskurse wie auch wegen ihres verwirrenden Rufes nach politisierten Lehrern, und dies angesichts des offensichtlichen Mangels an gut begründeten Argumenten für erlösende Gerechtigkeit, »Selbstaufklärung«, Gleichheit und an einem ideologisch einleuchtenden Konzept des »utopischen Universalismus«, das für viele Lehrer von Bedeutung sein könnte.

2. Die USA: die dynamischen Sichtweisen von Bowles und Gintis

Mit I. Illichs (1970) Formel von der Entschulung der Gesellschaft haben die marxistischen Reproduktionstheoretiker ein trostloses Bild geschaffen, das jede Hoffnung auf eine Reform der Schulen – von außen wie von innen – aufgibt. Wie Willis (1981, S. 63) feststellt, besteht die neue Übereinkunft darin, mit denjenigen zu kommunizieren, die als optimistische Vertreter einer aufklärerischen und befreienden Praxis einem radikalen pädagogischen Wechsel innerhalb des Klassenraums das Wort reden. Im Gegensatz dazu schließen jene Pessimisten, die der Reproduktionstheorie anhängen, jede Möglichkeit eines Wandels im Bildungswesen aus, zumindest solange keine Erneuerung der ökonomischen und sozialen Strukturen entlang »wirklich« egalitärer Prinzipien in Sicht ist. So kennzeichnet z. B. Wood (1982, S. 56, 63) die reproduktive marxistische Schule als eine »Philosophie der Paralyse und des Zynismus«. Z. B. akzeptieren die Reproduktionstheoretiker Bowles und Gintis (1976) Althussers (1971) Charakterisierung der Schulen als »ideologische Staatsapparate«. Dort nehmen unterdrückte Schüler bereitwillig ihr Schicksal hin, wodurch sie Produkte »falschen Bewußtseins« sind, das durch die kapitalistische Schule entwickelt wird. Während liberale Theorien von Entwicklung, Integration und Demokratie sich damit zufrieden geben, Schule als Vorbereitung auf das spätere Leben zu rechtfertigen, behaupten die Reproduktionstheoretiker, kognitive Fertigkeiten, die in der Schule gelernt werden, hätten wenig Bezug zu den tatsächlichen Anforderungen des Arbeitslebens. Die kapitalistische Gesellschaft benutze eine Herrschaftsideologie, die Lernenden einrede, ihre Berufsrollen seien ethisch, notwendig, »natürlich« oder richtig. Schulen legitimierten diese nicht-partizipative, undemokratische und hierarchische Ordnung dadurch, daß sie einen Prozeß in Gang hielten, der ein zustimmendes Bewußtsein unter ihren Schülern entwickle. Die Schulen spiegelten die Arbeitswelt mit ihrer hierarchischen Arbeitsteilung wider und zugleich würden sie dort nachgebildet. Auf diese Weise operiere die Theorie der »strukturellen Korrespondenz«. Sie fördere »Unterwerfung«, »Machtlosigkeit«, Ungleichheit und Herrschaft. Bowles und Gintis (1976, S. 224) behaupteten ursprünglich »den starken prima facie Fall der kausalen Bedeutung der ökonomi-

schen Struktur als eine herausragende Determinante für die Struktur des Bildungswesens«. Folglich sei die Reform des ökonomischen Systems eine Bedingung für jede Bildungsreform.
Das Bildungswesen in kapitalistischen Gesellschaften lenke die Aufmerksamkeit vom Bedarf an Gleichheit und Befreiung dadurch weg, daß es den Lernenden ein »falsches Bewußtsein« und eine Herrschaftsideologie einpflanze, anstatt die Dringlichkeit »einer revolutionären Transformation des ökonomischen Lebens« zum Thema zu machen. Jedoch könnten »revolutionäre Erzieher« als Vorhut der Rolle des Proletariats dienen, indem sie auf Demokratie im Bildungswesen drängten, die Korrespondenz zwischen Arbeitsplatz und Schule auflösten, den »simplen Antiautoritarismus und Spontaneität« als Prinzipien zurückwiesen, »Klassenbewußtsein« erzeugten und systemüberwindende politische Arbeit für kurz- und langfristige Veränderungen praktizierten (ebenda, S. 127-134, 265, 286 f., Wood 1982, S. 53-63).
Woods Analyse des Werkes von Bowles und Gintis sowie von Althusser schließt an die frühere Kritik Bernsteins (1978) an deren neomarxistischer Theorie an, indem er sie als strukturalistisch, positivistisch, ökonomisch-deterministisch und empiristisch und die Verfasser als Verfechter pseudowissenschaftlicher »Gesetze« bezeichnet. Der Theorie zufolge stehe die Schule als der vorherrschende »pädagogisch-ideologische Apparat« in der Nähe von Polizei und Militär als ein »repressiver Staatsapparat«, der kapitalistische Herrschaft absichere. Nach Auffassung dieser radikalen Pädagogen der amerikanischen Linken unterstützten liberalsoziale Humanisten fälschlicherweise repressive Prüfungen, Rangordnungen, sozialwissenschaftlichen Positivismus und kulturelle Reproduktion.
Um die Lücke zwischen dem autoritären Impetus der Reproduktionstheorie und den schulischen Realitäten zu füllen, ist eine zweite Gruppe radikaler Kritiker (Apple, Giarelli, Aronowitz und Giroux) entstanden, die die hoffnungsvolle Botschaft der Möglichkeit gesellschaftlicher Rekonstruktion verkünden. Tatsächlich haben Bowles und Gintis (1981, S. 45-59) das Korrespondenzprinzip bereits reformuliert. Sie haben auch auf die Anwürfe des behaupteten radikalen Funktionalismus und »missionarischen Pessimismus« geantwortet, die ihrer mangelnden Beachtung der systemischen Widersprüche innerhalb des Erziehungssystems sowie zwischen ihm und den sozioökonomischen Prozessen und

Strukturen angelastet werden. Mit Dewey anerkennen die beiden Autoren sogar die egalitären und integrativen pädagogischen Prinzipien des Liberalismus, dem sie nicht bloß unterstellen, auf ungleiche und repressive Bildungsprozesse zu setzen, in deren Verlauf »gute Bürger« für eine undemokratische kapitalistische Gesellschaft erzogen werden – ohne demokratische Macht, Beteiligung, Kooperation und Emanzipation. Sie bestehen jedoch auf der Auffassung, das Korrespondenzprinzip habe explanatorischen Wert, verweisen dabei auf die Notwendigkeit systematischer Reformen mittels eines demokratischen Sozialismus, beschreiben Schulleistungen als Produkte der Sozialstrukturen (nicht bloß der Inhalte!), und sie entlarven die Kontrolle über Schulen (anstelle des Eigentums an Schulen) als den Weg der progressiven Schulreformbewegung. Inhärente Widersprüche zwischen der Legitimation und Reproduktion von Rollen einerseits und den Prozessen der Akkumulation und Restrukturierung des fortgeschrittenen Kapitalismus andererseits positionieren beide Systeme in Dissonanz zueinander. Der amerikanische Hochschulsektor spiegelte kürzlich diesen Gegensatz zwischen dem Bedarf einer wachsenden Angestellten- und Dienstleistungswirtschaft und der alten, liberalen Elitebildung für die Managerklasse einerseits und der aufkommenden Berufsbildungsorientierung und dem Antiintellektualismus andererseits wider. Mit anderen Worten: die wachsende Inkongruenz zwischen trägen »alten« Schulen und der dynamischen »neuen« Dienstleistungswirtschaft schuf die Basis für die »Zurück zu den Grundlagen«-Forderungen, die auf dem scheinbaren kulturellen Rückstand des weniger reagiblen Hochschulsystems und den Bedarfen der kapitalistischen Wirtschaftsordnung gründeten. Die Formen (und weniger die Inhalte) liberaler Erziehung haben Institutionen und kommunikative Diskurse erzeugt und legitimiert, die das Produkt der Übereinstimmung zwischen den Klassen sind. Daher bleiben Schulen widersprüchlich progressiv und reproduktiv. Die resultierenden Spannungen können nur durch Demokratisierung des Schulcurriculums und seiner sozialen Verhältnisse gelöst werden. Dies könnte das liberale Versprechen von Gleichheit, Demokratie, Freiheit und Emanzipation erfüllen, aber ohne (bzw. bei verminderter) Herrschaft der besitzenden Klasse und Unterordnung unter die Akkumulationsgesetze der kapitalistischen Herrschaft (ibid., S. 45-59).

3. Die USA: Carnoy und Kollegen
über die Politische Ökonomie der Bildung

Zwischen 1977 und 1990 hat Martin Carnoy (gemeinsam mit verschiedenen Co-Autoren) Thematiken wie Bildung und Beschäftigung, Bildungsreform, die politische Ökonomie der Bildung, Wirtschaftsdemokratie, den Staat und politische Theorie analysiert. Viele seiner Studien beziehen sich auf Länder der Dritten Welt (wie China, Kuba, Nicaragua, Mozambique und Tansania) und liefern vergleichende Analysen der Politiken und Bildungssituationen und -politiken.

Carnoy und Levin (1985 und 1986) untersuchen ebenfalls den Zusammenhang von Bildung und Arbeit im demokratischen Staat. Diese Studie schließt Beziehungen zwischen Staatstheorien und Schulsystem, gesellschaftlichen Konflikten, Reproduktion sowie Widersprüche im Bildungssystem und der Bildungsreform ein. Sie postulieren, Schulen und Arbeitswelt seien sowohl gleich wie verschieden. Sie seien ähnlich, indem sie »groß, bürokratisch, unpersönlich, hierarchisch und routiniert« seien. Sie benutzten gleichfalls externe Belohnungen als Motivatoren (Noten und Löhne) und erlaubten Experten, Regulierungen, Autorität und Zeitpläne, dieselben Minoritäten und Schichten zu dominieren, die an beiden Orten versagten. Dennoch, amerikanische Schulen böten ebenso und mehr als jede andere größere gesellschaftliche Institution gleiche Chancen für Partizipation und Belohnungen. Arbeitsweltungleichheiten zwischen den Geschlechtern seien im Bildungswesen nicht präsent noch spiegelten sich die großen Differenzen gesellschaftlichen Reichtums in den stärker ausgeglichenen Niveaus der Bildungsinvestitionen in der Gesellschaft wider. Erzieher und Schüler genießen zudem mehr Rechte und Freiheiten als Arbeiter.

Während amerikanische Schulen Schüler auf Ungleichheit vorbereiteten, zeigten sie dennoch ein geringeres Maß an Ungleichheit und ein höheres Maß an Partizipationsmöglichkeiten als Büros und Fabriken. Das Korrespondenzprinzip müsse insofern modifiziert werden, als ein deutlicher Konflikt bestehe zwischen der ökonomischen Reproduktionsfunktion und dem Streben nach Rechten, Gleichheit und Mitbestimmung. Schule spiegele die Auseinandersetzungen wider, die in der Gesellschaft extensiv ausgetragen werden (d. h. zwischen demokratischem Gleichheitsstreben und den Anforderungen des Kapitals). Diese geschichtlichen Auseinandersetzungen fänden ebenfalls in der Staatssphäre statt und würden in den Schulen nachvollzogen. Bildungsreform sei in der Tat gegründet auf einer neuen Theorie der Politik und des Staates. Letzterer wird gedeutet als »die Verdichtung konfliktträchtiger gesellschaftlicher Beziehungen« und sowohl als »Produkt wie auch als Gestalter dieser Beziehungen«. Der Staat habe versucht, gesellschaftliche Konflikte in die Sphäre der Politik zu verlagern, indem er Arbeiter, Bauern, Frauen und Schwarze zu Bürgern umdefinierte, die gleiche Rechte und Verantwortlichkeiten hätten. Dieser Vorstoß zugunsten demokratischen Gleichheitsdenkens habe seinerseits soziale Konflikte erzeugt, da die Politik »die Bedingungen kapitalistischer Akkumulation habe drastisch verändern können«. Die Schule selbst sei »im Herzen der soziopolitischen Konflikte situiert«. Dadurch spiegele sie diese Spannungen wider. Veränderungen im Bildungssystem seien folglich ein Resultat interner Konflikte innerhalb des Staates selbst. In verschiedenen historischen Perioden dominiere entweder das demokratische oder das reproduktive kapitalistische Ethos, wobei die Stärke sozialer Reformbewegungen von Einfluß sei. Authentische Veränderungen und Machtzuwachs auf seiten beherrschter sozialer Gruppen könnten geschehen, die ihrerseits Veränderungen der grundlegenden Regeln, des (bildungs-)politischen »Spiels« hervorbringen könnten, trotz des fortdauernden Einflusses der Kapitalistenklasse. In der Tat schlußfolgern sie, daß »Schulkämpfe und deren Ergebnisse Auswirkungen auf die Arbeitswelt haben und Veränderungen in der bürgerlichen Gesellschaft wie auch in der politischen Sphäre erzwingen« (Carnoy/Levin 1986, S. 528-541).

Carnoy und Levin (1985) analysieren ebenfalls die Nützlichkeit konkurrierender Erklärungsmodelle relativ zu ihrem eigenen Modell, das Wandel im Bildungssystem durch sozialen Konflikt postuliert. Hierbei handelt es sich um das progressive Modell Deweys, das kritisch-progressive Modell von A. Goodman, J. Holt und J. Kozol, das funktionalistische Modell A. Inkeles, den kritisch-funktionalistischen Ansatz von Althusser und von Bowles und Gintis und das Modell kritischer Autonomie (vertreten durch Apple, Giroux und Willis). Sie stellen darüber hinaus verschiedene Staatstheorien einander gegenüber (z. B. utilitaristische, pluralistische, bürokratische, strukturalistische, marxistische und

Konflikttheorien). Carnoy und Levin setzen sich z. B. mit Offes (mit Ronge 1975) Auffassung des autonomen Staates und der repräsentativen Rolle der Bürokratie auseinander. Bürokraten hätten danach die Interessen der Kapitalistenklasse zu befriedigen. Doch zugleich erweiterten die Bürokraten die Möglichkeiten der Arbeiter durch Bildungsprogramme. In Offes Sicht bündele die Bürokratie die Interessen der Kapitalistenklasse und stelle sich zugleich dar als ein unabhängiger Vermittler in den Auseinandersetzungen über die Kapitalakkumulation. Die Legitimationskrise, die aus der Wahrnehmung dieser bürokratischen Rolle folge, mache den Staat zum Schlachtfeld für Konfliktlösungen. Bildung gewähre dem Staat seine Legitimität, erlaube die Reproduktion des Kapitalismus und sichere die Arbeitsfähigkeit der Arbeitskraft. Carnoy und Levin halten indessen Offes und Ronges Analyse des Bildungssystems für zu eindimensional; sie kritisieren, daß andere »ideologische Apparate« (wie z. B. die Massenmedien) vernachlässigt worden seien, und daß sie die bedeutsame Rolle sozialer Bewegungen für die ideologischen Formungen sowie für die Handlungsentwürfe, Reaktionen und Politiken des Staates unterschätzten (Carnoy/Levin 1985, S. 15-45).

Carnoys (1985) Analyse der politischen Ökonomie der Bildung »behandelt Bildung als einen Faktor, der durch die Machtverhältnisse zwischen verschiedenen ökonomischen, politischen und sozialen Gruppen geformt ist«. Er betone, daß die Frage »wieviel Bildung ein Individuum erhalte, welche Bildungsinhalte vermittelt werden und welche Rolle Bildung im Prozeß wirtschaftlichen Wachstums und der Einkommensverteilung spielt, Teil dieser Machtverhältnisse ist«. Folglich erfordere diese Analyse eine klare Sichtweise auf den Regierungssektor, das politische System und eine funktionale Staatstheorie. Seiner Auffassung nach müsse der Staat zwischen Arbeitgebern und Arbeitnehmern vermitteln ebenso wie zwischen Wählern und Kapitaleignern, und zwar dadurch, daß er Bildung und Erziehung benutze, um qualifizierte Arbeitskräfte bereitzustellen, Arbeiter zu sozialisieren und die geeignete Ideologie einzuimpfen. Manchmal könnten diese widersprüchlichen Ziele einen Überhang an qualifizierten Arbeitskräften produzieren oder Arbeitsplatzdemokratie ermutigen, sei es als beabsichtigtes oder als unbeabsichtigtes Ergebnis schulischer Bildung (ebenda, S. 157f.; Carnoy/Levin 1986).

4. Die Kritik der »rekonzeptualistischen« Kritiker aus England und den USA: Cole und Liston

In der kritischen Sozial- oder Erziehungswissenschaft, in Theorieschulen, ja selbst innerhalb persönlichen Theoretisierens gibt es über die Jahre hinweg keinerlei Einmütigkeit. Dies bereitet dem unvorbereiteten Leser, der versucht, die grundlegenden Dimensionen kritischer Bildungstheorie zu verstehen, Schwierigkeiten. So untersucht z. B. Cole (1988a und b) die Änderungen in der politischen Philosophie von Bowles und Gintis. Er zeigt überzeugend, daß die grundlegende Orientierung dieser beiden Autoren in ihrem Buch »Schooling in Capitalist America« (1976)[2] mit einem reduktionistischen Marxismus (d. h. Basis/Überbau-Dualität und ökonomischer Determinismus) und einem revolutionären Sozialismus harmonierte. In ihrem späteren Artikel über »Widerspruch und Reproduktion in der pädagogischen Theorie« (1981) schienen sie diese Position zu verlassen, indem sie marxistische Argumentationen in ihre Theorien von Staat, Familie und Kapital einbauten. Sie humanisierten und pluralisierten ihren Staatsbegriff, während sie sich gleichzeitig von einem neomarxistischen Standpunkt hin zu einer liberaldemokratischen Sicht des Staates als einer Regierungsinstitution bewegten.

Cole (1988b, S. 459 f.) behauptete schließlich, Bowles und Gintis (1986) hätten sich sogar noch weiter von ihren ursprünglichen Auffassungen entfernt, um sich dem Konzept einer »postliberalen Demokratie« zuzuwenden, die erweiterte persönliche ökonomische Rechte (Eigentum) sowie politische Bürgerrechte im Sinne »gleicher« Rechte unabhängig von Rasse, Geschlecht oder Herkunft einfordere. Dieser Perspektivenwechsel beinhalte die Forderung nach Revision, Rekonstruktion oder Zerstörung derzeitiger kapitalistischer Institutionen durch »Arbeitsplatzdemokratie«, »demokratische Wirtschaftsplanung« durch Machtzuwachs und Arbeiterkontrolle, »gemeinschaftlichen Zugang zu Kapital«, verminderte ökonomische Ungleichheit, kollektive Investitionsentscheidungen und »demokratische Rechenschaftslegung«. Gleichzeitig identifizierten diese Autoren jedoch die schwerwiegendsten Mängel der klassischen liberalen Theorie, so z. B. deren

---

2 Deutsche Übersetzung: *Die Pädagogik und die Widersprüche des ökonomischen Lebens*, Frankfurt 1978.

Ignoranz von Ausbeutung und Unterdrückung, ihre Anwendung von Grundsätzen wie Freiheit und Gleichheit auf den Staat, aber nur von Freiheit auf die Wirtschaft, ihre falsche Unterscheidung zwischen einer »privaten« Wirtschaft und einem »öffentlichen« Staat, und schließlich die liberale Akzeptanz von privater Ausbeutung, Herrschaft und Unterdrückung der Lernenden in den Schulen.

Diese Kritik wendet ihrerseits auf konsistente Weise die neomarxistische Analyse von Schlüsselkonzepten (wie Staatsherrschaft und Unterdrückung, Antipluralismus und Liberalismus, Klasse, Geschlecht, Ausbeutung und Hegemonie, Arbeitersolidarität und Diskursanalyse) auf Bowles' und Gintis' Schriften, Theorie und Philosophie an. Insofern mag Cole eher der britisch-europäischen Schule des marxistischen Denkens vertrauen, während Bowles und Gintis sowohl Produkt der vielleicht liberaleren amerikanischen Kulturtradition sind als auch auf diese reagieren (vgl. auch Cole 1989).

Liston (1988, S. 323-350) analysiert ebenfalls eine Reihe neomarxistischer Ansätze über Bildung und gesellschaftliche Reproduktion. Er kommt zu dem Schluß, daß »wenig verläßliches empirisches Wissen zusammengetragen worden sei«, um die Theorien zu stützen. Diese seien oft tautologisch oder auf nicht widerlegbare Weise formuliert. In einigen Fällen, so behauptet Liston, griffen die Argumentationsfiguren bei Bowles und Gintis (1976), Apple (1982a, 1982b, 1983) sowie Carnoy und Levin (1985) auf »weiche« funktionale Erklärungen zurück. Das bedeutet: Wirkungen werden aufgeführt, gesellschaftliche Funktionen werden Institutionen oder Agenturen zugewiesen, und diese Art der Argumentation wird einer Erklärung des beschriebenen Phänomens gleichgesetzt bzw. als ausreichende Erklärung angesehen. So identifizieren solche »realen« funktionalen Erklärungen zunächst wirkliche Effekte, um anschließend zu »beweisen«, daß eine Praxis oder Institution wegen dieser Effekte existiert oder der Grund für die Effekte ist (Schulen existieren z. B., weil sie die Gesellschaft so bewahren wie sie ist; oder: das schulische Bildungslaufbahnsystem existiert, um die ökonomische Krise zu minimieren oder um die kapitalistische Gesellschaftsordnung zu legitimieren). Derartige »oberflächliche« funktionale Erklärungen werden auch zur Begründung anderer Behauptungen bemüht. So z. B. die These, daß Schulen, die existieren, um das kapitalistische System zu bewahren, gleichzeitig mit dieser Gesellschaftsordnung in Konflikt stehen, und zwar deshalb, weil ihre Funktion für Kapitalakkumulation, meritokratische Ideologie und Legitimation des Status quo mit der Gesellschaftsordnung in Widerspruch geraten kann, wenn die strebsamen Schüler und Studierenden später keine Arbeit finden und in der Welt der Wirtschaft nicht vorankommen. Solche Erklärungen wären Liston zufolge solider begründet, wenn sie zeigen könnten, wie Schulen »Produkte« bewirken, oder wenn der Schuloutput erklären würde, warum Schulen so sind wie sie sind, warum sie eben nicht nur den Kapitalismus stützen oder ihm widersprechen (Liston 1988, S. 328-330).

5. Eine komparative Perspektive: Englund

Englund bietet uns an anderer Stelle in diesem Band einen fruchtbaren Vergleich zwischen patriarchalischen, wissenschaftlich-rationalen und demokratischen Konzeptionen von Demokratie, Gleichheit, von »guter Gesellschaft«, Rationalität, Individualismus, Bildung und Politik. Während die neokonservative Auffassung auf der patriarchalischen Konzeption fußt und formale, elitäre, idealistische, atomistische, privatistische, nationalistische, legalistische u. ä. Werte einschließt, setzt das wissenschaftlich-rationale Modell (das Fischer, 1990, die technokratische Rationalität nennt) auf Funktionalismus, Chancengleichheit, Markt, Individualismus, Wahlfreiheit, Empirie, Nutzen, politische Neutralität u. a. Englunds Sympathien gelten eindeutig der demokratischen Konzeption, welche sich durch Partizipation, Pluralismus, Menschenrechte, Neopragmatismus, Wohlfahrtsorientierung u. ä. auszeichnet und breiter politischer wie gesellschaftlicher Bildung als Mittel zur Konfliktlösung vertraut.

Die Wahrnehmung von politischer Bildung als ein Beispiel für Bildungspolitik und als ein Fall von Bildung und Politik erlaubt die Analyse von Curricula als einem politischen Problem. Englund (1986) analysiert die Kritiken an F. Butts unitaristischem Ansatz von amerikanischer Staatsbürgerschaft, die ihm die Betonung des »unum« über die »pluribus« vorwerfen. Die Kritiker betonen indessen, daß es keinen gesellschaftlichen Konsens über einheitliche Werte gebe. Die Rolle des Erziehers sei es, soziale Spannungen und Konflikte zu thematisieren und nicht irgendei-

nen künstlichen Konsens. Er/sie sollte darüber hinaus die Fähigkeit der Gemeinschaft zu politischer Diskussion und zur Formierung neuer Politiken fördern und nicht die staatliche oder von den Medien transportierte offizielle Ideologie nachplappern.
Englund bekennt sich ebenso zu bestimmten angelsächsischen Auffassungen von staatsbürgerlicher Bildung, die sich z. B. ausdrücken in Attitüden wie politisches Engagement, Initiative und Partizipation. Ziele wie »Staatsbürgerbewußtsein« und »Verantwortung für politische Entscheidungen« werden hochgeschätzt. In Übereinstimmung mit Giroux (1981a, 1984) und Giarelli (1983) sieht er die Rolle des Staatsbürgerschaftserziehers in seiner Funktion als Vorbild in öffentlichen Diskussionen. Dort kann die Öffentlichkeit ihre staatsbürgerlichen Ziele verfolgen, indem sie das Medium des Bürgers nutzt, um neue Politiken zu formen. Erforderlich sind neue öffentliche Bereiche, in denen die Menschen lernen und zugleich ihre Fähigkeiten nutzen können, indem sie sie auf die größeren politischen, sozialen und kulturellen Prozesse anwenden. »Staatsbürgerschaft sollte nicht als eine bloße Funktion des Staates verstanden werden, wie Giroux meint, sondern als eine »Qualität«, die für das gesamte gesellschaftliche Leben vorgesehen ist. Wie Giroux sagt, ist das Ziel dieses Typs von Staatsbürgerschaft »kritische Bildung«, »gesellschaftliche Ermächtigung« und die »Entwicklung demokratischer und gerechter Gesellschaften« durch eine informierte Staatsbürgerschaft, die befähigt ist, politische und ethische Führungskraft im öffentlichen Sektor auszuüben« (Englund 1986, S. 329 f.; Giarelli 1983, S. 35; Giroux 1984, S. 190 und 192).

D. Ethnographie, kritische Studien und Politik

Bestimmte »interpretative Ansätze« tragen aus einer komparativen Perspektive der Alltagswelt ebenfalls zu Einsichten über Bildung und Erziehung bei. Diese ethnographischen Ansätze nehmen die soziale Wirklichkeit in den Schulen und Beobachtungen über die dortigen sozialen Interaktionen zum Gegenstand, die über Videoaufnahmen oder Kassettendokumentationen festgehalten werden (Tobin 1989, S. 173-177). ›Kritische Ansätze‹ der Schulethnographie betonen den Klassenkonflikt, die unterschiedlichen Interessen der verschiedenen Klassen und deren differierende Beziehungen zu und Vorteile aus der Funktionsweise des Bildungssystems« (Masemann 1982, S. 9).

»Konflikttheorien« gehen ebenfalls von gesellschaftlichen und strukturellen Prämissen aus, sie sind aber weniger gut mit funktionalistischen Ansätzen vereinbar. Diese Ansätze sehen Schulen als Agenten für die Reproduktion der Gesellschaft dadurch, daß die Verstärkung der Persönlichkeitsmerkmale genutzt wird, um verschiedene Klassen auf spezifische ökonomische Rollen als Arbeiter oder Manager vorzubereiten. Auch sie postulieren eine Korrespondenztheorie, in welcher die gesellschaftlichen Verhältnisse der Produktion in den sozialen Beziehungen im Bildungssystem reflektiert werden. Eine Denkrichtung behauptet z. B., daß Schulen das kulturelle Kapital produzieren und stratifizieren, das die herrschende Klasse benötigt. Lehrer werden wie Arbeiter professionalisiert und auf diese Weise durch vorgefertigte Curricula dequalifiziert. Zentrale Forschungsfragen beziehen sich auf die Entfremdung der Schüler, Lehrplanpakete, Benotung, Kursanforderungen, Mechanismen sozialer Kontrolle, Sozialisationsmechanismen und Miskommunikation. Widerstand seitens der Schüler gegen derartige Manipulationen umfassen Schwätzen, Abstand nehmen, Fehlraten, Unaufmerksamkeit, Vermeidungsverhalten, Unreflektiertheit oder Rebellion. Praxis ist ausgespart, da Bildung, Wissen und Bewertung nicht sinnvoll angewendet, sondern für zukünftige Verwendung gehortet werden (ibid., S. 5-14).

Ethnographische Forschungen über schulische Sozialisation und Integrationspolitik haben eine ganz andere Art von Daten hervorgebracht und erheblich härtere Schlußfolgerungen über die Erziehung zur Demokratie und über Rassengleichheitspraktiken in den öffentlichen Schulen gezogen (Wilcox 1982a und 1982b; Hanna 1982). Für Wilcox (1982a) besteht die Rolle der Schulen darin, Kultur zu vermitteln und die Sozialisationsfunktion in der Weise auszufüllen, daß Jugendliche für von ihnen als Erwachsene erreichbare Arbeitsrollen vorbereitet werden. Die Schulen als Vermittler von Kultur seien weit entfernt von ihrer in den USA ideologisierten Rolle als »Reformer« von Kultur. Die Arbeitsrollen der Erwachsenen seien in hohem Maße differenziert und stratifiziert. Während also den amerikanischen Schulen unterstellt werde, sie förderten Chancengleichheit, gruppierten und sozialisierten sie die Schüler im Hinblick auf ihre späteren Positionen in der Arbeitnehmerschaft. Dies tun sie, indem sie jene kognitiven

Fähigkeiten, Lernpotentiale und Fertigkeiten lehren und bewerten, die als nützlich für das spätere Arbeitsleben angesehen werden. Sie entwickelten darüber hinaus geeignete Rollen für Arbeiter und Manager durch »Selbstvorbereitung« auf die Arbeitshierarchie. Persönlichkeitsfaktoren, die sich im Hinblick auf Autorität als geeignet erweisen, seien von Arbeitsrolle zu Arbeitsrolle unterschiedlich (ibid., S. 268-309).
Auch Ethnographen sind an Mikro- wie Makroanalysen über Schule und ihren Wandel interessiert. Selbst in offenen Unterrichtssituationen, in denen der Lehrer einen Kern der Unterrichtszeit für Managementzwecke monopolisiert, können Lehrer beobachtet werden, die geschlossene Kontrollmechanismen und restringierte Sprachcodes einsetzen. Die bloße Existenz von Lernzentren und das Bekenntnis zu individualisiertem Lernen verringerten nicht notwendigerweise autoritäre Kontrollsysteme der Lehrer, die vor allem gegenüber Schülern aus unvorteilhaften Sozialmilieus härter eingesetzt werden. Schwarze Schüler in Schulklassen mit einer Dominanz weißer Schüler werden in effizienter Weise wieder segregiert, und zwar nicht durch die Einrichtung von Bildungszweigen (tracking), sondern durch Einstufung in Leistungsgruppen. Administrative Ignoranz und fehlerhafte Bereitschaft, Lehrer zu unterstützen, die in neu integrierten Schulen Schwierigkeiten hatten, wurden ebenfalls beobachtet. Weder wurde die Entwicklung gemeinsamer multikultureller Curricula gefördert noch wurde der Kontakt zu Eltern hergestellt, die Minderheiten angehören (Wilcox, 1982b, S. 462-478).

E. Trends der kritischen Bildungstheorie und der Politikwissenschaft, der Sozialisationsforschung und der staatsbürgerlichen Erziehung

1. Politische Wissenschaft und Entscheidungsfindung

Die amerikanische Politikwissenschaft ist immer noch auf der Suche nach einem disziplinären Kern, den sie mit Hilfe einer andauernden Diskussion der Methoden und Theorien sowie der Rolle verschiedener Teildisziplinen und Konzepte zu finden hofft. Zu den einigenden Konzepten, die als relevant und nützlich identifiziert wurden, gehören Macht, Einfluß, Autorität, politische Werte, der Staat, politisches Handeln und Regierungsformen. Bleibt politische Wissenschaft als Disziplin selbst auch ohne klare disziplinäre Merkmale, so besteht doch ein gewisses intuitives Gespür, mit dem Politikwissenschaftler eine Theorie oder einen Wissenschaftler als ihnen zugehörig erkennen bzw. vereinnahmen und mit dem sie andere oder deren Werk zurückweisen. Was in vielerlei Hinsicht von einem diffusen politikwissenschaftlichen Kern (mit seinen getrennten Spezialgebieten) übrig bleibt, ist lediglich das gemeinsame Interesse am Prozeß der Politikanalyse oder an politischen Entscheidungsprozessen. Das gemeinsame Vokabular läßt zu, daß umfangreiche (und manchmal bedeutungsvolle) Diskussionen mit Kollegen desselben Fachgebiets im Rahmen eines endlosen Meta-Diskurses stattfinden (Monroe et al. 1990, S. 34-43; Farnen 1990, S. 29-48; Almond 1988, S. 828-842).

2. Die Politikwissenschaft als Wissenschaft ohne Disziplin

Die Bedeutung für und die Anwendbarkeit kritischer Sozialwissenschaft und radikaler Bildungstheorien auf Politikwissenschaft, Sozialisations- und Bildungsforschung in den USA ist nach wie vor unklar und unausgelotet. Freilich gibt es neomarxistische, radikale oder neulinke Analytiker in der akademischen Welt. Aber sie spielten für ihre der politischen Mitte zuneigenden Kollegen meist die Rolle des Sündenbocks, Aufrüttlers oder Stachels. Sie werden von den Vertretern der Hauptströmungen oft in herablassender Weise behandelt, ganz wie Kuriositäten oder Mißgeburten im Zoo, zu Karneval oder auf Ausstellungen – sicher wie etwas Menschliches und Lebendiges, aber auch wie etwas bizarr Verformtes und Abstoßendes. Nur bei bestimmten Fragen, politischen Themen oder kulturellen Topoi bieten sich Politikwissenschaftlern und kritischen Erziehungs- wie Sozialwissenschaftlern Gelegenheiten zum Gedankenaustausch: Themen wie Bildungspolitik, Tarifverhandlungen, soziales oder kulturelles Kapital, politische Bildung oder der heimliche Lehrplan. Diese randständigen Begegnungen bieten allerdings die Chance, diese Ideen in die großen Linien der andauernden »großen Debatten« oder öffentlichen Diskurse über die Bedeutung politischer Analysen über Lernen, Schulbildung, staatsbürgerliche Bildung und öffentliche

Bildungspolitik zu transportieren. Im Hinblick darauf, behaupten Dryzek und Leonard, gebe es allerdings in der amerikanischen Politikwissenschaft keine besondere Tradition (Dryzek und Leonard 1988, S. 1256f.).

3. Kritische Pädagogik, Politikwissenschaft und politische Bildung: einige Entwicklungsparallelen und Widersprüche

Die meisten der jüngsten Diskussionen und Kommentare über Grundwerte und geeignete Methoden in der gegenwärtigen amerikanischen Politikwissenschaft scheinen in besonderer Weise an einer Reihe von Schlüsselfragen vorbeizugehen, die über die Jahre hinweg politikwissenschaftliche Studien stimuliert haben. Dazu gehören so wichtige Sachverhalte wie die Natur und der Sinn menschlicher Existenz, der Gesellschaft, des Staates und der Regierung sowie gegensätzliche Auffassungen über die gute Gesellschaft und politische Entscheidungspfade, die eingeschlagen werden müssen, um das gute Leben heute oder morgen zu erreichen. Stattdessen sind amerikanische Politikwissenschaftler allzusehr mit kontroversen Themen wie Pluralismus, Objektivität, politische Neutralität und mit dem Problem des Primats der klassischen politischen Demokratietheorie beschäftigt.
Welche Themen der kritischen Bildungstheorie sind es nun, die von größtem Interesse und von hohem Nutzen zu sein scheinen, um die amerikanische Politikwissenschaft, die staatsbürgerliche Erziehung und die politische Sozialisationsforschung zu »erleuchten« und zu »befreien«? Es gibt mehrere Bereiche, in denen kritische Bildungstheoretiker und Sozialwissenschaftler in der Tat unseren Fundus an Wissen über Politik, Bildung und Sozialisation erweitern können. Dem stehen allerdings auch mehrere Bereiche gegenüber, in denen ein auffälliges Schweigen in ihren Texten uns befriedigende Antworten auf andere drückende Alltagsprobleme vorenthält. Eine Durchsicht dieser gegensätzlichen Beiträge kann uns bei der Antwortsuche helfen.

3.1 Eine arbeitsfähige Staatstheorie

Die erste produktive Thematik aus der kritischen Sozialwissenschaft verweist auf die wiedererwachenden Diskussionen über eine aktuelle und lebensfähige Theorie des modernen Staates. Ein großer Teil der Forschung über politisches Handeln, über staatsbürgerliche Bildung und Sozialisation hat keine klare Vorstellung davon, was Staat, Regierung oder öffentliche Autorität tun sollen, was sie tun und warum sie tun, was sie tun. Vage Formulierungen von Volkssouveränität werden mit der Vorliebe für Partizipation verbunden, um abstrakte Vorstellungen von demokratischer Erfüllung zu erzeugen. Kritische Sozialwissenschaft opponiert energisch gegen diese Offenbarungen über die Grundwerte des kapitalistischen (liberalen) Staates. Ihre Herausforderungen sind sowohl radikal wie essentiell für eine Beurteilung der zentralen Fragen von Macht, Autorität, Bürokratie, Legitimität, Gerechtigkeit, Freiheit, Solidarität und Gleichheit (Carnoy 1984, 1985).
Radikale Theoretiker legen diese Aspekte ihrer politischen Bildungstheorie offen, während sie zugleich ihre Kritiker herausfordern, alternative Sichtweisen unter Rückgriff auf geeignete Evidenzen, Wissen und Wertansprüche zu debattieren. Daher haben, wie Macpherson (1977) und Finkelstein (1984) beobachteten, radikale Kritiker entscheidenden Anteil daran gehabt, daß grundlegende politische und teleologische Fragen über die Natur, das Aufwachsen und den Sinn menschlicher Existenz, über Gesellschaft und Staat aufgeworfen wurden. Ihre selbstzufriedenen liberalen und konservativen Gegner ziehen es hingegen vor, solche Fragen entweder zu ignorieren oder sie im Sinne der Alltagsweisheiten zu beantworten. Bedauerlicherweise hat in der gegenwärtigen Debatte über die Grundfragen politischer Wissenschaft kaum jemand mit einer akzeptablen Theorie des modernen demokratischen Staates zu tun. Wenn die politische Rechte Staatsideen formuliert, dann ist es in der Regel die politische Linke (und nicht die Mitte), die sich herausgefordert fühlt, auf deren undemokratischen Elitismus, die Selbstbedienungswirtschaft, die klassengefilterten Motivationen sowie auf die Reduktion menschlicher Interaktion auf Selbstinteresse, Tauschbeziehungen und ethischer Anarchie bzw. Konformität zu reagieren. In Anwendung kritischer sozialwissenschaftlicher Theorie auf die Analyse staatlicher Politik in den USA haben einige Forscher das normative, ethische,

politische und philosophische Fundament in Zweifel gezogen, das den neokonservativen wie liberalen Konzepten von Effizienz, Markt und Kosten-Nutzen-Analyse zugrunde liegt (vgl. Fischer und Forester 1987). Fischers jüngste Analyse (1990) hilft uns, die Verbindungen zwischen der modernen postindustriellen Wirtschaft und dem neuen Verwaltungsstaat herauszustellen. Innerhalb eines neuen nicht-positivistischen und demokratischen Rahmens schlägt Fischer vor, bürokratische Institutionen umzugestalten. Dies könnte erreicht werden durch partizipatorisches Expertentum in Gemeindekooperativen, demokratisierte Arbeitswelten, alternative Technologieprojekte, neue soziale Bewegungen und durch Rekonstruktion der Gesellschaft mittels der Einführung einer Art ›politischer Ergonomie‹ in den Prozeß politischer Entscheidungen (ibid., S. 7-11).
Ein anderer Strang der gegenwärtigen Diskussion um eine kritische Theorie des Staates kommt aus einer interdisziplinären Perspektive. Magala (1992, 1993) bemüht z. B. eine kulturanthropologische Perspektive, Forbes (1985) einen politikwissenschaftlichen Standpunkt und Sciulli (1992) einen soziologischen Ansatz. Alle drei Autoren benutzen jedoch einen komparativen wie multidisziplinären Analyserahmen, und sie ziehen Befunde aus Untersuchungsgebieten heran, die ihnen weniger vertraut sind. Magala (1993) entfaltet die Interdependenzen zwischen Klassenkonflikten, kulturellem Kapital, Staatsbürokratien, hegemonialer Kontrolle über den Staat und Sozialisationsprozessen durch das Bildungs- und Erziehungssystem in neuer und provozierender Weise. Seine wesentliche Schlußfolgerung, die auf seinem Konzept der »Verstaatlichung« beruht, ist, daß die gegenwärtige Rolle des Staates bei der Verteilung der Lebenschancen und im Prozeß der politischen Sozialisation eher den mächtigen Kräften einer ›technologischen Demokratie‹, neuen Bürgerbewegungen, veränderten Marktmechanismen und der Förderung überstaatlicher Globalisierungstrends dient.

3.2 Liberale Kultur und Alltagspolitik

Ein zweiter Bereich von Interesse ergibt sich aus dem Umstand, daß radikale Theorie die konkrete, praktische, politische Kultur als »gelebte Kultur«, die Alltagspolitik und Schule als unmittelbare Erfahrung in den Blick nimmt. Während die Theorie gelegentlich in abstrakten Begriffen und mit einem speziellen Wortschatz argumentiert (z. B. Widerstand, kulturelle Reproduktion, Korrespondenztheorie), liegt doch der entscheidende Punkt der Kämpfe, des Alltäglichen, der Qualen und Ekstasen der täglichen Arbeit, des Schullebens und der alltäglichen Interaktionen darin, daß diese Aufzeichnungen wirkliche Erfahrungen widerspiegeln. Deren Präsentation klärt den Leser auf, weckt Empathie, Verständnis und Mitleid für andere Menschen, die ihr Alltagsleben in ganz anderer Weise leben als in Textbüchern der Politikwissenschaft oder in Fernsehseifenopern nahegelegt wird. In dieser Hinsicht besteht Kongruenz mit einem neu entstandenen Gebiet der Politikwissenschaft, das die politischen Verhaltensmuster im Alltagsleben untersucht. Peterson (1990) kommt z. B. in der Zusammenfassung seiner und anderer Forschungsergebnisse über das Verhältnis von »normalen« Menschen zur Politik (eingeschlossen war Geschlechter-, Familien-, Arbeits-, Vereins-, Religions- und Medienpolitik) zu dem Ergebnis, daß der »Mann auf der Straße« Politik versteht als das Handeln der Regierung, als Macht und Einfluß, als Funktionen und Wertungen des Staates. Der Durchschnittsbürger versteht Politik zugleich als Teil des Kirchen-, Familien-, Arbeits- und Vereinslebens. Im Hinblick auf Entscheidungsfindung übt den Studien zufolge die Familie den stärksten Partizipationseffekt auf höchstem Wirkungsniveau aus, während die Kirchen den schwächsten Einfluß verzeichnen. Die Studie von Peterson erhärtete die Befunde der stärksten Effekte von Bildung und Einkommen auf politische Entscheidungsfindung. Sie schließt mit der Erkenntnis, daß, während soziale Herkunft, Bildungsniveau und Geschlecht politische und staatsbürgerliche Orientierungen prägen und folglich auch Engagement in und Beteiligung an politischen Entscheidungsprozessen, zugleich gilt, daß größere politische Mitwirkung und Resonanz bei Entscheidungsprozessen in Alltagsinstitutionen ebenso Einfluß auf formale politische Entscheidungsprozesse und höhere Partizipation hat (ibid., S. 39-55).

3.3 Politik und Bildungspolitik

Von Interesse ist ebenfalls das Konzept von Politik und Bildung und von Bildungspolitik. Rekonzeptualisten dokumentieren ihr Engagement in dieser Frage, indem sie behaupten, Politik sei ein Erziehungsprozeß (oder sollte es sein), während zugleich Schule mit politischen Inhalten, Meinungen, Prozessen und Strukturen durchtränkt sei. Sowohl die Einsicht in die Rolle des Staates im Schulsystem als auch die Korrespondenz- und Reproduktionstheorien wie auch die Konzeptionierung der Schulen als unabhängige Orte für transformative demokratische Prinzipien und Praktiken verweisen auf die Einheit von Politik *und* Bildung und der Politik *des* Bildungsprozesses. Das formale und informale, offene und heimliche, politische und soziale Curriculum ist nur ein Aspekt dieser Einheit von Politik und Erziehung in einem demokratischen politischen Gemeinwesen. Wie der Politikwissenschaftler R. Merelman (1980, S. 319f.) in seiner Kritik an den behaupteten sozial problematischen Effekten des heimlichen Lehrplans ausführte, erzeugt die problematische Rolle der Schulen, die sie beim Versuch, Demokratie zu lehren, spielen, »nicht nur ein Bildungsproblem, weil Bildung eine Hauptarena öffentlicher Politik darstellt. Bildungsversagen ist, ipso facto, Politikversagen«. Darüber hinaus, so fährt er fort, sei »das Versagen demokratischer Erziehung deshalb das Versagen amerikanischer Politik wie auch ein Rätsel für die Demokratietheorie« (ibid.).

3.4 Klasse, Geschlecht und Minderheitenstatus

Von Relevanz und Interesse für die politische Wissenschaft ist ferner die Perspektive auf Klassen, Geschlecht, Rasse und Minderheiten, sowohl in den Schulen wie in der Gesellschaft insgesamt. Obwohl weniger gut entwickelt als die Klassenperspektive von Schule, enthalten doch die aufkommende Kritik des Patriarchats, die Darstellung sozial wie individuell zerstörerischer Wirkungen rassischer und ethnischer Diskriminierung sowie die damit zusammenhängende Behandlung der Machtlosen durch die ökonomisch und politisch Privilegierten wichtige Einsichten für die Politikwissenschaft. Folglich sollten diese nach und nach ihre professionellen Handlungsprogramme und Forschungsfragen beeinflussen. So sollten Studien zur politischen Sozialisation nicht nur von Mehrheitsvoten, Werten und Kenntnissen der Wählermehrheiten berichten, sondern sie sollten sich auch der Fragen und Perspektiven annehmen, die von radikalen Kritikern eröffnet worden sind. Die Muster sozialer, ökonomischer und politischer Diskriminierung und die Handlungen der Öffentlichkeit sollten Bestandteil jedes neuen Forschungsprogramms überpolitischer Sozialisation sein.

3.5 Die soziale Dimension von Schule

Dieser fünfte Bereich kritischen erziehungswissenschaftlichen Denkens bezieht sich auf Bildungssysteme und Entwicklungsmuster. Einige radikale Bildungsforscher untersuchten Muster der Entwicklung des Bildungssystems, der wirtschaftlichen und politischen Entwicklung und des Experimentierens in sich entwickelnden sozialistischen Ländern und in Entwicklungsländern. Diese Studien haben z. B. die kollektiven, sozialen und Gemeinschaftsdimensionen des Schulsystems in den Vordergrund gerückt, die im Gegensatz stehen zur individualisierten Mission der amerikanischen Schulen. Die Befunde zeigen nicht nur, in welchem Ausmaß Veränderungen im Bereich grundlegender Fertigkeiten möglich sind, sondern auch, inwieweit die soziale Dimension von Schule und Erfolg geplant und entwickelt werden kann. Lehrkooperation, Teamarbeit und Gruppenkreativität sind wichtige Merkmale. Teamkontrolle über die Arbeit, Problemlösungsaufgaben, Förderung der Entscheidungsfindung und andere Aspekte von Schule (jenseits von Individualismus, olympiareifer Konkurrenz und diskriminierenden Bewertungspraktiken) haben besondere Bedeutung für postindustrielle kapitalistische, aber auch für Entwicklungsländer (Carnoy und Wertheim 1977).

3.6 Demokratische Persönlichkeiten in ihrem sozialen Kontext

Die Wiederentdeckung und Aneignung der philosophischen Traditionen der Frankfurter Schule sowie der amerikanischen sozialen Rekonstruktivisten durch die kritische Erziehungswissenschaft ist bedeutsam für das erneute Interesse der Politikwissenschaft an prodemokratischen und antiautoritären Persönlichkeitsmerkmalen sowie deren sozialen wie kulturellen Manifestationen, Interaktionen und Verstärkungen. So ist z. B. das frühe Werk von Fromm, Adorno und Marcuse über die autoritäre Persönlichkeit, über den Verlust der Freiheit und über intellektuelle Befragungen auch heute noch von großer Bedeutung für den Versuch, eine »gesunde Gesellschaft« zu schaffen. Dies gilt erst recht seit dem Ende des Kalten Krieges, weil die nationalistischen Verhaltensimperative, die sich während der 40 Jahre im Westen gebildet haben, zweifellos in den westlichen Ländern Autoritarismus und seine kulturellen Korrelate bewirkt haben. Farnen (1993) und Meloen (1993) haben z. B. die gegenwärtige Relevanz von Autoritarismus, Militarismus, kultureller Hegemonie, Ethnozentrismus und Dogmatismus für Demokratie und Erziehung diskutiert.

3.7 Ethnographie (Kulturstudien)

Der Fortschritt, den radikale Ethnographen, kritische Erziehungswissenschaftler oder Kulturforscher wie Willis oder Anyon und andere gemacht haben, indem sie Kulturstudien und theoretische Konstrukte mit der ethnographischen Methode verbanden, zeigt die Stärke dieses qualitativen Ansatzes einer deskriptiven Analyse gelebten Lebens und von Schulkulturen. Auf der Suche nach brauchbaren Techniken, um die Geheimnisse, die um Schlüsselfragen wie z. B. »Machen Schulen wirklich Unterschiede?« ranken, zu entschlüsseln, haben Ethnographen die grundlegenden Muster von Hierarchie, kultureller Dominanz und Klassenherrschaft in kapitalistischen Schulen aufgedeckt. Heute wirken in den Schulen Korrespondenz- und Reproduktionsprinzipien zusammen mit Widerstandsbemühungen und transformativen Potentialen.

3.8 Politik und politische Sozialisation

Dieser achte Aspekt stellt ab auf den Wert, den die kritische sozialwissenschaftliche Erforschung der politischen und bildungspolitischen Prozesse für die politische Sozialisationsforschung hat. Während viele kritische Erziehungswissenschaftler einen

Großteil der Arbeiten über politische Sozialisation, Bildungspolitik und Entscheidungsfindung mit der Begründung zurückweisen, sie seien theoretisch schwach, willkürlich verzerrt und kontraproduktiv im Hinblick auf die Erfassung sowohl der Schulrealität als auch der Reformmöglichkeiten, werden wenige konstruktive alternative Modelle oder Fallstudien als Beispiele für lebensfähige Ansätze angeboten. Die Arbeiten von Willis et al. (1988) über die Lebensbedingungen von Jugendlichen in Wolverhampton liefern notwendige Einsichten. Der Schwerpunkt dieser radikalen Politik- und Kulturstudien handelt von Jugendarbeitslosigkeit in einer lokalen Ökonomie. Das Ziel bestand in der Entwicklung »eines politischen und institutionellen Rahmens, der fähig wäre, das gesamte Spektrum der Bedürfnisse junger Erwachsener einzufangen und der ermächtigt wäre, auf diese Bedürfnisse auf koordinierte und integrierte Weise zu antworten« (ibid., S. 3).
Die Forschungsergebnisse legen weitere Vorschläge für politisches Handeln nahe. Dazu gehören z. B. die Koordination lokaler Politiken, strukturierende und nicht individualisierende Konzepte von Arbeitslosigkeit, der Kampf gegen den »Opfer«- und »Selbstbezichtigungs«-Ansatz und spezifische, für eine bürokratische Umstrukturierung der Jugendpolitik und für einen städtischen Raum zugunsten der Jugend in Übereinstimmung mit einer von Jugendlichen entwickelten Satzung (ibid. S. 231-234). Dieser Typus von handlungsorientierter und theoretisch fundierter Forschung könnte in Zukunft in anderen Forschungszusammenhängen auch auf Gegenstände wie politische Sozialisation, multikulturelle Erziehung oder Lehrplanprojekte zur staatsbürgerlichen Erziehung Anwendung finden.

3.9 Der heimliche und offene Lehrplan

Neulinke und neomarxistische Debatten über den heimlichen Lehrplan sind nicht nur von Interesse für Politikwissenschaftler und Politiklehrer, sie haben sogar eine hitzige Auseinandersetzung in dem prestigeträchtigen American Political Science Review in den Jahren 1980 und 1981 ausgelöst. Zu jener Zeit engagierten sich zwei prominente Politikwissenschaftler (R. Merelman und M. K. Jennings) in einem lebhaften Dialog, in einer Kette von Vorwürfen und Entgegnungen, die über einen längeren Zeitraum ausgetauscht wurden. Merelman (1980) behauptete, Demokratieerziehung habe keine Wirkung, während Jennings (1980) an der Behauptung von Effekten festhielt (eine nähere Analyse findet sich bei Farnen 1990, S. 54-61; siehe auch Merelman 1981 und Jennings 1981).

Als diese Debatte sich im nächsten Jahr fortsetzte, entwickelte sie sich hauptsächlich zu einer Auseinandersetzung darüber, welcher Forscher mehr Statistiken vorlegen konnte, die den Einfluß (bzw. den Mangel an Einfluß) von Bildung auf demokratische Werte belegen konnten. Giroux' Perspektive bringt Merelmans Argumentation, die er »Teil der liberalen Problematik« nennt, auf den Punkt: er (Giroux und Purpel 1983) wirft Merelman (nicht aber Jennings) vor, nicht zu sehen, daß die schulinternen Segmentationen, die er beschreibt, ihre Wurzeln in der herrschenden Gesellschaft haben könnten (d. h. in der Natur des Kapitalismus, der Demokratie auf die politische Sphäre beschränkt und Ungleichheit auf die Ökonomie). Im liberalen Blick bleibt kein Platz für die Wahrnehmung widersprüchlicher Wissensanforderungen oder für die Erklärung, wie solch eine Realität entstehen konnte bzw. wie ihr erfolgreich durch kritisches Denken oder konstruktiven Dialog widerstanden werden könnte. Die alternative, radikale Analyse des heimlichen Lehrplans läßt dieses Phänomen nicht nur nicht außer acht als eine strukturelle Beschränkung oder als eine Konsens herstellende Technik, sondern nutzt es vielmehr, um mit seiner Hilfe Konflikte sowie soziale Strukturen und die Konstruktion von Bedeutungen zu thematisieren (d. h. sie hinterfragt Reproduktion, Dominanz, Ausbeutung und Ungleichheit) (ibid., S. 54-56; Giroux und Penna 1981, S. 209-230).

Die Diskussion dieser unterschiedlichen Perspektiven sollte zeigen, daß die Politikwissenschaft pluralistische Sichtweisen über den heimlichen Lehrplan entwickelt hat. Jedoch haben radikale Kritiker offensichtlich einen wunden Punkt der Disziplin getroffen, wenn sie die geltenden Auffassungen über Demokratieerziehung attackieren. Der andere Grund, an dieser Stelle diese Diskussion einzubeziehen, ist, auf den Mangel an Engagement und an konstruktivem Dialog zwischen radikalen und traditionellen Politikwissenschaftlern hinzuweisen. Die Merelman-Jennings-Kontroverse verlor die radikale Kritik aus den Augen, stritt über die Bedeutung von Schulbildung für die Demokratie und häufte – bar jeder theoretischen Basis – statistische Evidenz auf, ohne die radikale Kritik zur Kenntnis zu nehmen, und das alles unter der Phrase »der heimliche Lehrplan«. Keine der in der amerikanischen ethnographischen Literatur über politische Sozialisation im Überfluß vorhandenen Informationen über Klassen und ethnische Segregation (z. B. in den Arbeiten von E. Litt, D. Jaros, E. S. Greenberg et al., abgedruckt in Bell 1973, S. 91-128 und S. 189-299 sowie Anyon 1979 und 1980) spielten in diesen Diskussionen eine Rolle, noch wurden die radikalen Kritiker selbst aufgefordert, sich an dieser Debatte zu beteiligen.

3.10 Politische Bildung

Der letzte Punkt in dieser Rückschau betrifft politische Bildung, Staatsbürgerschaft und Staatsbürgerkunde. Die Nützlichkeit der radikalen Kritik liegt diesbezüglich in ihren Formulierungen, nicht nur des heimlichen Lehrplans, sondern auch anderer brauchbarer Konstrukte wie z. B. Widerstand und der Möglichkeit, Schulen zu verändern, worin eine befreiende und emanzipatorische Wirkung auf Schüler, Lehrer und die Gesellschaft selbst liegen könnte. Die Kritik ist in ihrem Ansatz ganzheitlich, da Schule in den Kontext von häuslicher Umwelt, Medien, Arbeit, d. h. aller Lebensäußerungen der *verschiedenen* Menschen gestellt wird. Da die radikale Kritik meist theoretisch formuliert wurde, waren die Details darüber, wie ein radikaler Lehrplan zu schaffen sei, sehr spärlich. Doch haben wir einige Hinweise dazu, was mit diesem mehr weltlichen Aspekt von Schule gemeint sein kann.
Alternativ zu traditionellen Modellen wollen Apple und King (1983, S. 82-99), daß Schulen über die bloße Reproduktion der Arbeitsgesellschaft und über humanistische Rhetorik hinaus einer Analyse à la Gramsci ausgesetzt werden, die Schule als ideologische Arena begreift. Wichtige Fragen nach den Bestimmungsfaktoren der Lehrplaninhalte sind u. a.: Wessen Interessen dienen die Schulen? Wie sind ökonomisches und kulturelles Kapital verteilt? Können Schulen Aufklärung fördern und Kontrolle verringern? Welches sind die jeweiligen gesellschaftlichen Interessen? (ibid., S. 97). Auf diese Fragen werden weder konsensuelle noch monolithische Antworten erwartet noch sind sie erwünscht (ibid., S. 95-97). Giroux' »neue Soziologie des Lehrplans« basiert eben-

falls auf Antworten auf Schlüsselfragen über den Lehrplan, z. B.: Was ist das relevante Wissen? Wie wird es erzeugt? Auf welche Weise reproduziert der Unterricht in der Klasse den Arbeitsplatz? Woher erhält der Lehrplan seine Legitimation und in wessen Interesse? Wie werden Widersprüche und Spannungen im Wissen und über Wissen vermittelt? Welche legitimierende Rolle spielt Evaluation? (Giroux 1981b, S. 104). Giroux' Auffassung, staatsbürgerschaftliche Bildung wecke und fördere die Zivilcourage einer aktiven, engagierten und gemeinschaftsorientierten Bürgerschaft und damit die Entstehung gerechter und demokratischer Gesellschaften, scheint ebenfalls von Bedeutung als Kontext solcher Fragestellungen. Während andere radikale Politikökonomen dem Piagetschen Modell kognitiver Entwicklung applaudieren und Kohlbergs Stufen der moralischen Entwicklung als irrelevanten Diskurs abtun, da Kohlbergs Modell die Basis in den Koordinaten sozialen Handelns abgehe (Huebner 1981, S. 134), anerkennen Giroux und Purpel (1983) Kohlbergs Theorie dadurch, daß sie seine Publikation über »die moralische Atmosphäre der Schule« in ihren Sammelband aufnehmen (ibid., S. 61-81).
Radikal-demokratische Pädagogen haben sich mit den Befunden über Entwicklungs- oder Moralstufen, über struktur-funktionale kognitive Theorien, über Entscheidungsfindungs- und Problemlösungsverhalten oder politische Sozialisation noch nicht recht anfreunden können. In diesen Feldern existiert eine ganze Generation jüngster Forschungen, die außerhalb der Reichweite des Zugriffs der Rekonzeptualisten bleibt (Farnen 1991). Denkbar ist, daß diese Befunde sich in einer post-hoc Prüfung für kritische pädagogische Positionen als nützlich erweisen; es dürfte allerdings für kritische Erziehungswissenschaftler fruchtbarer sein, sich in Zukunft jenen Forschungsprojekten anzuschließen, um auf diese Weise Einfluß auf die Forschungsfragen zu nehmen.

F. Schlußfolgerungen

Versucht man, die Bedeutung des Rekonzeptualismus für die Politikwissenschaft, für die politische Bildung und politische Sozialisation abzuwägen, so scheint die große Tugend dieser in sich heterogenen Denkrichtung (die nur durch den politökonomischen Ansatz, die Idee der sozialen Gerechtigkeit und der gesellschaftlichen Transformation geeint scheint) im dialektischen und fragenden Habitus ihres Ansatzes zu liegen, wobei Gegenstand des kritischen Denkens der Zusammenhang von Schule, Staat, Politik, Sozialstruktur, gesellschaftlichen Traditionen und Ökonomie sind. Die kontroverse und manchmal negative Kritik hinterläßt den unbedarften Leser mit leeren Händen bzw. auf sich allein gestellt, d. h. ohne den Ertrag in Form eines Sicherheitsnetzes aus eindeutigem Lehrplan, klaren Evaluationsrichtlinien und -prinzipien sowie Lehrtechniken. Das heißt: während der unerfahrene Leser einer Unzahl von Aussagen über »was falsch ist und was nicht getan werden darf« ausgesetzt ist, finden sich kaum Anhaltspunkte darüber, was mit Aussicht auf Erfolg zu tun und warum der Erfolg wahrscheinlich wäre. Kritische Pädagogik klärt uns nicht auf über Entwicklungssstufen oder -phasen, über kognitive Psychologie, über Schematheorien oder darüber, ob diese Ideen radikalisiert, neu konzeptualisiert oder gegen rigorose Befragungen widerstandsfähig gemacht werden können. Die radikalen Kritiker konzentrieren sich häufig auf die Lehrerausbildung anstatt auf die Lehrer selbst oder auf die Schüler oder auf den Lehrplan und den Unterricht oder auf die Interaktion zwischen ihnen. Während einerseits eine Bildungsphilosophie bewundernswert sein kann und eine aufklärende Theorie uns alle emanzipieren mag, besteht andererseits die Gefahr der Orthodoxie, der Intoleranz und der Verengung auf ein theoretisches Prinzip: jenes, mit dem die politischen Bildungsökonomen verheiratet zu sein scheinen. Folglich muß der Leser verfolgen, wer auf der Liste der akzeptierten Rekonzeptualisten bzw. »richtigen Denker« oben und unten steht. Es verwirrt zudem, daß verschiedene radikale Theoretiker ihre Noten unterschiedlich verteilen: Für manche ist John Dewey akzeptabel, aber George Counts besser; für einige wiederum sind Piaget und Kohlberg Vorbild, für andere nicht. Für noch andere ist die Literatur über politische Sozialisation nützlich, für andere nicht.

Die radikale Kritik birgt überdies ein potentielles dogmatisches Element, das durch eine Verpflichtung zu ehrlichem Dialog überwunden werden muß. Diesem Anliegen wird ein schlechter Dienst erwiesen, wenn die Opposition als »Feind« dämonisiert wird (auch als Opfer einer »falschen Ideologie«), der Schulen und andere ideologische Staatsapparate nutzt, um die Mythen von Pluralismus und Liberalismus zu verbreiten. Es ist eine Sache, die konservative Schulphilosophie als essentiell undemokratisch zu entlarven, aber es ist eine ganz andere Sache, wenn die »fehlgeleiteten unschuldigen Liberalen« mit der radikalen Rechten in einen Topf geworfen werden. Während die Konservativen genauso ökonomistisch-deterministisch zu denken scheinen wie die meisten radikalen Neomarxisten, bräuchten die Sozialliberalen unserer Zeit lediglich ihre politischen Wahrnehmungen etwas mehr entlang sozialdemokratischer und erziehungskritischer Positionen zu reorganisieren, um zu einem Konsens mit der kritischen Linken zu kommen.

Und so könnte es auch mit anderen Fragen auf der Liste der nationalen Probleme geschehen. Dazu gehört z. B. die wahrscheinlich kritische Haltung zu dem Vorschlag, daß Schüler und Lehrer gemeinsam bestimmen sollten, was in der Schule gelernt werden soll; dazu gehört der geäußerte Bedarf an Gemeinsamkeiten und Integration bei gleichzeitiger Wertschätzung des Multikulturalismus und der Kampf gegen sexistische, rassische oder ethnische Unterdrückung in Schule und Gesellschaft. Dies sind nur ein paar der vorrangigen Probleme in der gegenwärtigen Bildungs- und Erziehungsdebatte in den USA, und zwar in Ergänzung derer, die bereits genannt wurden, wie z. B. Bildungsgutscheine, Bezahlung nach Leistung, Konkurrenz usw. (s. Klein 1991, S. 4-7). Um effektiver zu sein, könnte die radikale Kritik in der Auseinandersetzung um die konservativen Politikentwürfe einbezogen werden. Der Verzicht darauf würde bedeuten, daß die starken Kräfte des wieder auflebenden Traditionalismus und eines unechten Individualismus sich entfalten könnten, ohne daß sie hinterfragt oder herausgefordert würden.

Literatur

Almond, G. (1988), »Separate Tables: Schools and Sects in Political Sciende«, *PS: Political Science and Politics*, Bd. 21, Nr. 4, S. 828-842.

Althusser, L. (1971), *Lenin and Philosophy and Other Essays*, New York.

Anderson, L. et al. (1990), *The Civics Report Card*, Princeton, New Jersey.

Anyon, J. (1979), »Ideology and United States History Textbooks«, in: Dale et al. 1981, S. 21-39.

Anyon, J. (1980), »Social Class and the Hidden Curriculum of Work«, in: Giroux/Penna/Pinar (Hg.) 1981, S. 317-341.
– (1983), »Intersections of Gender and Class: Accomodation and Resistance by Working Class and Affluent Females to Contradictory Sex Role Ideologies«, in: Walker/Barton (Hg.) 1983, S. 19-37.
Apple, M. (1979), »What Correspondence Theories of the Hidden Curriculum Miss«, *The Review of Education*, Bd. 5, Nr. 2, S. 101-112.
– (1980), »Analyzing Determinations. Understanding and Evaluating the Production of Social Outcomes in Schools«, *Curriculum Inquiry*, Bd. 10, S. 55-76.
– (1982a) *Education and Power*, Boston.
– (Hg.) (1982b), *Cultural and Economic Reproduction in Education. Essays on Class, Ideology, and the State*, London.
– (1983), »Work, Class, and Teaching«, in: Walker/Barton (Hg.) 1983, S. 53-67.
– (1985), »Old Humanists and New Curricula ...«, *Curriculum Inquiry*, Bd. 15, Nr. 1.
– (1988), *Teachers and Texts*, New York.
–/King, N. (1983), »What Do Schools Teach?«, in: Giroux/Purpel (Hg.) 1983.
–/Weiss, L. (Hg.) (1983), *Ideology and Practice in Schooling*, Philadelphia.
Arnot, M./Whitty, G. (1982), »From Reproduction to Transformation: Recent Radical Perspectives on the Curriculum for the USA«, *British Journal of Sociology*, Bd. 3, Nr. 1, S. 93-103.
Aronowitz, S./Giroux H. (1985), *Education Under Siege*, South Hadley.
–/– (1991), *Post-modern Education*, Minneapolis.
Bagley, A. (Hg.) (1983), *Civic Learning in Teacher Education*, Minneapolis/St. Paul.
Bell, C. (Hg.) (1973), *Growth and Change*, Encino.
Bernstein, R. (1978), *The Restructuring of Social and Political Theory*, Philadelphia.
Bourdieu, P. (1977), »Cultural Reproduction and Social Reproduction«, in: Karabel/Halsey (Hg.) 1977, S. 487-511.
– (1984), *Distinction: A Social Critique of the Judgement of Taste*, Cambridge.
–/Passeron, J.-C. (1977), *Reproduction in Society, Education and Culture*, London.
–/– (1979), *The Inheritors. French Students and Their Relation to Culture*, Chicago.
Bowles, S./Gintis, H. (1976), *Schooling in Capitalist America*, New York.
–/– (1986), *Democracy and Capitalism*, New York.
–/– (1988), »Contradiction and Reproduction in Educational Theory«, in: Cole (Hg.) 1988a, S. 16-32.
Carnoy, M. (1984), *The State and Political Theory*, Princeton.

- (1985), »The Political Economy of Education«, *International Social Science Journal*, Bd. 37, Nr. 2, S. 157-173.
-/Levin, H. (1985), *Schooling and Work in the Democratic State*, Stanford.
-/- (1986), »Educational Reform and Class Conflict, *Journal of Education*, Bd. 168, Nr. 1, S. 35-46.
-/- (1986), »But Can It Whistle?«, *Educational Studies*, Bd. 17, Nr. 4, S. 528-541.
-/Werthein, J. (1977), »Socialist Ideology and the Transformation of Cuban Education«, in: Karabel/Halsey (Hg.) 1977, S. 573-584.
Cole, M. (Hg.) (1988a), *Bowles and Gintis Revisited: Correspondence & Contradiction in Educational Theory*, Lewes, Sussex.
- (1988b), »From Reductionist Marxism and Revolutionary Socialism to Post-Liberal Democracy and Ambiguity ...«, *British Journal of Sociology*, Bd. 39, Nr. 3, S. 452-462.
- (1989), »›Race‹ and Class or ›Race‹ Class, Gender, and Community«, *British Journal of Sociology*, Bd. 40, Nr. 1, S. 118-129.
Dale, R. et al. (Hg.) (1982), *Education and the State*, Bd. 1, Lewes, Sussex.
Dryzek, J. (1986), »The Progress of Political Science«, *The Journal of Politics*, Bd. 48, Nr. 2, S. 301-320.
-/Leonard, S. (1988), »History and Discipline in Political Science«, *American Political Science Review*, Bd. 82, Nr. 4, S. 1245-1260.
Englund, T. (1986), *Curriculum As A Political Problem*, Stockholm.
Farnen, R. (1990), *Integrating Political Science, Education, and Public Policy*, Frankfurt/M.
- (1991), *Cognitive Political Maps: The Implications of Internal Schema (Structure) versus External Factors (Content and Context) for Cross-National Research*. Manuskript des Vortrags auf dem 14. Jahrestreffen der Internationalen Gesellschaft für Politische Psychologie an der Universität Helsinki, Finnland, Juli 1991.
- (1993), »Nationality, Ethnicity, Political Socialization and Public Policy: Some Cross-national Perspectives«, in: ders./Claussen/Oertel (Hg.), S. 21-89.
-/Claussen, B./Oertel, J. (1993), *Cross-national Perspectives on Nationality, Identity, and Ethnicity: International Implications for Political Socialization, Cognition, and Educational Research*, Hamburg.
Finkelstein, B. (1984), »Thinking Publicly about Civic Learning: An Agenda for Education Reform in the '80s«, in: Jones (Hg.) 1985, S. 23 f.
Fischer, F. (1990), *Technocracy and the Politics of Expertise*, Newbury Park.
-/Forester, J. (Hg.) (1987), *Confronting Values in Policy Analysis*, Newbury Park.
Forges, H. D. (1985), *Nationalism, Ethnocentrism, and Personality*, Chicago.
Giarelli, J. (1983), »The Public, The State, and Civic Education«, in: Bagley (Hg.) 1983, S. 33-36.

Gintis, H./Bowles, S. (1981), »Contradiction and Reproduction in Educational Theory«, in: Dale et al. (Hg.) 1981, S. 45-59.

Giroux, H. (1981a), *Ideology, Culture, and the Process of Schooling*, Philadelphia.

– (1981b), »Toward a New Sociology of Curriculum«, in: Giroux/Penna/Pinar (Hg.) 1981, S. 98-108.

– (1984), »Public Philosophy and the Crisis in Education«, *Harvard Educational Review*, Bd. 54, Nr. 2, S. 186-194.

– (Hg.) (1991), *Post-modernism, Feminism, and Cultural Politics*, Albany.

–/Penna, A. (1981), »Social Education in the Classroom: The Dynamics of the Hidden Curriculum«, in: Giroux/Penna/Pinar (Hg.) 1981, S. 209-230.

–/–/Pinar, W. (Hg.) (1981), *Curriculum and Instruction*, Berkely, CA.

–/Purpel, D. (Hg.) (1983), *The Hidden Curriculum and Moral Education: Deception or Discovery*, Berkely.

Hanna, J. (1982), »Public School Policy and the Children's World: Implications of Ethnographic Research for Desegregated Schooling«, in: Spindler (Hg.), S. 316-355.

Huebner, D. (1981), »Toward a Political Economy of Curriculum and Human Development«, in: Giroux/Penna/Pinar (Hg.), 1981, S. 124-138.

Illich, I. (1970), *Deschooling Society*, New York.

Jennings, M. (1980), »Comment on Richard Merelman's ›Democratic Politics and the Culture of American Education‹«, *American Political Science Review*, Bd. 4, Nr. 2, S. 333-337.

– (1981), »Comment on the Merelman-Jennings Exchange«, *American Political Science Review*, Bd. 75, Nr. 1, S. 155 f.

Jones, A. (Hg.) (1985), *Civic Learning for Teachers: Capstone for Educational Reform*, Ann Arbor.

Karabel, J./Halsey, A. (Hg.) (1977), *Power and Ideology in Education*, New York.

Klein, E. (1991), »We're Talking About a Revolution«, *Parade Magazine*, S. 4-7.

Liston, D. (1988), »Faith and Evidence: Examining Marxist Explanations of Schools«, *American Journal of Education*, Bd. 96, Nr. 3, S. 323-350.

Macpherson, C. (1977), »Do We Need a Theory of the State?«, in: Dale et al. (Hg.) 1981, S. 61-75.

Magala, S. (1992), »Revolutionaries and Consultants«, in: Engeldorp, Gastelaars, Ph. V./Magala, S./Preuss, O. (Hg.) (1992), *Critical Theory Today*, Rotterdam, S. 17-57.

– (1993), »The Threshold of Statehood«, Kapitel 7, in: Farnen, R./Claussen, B./Oertel, J. (Hg.), *Cross national Perspectives on Nationality, Identity, and Ethnicity*.

Masemann, V. (1982), »Critical Ethnography in the Study of Comparative Education«, *Comparative Education Review*, Bd. 26, Nr. 1, S. 1-15.

Meloen, J. (1993), »A Critical Analysis of Forty Years of Authoritarianism Research«, in: Farnen/Claussen/Oertel (Hg.), S. 113-150.

Merelman, R. (1980), »Democratic Politics and the Culture of American Education«, *American Political Science Review*, Bd. 74, Nr. 2, S. 319-332.

– (1981), »Reply«, *American Political Science Review*, Bd. 75, Nr. 1, S. 156-158.

Monroe, K. et al. (1990), The »Nature of Contemporary Political Science: A Roundtable Discussion«, *Political Science and Politics*, Bd. 23, Nr. 1, S. 34-43.

Offe, C./Ronge, V. (1975), »Theses on the Theory of the State«, in: Dale et al. (Hg.) 1981, S. 77-85.

Peterson, S. (1990), *Political Behavior. Patterns in Everyday Life*, Newbury Park.

Popkewitz, T. (1983), »Educational Research: Values and visions of Social Order«, in: Giroux/Penna/Pinar (Hg.) 1983, S. 297-316.

– (1985), »Intellectuals, Sciences, and Pedagogies: Critical Traditions and Instrumental Cultures«, *American Journal of Education*, Bd. 93, Nr. 3, S. 429-436.

Sciulli, D. (1992), *Theory of Societal Constitutionalism*, New York.

Shirley, D. (1986), »A Critical Review and Appropriation of Pierre Bourdieu's Analysis of Social and Cultural Reproduction«, *Journal of Education*, Bd. 168, Nr. 2, S. 96-112.

Smith, M./O'Day, J./Cohen, D. (1990), »National Curriculum American Style«, *American Educator*, S. 10-17, 40-47.

Spindler, G. (Hg.) (1982), *Doing the Ethnography of Schooling*, New York.

Tirozzi, G. (1991), »Bush's Education Plan is Too Limited to Have a Real Impact«, *The Hartford Courant*, S. E3.

Tobin, J. (1989), »Visual Anthropology and Multivocal Ethnography: A Dialogical Approach to Japanese Preschool Class Size«, *Dialectical Anthropology*, Bd. 13, S. 173-187.

Walker, S./Barton, L. (Hg.) (1983), *Gender, Class & Education*, Lewes, Sussex.

Wilcox, K. (1982a), »Differential Socialization in the Classroom: Implications for Equal Opportunity«, in: Spindler (Hg.), S. 268-309.

– (1982b), »Ethnography as a Methodology and Its Application to the Study of Schooling: A Review«, in: Spindler (Hg.) S. 456-488.

Willis, P. (1981), »Cultural Production Is Different from Cultural Reproduction is Different from Social Reproduction is Different from Reproduction«, *Interchange on Educational Policy*, Bd. 12, Nr. 2-3, S. 48-67.

– et al. (1988), *The Youth Review: Social Conditions of Young People in Wolverhampton*, Aldershot, Hants.

Wood, G. (1982), »Beyond Radical Educational Cynism«, *Educational Theory*, Bd. 32, Nr. 2, S. 55-71.

Hinweise zu den Autorinnen und Autoren

Chaim Adler; zur Zeit Dekan der erziehungswissenschaftlichen Fakultät der Hebräischen Universität in Jerusalem (Israel). Fachgebiet: Bildungssoziologie; Forschungsinteressen: die Beziehung zwischen sozialer Strukturbildung und Schulsystem und dabei vor allem die Bildungs- und Ausbildungsprobleme der benachteiligten Jugendlichen.

Michael W. Apple, geb. 1942; John Bascom Professor für Erziehungswissenschaften an der Universität von Wisconsin, Madison (USA); zuvor Grundschul- und Sekundarschullehrer sowie Präsident einer Lehrergewerkschaft. Forschungsinteresse: das Verhältnis von Bildung und Macht. – Buchveröffentlichungen u. a: *Ideology and Curriculum* (1979, 2. Auflage 1990); *Education and Power* (1985); *Teachers and Texts* (1988); *The Politics of the Textbook* (1991) und *Official Knowledge* (1993).

Len Barton; zur Zeit Leiter der erziehungswissenschaftlichen Fakultät der Universität Sheffield (England); Gründer und Herausgeber der internationalen Zeitschrift *Disability and Society*. Forschungsinteressen: die Lage der Behinderten und die ihnen zugedachte Sozialpolitik. – Jüngste Publikation: (zusammen mit J. Corbett) *A Struggle for Choice: Students with Special Need in Transition to Childhood*, London.

Tomas Englund, geb. 1946; Professor für Erziehungswissenschaft in der Fakultät für Pädagogik der Universität Uppsala (Schweden); Forschungsinteresses: die Curriculumtheorie und -geschichte sowie Fragen der politischen Sozialisation und der staatsbürgerlichen Erziehung, insbesondere aus der Perspektive der politischen Philosophie und der Wissenssoziologie; zur Zeit Leiter der Forschungsgruppe *The Content of Socialization and the Dimensions of Citizenship*. – Bekannte Publikationen: *Curriculum as a Political Problem; Citizenship Education in Swedish Schools; Education for Public or Private Good*; zahlreiche Artikel in Zeitschriften wie *Journal of Curriculum Studies, Scandinavian Journal of Educational Research* und *Bildung und Erziehung*.

Russell Farnen; Professor für Politische Wissenschaft und Direktor der Universität von Connecticut in Hartford (USA). Forschungsinteressen: Bildungspolitik und das Verhältnis von Bildung und Politik, Massenmedien und Politik sowie komparative politische Sozialisation. – Buchveröffentlichungen u. a.: (zusammen mit J. Torney und A. N. Oppenheim) *Civic Education in ten Countries* (1975); *Integrating Political Science, Education and Policy: International Perspectives on Decision Making, Sy-*

stems Theory, and Socialisation Research (1990); (Hg. zusammen mit B. Claußen und J. Oertel) *Cross National Perspectives on Nationality, Identity and Ethnicity: International Implications for Political Socialization, Cognition and Educational Research* (1993); (Hg.) *Reconceptualizing Politics, Socialization, and Education* (1993).

Ilana Felsenthal; Bildungssoziologin; promovierte Lektorin an der Abteilung für Pädagogik und Lehrerbildung und Mitglied des Instituts für Innovation im Erziehungswesen an der erziehungswissenschaftlichen Fakultät der Hebräischen Universität Jerusalem (Israel). Vorrangige Forschungsinteressen: Fragen der demokratischen Erziehung, der Gerechtigkeit im Bildungswesen sowie von Schule und Unterricht als soziales System.

Frank Fischer; Professor für Politische Wissenschaften an der Rutgers Universität in New Jersey (USA). – Jüngste Veröffentlichungen u. a.: (Hg. zusammen mit J. Forester) *Technocracy and the Politics of Expertise* und *The Argumentative Turn in Policy Analysis and Planning.*

Stefan Hradil, geb. 1946; Professor für Soziologie an der Johannes Gutenberg Universität in Mainz. Sein vorrangiges Forschungsinteresse: die Fragen von Sozialstruktur, sozialer Ungleichheit und Sozialpolitik; jüngste Forschungsvorhaben: soziale Milieus und Lebensstile in Deutschland sowie komparative Analysen der Sozialstrukturen der Länder der Europäischen Gemeinschaft. – Zahlreiche Buchveröffentlichungen, u. a.: *Die Erforschung der Macht* (1980); *Sozialstrukturanalyse in einer fortgeschrittenen Gesellschaft. Von Klassen und Schichten zu Lagen und Milieus* (1987); (zusammen mit K. M. Bolte) *Soziale Ungleichheit in der Bundesrepublik Deutschland* (6. Auflage 1988); (Hg. zusammen mit P. A. Berger) *Lebenslagen, Lebensläufe, Lebensstile* (1990); (Hg.) *Zwischen Bewußtsein und Sein* (1992).

Peter Leisink; Associate Professor an der Fakultät für Allgemeine Sozialwissenschaften der Universität Utrecht (NL). Derzeitige Arbeitsinteressen: Theorie und Politik sozialer Ungleichheit, insbesondere in den Gebieten Arbeit und Bildung; technologische Innovationen, industrielle Beziehungen, Arbeitnehmerpartizipation, Gewerkschaften und Bildung. – Publikationen neueren Datums: *The Structuration of Industrial Relations* (1989); (Mitautor) *Work and Citizenship in the New Europe* (1993); (Mithg.) *The Shield of Solidarity* (1993).

Fritz Ulrich Kolbe, geb. 1955; promovierter Erziehungswissenschaftler und wissenschaftlicher Assistent am Erziehungswissenschaftlichen Seminar der Universität Heidelberg. Arbeitsgebiete: Schulpädagogik, Historische Pädagogik und Bildungstheorie. – Buchpublikationen: (Hg. zusammen mit V. Lenhart) *Bildung und Aufklärung heute* (1990); *Strukturwandel schulischen Handelns* (i. E.).

Alan Mandell; zur Zeit Prodekan, Direktor und Professor am Empire State College der Staatsuniversität von New York. Hauptarbeitsgebiet: Erwachsenenbildung. – Buchveröffentlichung: (zusammen mit E. Michelson) *Portfolio Development & Adult Learning*; ferner Herausgeber des *Journal of Social and Cultural Criticism* (Kairos).

Siebren Miedema, geb. 1949; Hendrik Pierson Professor für christliche Pädagogik an der Freien Universität von Amsterdam, Associate Professor für theoretische Pädagogik an der Universität von Leiden, Niederlande. Arbeits- und Forschungsgebiete u. a.: kritische Pädagogik, hermeneutische Pädagogik, Pragmatismus, Wissenschaftsphilosophie, Methodologie, und Religionspädagogik. – Zahlreiche Veröffentlichungen, u. a. (mit F. Beugelsdijk) *Orientatie in de Pedagogiek* (1985); (Hg.) *Pedagiek in Meervoud* (1988); *Kennen en Handelen* (1986); (zusammen mit G. J. J. Biesta) *Filosofie van de Pedagogische wetenschappen* (1989); (Hg. zusammen mit W. Pols/B. Levering) *Opvoeding Zoals het is* (1989); (Hg. zusammen mit J. A. Berding & G. Jacobs) *Door de buis genomen? Kinderen en televisiegeweld* (1991), (Hg. zusammen mit B. Levering/S. Smith/M. van Manen), *Reflections on Pedagogy and Method, Vol. II* (1992).

Dieter Misgeld, geb. 1938; Associate Professor am Ontario Institut für erziehungswissenschaftliche Studien der philosophischen Fakultät der Universität Toronto (Kanada). Arbeits- und Forschungsgebiete: kritische Theorie, hermeneutische Philosophie, Menschenrechte und Bildung sowie kritische Pädagogik und Modernität. – Wichtige Buchveröffentlichungen u. a.: (Hg. mit V. Meja und N. Stehr) *Modern German Sociology* (1987/1990); (Hg. mit G. Nicholson) *Hans Georg Gadamer on Education, Poetry, and History. Applied Hermeneutics* (1992); *Pragmatismo y Pensamiento Utopico: Modernidad, Educacion y Derechos Humanos* (1993), *Critical Pedagogy, Modernity and Human Rights* (erscheint 1993); zahlreiche Zeitschriftenartikel.

Gerald Prein, geb. 1956; promovierter Soziologe und zur Zeit wissenschaftlicher Mitarbeiter an der Universität Bremen. Derzeitige Arbeitsschwerpunkte: Alltags- und Institutionentheorie, Methoden zur Modellierung qualitativer und quantitativer Verlaufsdaten in der Lebenslaufforschung. – Buchpublikation: (zusammen mit G. Weigand und R. Hess) *Institutionelle Analyse* (1988); Veröffentlichungen in einschlägigen Zeitschriften und Sammelbänden.

Heinz Sünker, geb. 1948; Professor für Sozialpädaogik am Fachbereich Gesellschaftswissenschaften der Universität-GH Wuppertal. Arbeits- und Forschungsinteressen u. a.: Theorie und Geschichte der Sozialen Arbeit, Gesellschaftstheorie und Bildungstheorie. – Mitherausgeber der ›Kritischen Texte Sozialarbeit/Sozialpädaogik‹ und Redakteur der Sozialwissenschaftlichen Literatur Rundschau. Veröffentlichungen, u. a. zu Bildungsproblemen: *Bildungstheorie und Erziehungspraxis* (1984); *Bildung, Alltag und Subjektivität* (1989); (Hg. zusammen mit W. Marotzki) *Kritische Erziehungswissenschaft – Moderne – Postmoderne*. 2 Bde. (1992, 1993).

Dieter Timmermann, geb. 1943; Professor für Bildungsökonomie und Bildungsplanung an der Fakultät für Pädagogik der Universität Bielefeld. Arbeits- und Forschungsinteressen u. a.: die Gebiete der Effizienz des Bildungswesens, der Abstimmung von Bildungs- und Beschäftigungssystem, der Bildungsfinanzierung, der Ungleichheit im Bildungswesen und der Steuerung des Bildungswesens. – Herausgeber der *Beiträge zur Bildungsplanung und Bildungsökonomie*. Veröffentlichungen u. a.: (Hg. zusammen mit W. Rammert) *Politische Ökonomie der Bildung. Revision und neue Perspektiven* (1984); *Kritik der Bildungsökonomie als Sozialwissenschaft: Die sozialwissenschaftliche Wende der kritischen Bildungsökonomie* (1986); (Hg. zusammen mit F. Strikker) *Berufsbildung und Arbeitsmarkt in den 90er Jahren* (1990); *Bildung und Erziehung zwischen privater und öffentlicher Verantwortung* (1993).

Joao Viegas Fernandes; Associate Professor an der Escola Superior de Educacao de Faro der Universidade do Algarve (Portugal). Arbeits- und Forschungsinteressen wie auch Publikationen auf den Gebieten der Bildungssoziologie und der Lehrerbildung.

Philip Wexler, geb. 1943; Professor der Erziehungswissenschaften und der Soziologie und zur Zeit Dekan der erziehungs- und sozialwissenschaftlichen Fakultät der Universität von Rochester, New York (USA). Arbeits- und Forschungsgebiet: Gesellschaftstheorie und Bildung. – Hauptwerke u. a.: *Sociology of Education: Beyond Equality; Critical Social Psychology; Social Analysis of Education: After the New Sociology; Critical Theory Now* und *Becoming Somebody: Toward a Social Psychology of School*.

Geoff Whitty, geb. 1946; Karl-Mannheim-Professor für Bildungssoziologie und Vorsitzender der Abteilung für Politische Studien am Institut für Erziehungswissenschaft der Universität von London (England). – Zahlreiche Arbeiten zur Bildungssoziologie, zu Curriculumstudien und zur Bildungspolitik; Hauptwerke u. a.: *Sociology and School Knowledge* (1985); *The State and Private Education* (1989); *Specialisation and Choice in Urban Education* (1993).

suhrkamp taschenbücher wissenschaft
Soziologie, Theorie der Gesellschaft

Adorno: Einleitung in die Musiksoziologie. stw 142
- Prismen. stw 178
- Soziologische Schriften I. stw 306

Assmann/Hölscher (Hg.): Kultur und Gedächtnis. stw 724

Baecker: Womit handeln Banken? stw 946

Beck/Bonß (Hg.): Weder Sozialtechnologie noch Aufklärung? stw 715

Bendix: Freiheit und historisches Schicksal. stw 390
- Könige oder Volk. stw 338

Berg/Fuchs (Hg.): Kultur, soziale Praxis, Text. stw 1051

Bertram (Hg.): Gesellschaftlicher Zwang und moralische Autonomie. stw 450

Bonß/Honneth (Hg.): Sozialforschung als Kritik. stw 400

Bourdieu: Entwurf einer Theorie der Praxis. stw 291
- Die feinen Unterschiede. stw 658
- Homo academicus. stw 1002
- Sozialer Raum und »Klassen«. Leçon sur la leçon. stw 500
- Zur Soziologie der symbolischen Formen. stw 107
- *siehe auch Eder*
- *siehe auch Gebauer/Wulf*

Bourdieu u. a.: Eine illegitime Kunst. stw 441

Brandt: Arbeit, Technik und gesellschaftliche Entwicklung. stw 780

Bude: Bilanz der Nachfolge. stw 1020

Cicourel: Methode und Messung in der Soziologie. stw 99

Claessens: Kapitalismus und demokratische Kultur. stw 1041

Coulmas: Die Wirtschaft mit der Sprache. stw 977

Cremerius (Hg.): Die Rezeption der Psychoanalyse in der Soziologie, Psychologie und Theologie im deutschsprachigen Raum bis 1940. stw 296

Dahme: *siehe Simmel*

Duby: Ritter, Frau und Priester. stw 735

Durkheim: Erziehung, Moral und Gesellschaft. stw 487
- Die Regeln der soziologischen Methode. stw 464
- Der Selbstmord. stw 431
- Soziologie und Philosophie. stw 176
- Über soziale Arbeitsteilung. stw 1005

Dux: Die Logik der Weltbilder. stw 370
- Die Zeit in der Geschichte. stw 1025

Edelstein/Habermas (Hg.): Soziale Interaktion und soziales Verstehen. stw 446

Edelstein/Keller (Hg.): Perspektivität und Interpretation. stw 364

Edelstein/Nunner-Winkler (Hg.): Zur Bestimmung der Moral. stw 628

suhrkamp taschenbücher wissenschaft
Soziologie, Theorie der Gesellschaft

Eder: Die Entstehung staatlich organisierter Gesellschaften. stw 332
– Geschichte als Lernprozeß? stw 941
– Die Vergesellschaftung der Natur. stw 714
Eder (Hg.): Klassenlage, Lebensstil und kulturelle Praxis. stw 767
Eisenstadt: Die Transformation der israelischen Gesellschaft. stw 1009
Eisenstadt (Hg.): Kulturen der Achsenzeit. 2 Bde. stw 653
– Kulturen der Achsenzeit II. stw 930
Elias: Engagement und Distanzierung. stw 651
– Die Gesellschaft der Individuen. stw 974
– Die höfische Gesellschaft. stw 423
– Studien über die Deutschen. stw 1008
– Über den Prozeß der Zivilisation. 2 Bde. stw 158/159
– Über die Zeit. stw 756
Korte (Hg.): Gesellschaftliche Prozesse und individuelle Praxis. Bochumer Vorlesungen zu Norbert Elias' Zivilisationstheorie. stw 894
Evers/Nowotny: Über den Umgang mit Unsicherheit. stw 672
Fend: Sozialgeschichte des Aufwachsens. stw 693
v. Friedeburg: Bildungsreform in Deutschland. stw 1015

Frisby: Georg Simmel. stw 926
Fromm: Die Gesellschaft als Gegenstand der Psychoanalyse. stw 1054
Garz (Hg.): Die Welt als Text. stw 1031
Gebauer/Wulf (Hg.): Praxis und Ästhetik. Neue Perspektiven im Denken Pierre Bourdieus. stw 1059
Gerhardt: Gesellschaft und Gesundheit. stw 970
Gerhardt/Schütze (Hg.): Frauensituation. stw 726
Geulen: Das vergesellschaftete Subjekt. stw 586
Geulen (Hg.): Perspektivenübernahme und soziales Handeln. stw 348
Giddens: Die Klassenstruktur fortgeschrittener Gesellschaften. stw 452
Giegel (Hg.): Kommunikation und Konsens in modernen Gesellschaften. stw 1019
Giesen: Die Entdinglichung des Sozialen. stw 908
Giesen (Hg.): Nationale und kulturelle Identität. stw 940
Goffman: Das Individuum im öffentlichen Austausch. stw 396
– Interaktionsrituale. stw 594
– Rahmen-Analyse. stw 329
– Stigma. stw 140
Goldmann: Soziologie des Romans. stw 470
– Der verborgene Gott. stw 491
Goudsblom: Soziologie auf der Waagschale. stw 223

suhrkamp taschenbücher wissenschaft
Soziologie, Theorie der Gesellschaft

Greiffenhagen: Das Dilemma des Konservatismus in Deutschland. stw 634

Groethuysen: Die Entstehung der bürgerlichen Welt- und Lebensanschauung in Frankreich. 2 Bde. stw 256

Groh: Anthropologische Dimensionen der Geschichte. stw 992

Habermas: Strukturwandel der Öffentlichkeit. stw 891
– Zur Logik der Sozialwissenschaften. stw 517
– Zur Rekonstruktion des Historischen Materialismus. stw 154
– *siehe auch Edelstein/Habermas*
– *siehe auch Honneth/Joas*

Haferkamp (Hg.): Sozialstruktur und Kultur. stw 793

Haferkamp/Schmid (Hg.): Sinn, Kommunikation und soziale Differenzierung. Beiträge zu Luhmanns Theorie sozialer Systeme. stw 667

Hahn/Kapp (Hg.): Selbstthematisierung und Selbstzeugnis: Bekenntnis und Geständnis. stw 643

Halbwachs: Das Gedächtnis und seine sozialen Bedingungen. stw 538

Haupert/Schäfer: Jugend zwischen Kreuz und Hakenkreuz. stw 952

Hausen/Nowotny (Hg.): Wie männlich ist die Wissenschaft? stw 590

Heinsohn: Privateigentum, Patriarchat, Geldwirtschaft. stw 455

Hirschauer: Die soziale Konstruktion der Transsexualität. stw 1045

Hörning/Gerhard/Michailow: Zeitpioniere. stw 909

Honig: Verhäuslichte Gewalt. stw 857

Honneth: Kritik der Macht. stw 738

Honneth/Joas (Hg.): Kommunikatives Handeln. Beiträge zu Jürgen Habermas' »Theorie des kommunikativen Handelns«. stw 625

Institut für Sozialforschung (Hg.): Kritik und Utopie im Werk von Herbert Marcuse. stw 1037

Jäger (Hg.): Kriminologie im Strafprozeß. stw 309

Jaeggi: Theoretische Praxis. stw 149

Joas: Pragmatismus und Gesellschaftstheorie. stw 1018
– Praktische Intersubjektivität. stw 765

Joas (Hg.): Das Problem der Intersubjektivität. stw 573

Joas/Steiner (Hg.): Machtpolitischer Realismus und pazifistische Utopie. stw 792

Joerges (Hg.): Technik im Alltag. stw 755

Jokisch (Hg.): Techniksoziologie. stw 379

Jung/Müller-Doohm (Hg.): Wirklichkeit im Deutungsprozeß. stw 1048

Kempski: Schriften 1-3. stw 922-924

suhrkamp taschenbücher wissenschaft
Soziologie, Theorie der Gesellschaft

- Brechungen. stw 922
- Recht und Politik. stw 923
- Prinzipien der Wirklichkeit. stw 924

Kern/Schumann: Industriearbeit und Arbeiterbewußtsein. stw 549

Kettler/Meja/Stehr: Politisches Wissen. stw 649

Kippenberg/Luchesi (Hg.): Magie. Die sozialwissenschaftliche Kontroverse über das Verstehen fremden Denkens. stw 674

Kocka (Hg.): Interdisziplinarität. stw 671

Korte: *siehe unter Elias*

Lenhardt: Schule und bürokratische Rationalität. stw 466

Lenski: Macht und Privileg. stw 183

Lepenies: Melancholie und Gesellschaft. stw 967

Lepenies (Hg.): Geschichte der Soziologie. 4 Bde. stw 367

Löwenthal: Schriften 1-5. stw 901-905

Luckmann: Die unsichtbare Religion. stw 947

Lüderssen/Sack (Hg.): Vom Nutzen und Nachteil der Sozialwissenschaften für das Strafrecht. 2 Bde. stw 327

- Seminar: Abweichendes Verhalten I-IV. 4 Bde. stw 84-87

Luhmann: Funktion der Religion. stw 407
- Legitimation durch Verfahren. stw 443
- Soziale Systeme. stw 666
- Die Wissenschaft der Gesellschaft. stw 1001
- Zweckbegriff und Systemrationalität. stw 12
- *siehe auch Haferkamp/Schmid*
- *siehe auch Welker; Welker/Krawietz*

Luhmann/Fuchs: Reden und Schweigen. stw 848

Luhmann/Pfürtner (Hg.): Theorietechnik und Moral. stw 206

Luhmann/Schorr: Reflexionsprobleme im Erziehungssystem. stw 740

Luhmann/Schorr (Hg.): Zwischen Absicht und Person. stw 1036
- Zwischen Anfang und Ende. stw 898
- Zwischen Intransparenz und Verstehen. stw 572
- Zwischen Technologie und Selbstreferenz. stw 391

Luhmann/Spaemann: Paradigm lost: Über die ethische Reflexion der Moral. stw 797

Mannheim: Konservatismus. stw 478
- Strukturen des Denkens. stw 298
- *siehe Kettler/Meja/Stehr*

Mead: Geist, Identität und Gesellschaft. stw 28
- Gesammelte Aufsätze. Bd. 1. stw 678
- Gesammelte Aufsätze. Bd. 2. stw 679
- *siehe auch Joas*

Meja/Stehr (Hg.): Der Streit um die Wissenssoziologie. stw 361

suhrkamp taschenbücher wissenschaft
Soziologie, Theorie der Gesellschaft

Mommsen: Max Weber. stw 53
Moore: Ungerechtigkeit. stw 692
Müller: Sozialstruktur und Lebensstil. stw 982
Münch: Dialektik der Kommunikationsgesellschaft. stw 880
– Die Struktur der Moderne. stw 978
– Theorie des Handelns. stw 704
Niemitz (Hg.): Erbe und Umwelt. stw 646
Nowotny: Eigenzeit. stw 1052
Oakes: Die Grenzen kulturwissenschaftlicher Begriffsbildung. stw 859
Oser: Moralisches Urteil in Gruppen. stw 335
Otto/Sünker (Hg.): Politische Formierung und soziale Erziehung im Nationalsozialismus. stw 927
– Soziale Arbeit und Faschismus. stw 762
Parsons: Gesellschaften. stw 106
– *siehe auch Schluchter (Hg.): Verhalten*
– *siehe auch Schütz/Parsons*
Plessner: Die verspätete Nation. stw 66
Rammstedt: Deutsche Soziologie 1933-1945. stw 581
– *siehe auch Simmel*
Ribeiro: Der zivilisatorische Prozeß. stw 433
Rosenbaum: Formen der Familie. stw 374
– Proletarische Familien. stw 1029
Rosenbaum (Hg.): Familie und Gesellschaftsstruktur. stw 244

Rossi: Vom Historismus zur historischen Sozialwissenschaft. stw 699
Roth: Politische Herrschaft und persönliche Freiheit. stw 680
Sachße/Engelhardt (Hg.): Sicherheit und Freiheit. stw 911
Schluchter: Aspekte bürokratischer Herrschaft. stw 492
– Rationalismus der Weltbeherrschung. stw 322
– Religion und Lebensführung. 2 Bde. stw 961/962
Schluchter (Hg.): Max Webers Sicht des antiken Christentums. stw 548
– Max Webers Sicht des Islam. stw 638
– Max Webers Sicht des okzidentalen Christentums. stw 730
– Max Webers Studie über das antike Judentum. stw 340
– Max Webers Studie über Hinduismus und Buddhismus. stw 473
– Max Webers Studie über Konfuzianismus und Taoismus. stw 402
– Verhalten, Handeln und System. Talcott Parsons' Beitrag zur Entwicklung der Sozialwissenschaften. stw 310
Schöfthaler/Goldschmidt (Hg.): Soziale Struktur und Vernunft. stw 365
Schröter: »Wo zwei zusammenkommen in rechter Ehe ...« stw 860
Schütz: Das Problem der Relevanz. stw 371

suhrkamp taschenbücher wissenschaft
Soziologie, Theorie der Gesellschaft

- Der sinnhafte Aufbau der sozialen Welt. stw 92
- Theorie der Lebensformen. stw 350

Schütz/Luckmann: Strukturen der Lebenswelt. Bd. 1. stw 284

- Strukturen der Lebenswelt. Bd. 2. stw 428

Schütz/Parsons: Zur Theorie sozialen Handelns. Ein Briefwechsel. stw 202

Simmel: Aufsätze 1887-1890. Über sociale Differenzierung (1890). Die Probleme der Geschichtsphilosophie (1892). stw 802

- Einleitung in die Moralwissenschaft I. stw 803
- Einleitung in die Moralwissenschaft II. stw 804
- Aufsätze und Abhandlungen 1894-1900. stw 805
- Philosophie des Geldes. stw 806
- Aufsätze und Abhandlungen 1901-1908. Band II. stw 808
- Soziologie. stw 811
- Schriften zur Soziologie. stw 434

Simmel und die frühen Soziologen. Hg. Rammstedt. stw 736

Georg Simmel und die Moderne. Hg. von H.-J. Dahme und O. Rammstedt. stw 469

Soeffner: Auslegung des Alltags
- Der Alltag der Auslegung. stw 785
- Die Ordnung der Rituale. stw 993

Srubar (Hg.): Exil, Wissenschaft, Identität. stw 702

Stolk/Wouters: Frauen im Zwiespalt. stw 685

Tibi: Der Islam und das Problem der kulturellen Bewältigung sozialen Wandels. stw 531

Voland (Hg.): Fortpflanzung: Natur und Kultur im Wechselspiel. stw 983

Vranicki: Geschichte des Marxismus. stw 406

Wahl: Die Modernisierungsfalle. stw 842

Wahl/Honig/Gravenhorst: Wissenschaftlichkeit und Interessen. stw 398

Weingart (Hg.): Technik als sozialer Prozeß. stw 795

Weiß, J. (Hg.): Max Weber heute. stw 711

Welker (Hg.): Theologie und funktionale Systemtheorie. stw 495

Welker/Krawietz (Hg.): Kritik der Theorie sozialer Systeme. stw 996

Wieland (Hg.): Wirtschaftsethik und Theorie der Gesellschaft. stw 1053

Winch: Die Idee der Sozialwissenschaft und ihr Verhältnis zur Philosophie. stw 95

Über sämtliche bis Mai 1992 erschienenen suhrkamp taschenbücher wissenschaft (stw) informiert Sie das Verzeichnis der Bände 1 – 1000 (stw 1000) ausführlich. Sie erhalten es in Ihrer Buchhandlung.

suhrkamp taschenbücher wissenschaft
Pädagogik

Bernfeld: Sisyphos oder die Grenzen der Erziehung. stw 37

Dreeben: Was wir in der Schule lernen. stw 294

Edelstein/Nunner-Winkler (Hg.): Zur Bestimmung der Moral. stw 628

Fend: Die Pädagogik des Neokonservatismus. stw 475

– Sozialgeschichte des Aufwachsens. stw 693

v. Friedeburg: Bildungsreform in Deutschland. stw 1015

Lenhardt: Schule und bürokratische Rationalität. stw 466

Luhmann/Schorr: Reflexionsprobleme im Erziehungssystem. stw 740

Luhmann/Schorr (Hg.): Zwischen Absicht und Person. stw 1036

– Zwischen Anfang und Ende. stw 898

– Zwischen Intransparenz und Verstehen. stw 572

– Zwischen Technologie und Selbstreferenz. stw 391

Niemitz (Hg.): Erbe und Umwelt. stw 646

Oser: Moralisches Urteil in Gruppen. stw 335

Oser/Fatke/Höffe (Hg.): Transformation und Entwicklung. Grundlagen der Moralerziehung. stw 498

Otto/Sünker (Hg.): Politische Formierung und soziale Erziehung im Nationalsozialismus. stw 927

Über sämtliche bis Mai 1992 erschienenen suhrkamp taschenbücher wissenschaft (stw) informiert Sie das Verzeichnis der Bände 1 – 1000 (stw 1000) ausführlich. Sie erhalten es in Ihrer Buchhandlung.

suhrkamp taschenbücher wissenschaft
Geschichte, Sozialgeschichte,
Zeitgeschichte, Dokumentation

Assmann/Hölscher (Hg.): Kultur und Gedächtnis. stw 724

Baumgartner/Rüsen (Hg.): Seminar: Geschichte und Theorie. stw 98

Becher/Rüsen (Hg.): Weiblichkeit in geschichtlicher Perspektive. stw 725

Broué/Témime: Revolution und Krieg in Spanien. 2 Bde. stw 118

Bude: Bilanz der Nachfolge. stw 1020

Claessens: Kapitalismus und demokratische Kultur. stw 1041

Danker: Räuberbanden im Alten Reich um 1700. stw 707

Dreier/Sellert (Hg.): Recht und Justiz im »Dritten Reich«. stw 761

Duby: Die drei Ordnungen. stw 596

– Ritter, Frau und Priester. stw 735

– Die Zeit der Kathedralen. stw 1011

Duby/Lardreau: Geschichte und Geschichtswissenschaft. stw 409

Eder: Geschichte als Lernprozeß? stw 941

Ehlich (Hg.): Sprache im Faschismus. stw 760

Elias: Studien über die Deutschen. stw 1008

Fend: Sozialgeschichte des Aufwachsens. stw 693

Foucault: Überwachen und Strafen. stw 184

Giesen (Hg.): Nationale und kulturelle Identität. stw 940

Groh, D.: Anthropologische Dimensionen der Geschichte. stw 992

Groh, R./Groh, D.: Weltbild und Naturaneignung. stw 939

Hahn/Kapp (Hg.): Selbstthematisierung und Selbstzeugnis: Bekenntnis und Geständnis. stw 643

Haupert/Schäfer: Jugend zwischen Kreuz und Hakenkreuz. stw 952

Haussmann: Erklären und Verstehen: Zur Theorie und Pragmatik der Geschichtswissenschaft. stw 918

Hinrichs: Ancien Régime und Revolution. stw 758

Hinrichs (Hg.): Absolutismus. stw 535

Jäger: Verbrechen unter totalitärer Herrschaft. stw 388

Koselleck: Kritik und Krise. stw 36

– Vergangene Zukunft. stw 757

Löwenthal: Schriften 1-5. stw 901-905

Lüdtke (Hg.): »Sicherheit« und »Wohlfahrt«. stw 991

de Mause (Hg.): Hört ihr die Kinder weinen. stw 339

Meier, Chr.: Die Entstehung des Politischen bei den Griechen. stw 427

Métral: Die Ehe. stw 357

suhrkamp taschenbücher wissenschaft
Geschichte, Sozialgeschichte,
Zeitgeschichte, Dokumentation

Moore: Soziale Ursprünge von Diktatur und Demokratie. stw 54
- Ungerechtigkeit. stw 692

Niethammer (Hg.): Lebenserfahrung und kollektives Gedächtnis. stw 490

Otto/Sünker (Hg.): Politische Formierung und soziale Erziehung im Nationalsozialismus. stw 927
- Soziale Arbeit und Faschismus. stw 762

Reif (Hg.): Räuber, Volk und Obrigkeit. stw 453

Reinalter: Die Französische Revolution und Mitteleuropa. stw 748

Reinalter (Hg.): Demokratische und soziale Protestbewegungen in Mitteleuropa 1815-1848/49. stw 629
- Freimaurer und Geheimbünde im 18. Jahrhundert in Mitteleuropa. stw 403

Rosenbaum: Formen der Familie. stw 374

- Proletarische Familien. stw 1029

Rosenbaum (Hg.): Familie und Gesellschaftsstruktur. stw 244

Sabean: Das zweischneidige Schwert. stw 888

Schadewaldt: Die Anfänge der Geschichtsschreibung bei den Griechen. stw 389

Schröter: »Wo zwei zusammenkommen in rechter Ehe ...« stw 860

Schulze (Hg.): Europäische Bauernrevolten der frühen Neuzeit. stw 393

Stolleis: Staat und Staatsräson in der frühen Neuzeit. stw 878

Tibi: Der Islam und das Problem der kulturellen Bewältigung sozialen Wandels. stw 531

Varga: Zeitenwende. stw 892

Wodak/Nowak/Pelikan u. a.: »Wir sind alle unschuldige Täter«. stw 881

Wunder/Vanja (Hg.): Wandel der Geschlechterbeziehungen zu Beginn der Neuzeit. stw 913

Über sämtliche bis Mai 1992 erschienenen suhrkamp taschenbücher wissenschaft (stw) informiert Sie das Verzeichnis der Bände 1 – 1000 (stw 1000) ausführlich. Sie erhalten es in Ihrer Buchhandlung.

suhrkamp taschenbücher wissenschaft
Politische Ökonomie, Staats- und Politiktheorie

Baecker: Womit handeln Banken? stw 946

Batscha: »Despotismus von jeder Art reizt zur Widersetzlichkeit«. stw 759

Batscha/Garber (Hg.): Von der ständischen zur bürgerlichen Gesellschaft. stw 363

Beyme: Theorie der Politik im 20. Jahrhundert. stw 969

Biervert/Held/Wieland (Hg.): Sozialphilosophische Grundlagen ökonomischen Handelns. stw 870

Ferguson: Versuch über die Geschichte der bürgerlichen Gesellschaft. stw 739

Fetscher: Rousseaus politische Philosophie. stw 143

Fichte: Ausgewählte Politische Schriften. stw 201

Fraenkel: Deutschland und die westlichen Demokratien. stw 886

Greiffenhagen: Das Dilemma des Konservatismus in Deutschland. stw 634

Hirschman: Engagement und Enttäuschung. stw 729

– Leidenschaften und Interessen. stw 670

Hobbes: Leviathan. stw 462

Locke: Zwei Abhandlungen über die Regierung. stw 213

Macpherson: Nachruf auf die liberale Demokratie. stw 305

– Die politische Theorie des Besitzindividualismus. stw 41

O'Connor: Die Finanzkrise des Staates. stw 83

Polanyi, K.: Ökonomie und Gesellschaft. stw 295

– The Great Transformation. stw 260

Saage: Arbeiterbewegung, Faschismus, Neokonservatismus. stw 689

– Das Ende der politischen Utopie? stw 910

– Vertragsdenken und Utopie. stw 777

Schefold (Hg.): Ökonomische Klassik im Umbruch. stw 627

Scherf: Marx und Keynes. stw 635

Tibi: Der Islam und das Problem der kulturellen Bewältigung sozialen Wandels. stw 531

– Islamischer Fundamentalismus, moderne Wissenschaft und Technologie. stw 990

– Die Krise des modernen Islams. stw 889

– Vom Gottesreich zum Nationalstaat. stw 650

Wieland (Hg.): Wirtschaftsethik und Theorie der Gesellschaft. stw 1053

Wodak/Nowak/Pelikan u. a.: »Wir sind alle unschuldige Täter«. stw 881

Über sämtliche bis Mai 1992 erschienenen suhrkamp taschenbücher wissenschaft (stw) informiert Sie das Verzeichnis der Bände 1 – 1000 (stw 1000) ausführlich. Sie erhalten es in Ihrer Buchhandlung.